Englische Grammatik heute

von
Friedrich Ungerer

unter Mitwirkung von
Christian Mair, Neale Laker,
Angela Ringel und Jörg Siebold

sowie
Shirley B. Lechler, Gerhard E. H. Meier
und Klaus Schäfer

Ernst Klett Verlag
Stuttgart Düsseldorf Leipzig

Englische Grammatik heute
von Prof. Dr. Friedrich Ungerer, Rostock

Linguistische Beratung:
Prof. Dr. Christian Mair, Freiburg

Beispielsätze:
Dr. Neale Laker, Freiburg

Didaktische Beratung:
Angela Ringel, Bietigheim-Bissingen und Dr. Jörg Siebold, Rostock

Autoren des Vorgängerwerkes:
Prof. Dr. Friedrich Ungerer, Gerhard E. H. Meier, Klaus Schäfer, Shirley B. Lechler

Gedruckt auf Papier aus
chlorfrei gebleichtem Zellstoff,
säurefrei

1. Auflage A 1 5 4 3 2 1 | 2004 2003 2002 2001 2000

Alle Drucke dieser Auflage können im Unterricht nebeneinander benutzt werden,
sie sind untereinander unverändert.
Die letzte Zahl bezeichnet das Jahr dieses Druckes.

Internetadresse: http://www.klett-verlag.de

Redaktion: Inge Schäfer

Herstellung: Anita Bauch
Umschlaggestaltung: Manfred Muraro
Zeichnungen: Martina Mahle, Stuttgart
Druck: Appl, Wemding
Printed in Germany

ISBN: 3-12-505710-8

Vorwort

Eine Grammatik für Fortgeschrittene

Die *Englische Grammatik heute* ist für die Teilnehmer von Grund- und Leistungskursen konzipiert. Darüber hinaus wendet sie sich an Anglistikstudenten sowie Studierende an Übersetzer- und Dolmetscherschulen und ist auch für die spätere berufliche und private Verwendung geeignet.
Mit Blick auf diesen Adressatenkreis ist die Grammatik auf selbständige Arbeit ausgerichtet. Die sprachlichen Erscheinungen werden in einer fortlaufenden Darstellung präsentiert, die durch Diagramme visuell gestützt und durch grafische Mittel gegliedert wird. Die Beispiele sind durch deutliche Verweise mit dem erläuternden Text verknüpft. In vielen Fällen wird das grammatische Verständnis durch die Interpretation längerer authentischer Texte vertieft.
Die Information ist sorgfältig gestaffelt, so dass ein schneller Zugang ermöglicht wird: Die wichtigsten Aspekte der behandelten Themen werden unter der Rubrik „Grundsätzliches" zusammengefasst; diese Abschnitte sind durch einen roten Randstreifen hervorgehoben. Weiterführende Details werden in gesonderten Abschnitten dargestellt, auf Anmerkungen wird verzichtet.
Aufgrund des ausführlichen Index und einer feingliedrigen Unterteilung eignet sich die Grammatik auch gut als Nachschlagewerk für Einzelfragen.

Natürlicher Zugang zur Sprache

Ausgangspunkt dieser Grammatik ist die Leistung der Wörter in der Kommunikation. Die Grammatik beginnt deshalb mit einer Diskussion von Personen- und Sachbezeichnungen, mit denen wir primär die Welt erfassen, behandelt dann die andern Wortarten wie Adjektiv, Adverb und besonders das Verb mit seinen Tempusformen, den Passivformen und den zugehörigen Hilfsverben. Klargestellt wird auch die Rolle, die das Verb bei der Verknüpfung der anderen Wortarten im Satz spielt. In den weiteren Kapiteln werden dann die komplexeren grammatischen Konstruktionen besprochen: Infinitiv-, Gerundial- und Partizipialkonstruktionen, Nebensätze, Satzarten sowie die Verknüpfung von Sätzen im Text und die Formen der direkten und indirekten Rede.
Auf allen Ebenen liegt die Betonung auf den Bedeutungs- und Gebrauchsaspekten: Formen, Strukturen und die zugehörige grammatische Terminologie werden nur soweit eingeführt, als es zum Verständnis des Sprachgebrauchs nötig erscheint.

Aktualität

Die *Englische Grammatik* heute gibt den aktuellen Gebrauch des britischen Englisch wieder. Dabei stützt sie sich auf die Auswertung der großen computerisierten Textsammlungen (insbesondere des *British National Corpus).* Dies spiegelt sich vor allem in Angaben zur veränderten Häufigkeit oder relativen Veraltung bestimmter sprachlicher Formen wider.
Die Sprache der Beispiele orientiert sich an der Sprache junger erwachsener Sprecher des britischen Standards. Es werden aber auch amerikanische und z. T. andere nichtbritische Varianten berücksichtigt.

Kontrastive Ausrichtung
Die Auswahl der behandelten sprachlichen Erscheinungen erfolgt im Hinblick auf Benutzer mit deutscher Muttersprache. Wo es sich anbietet, werden die Unterschiede zwischen dem Englischen und dem Deutschen in eigenen Abschnitten zusammengefasst, erläutert und in Hinsicht auf mögliche Interferenzen kommentiert.

Insgesamt handelt es sich bei der *Englischen Grammatik heute* um den Versuch, die englische Sprache in verständlicher Form zu beschreiben und in einer freundlichen, modernen Aufmachung zu präsentieren, die zur Lektüre anregen soll.

Inhalt

Kapitel 1: Nomen (Substantive), Personalpronomen, Possessivwörter 9

Kapitel 2: Das Umfeld des Nomens – Artikel, Demonstrativwörter und Mengenwörter 41

Kapitel 3: Das Adjektiv 67

Kapitel 4: Adverbien und adverbiale Bestimmungen 79

Kapitel 8: Die Hilfsverben

Kapitel 9: Infinitiv, *gerund*, Partizip: Strukturen und Funktionen 191

Kapitel 10: Infinitiv, *gerund* und Partizip nach Verben und Verbverbänden 215

Kapitel 11: Nebensätze 237

Kapitel 1:

Nomen (Substantive), Personalpronomen, Possessivwörter

Vorbemerkung 1

Wenn wir die Welt beschreiben, so geschieht dies vor allem mit Hilfe von Nomen (Substantiven). Die verschiedenen Arten von Nomen spiegeln das Bild wider, das wir uns von der Welt machen.
Für Personen, z. T. auch für Tiere, haben wir die Wahl zwischen Eigennamen, männlichen und weiblichen Einzelbezeichnungen (*boy, girl,* etc.), dualen Bezeichnungen, die sich auf männliche und weibliche Wesen beziehen können (*teacher, friend, dog,* etc.) und Gruppenbezeichnungen wie *family, team, people, herd (of cattle).* Für den Bereich der Dinge, Sachverhalte und Gefühle kommen ebenfalls Einzelbezeichnungen (*chair, car, idea,* etc.), aber auch Stoffbezeichnungen (*bread, milk, petrol,* etc.), abstrakte Begriffe wie *courage, love* und *aggression,* Paarwörter (*trousers, scissors,* etc.) und Sammelbegriffe (*furniture, surroundings,* etc.) in Frage.
Verwendet man Nomen im Satz, so zeigen sie je nach Klasse unterschiedliche grammatische Eigenschaften. Die meisten Nomen können eine Pluralform bilden, manche jedoch nicht. Viele – jedoch nicht alle – können im Genitiv erscheinen. Je nach Geschlecht werden die Nomen durch unterschiedliche Personalpronomen vertreten. Von der Art des Nomens hängt es auch ab, welche Begleiter (Artikel, Mengenwörter, etc.) ihm vorangehen und ob ihm Verbformen im Singular oder Plural folgen. Die Beschreibung dieser grammatischen Merkmale von Nomen ist das Thema dieses ersten Kapitels.

Personenbezeichnungen 2–6

Grundsätzliches 2

Die Personenbezeichnungen des Englischen lassen sich in Eigennamen, Einzelbezeichnungen, duale Bezeichnungen und Gruppenbezeichnungen einteilen.

1. Personennamen
Personennamen sind die wichtigste Form der Eigennamen. Man benutzt sie, wenn man sich auf eine ganz bestimmte einmalige männliche oder weibliche Person beziehen will.

Personennamen erscheinen normalerweise auch nur im Singular und ohne Artikel (Beispiel 1 und 2). Zu Familien-, Gruppen- und geographischen Namen → **4.3**.

(1) This is Jane, my best friend. Meet Peter, Jane.
(2) David Miller is one of the local councillors.

2. Männliche und weibliche Einzelbezeichnungen

Diese Personenbezeichnungen verkörpern – wie vergleichbare Sachbezeichnungen (→ **7.1**) – die Standardform des Nomens *(common noun)*. Im Singular beziehen sie sich auf eine Person, im Plural auf mehrere Personen. Dies wird durch die entsprechenden Verbformen, Pronomen und Begleiter angezeigt.
Zu dieser Klasse gehören so zentrale Wortpaare wie *man – woman* und *boy – girl* (Beispiel 3). Bei einigen Berufs- und Nationalitätenbezeichnungen werden die männliche und weibliche Form durch die Zusätze *-man* und *-woman* unterschieden (Beispiel 4). Seltener ist die – z. T. als sexistisch empfundene – Kennzeichnung der weiblichen Person durch eine spezielle Nachsilbe (Beispiel 5). Solche Nomen werden heute z. T. durch duale Personenbezeichnungen ersetzt, z. B. *steward* und *stewardess* durch *flight attendant* (→ **2.3**).

(3) The boy *was* asked questions about *his* new mountain bike.
Ebenso: father – mother,
uncle – aunt,
husband – wife,
etc.
(4) Policemen and policewomen *are* not often seen on the beat these days.
Ebenso: salesman – saleswoman,
Frenchman – Frenchwoman,
etc.
(5) Before going on stage, the actors and actresses *were* extremely nervous.
Ebenso: host – hostess,
hero – heroine,
etc.

Singular:
boy, salesman, actor

Plural:
boys, salesmen, actors

Singular:
girl, saleswoman, actress

Plural:
girls, saleswomen, actresses

3. Duale Personenbezeichnungen

Die meisten englischen Personenbezeichnungen sind „dual", d. h. sie können sich auf männliche und weibliche Personen beziehen. Entsprechend werden sie mit den maskulinen bzw. femininen Personalpronomen und Possessivwörtern verbunden, die erst zur Klärung des Geschlechts führen (Beispiel 7 und 8); alternativ kann ein Eigenname hinzugefügt werden (Beispiel 9). Zu dieser Klasse gehören wichtige Wörter aus dem Familienkreis und der persönlichen Umgebung (Beispiel 10), außerdem die meisten Berufs- und viele Funktionsbezeichnungen (Beispiel 11). Zu weiteren Details → **3**, zum Problem der geschlechtsneutralen Pronomen *someone, somebody, anyone,* etc. → **14.1**.

(7) Is your **friend** staying with you over the weekend?
– No, unfortunately ***she*** has to go back home.

(8) When ***she*** had looked at my ideas, the **editor** shook ***her*** head.

(9) The boss's **secretary, *Ms. Brooks,*** has taken the day off to go to ***her*** father's funeral.

(10) The Prescotts have just had a **baby**. They're going to call ***her*** Sarah.

(11) I've always been to see the same **dentist** because ***she*** is so understanding.
Ebenso: teacher, student, manager, president

Singular:
a friend
a teacher
a student

Plural: friends / teachers / students

4. Gruppenbezeichnungen

Bei der Verwendung von Gruppenbezeichnungen spielt das Geschlecht der Mitglieder keine Rolle, wichtig ist hier jedoch eine andere Unterscheidung:

— Man kann die Gruppe als eine **Einheit** auffassen. In diesem Fall verwendet man ganz normal die Singularform des Nomens, dazu ein Verb im Singular sowie *it* als Personalpronomen und *its* als Possessivbegleiter (Beispiel 12). Pluralformen erscheinen in dieser Verwendung, wenn man sich auf mehrere Gruppen bezieht (z. B. *two teams*).

— Man kann die Gruppe aber auch als eine **Vielheit** von Mitgliedern verstehen. In diesem Fall verwendet man zwar ebenfalls die **Singularform des Nomens**; das **Verb** steht jedoch **im Plural** und als Personalpronomen gebraucht man *they / them,* als Possessivbegleiter *their*. Pronomen, Begleiter und Verb entsprechen also nicht der Form des Nomens (Singular), sondern seiner Bedeutung, die eine Pluralvorstellung beinhaltet. Man spricht hier von Bedeutungskongruenz. Diese zeigt sich auch bei den Relativsätzen, die durch *who* und nicht durch *which* eingeleitet werden (Beispiel 13). Zu den Einzelheiten →**4**.

(12) The **England cricket team *is*** playing Australia this summer. I hope ***it*** does better than last year.

(13) Andrew's **family, *who live*** a couple of miles away, ***are*** very secretive. ***They*** rarely ***invite*** anyone round to ***their*** house.

Im folgenden Schema werden die beiden Sichtweisen nochmals gegenübergestellt:

Gruppe als Einheit:
Nomen, Pronomen, Begleiter, Verb im Singular

Gruppe als Vielheit von Mitgliedern:
Nomen im Singular
Pronomen, Begleiter, Verb im Plural

Bei einigen wichtigen Gruppenbezeichnungen, insbesondere bei *people* („Leute") und *police*, besteht keine Wahlmöglichkeit. Diese Nomen erscheinen nur in der Singularform, werden aber trotzdem stets als Vielheit von Mitgliedern aufgefasst; Pronomen, Begleiter und Verb stehen daher immer im Plural (Beispiel 15 und 16). Allerdings können sie mit Zahlwörtern verwendet werden (z. B.: *twenty people*). Im Übrigen kann *people / peoples* im Sinn von „Volk / Völker" verwendet werden (Beispiel 17 und 18).

(15) Nowadays a lot of old **people** ***are*** afraid to leave ***their*** houses at night.
(16) The **police** ***are*** often accused of unfair treatment, but ***they perform*** a difficult job.
(17) Aber: Jamaicans are ***a*** friendly **people.** *(... ein freundliches Volk.)*
(18) Und: The **peoples** of Europe ***are*** learning to live more peacefully with one another.

people („Leute"), police: Nomen **nur** im Singular, Pronomen, Begleiter, Verb **nur** im Plural

3 Details zu den dualen Personenbezeichnungen

1. Dominant männliche und dominant weibliche duale Nomen

Duale Personenbezeichnungen sind zwar auf männliche und weibliche Personen anwendbar, doch stellen sich die Sprachbenutzer bei bestimmten dualen Nomen eher eine männliche Person vor (Beispiel 1), bei anderen eher eine weibliche Person (Beispiel 2). Dies gilt insbesondere für Berufs- und Funktionsbezeichnungen, wobei die prestigeträchtigen Berufe und Ämter eher als männlich, die untergeordneten Tätigkeiten eher als weiblich eingestuft werden. Die Sprache spiegelt hier also gesellschaftliche Strukturen und Vorurteile wider. Nur im privaten Bereich existieren echte duale Bezeichnungen wie *cousin, relative, friend* und *visitor*, doch bietet hier meist der Kontext eine schnelle Klärung (➔ **3.2**, Beispiel 7 und 8).

dominant männliche Sicht

(1) minister
MP
professor
manager
engineer
doctor
editor
playwright

(2) nurse
cleaner
typist
receptionist
shop assistant

dominant weibliche Sicht

2. Klärung des Geschlechts durch lexikalische Zusätze *(male, female,* etc.)

Wird das Geschlecht der Person nicht aus den Pronomen, Possessivwörtern oder beigefügten Eigennamen klar (➔ **2.3**), so kann man es durch vorangestellte Adjektive und Nomen wie *male / female* (Beispiel 3 und 4) oder *man / woman* (Beispiel 5) genauer definieren. Beim Gebrauch solcher Zusätze ist jedoch große Vorsicht geboten, da sie leicht diskriminierend wirken können (Beispiel 6).

(3) Most Oxbridge colleges are now open to ***male*** and ***female* students** alike.
(4) The number of ***male* nurses** is rising.
(5) The history department has a ***woman* professor,** the first they have ever had.
(6) Eher diskriminierend: There was only a ***lady* doctor** on duty.

Die Bezeichnungen *boyfriend* und *girlfriend* werden im britischen Englisch nur im Sinn von „fester Freund / feste Freundin" verwendet. Für Freund / Freundin im allgemeinen Sinn gebraucht man nur *friend*. Will man das Geschlecht angeben, so tut man dies indirekt (Beispiel 7 und 8).

(7) I was out with a **friend.** I don't think you know ***her.***
(8) I was out with my **friend *Christine.***

Details zu den Gruppenbezeichnungen

4

1. Bedeutungskongruenz: Bereiche der Anwendung

Die Tendenz, eine Gruppe von Personen nicht als Einheit, sondern als Vielheit ihrer Mitglieder aufzufassen und sie im Satz mit den Pluralformen von Pronomen, Begleitern und Verben zu verbinden (Bedeutungskongruenz; → **2.4**), ist im britischen Englisch stark im Vordringen. Die folgende Aufstellung vermittelt eine Übersicht über die wichtigsten betroffenen Bereiche.

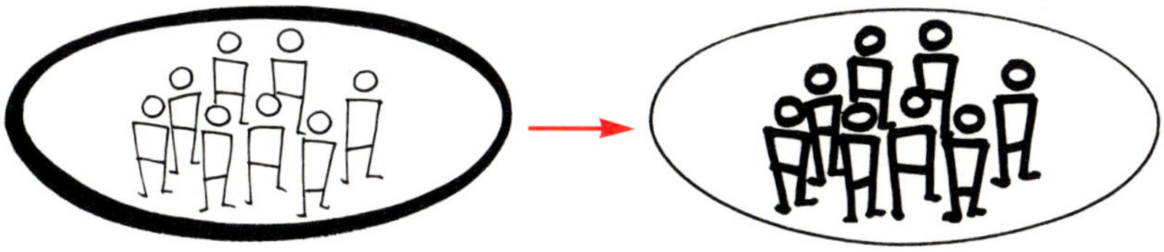

Familie / privater Bereich	*Öffentlichkeit (allgemein)*	*Sport, Musik, Theater*	*Erziehung, Wirtschaft*	*Verwaltung, Politik, Recht*
family clan gang party	crowd (the) public (the) press audience	club, team, crew band, choir cast *(Besetzung)*	school, class university company firm, staff	administration government parliament jury

2. Bedeutungskongruenz: Grammatische Besonderheiten

Soll eine Gruppe als Vielheit der Mitglieder aufgefasst werden, so kann die Gruppenbezeichnung nicht gleichzeitig einen Singularbegleiter wie *a, each, every, this, that* bei sich haben, denn dieser würde die Einheit der Gruppe betonen. Wenn das Nomen Subjekt ist und ein Singularbegleiter vorausgeht, so muss das Verb ebenfalls im Singular stehen (Beispiel 1).

(1) ***Every* government *has*** tried to solve the problem of inflation.

Nachfolgende rückverweisende Pronomen und Begleiter können jedoch durchaus Pluralform haben. Es ist also mitten im Satz oder Text ein Wechsel der Betrachtungsweise hin zur Bedeutungskongruenz möglich (Beispiel 2).

(2) ***That* family** across the street always ***takes*** (Singular!) ***their*** (Plural!) holiday in France. ***They*** (Plural!) never go anywhere in Britain.

3. Familiennamen, Firmennamen und Namen von Organisationen

Wird ein Familienname als Bezeichnung der Familienmitglieder verwendet, so kann man wie im Deutschen die Pluralform des Nomens benutzen, wobei auch Pronomen, Begleiter und Verben im Plural stehen (Beispiel 3). Möglich ist auch die Kombination des Familiennamens (im Singular) mit der Gruppenbezeichnung *family* (s. o.). Hier kann das Verb im Singular oder Plural stehen; Pronomen und Possessivwörter erscheinen meist im Plural (Beispiel 4).

(3) The **Corbetts** ***have*** redecorated ***their*** house from top to bottom.
(4) The **Corbett family** ***have/has*** been working in ***their*** garden all day.

Firmen und Organisationen können als Einheit verstanden werden, sie können aber auch als die Summe ihrer Mitarbeiter aufgefasst werden. Namen von Firmen und Organisationen verhalten sich deshalb wie andere Gruppenbezeichnungen. Als Einheit aufgefasst, werden sie mit Verbformen, Pronomen und Possessivwörtern im Singular verbunden, als Vielheit mit den entsprechenden Pluralformen (Beispiel 5). Von der zweiten Möglichkeit wird besonders in der Werbung Gebrauch gemacht, wo die Vorstellung der Vielheit ein positives, menschenfreundliches Bild der Firma oder Organisation vermitteln soll (Beispiel 6). Die Wahlmöglichkeit besteht auch für Nomen, die formal eine pluralische Endung haben (Beispiel 7).

(5) **BP** ***has/have*** raised the price of petrol at ***its/their*** stations yet again.
(6) **British Telecom** ***are*** proud to announce ***their*** biggest offer ever.
(7) The **United Nations** ***was*** founded in 1945.
The **United Nations (UN)** ***aim*** to prevent conflict in the world.

Keine Wahlmöglichkeit besteht jedoch bei *the United States/the USA* und *the Netherlands.* Sie werden als politische Einheiten aufgefasst und deshalb immer mit Singularformen verbunden (Beispiel 8).

(8) The **United States** ***is*** a country of diverse cultures.
(Die Vereinigten Staaten sind ...)

5 Bezeichnungen für Tiere

Zur Bezeichnung von Tieren gibt es die gleichen Typen von Nomen wie für Personenbezeichnungen. Haustiere erhalten oft männliche oder weibliche Namen und werden damit individualisiert und personifiziert (Beispiel 1). Außerdem gibt es männliche und weibliche Einzelbezeichnungen für Tiere (Beispiel 2) und eine große

Zahl von dualen Nomen, die für beide Geschlechter gelten (Beispiel 3). Bei den dualen Bezeichnungen kann, falls erforderlich, das Geschlecht durch einen Zusatz benannt werden (Beispiel 4).

(1) Eigennamen für Hunde: Rover, Shep, Spot, Goldie, etc.
Eigennamen für Katzen: Puss, Tishy, Cleo, Saffy, etc.
(2) Männliche und weibliche Bezeichnungen: cock – hen, bull – cow, stallion – mare
(3) Duale Bezeichnungen: cat, dog, horse, fish, frog, etc.
(4) bull elephant, she-cat – tomcat, billy-goat – nanny-goat

Der Typ des Nomens hat jedoch bei Tieren wenig Auswirkungen auf den Gebrauch von Personalpronomen, Possessivwörtern, etc. *It/its* verwendet man vor allem dann, wenn man von einem beliebigen Exemplar einer Tierart spricht (Beispiel 5). Ist ein bestimmtes Tier gemeint, so wird *he/his* (bei weiblichen Tieren *she/her*) benutzt, wenn eine besondere Beziehung zu diesem Tier besteht (Beispiel 6 und 7). Als Relativpronomen ist *which* auch dann möglich, wenn *he/his* oder *she/her* gebraucht werden. Daneben wird jedoch in zunehmenden Maße *who* verwendet (Beispiel 8).

(5) Have you ever watched a snake swallowing ***its*** prey?
(6) Why don't you take the dog for a walk? ***He*** hasn't been out since this morning.
(7) Bess is our best cow. ***She*** gives three gallons of milk a day.
(8) The tabby cat *(getigerte Katze)*, ***which/who*** lives down the road, lost ***his*** left ear in a fight.

Das Nomen *cattle* („Vieh") wird wie die Gruppenbezeichnungen *people* und *police* stets als Summe der Mitglieder verstanden (➔ **2.4**); Pronomen, Begleiter und Verb stehen im Plural (Beispiel 9).

(9) Mr Grove's cattle ***are*** bred for their milk and ***they are*** all Friesians.

Personenbezeichnungen: Vergleich mit dem Deutschen 6

1. Dominanz der männlichen Form im Deutschen vs. duale Bezeichnung im Englischen

Männliche Grundform: *Kollege*

abgeleitete weibliche Form: *Kollegin*

duale Form männlich/weiblich: *colleague*

Im Deutschen haben die meisten Berufs- und Funktionsbezeichnungen, aber auch Wörter für persönliche Beziehungen wie *Freund/Freundin*, eine männliche Grundform, aus der durch eine Nachsilbe die weibliche Form abgeleitet wird. Manchmal wird sogar auch für Frauen die männliche Form verwendet, z. T. mit dem Zusatz *Frau.*

Diese als sexistisch empfundenen Unterschiede werden im Englischen zumindest oberflächlich durch die dualen Formen eingeebnet (Beispiel 1 und 2). Die Bildung der weiblichen Form mit Hilfe von Nachsilben spielt im Englischen kaum eine Rolle (➜ **2.2**).

(1) Ich habe alle meine **Kolleginnen** und **Kollegen** eingeladen.	I've invited all my **colleagues.** (nicht: male and female colleagues!)
(2) **Der Herr Doktor / Die Frau Doktor** kommt leider etwas später.	I'm afraid **the doctor** will be a little late.

Beim Textverständnis ist allerdings zu berücksichtigen, dass von den dualen englischen Nomen einige eher auf männliche, andere eher auf weibliche Personen bezogen werden; deutsche Hörer und Leser neigen hier oft zur männlichen Auslegung (Beispiel 3 und 4; ➜ **3.1**).

(3) The **MP** for Chester was reelected for the fourth time.	➜ Männliche Person	(wenn nicht schon bekannt)
(4) Can I speak to his **secretary** and arrange a meeting?	➜ Weibliche Person	

2. Gruppenbezeichnungen

Deutsch *Englisch*

oder

Gruppe als Einheit: Nomen, Pronomen, Begleiter, Verb im Singular

Gruppe als Vielheit: Nomen, Pronomen, Begleiter, Verb im Plural

Gruppe als Einheit: Nomen, Pronomen, Begleiter, Verb im Singular

Im Deutschen wird eine Gruppe von Personen grammatikalisch stets als Einheit behandelt; alle grammatischen Endungen stehen im Singular. Im Englischen dagegen gibt es außer dieser Sichtweise noch die zusätzliche Möglichkeit, die Gruppe als Summe ihrer Mitglieder zu betrachten (Beispiel 5). Damit kann das Englische mit Gruppenbezeichnungen auch Handlungen ausdrücken, die im Deutschen eher durch die Pluralform allgemeiner Nomen wiedergegeben werden (Beispiel 6).

(5) **Das Kabinett *entscheidet*** nur über wichtige Probleme.	The **Cabinet** only ***decides*** on major issues. (Gruppe als Einheit: Verb im Singular) The **Cabinet** only ***decide*** on major issues. (Gruppe als Vielheit: Verb im Plural)
(6) **Die Menge** auf den Rängen ***wurde*** so wütend, dass sie Flaschen und Dosen aufs Spielfeld ***warf.*** Üblicher: **Die Fans *wurden*** so wütend, dass sie … ***warfen.***	The **crowd** on the stands grew so angry that ***they*** started throwing bottles and cans onto the field.

Eine Sonderstellung unter den deutschen Gruppenbezeichnungen nimmt das Nomen *Leute* ein, das wie das englische *people* pluralisch konstruiert wird (Beispiel 7). Parallelen gibt es auch beim Gebrauch von dt. *Eltern* und engl. *parents* sowie der entsprechenden Zusammensetzungen (Beispiel 8). Allerdings ist im Englischen nicht nur der pluralische Gebrauch für die (Zweier-)Gruppe möglich, sondern auch der singularische Gebrauch von *parent* im Sinn von Elternteil (*one-parent family*, etc.).

(7) **Die Leute *stehen*** in einer Schlange vor der Kasse an.	The **people *are*** queuing at the box office.
(8) **Eltern, Großeltern** und **Schwiegereltern *waren*** zu meinem ersten Auftritt gekommen.	**Parents, grandparents** and **in-laws *were*** present for my first performance.

Sachbezeichnungen und abstrakte Begriffe 7–9

Grundsätzliches 7

Während sich die Personenbezeichnungen vor allem darin unterscheiden, wie sie das Geschlecht der Personen berücksichtigen, beruht bei den Sachbezeichnungen und abstrakten Begriffen die Klassifizierung darauf, ob eine Sache oder ein Begriff als zählbar oder nichtzählbar betrachtet wird.

1. Einzelbezeichnungen mit Singular- und Pluralform (zählbare Nomen)
Diese Nomen gelten als Standardform des Nomens *(common noun)*. Im Singular beziehen sie sich auf ein Einzelexemplar, im Plural auf mehrere Exemplare einer Sache; deshalb spricht man von zählbaren Nomen. Diese Nomen bezeichnen meist konkrete Dinge (Beispiel 1), aber auch Ereignisse (Beispiel 2) und gelegentlich abstrakte Begriffe (Beispiel 3). Singular- und Pluralform werden mit den entsprechenden Formen von Pronomen, Begleitern und Verbformen kombiniert.

(1) Look at all those **cars.**
Which of them is your **car?**
(2) New York was the highlight of our **trip.**
(3) People always listen to his **opinion** on any subject, but my **opinions** are often ignored.

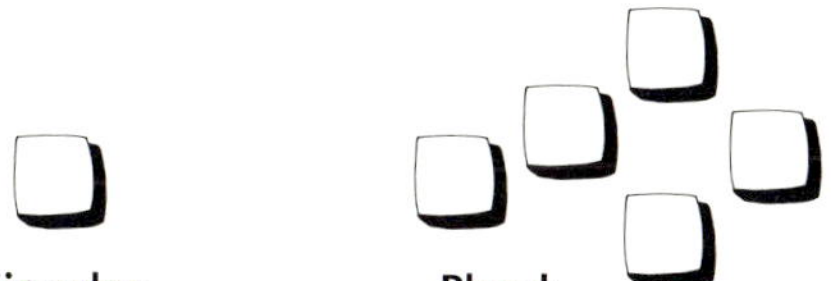

Singular:
car, trip, opinion

Plural:
cars, trips, opinions

Eine weitere Untergliederung der zählbaren Nomen erfolgt bei der Behandlung des Genitivs (→ **22**).

2. Stoffbezeichnungen und nichtzählbare abstrakte Begriffe
Stoffbezeichnungen *(mass nouns)* beziehen sich auf Substanzen wie *milk, sugar, coal, oil*, die nicht aus geschlossenen Einheiten bestehen und die in diesem Sinn nicht-

zählbar sind (Beispiel 4 und 5). Entsprechendes gilt für die meisten abstrakten Begriffe wie *music, courage, love* und *health* (Beispiel 6 und 7). Auch sie lassen sich nicht in Einheiten aufteilen und sind nichtzählbar. Deshalb haben diese Nomen auch nur eine Form, meist die Singularform, und werden nur mit den Singularformen von Pronomen, Begleitern und Verben kombiniert. (Zur Verwendung von Stoffbezeichnungen als zählbare Nomen → **8.2**.)

(4) **Milk** ***is*** a basic foodstuff for small babies. It ***is*** also what **butter** ***is*** made from.
(5) **Oil** ***is*** one of the major exports of the Middle East.

(6) ***This*** **jazz** they're playing ***is*** not really the kind I like.
(7) **Chemistry** ***is*** one of those subjects that just doesn't interest me at all.

Nomen nur mit Singularform (nichtzählbar)

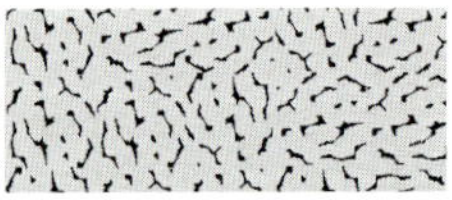

milk, butter, cheese, sugar, coal, oil

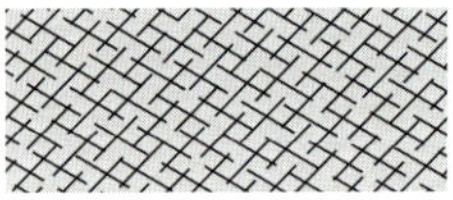

music, courage, love, life

Auch wenn diese Nomen nichtzählbar sind, so ist eine Mengenangabe doch möglich, wenn eine Maßeinheit (Beispiel 8) oder ein unbestimmtes Mengenwort hinzugefügt wird (Beispiel 9 und 10; → **41.1**).

(8) Could I have another ***piece of*** **cake,** please?
Ebenso: a loaf of bread, a bar of chocolate, a bottle of milk, a cup of tea
(9) If you're hungry, there's ***some*** **bread** in the cupboard and ***some*** **cheese** in the fridge.
(10) It takes ***a lot of*** **effort** to cook a meal for ten hungry people.

3. Paarwörter

Diese Nomen bezeichnen Gegenstände, die aus zwei gleichartigen Hälften bestehen. Sie treten nur in der Pluralform auf und werden mit Pluralformen von Pronomen, Begleitern und Verben kombiniert. Betroffen sind vor allem Kleidungsstücke (Beispiel 11) sowie Werkzeuge und Geräte (Beispiel 12).

Ob es sich um einen oder mehrere solcher Gegenstände handelt, ergibt sich normalerweise aus dem Zusammenhang (Beispiel 11 und 12). Soll die Anzahl genannt werden, so muss hier als Maßangabe *pair of* bzw. *pairs of* hinzugefügt werden (Beispiel 13 und 14).

(11) I think I'll wear **shorts** today, as **trousers** ***are*** too hot on a day like this.
(12) ***These*** **scissors** ***are*** blunt. ***They*** should be sharpened.
(13) I'm going to have to buy a new ***pair of*** **pyjamas.**
(14) I have two ***pairs of*** **glasses,** one with tinted lenses.

Nomen nur mit Pluralform (nichtzählbar)

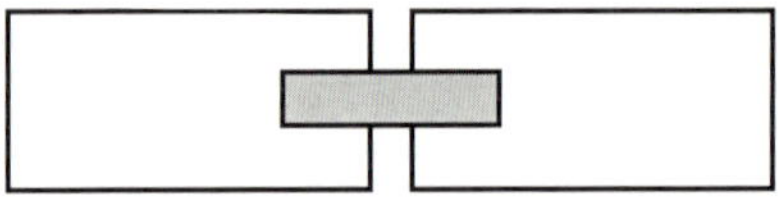

jeans, trousers, shorts, scissors, scales, binoculars *(Fernglas)*, pliers *(Zange)*

4. Sammelbegriffe

Sammelbegriffe umfassen ganz verschiedenartige Sachbezeichnungen. Gemeinsam ist allen die Vorstellung, dass eine Sache aus verschiedenen Bestandteilen zusammengesetzt ist. Sie weisen damit Parallelen zu den Gruppenbezeichnungen auf (→ **2.4**). Im Gegensatz zu den meisten Gruppenbezeichnungen ist hier jedoch ein Wechsel zwischen den Sichtweisen „Gesamtheit" und „Vielheit" nicht möglich. Sammelbegriffe haben nur eine Form und sind daher nichtzählbar. Man unterscheidet folgende Haupttypen:

— **Sammelbegriffe mit Singularform**, die mit den Singularformen von Pronomen, Begleitern und Verben kombiniert werden. Hier ist grammatikalisch die singularische Vorstellung der Einheit maßgebend, gleichgültig ob die Einzelbestandteile gut erkennbar sind, wie etwa bei *luggage* (am. Engl. *baggage*), *homework* und *furniture* (Beispiel 15) oder weniger gut wie bei *knowledge* (dt. oft „Kenntnisse"), *advice* (dt. oft „Ratschläge") und *information* (dt. oft „Informationen") (Beispiel 16). Eine Reihe dieser Sammelbegriffe wird mit der Endung *-ry* gebildet (Beispiel 17).

(15) The **furniture** in this room ***is*** all antique.
(16) The **information** we got from the manufacturers ***was*** totally inaccurate.
(17) All her **jewellery** ***is*** made of gold. She doesn't like silver.
Ebenso: machinery, cutlery *(Besteck)*, crockery *(Geschirr)*

Sammelbegriffe mit Singularform (nichtzählbar)
furniture, information, advice, jewellery

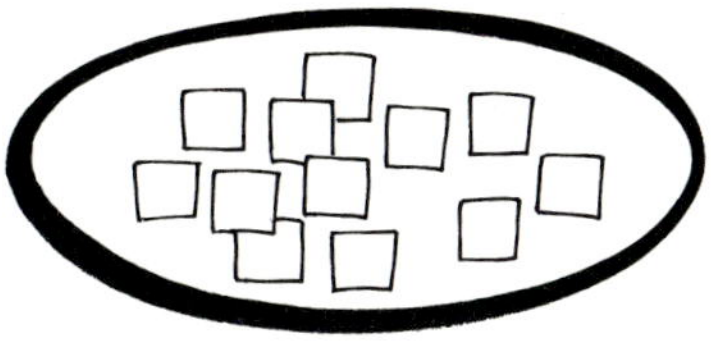

→ Pronomen, Begleiter, Verb im Singular

— **Sammelbegriffe mit Pluralform**, die mit Pluralformen von Pronomen, Begleitern und Verben kombiniert werden. Hier ist grammatikalisch die pluralische Vorstellung von der Summe der Bestandteile maßgebend. Dies ist gut nachvollziehbar bei *clothes, stairs, goods, surroundings* und *outskirts* (Beispiel 18 und 19), weniger gut bei *wages* und *thanks* (Beispiel 20 und 21).

(18) Where ***are*** your dirty **clothes?** I'm going to do some washing.
(19) The house itself is not very attractive, but its **surroundings** ***are*** quite beautiful. *(… die Umgebung ist …)*
(20) **Wages** for dry-cleaners ***have*** been pitiful ever since I can remember. *(Der Lohn … ist …)*
(21) **Thanks** ***are*** due to the organizers for their hard work in setting up the exhibition. *(Dank gebührt …)*

Sammelbegriffe mit Pluralform (nichtzählbar)
clothes, stairs, surroundings, wages

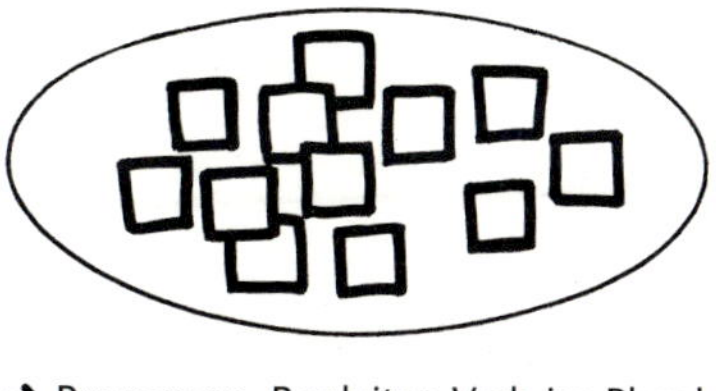

→ Pronomen, Begleiter, Verb im Plural

Zu Sammelbegriffen, bei denen die Form des Nomens nicht mit den Formen von Pronomen, etc. übereinstimmt (Bedeutungskongruenz) → **9**.

8 Nomen mit nichtzählbarer und zählbarer Verwendung

Viele nichtzählbare Nomen können – meist in einer leicht veränderten Bedeutung – auch als zählbare Nomen, d. h. als Einzelbezeichnungen mit Singular- und Pluralform verwendet werden. Hierzu die folgende Auswahl.

1. Stoffbezeichnungen, abstrakte Begriffe und verwandte zählbare Nomen

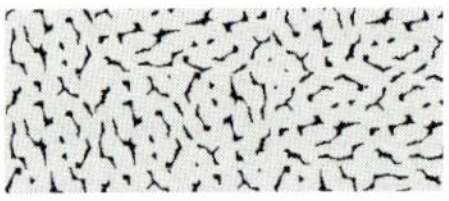
coffee

a coffee

five coffees

Von den Stoffbezeichnungen werden besonders Nahrungsmittel und Getränke oft zählbar im Sinn von Sorten (Beispiel 1) oder Portionen (Beispiel 2) verwendet. Aber auch in anderen Bereichen wird bei zählbarem Gebrauch auf die einzelne Einheit eines Materials verwiesen, bei nichtzählbarem Gebrauch auf den Stoff (Beispiel 3–5).

(1) What **wines** do you have? I'd like a dry one. (Weinsorten)
(2) So, that's two **coffees,** a **tea** and two **orange juices.** Anything to eat with that? (Portionen)
(3) I have such a sweet tooth. Bars of **chocolate,** boxes of **chocolates,** sweets, I eat them all. (Schokolade – Pralinen)
(4) The builders piled the **bricks** up before they started work. (einzelne Ziegelsteine)
(5) The house is solid **brick.** (Material Ziegelstein)

Beispiele für abstrakte Nomen, die nichtzählbar und zählbar verwendet werden können, sind u. a. *thought* (Beispiel 6 und 7), *experience* (Beispiel 8 und 9) und *pain* (Beispiel 10 und 11).

(6) He was deep in **thought.** *(… in Gedanken.)*
(7) A **thought** just crossed my mind, but I seem to have lost it. *(Ein Gedanke …)*
(8) He knows from **experience** that students never finish their exams in time. *(… aus Erfahrung …)*
(9) He had many weird and wonderful **experiences** on his travels through China. *(… Erlebnisse …)*
(10) The **pain** of losing her father never really ended.
(11) I have acute **pains** in my stomach. Could you call the doctor?

2. Sammelbegriffe und verwandte zählbare Nomen

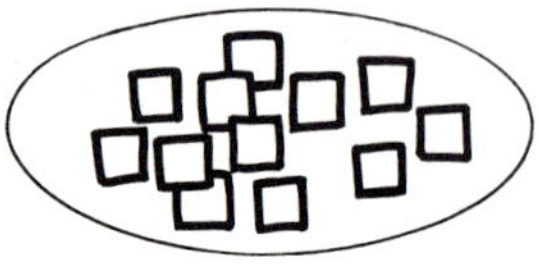
to the pictures
(ins Kino)

a picture

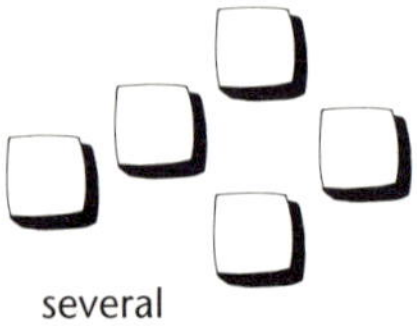
several pictures

Zu einer Reihe von pluralischen Sammelbegriffen und Paarwörtern gibt es gleich lautende, aber bedeutungsverschiedene zählbare Nomen (Beispiel 12 und 13). Manchmal liegen auch mehr als zwei unterschiedliche Bedeutungen vor, wie bei *spirits* (Beispiel 14–16).

(12) Let's go to the pictures. *(Gehen wir ins Kino.)*
(13) Look at this picture / these pictures. *(... dieses Bild/diese Bilder ...)*
Ebenso: arms *(Waffen – Arm/Arme)*, looks *(Aussehen – Blick/Blicke)*;
glasses *(Brille – Glas/Gläser)*, minutes *(Protokoll – Minute/Minuten)*
(14) Spirits are the most potent of alcoholic drinks. *(Spirituosen ...)*
(15) He was in high spirits. *(... guter Laune.)*
(16) The house was haunted by the spirits of its former tenants. *(... Geister ...)*

Sammelbegriffe auf *-s*, die im Singular gebraucht werden

9

1. Bezeichnungen von Fachgebieten, Spielen, Krankheiten sowie *news*

Diese Sammelbegriffe lassen sich zwar durchaus als Summe ihrer Bestandteile verstehen; dies spiegelt sich auch in der pluralischen *s*-Endung wider. Im heutigen Englisch werden diese Nomen jedoch in den meisten Fällen als Einheit aufgefasst. Sie haben nur eine Form und sind nichtzählbar; Pronomen, Begleiter und Verb stehen im Singular. Während es für die Fachgebiete (Beispiel 1), die Spiele (Beispiel 2) und die Krankheiten (Beispiel 3) jeweils mehrere Beispiele gibt, steht *news* für sich (Beispiel 4).

(1) Physics *is* the subject I like best.
Ebenso: mathematics, acoustics, politics, economics, genetics, linguistics, dramatics, etc.
(2) Darts *is* often played in British pubs. *(Pfeilwerfen ...)*
Ebenso: marbles *(Murmelspiel)*, billiards, dominoes, checkers / draughts [drɑːfts] *(Dame)*
(3) Measles *is* a disease that most children get at some point. *(Die Masern ...)*
Ebenso: mumps, shingles *(Gürtelrose)*, German measles *(Röteln)*
(4) Here *is* the news. *(Und nun die Nachrichten.)*

Gelegentlich werden Sammelbegriffe auf *-ics* auch als „Vielheit" verstanden. Sie werden dann nicht als einheitliches Fachgebiet aufgefasst, sondern als Summe der Kenntnisse oder Fähigkeiten (Beispiel 5) bzw. der Gegebenheiten auf dem betreffenden Gebiet (Beispiel 6). Pronomen, Begleiter und Verb stehen in diesem Fall im Plural.

(5) His acrobatics on the trapeze *take* your breath away.
(Seine akrobatischen Künste ...)
(6) The acoustics of this hall *are* excellent.
(Die akustischen Verhältnisse ...)

Das folgende Schema fasst die Möglichkeiten der Nomen auf *-ics* nochmals zusammen:

Sammelbegriffe auf *-ics*

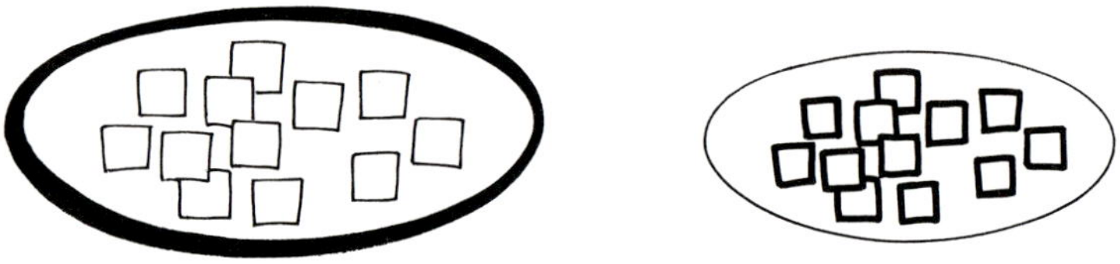

als einheitliches Fachgebiet
➔ Pronomen, Begleiter, Verb im Singular
(häufig)

als Summe der Kenntnisse, etc.
➔ Pronomen, Begleiter, Verb im Plural
(selten)

2. Maßangaben, die als Einheit aufgefasst werden
Maßangaben für Geldbeträge (Beispiel 1), Entfernungen (Beispiel 2), Zeiträume (Beispiel 3) und Gewicht (Beispiel 4) werden oft trotz Zahlwort und Pluralform als Einheit empfunden. Sie werden daher mit den Singularformen des Verbs und sogar mit Singularbegleitern wie *another* kombiniert (Beispiel 2 und 4).

(1) Ten dollars *is* all I've got.
(2) *Another* three miles *is* all we have to go before we reach our destination.
(3) Five days *is* a long time to be without electricity.
(4) I have put on *another* two pounds in weight.

10–13

Pluralformen von Nomen (Übersicht)

Grundsätzliches zum s-Plural

10

Die meisten englischen Nomen bilden den Plural durch Anfügen von *-s* oder *-es* an die Singularform.

Die Aussprache der Pluralform hängt vom vorhergehenden Laut ab. Sie lautet:

— [z] nach Vokal oder stimmhaftem Konsonant : *idea – ideas, ideal – ideals,* etc.
— [s] nach stimmlosem Konsonant: *book – books, root – roots*, etc.
— [ɪz] nach Zischlaut [s, z, ʃ, ʒ, tʃ, dʒ]: *class – classes, cause – causes, wish – wishes, garage – garages, switch – switches, bridge – bridges*, etc.
Die Schreibung ist hier immer *-es*. Es muss also z. T. ein *-e-* eingefügt werden, z. B. bei *classes, wishes* und *switches*.
Bei *house* [haʊs] – *houses* [haʊzɪz] ist die Pluralbildung außerdem mit einem Wechsel vom stimmlosen [s] zum stimmhaften [z] verbunden.

Besonderheiten bei der Bildung des *s*-Plurals

11

1. Nomen auf *-y*
Nomen auf Konsonant + *-y* bilden den Plural auf *-ies*: *city – cities, twenty – the twenties.* Nach Vokal bleibt *-y* dagegen im Plural erhalten: *boy – boys, chimney – chimneys.* Erhalten bleibt *-y* auch bei Eigennamen, die auf *-y* enden: *the Kennedys, the Murphys.*

2. Nomen auf *-o*
Einige Nomen auf *-o* bilden den Plural auf *-oes*: *echo – echoes, hero – heroes.* Ebenso: *embargoes, Negroes, potatoes, tomatoes, torpedoes, vetoes* u. a.
Die meisten Nomen auf *-o* haben jedoch regelmäßige Pluralbildung auf *-os*: *kilos, radios, studios, discos*, etc.
Manchmal sind auch beide Schreibweisen möglich, *-os* oder *-oes*: *buffalo(e)s, cargo(e)s, ghetto(e)s, Eskimo(e)s, flamingo(e)s, memento(e)s, motto(e)s, tornado(e)s, volcano(e)s* u. a.

3. Nomen auf *-f(e)*
Viele Nomen auf *-f* und *-fe* (nicht aber solche auf *-ff*) bilden den Plural auf *-ves* [vz]: *thief* [f] – *thieves* [vz], *life – lives* (aber: *cliff – cliffs*).
Bei einigen bleibt jedoch *-f-* [f] im Plural erhalten: *beliefs* [fs], *briefs, chiefs, handkerchiefs, proofs, reefs, roofs, safes.*
Doppelformen existieren u. a. für folgende Nomen, wobei die Form auf *-fs* häufiger ist: *dwarfs* [fs] / *dwarves* [vz], *scarfs / scarves, wharfs / wharves.*

4. Nomen auf *-th* [θ] nach langem Vokal oder Diphthong
Diese Nomen haben im Plural meist die Aussprache [ðz]: *bath* [bɑːθ] – *baths* [bɑːðz], *path* [θ] – *paths* [ðz], *mouth* [θ] – *mouths* [ðz].
Doppelformen auf [ðz] und [θs] existieren u. a. für: *oaths, truths, wreaths* (Kränze), *youths.*
Das Nomen *cloth* hat zwei Pluralformen mit unterschiedlicher Schreibung, Aussprache und Bedeutung: *cloth* [θ] (Tuch) – *cloths* [klɒθs] (Tücher) und *clothes* [kləʊðz] (Kleidung).

5. Schreibung des *s*-Plurals bei Zahlen und Abkürzungen
Bei Zahlen und Abkürzungen wird das Plural-*s* normalerweise direkt an die Ziffer oder den Buchstaben angehängt. Gelegentlich wird es um der Verständlichkeit willen auch durch Apostroph abgetrennt: *Britain in the 80s* (gelegentlich: *in the 80's*), *three Liberal MPs* (selten: *MP's*).
Bei Einzelbuchstaben wird allerdings immer ein Apostroph eingefügt:
Dot your i's and cross your t's.

Andere Arten der Pluralbildung

12

1. Veränderung des Stammvokals
Diese im Deutschen verbreitete Bildungsform betrifft im Englischen nur noch wenige Nomen, vor allem: *foot – feet, goose – geese, tooth – teeth, mouse – mice, louse – lice, man – men, woman – women* [ˈwɪmɪn]

Die Pluralformen gelten auch für Zusammensetzungen mit den betreffenden Nomen: *chairmen, Frenchwomen,* etc.

2. Bildung auf *-(r)en*
Auch bei den Formen auf *-en* handelt es sich um eine Pluralbildung, die im Deutschen vorkommt, vgl. dt. *Name – Namen, Hemd – Hemden* usw.:
child [tʃaɪld] – *children* ['tʃɪldrən], *ox – oxen; brother – brethren* (Mitbrüder; sonst: *brothers*)
Bei *children* und *brethren* wird außerdem der Stammvokal verändert.

3. Fremde Pluralformen bei Lehnwörtern
Die Übernahme der ursprünglichen Pluralform erfolgte vor allem bei Lehnwörtern aus dem Lateinischen und Griechischen:
crisis [ɪs] – *crises* [iːz], *larva* [ə] – *larvae* [iː], *stimulus* [əs] – *stimuli* [aɪ], *bacterium* [ɪəm] – *bacteria* [ɪə], *series – series* (Singular und Plural [iːz]).
Viele Lehnwörter bilden den Plural jedoch auf *-(e)s*, vor allem häufig gebrauchte: *apparatus – apparatuses; albums, museums, kindergartens,* etc.
Daneben gibt es zahlreiche Doppelformen, z. T. mit Bedeutungsdifferenzierung: *indexes* (Listen, Kataloge) / *indices* ['ɪndɪsiːz] (Indikatoren), *antennas* [əz] (Antennen) / *antennae* [iː] (Fühler), etc.

4. Endungsloser Plural
Ohne Veränderung gegenüber der Singularform wird die Pluralform in folgenden Fällen gebraucht:

— bei Bezeichnungen für Tiere: *a sheep – two sheep, a deer – some deer*
Ebenso: *fish, salmon, trout*, etc.
(*Fish* hat auch eine Pluralform *fishes* im Sinne von „Fischarten".)
— bei Bezeichnungen für technische Geräte auf *-craft*: *(two) aircraft / spacecraft / hovercraft*
— bei Bezeichnungen für Nationalitäten auf *-ese*: *(five) Portuguese / Chinese / Japanese*
Diese können auch als nominalisierte Adjektive verstanden werden (→ **61.2**).
Ebenso: *Swiss*
— bei den Maßbezeichnungen *dozen, foot, pound,* etc., wenn eine Zahl oder ein Mengenwort vorangeht: *two dozen eggs; twelve foot, ten pound fifty,* etc.

13 Pluralbildung bei zusammengesetzten Nomen

1. Standardfall: Pluralform des übergeordneten Nomens
Bei zusammengesetzten Nomen tritt grundsätzlich das übergeordnete Nomen in den Plural:
*mouse-**traps** (= **traps** for mice); horse**men** (= **men** on horseback);*
***fathers**-in-law, **passers**-by.*
Bei einigen Zusammensetzungen ist das Bewusstsein für die Funktion der Bestandteile allerdings weitgehend verloren gegangen. Daher gibt es Plurale wie *spoonfuls, mouthfuls, handfuls, bucketfuls* (neben eigentlich logischerem *spoonsful, mouthsful,* etc.).

Genauso werden *general* und *martial* in Zusammensetzungen kaum noch als Adjektive empfunden, was sich in folgenden Pluralbildungen widerspiegelt:
attorney generals / attorneys general (Generalstaatsanwälte), *governor-generals / governors general* (Generalgouverneure), *court-martials / courts-martial* („Kriegsgerichte").
Umgangssprachlich findet man aus ähnlichem Grund auch *father-in-laws, sister-in-laws,* etc. (neben üblicherem *fathers-in-law,* etc.).
Bei Zusammensetzungen aus *man / woman* + Nomen treten beide Bestandteile in den Plural, wenn *man / woman* das Geschlecht angibt:
menservants (= male servants), *women teachers* (= female teachers).

2. Zusammensetzungen ohne übergeordnetes Nomen
Bei solchen Zusammensetzungen, die häufig auf *phrasal verbs* oder Wortgruppen beruhen, tritt das Plural-*s* ans Ende des Worts:
breakdowns, grown-ups, sit-ins, forget-me-nots, good-for-nothings, five-year-olds.

Personalpronomen, *self*-Pronomen und reziproke Pronomen

14–20

Grundsätzliches zu den Personalpronomen

14

1. Personalpronomen und Geschlecht
Die englischen Personalpronomen orientieren sich (ebenso wie Reflexiv- und Relativpronomen sowie Possessivwörter) am biologischen Geschlecht. *He* und *she* stehen für männliche und weibliche Personen, *it* steht für geschlechtslose Dinge und für Sachverhalte. (Zu den Formen der Personalpronomen → **20.1**.)
Probleme ergeben sich, wenn man sich auf eine unbekannte Person beziehen will, deren Geschlecht männlich oder weiblich sein kann (→ **2.3**). Die traditionelle Methode, hier die männlichen Formen *he* und *his* zu verwenden (Beispiel 1), wird heute als sexistisch empfunden. Als Alternative bieten sich die Doppelformen *he or she* bzw. *his or her* an (Beispiel 2); bevorzugt werden jedoch die genusneutralen Pluralformen *they* und *their* (Beispiel 3). Sie werden heute vielfach auch mit Bezug auf die indefiniten Pronomen, z. B. *somebody / someone,* gebraucht (Beispiel 4).

(1) Aus sexistischen Gründen problematisch:
The successful *applicant* for the post will possess **his** own car.
He will also be expected to work on Saturdays as required.
(2) If there is a *doctor* on board, would **he or she** kindly approach a member of staff?
(3) Speak to any *passenger* here and **they** will tell you how rough the crossing was.
(4) *Somebody* has parked **their** car in my space.

Für bestimmte Dinge, zu denen man eine persönliche Beziehung hat, kann man statt der üblicheren sächlichen Formen *it* und *its* auch die weiblichen Formen *she* und *her* benutzen; *she/her* wird z. B. für das eigene Auto, aber auch für Schiffe gebraucht (Beispiel 5 und 6). Im förmlichen Stil erscheint *she/her* auch für Länder, wenn sie als politische und wirtschaftliche Mächte betrachtet werden (Beispiel 7), ebenso für Kontinente und Städte (Beispiel 8). In poetischer Sprache sind noch weiter gehende Personifizierungen möglich, z. B. in Bezug auf Gestirne und andere Naturerscheinungen (Beispiel 9).

(5) **She's / It's** really great, that *car* of yours.
(6) *The Titanic* sank with all **her / its** crew and passengers on **her / its** maiden voyage.
(7) *Great Britain* has divested **herself / itself** of most of **her / its** colonies.
(8) Approaching *New York* by sea gives you the best impression of **her / its** unique skyline.
(9) We looked up and saw the **moon** bright in the night sky, **her** silvery rays caressing the sleepy woodland.

2. Subjekt- und Objektformen der Pronomen
Die meisten englischen Personalpronomen haben – im Unterschied zu den Nomen – neben der Subjektform (*I, he, she, it,* etc.) eine eigene Objektform (*me, him, her, its,* etc.). Vgl. auch die Übersicht → **20.1**.
Die Subjekt- und Objektformen werden im Wesentlichen ebenso verwendet wie die entsprechenden deutschen Formen; d. h. die Subjektform steht als Satzsubjekt, die Objektform als Objekt und nach Präpositionen (Beispiel 10). In einigen Stellungen wird die Subjektform jedoch immer mehr von der Objektform verdrängt, z. B. nach dem Kopulaverb *be* (Beispiel 11). Zu den Details → **15**.

(10) **He** was late so Rachel decided not to wait for **him** any longer.
(11) Are **they** the ones who have just got back from London? – Yes, that's **them.**

15 Details zur Verwendung der Subjekt- und Objektformen der Personalpronomen

1. Objektformen nach dem Kopulaverb *be*
Nach dem Kopulaverb *be*, d. h. als Subjektergänzung, sollte theoretisch die Subjektform eintreten, da das Subjekt genauer bestimmt wird (vgl. dt. *Das ist er!*). Im Englischen wird jedoch die Objektform bevorzugt (Beispiel 1). Hierher gehören auch *it*-Spaltsätze (Beispiel 2; → **251**). Nur wenn sich ein Relativsatz anschließt, in dem das Relativpronomen Subjekt ist, wird häufig die Subjektform des Personalpronomens verwendet; denn nur hier ist die Subjektfunktion offensichtlich. Die Objektform ist jedoch ebenfalls möglich (Beispiel 3).

(1) I'm expecting my friends any minute. That'll be **them** now.
(2) It's **me** who she wanted to see in the play.
(= She wanted to see me.)
(3) Aber: It was **he / him** who asked her to come to the rehearsal.
(= He asked her to come.)

2. Objektformen in Vergleichen
Auch in Vergleichen ist die Subjektfunktion weniger offensichtlich. Deshalb ist hier – zumindest umgangssprachlich – die Objektform verbreitet (Beispiel 4 und 5). Die Subjektform wirkt dagegen förmlicher (Beispiel 6).

(4) Sarah is almost as tall as **him.**
(5) Are they better actors than **us?**
(6) There has never been a more brilliant Shakespeare actor than **he.**

Manchmal ist die Objektform in Vergleichen doppeldeutig (Beispiel 7). In solchen Fällen ist es besser, einen Vergleichssatz (mit Hilfsverb oder Vollverb) zu bilden (Beispiel 8).

(7) Do you know her better than **him?**
(8) Deutlicher: Do you know her better **than he does?**
bzw.: Do you know her better **than you know him?**

3. Objektformen in verkürzten Sätzen und bei koordinierten Subjekten
Steht in einem verkürzten Satz das Personalpronomen allein, d. h. ohne finite Verbform, so ist es ebenfalls nicht deutlich als Subjekt zu erkennen; auch hier erscheint deshalb die Objektform (Beispiel 9). Schließlich wird die Objektform umgangssprachlich auch als Teil eines koordinierten Subjekts verwendet, doch ist hier die Subjektform noch üblicher (Beispiel 10).

(9) I've invited Jim to come to dinner on Thursday. – Oh no, not **him.** You know we don't get on.
(10) The accident happened when my boss, his secretary and **I / me** were leaving the office.

Die Verwendung von *it* als Strukturwort 16

Das englische *it* kann, wie das deutsche *es,* nicht nur als Personalpronomen für eine Nominalgruppe eintreten, sondern auch als Strukturwort ohne eigentliche Bedeutung verwendet werden. Die folgende Übersicht fasst die wichtigsten dieser Verwendungen zusammen und verweist auf die Abschnitte, in denen sie genauer besprochen werden.

1. Unpersönliches *it*
Das unpersönliche *it* wird mit dem Kopulaverb *be* verwendet, wenn die Identität von Personen oder Sachen noch unbekannt ist. *Be* steht dabei immer in der 3. Person Singular (Beispiel 1 und 2). Wurde der Name einer Person bereits genannt, so ist nur *he* oder *she* möglich (Beispiel 3).

(1) Don't worry, **it** isn't a burglar; **it**'s only me. *(Ich bin es nur.)*
(2) Do you recognize that man? – Yes, **it**'s my dentist.
(3) Aber: Do you know Susan? -Yes, **she**'s the fiancée of a friend of mine.

Bei einigen Verben, die Witterungsvorgänge beschreiben, tritt *it* als formales Subjekt ein, da kein eigentliches Subjekt vorhanden ist (Beispiel 4). Das Gleiche gilt für *be* in Verbindung mit Temperatur-, Zeit- und Entfernungsangaben, etc. (Beispiel 5 und 6).

(4) It's April and it's snowing. When will it be spring?
Ebenso: rain, hail, freeze u. a.
(5) It is six o'clock.
(6) It's twenty miles to Cork from here.

2. *It*-Spaltsätze
Hier weist *it* als formales Subjekt auf einen hervorgehobenen Satzteil hin (Beispiel 7–9; → **251**).

(7) It was *Tim and Mark* who suggested going to play ten-pin bowling.
(8) It must have been *Patrick's twin brother* that you saw.

3. *It* als Vertreter des nachgestellten Subjekts
Als formales Subjekt vertritt *it* ferner ein nachgestelltes Sinnsubjekt, das die Form eines Nebensatzes, einer Infinitivkonstruktion, seltener einer *gerund*-Konstruktion hat (Beispiel 9–11; → **195.2**).

(9) It's not surprising *that everyone got sunburnt on their first day in Greece.*
(10) It is foolish *to lie in the sun all day with no sun-cream.*
(11) It was interesting *watching the fishermen unloading their catch.*

17 Allgemeine Personalpronomen (*one, you*, etc.)

1. *One* und *you*: Sprecher mit eingeschlossen
Die allgemeinen Personalpronomen *one* und *you* (dt. „man") stehen für jede beliebige Person. Sie werden in verallgemeinernden Aussagen verwendet, in die sich die Sprecher selbst mit einschließen.
Das Pronomen *one* gehört eher dem förmlichen Stil und der formelhaften Sprache an. Es wird u. a. im wissenschaftlichen Stil (Beispiel 1), aber auch in Sprichwörtern gebraucht (Beispiel 2).
Von *one* werden im britischen Englisch die Formen *one's* und *oneself* abgeleitet (Beispiel 3); im amerikanischen Englisch werden stattdessen häufig die Formen *his, himself* oder *their, themselves* verwendet (Beispiel 4).

(1) One might ask why this discovery was not made earlier.
(2) One is as old as one feels.
(3) One must make up one's mind about such things oneself.
(4) One must always try to do his / their best.

An Stelle von *one* wird in der Umgangssprache gewöhnlich *you* verwendet; die abgeleiteten Formen lauten hier *your* und *yourself* (Beispiel 5 und 6).

(5) You never can tell. *(Man kann nie wissen.)*
(6) You must ask yourself what you want to do with your life.

2. *Someone, they* und *people*: Sprecher nicht mit eingeschlossen
Sollen Sprecher (und Angesprochene) nicht mit eingeschlossen sein, so verwendet man *someone*, wenn man an eine einzelne unbekannte Person denkt (Beispiel 7), *they* oder *people*, wenn man an mehrere unbekannte Personen denkt (Beispiel 8 und 9). (Bei *they* denkt man manchmal auch an einen gewissen Personenkreis.)
Statt Aktivsätzen mit *someone, they* und *people* werden auch Passivsätze verwendet (Beispiel 10).

(7) Someone stole my car while I was at the supermarket.
(8) They / People say that car crime has increased over the last couple of years.
(9) They've started a search for the missing vehicle.
(10) Alternativ: A search has been started for the missing vehicle.

Self-Pronomen und reziproke Pronomen 18

Die *self*-Pronomen werden in zwei unterschiedlichen Funktionen verwendet, und zwar als verstärkende Pronomen (dt. *selbst)* und als Reflexivpronomen (dt. *mich, dich, sich,* etc.). In dieser Bedeutung stehen sie in Kontrast zu den reziproken Pronomen. Zu den Formen → **20.2**.

1. *Self*-Formen als verstärkende Pronomen
Verstärkende *self*-Pronomen heben ein Nomen oder Pronomen hervor (Emphase; → **256.1**). Sie sind stets betont. Sie können direkt hinter dem hervorgehobenen Wort stehen (Beispiel 1 und 2). Wenn dieses das Satzsubjekt ist, treten sie jedoch meist ans Satzende (Beispiel 3).

(1) The *essence of beauty* itself is what drives the artist.
(2) *Beethoven* himself is thought to have conducted the premiere of this piece.
(3) *I* don't play the piano myself (but my wife does).

2. *Self*-Formen als Reflexivpronomen
Reflexivpronomen erscheinen als Objekt, wenn Subjekt und Objekt die gleiche Person bezeichnen (Beispiel 4; → **96**). In Aufforderungssätzen werden die Formen *yourself* oder *yourselves* benutzt: *Yourself* verwendet man für Aufforderungen an eine Person (Beispiel 5), *yourselves* für Aufforderungen an mehrere Personen (Beispiel 6). In infiniten Konstruktionen tritt als allgemeines Reflexivpronomen *oneself* oder *yourself* ein (Beispiel 7).

(4) Mark and I helped ourselves to food from the fridge.
(5) Don't make such a fool of yourself.
(6) Cheer up! Pride yourselves at the thought of a job well done!
(7) Feeling sorry for oneself / yourself never does much good.

Reflexivpronomen sind normalerweise unbetont. Sie werden nur dann betont (und zwar auf der zweiten Silbe), wenn sie gleichzeitig verstärkende Funktion haben. Sie drücken dann meist einen Gegensatz aus. Im Deutschen können sie mit einem durch *selbst* verstärkten Reflexivpronomen wiedergegeben werden (Beispiel 8 und 9).

(8) *You* ought to look after **yourself** – not me.
(Du solltest dich um dich selbst kümmern, ...)
(9) *He* only thinks of **himself,** he never considers his family.
(Er denkt nur an sich selbst, ...)

19 Die reziproken Pronomen *each other/one another*

Reziproke Pronomen bringen eine wechselseitige Beziehung zwischen zwei oder mehr Beteiligten zum Ausdruck (dt. *einander – sich/uns/euch gegenseitig;* Beispiel 1 und 2). Reflexivpronomen können in diesem Fall nicht verwendet werden, da sie eine andere Bedeutung ergeben *(jeder sich selbst;* Beispiel 3).

(1) *The boxer and the novelist* had never seen **each other/one another** before the talk show. *(„sich gegenseitig")*
(2) *We* should stop accusing ***each other/one another.*** We are all to blame for what has happened.
(3) Aber: *Most people* would love to see **themselves** on TV. *(„jeder sich selbst")*

Im Gegensatz zum Deutschen sind die reziproken Pronomen im Englischen nicht mit den pluralischen Reflexivpronomen (*ourselves,* etc.) austauschbar.
Vergleiche die folgende abschließende Gegenüberstellung der reziproken und der Reflexivpronomen:

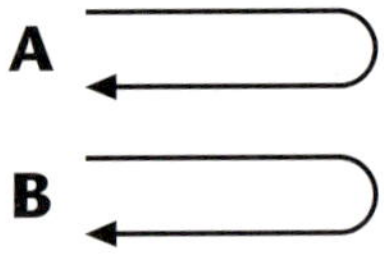

reflexiv:
myself, yourself, etc.

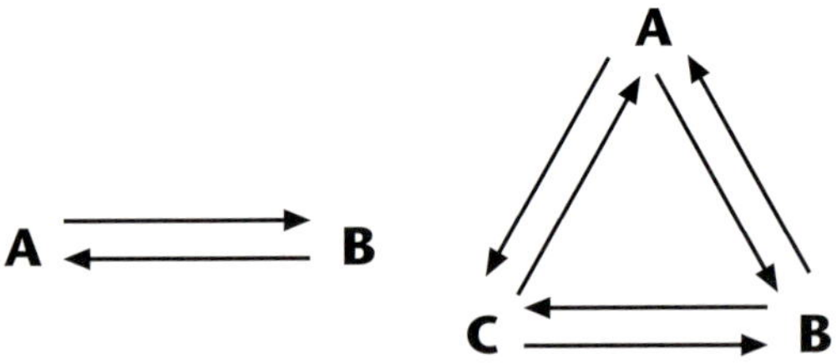

reziprok:
each other/one another

20 Formen der Personalpronomen und *self*-Pronomen (Übersicht)

1. Personalpronomen

Subjektform:	I	you	he	she	it	we	you	they	one *(man)*
Objektform:	me	you	him	her	it	us	you	them	one *(einen, einem)*

2. *Self*-Pronomen

Singularformen:	myself	yourself	himself	herself	itself	oneself
Pluralformen:	ourselves	yourselves	themselves			

Die zweite Silbe *(-self/-selves)* wird grundsätzlich stärker betont als die erste.

Genitiv und Possessivwörter

21–30

Grundsätzliches zur Bedeutung

21

Der Genitiv drückt vor allem die folgenden drei Bedeutungsrelationen aus:

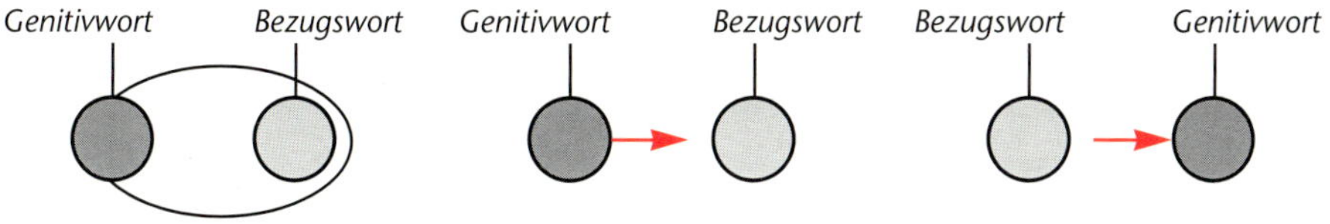

Besitz/Zugehörigkeit — Urheberschaft — Betroffensein (als Objekt der Handlung)

1. Besitz und Zuordnung

Diese Bedeutung ist das hervorstechendste Merkmal des Genitivs. Sie liegt den Bezeichnungen *possessive case* (für den Genitiv) und *possessives* bzw. Possessivwörter (*my, your, their*, etc.) zugrunde. Die Verwendung von *s*-Genitiv und *of*-Gruppe für Besitz und Zugehörigkeit ist davon abhängig, ob es sich beim Genitivelement (in Beispiel 1: *Peter, chair*) um eine Personen- oder eine Sachbezeichnung handelt (s. u.).

(1) Peter's coat hung over the back of the chair.

2. Urheberschaft

Hier geht es nicht um den Besitz einer Sache, sondern um die Urheberschaft einer Handlung oder eines Produkts. Da der Urheber meist eine Person ist, wird der *s*-Genitiv bevorzugt (Beispiel 2).

(2) Ms Cole's letter to the council; Pinter's early plays; the critic's biting review; the hero's victory

3. Betroffensein durch die Handlung

Der Genitiv kann nicht nur die Urheberschaft einer Handlung bezeichnen, sondern auch den gegenteiligen Fall, dass jemand von einer Handlung betroffen ist, die er nicht verursacht hat. Hier ist der *s*-Genitiv zwar möglich; häufig wird jedoch die *of*-Gruppe bevorzugt, besonders wenn die betroffene Person hervorgehoben werden soll (Beispiel 3) oder wenn der *s*-Genitiv mehrdeutig wäre, da er auch Besitz oder Urheberschaft ausdrücken könnte (Beispiel 4).

(3) Many people in India were moved by the death of Mother Teresa.
Möglich auch: Many people in India were moved by Mother Teresa's death.
(4) The witness examined the photos of the murderer.
Mehrdeutig dagegen: The witness examined the murderer's photos.

22 *Grundsätzliches zu Genitivformen und Geschlecht*

Eine Faustregel für den Gebrauch des Genitivs lautet „*s*-Genitiv für Personen, *of*-Gruppe für Sachen". Diese Regel ist auf den Besitz- und Zuordnungsgenitiv zugeschnitten, bedarf jedoch auch hierfür der Ergänzung: Der *s*-Genitiv wird nicht nur mit Bezug auf Personen verwendet, sondern auch dann, wenn etwas im weitesten Sinn als „belebt" erscheint. Umgekehrt ist auch die *of*-Gruppe nicht auf die Wiedergabe von Zuordnungsverhältnissen bei unbelebten Dingen beschränkt.
Die Tabelle gibt einen Überblick über die betroffenen Klassen von Nomen.

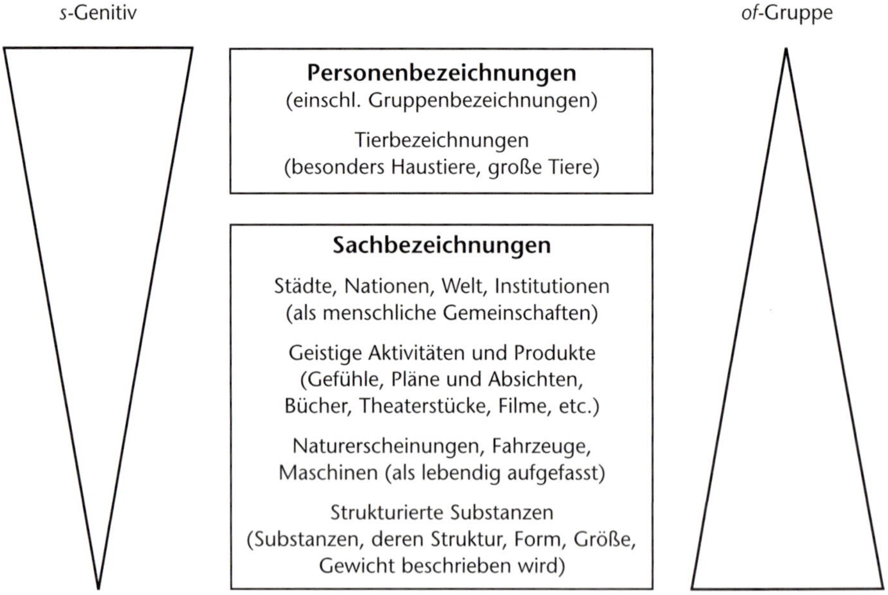

s-Genitiv und *of*-Gruppe zur Bezeichnung von Besitz und Zuordnung

1. *S*-Genitiv

Wie die Übersicht zeigt, ist der *s*-Genitiv zum Ausdruck von Besitz und Zuordnung bei Personenbezeichnungen dominant, insbesondere bei den Personenbezeichnungen im engeren Sinn (Eigennamen, Einzelbezeichnungen, duale Nomen; Beispiel 5; → **2**). Bei Gruppenbezeichnungen und Tierbezeichnungen ist der *s*-Genitiv weniger vorherrschend (Beispiel 6 und 7).

(5) Susan's brother; the boy's bike; the teacher's voice
(Personenbezeichnungen im engeren Sinn)
(6) the University's Chancellor (auch: the chancellor of the university);
the company's boss (auch: the boss of the company)
(Gruppenbezeichnungen)
(7) the dog's name (auch: the name of the dog);
the horse's leg (auch: the leg of the horse)
(Tierbezeichnungen)

Möglich ist der *s*-Genitiv außerdem bei einer Reihe von Sachbezeichnungen, wobei er besonders im journalistischen Stil und in der Werbesprache auftritt (→ **26**). Vergleiche die Beispiele 8-11, die sich an der Tabelle orientieren.

(8) London's history; the country's problems; the earth's resources;
the world's leaders; Islam's rise
(Städte, Nationen, Welt, Institutionen)
(9) the plan's importance; love's vagaries; the novel's message;
the programme's success
(geistige Aktivitäten und Produkte)
(10) the volcano's eruption; nature's wonders; the car's engine;
the train's arrival; the computer's speed
(„belebte" Naturerscheinungen, Fahrzeuge, Maschinen)
(11) the water's surface; the metal's durability; the crystal's structure
(strukturierte Substanzen)

2. *Of*-Gruppe

Die *of*-Gruppe wird zum Ausdruck der Zuordnung bei den Sachbezeichnungen im förmlichen Stil bevorzugt, insbesondere in der Behördensprache und in konservativen wissenschaftlichen Texten (Beispiel 12). Auch bei Bezeichnungen von Personengruppen und Tieren wird sie hier häufig verwendet (vgl. Beispiel 13).
Bei den Personenbezeichnungen im engeren Sinn ist die *of*-Gruppe zur Wiedergabe von Zuordnung und Besitz nur dann üblich, wenn die Personenbezeichnung Kern einer längeren, informationsreichen, hervorgehobenen Aussage ist (Beispiel 14 und 15). (Zur Verwendung der *of*-Gruppe für den Genitiv des Betroffenseins vgl. oben, Beispiel 3 und 4).

(12) the history of London; the importance of the plan; the eruption of the volcano, etc.
(13) the manager of the team; the bark of the dog
(14) the voice of the man with the grey hair
(15) the help of the one person likely to be of any use

23 Der *s*-Genitiv ohne Bezugswort

Der *s*-Genitiv tritt ohne Bezugswort auf, wenn ein bereits genanntes Nomen nicht wiederholt werden soll (Beispiel 1), außerdem im förmlichen Stil, wenn ein Nomen nicht vorweggenommen werden soll (Beispiel 2). Vgl. auch die parallele Verwendung der Possessivpronomen → **28.3**.

(1) If you haven't got an umbrella, you can borrow **my sister's.**
(2) **My grandfather's** was a long and eventful life. (My grandfather had a long and eventful life.)

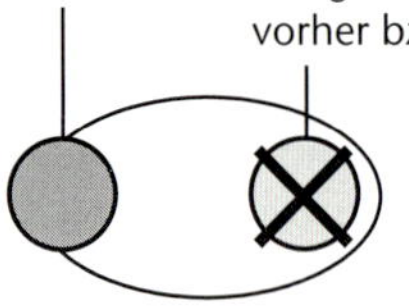

Beispiel: Besitz / Zugehörigkeit

Darüber hinaus kann beim *s*-Genitiv das Bezugswort stillschweigend mitverstanden werden, wenn es sich um Privatwohnungen, Geschäfte, Firmen, Sehenswürdigkeiten handelt (Beispiel 3). Häufig steht der *s*-Genitiv nach den Präpositionen *at* und *to* (Beispiel 4 und 5). Bei vielen Kaufhäusern wird die Genitivkonstruktion nicht mehr als solche realisiert: Das -*s* wird einfach ohne Apostroph angehängt wie ein Plural-*s* (Beispiel 6).

(3) **Madame Tussaud's** is in Baker Street.
(4) Jenny spent most of her time at **her aunt's *(house)*.**
(5) My mother asked me to go to the **baker's *(shop)***.
(6) I bought this at **Selfridges** (oder: **Selfridge's**).

24 Der doppelte Genitiv

Der doppelte Genitiv ist eine Kombination aus *of*- + *s*-Genitiv, bei der das Genitivwort nachgestellt wird. Er wird zum Ausdruck von Besitz, Zugehörigkeit oder Urheberschaft bei Personenbezeichnungen verwendet.

1. Doppelter Genitiv und unbestimmter Artikel, Mengen- und Zahlwort

Im Gegensatz zum einfachen Genitiv kann der doppelte Genitiv mit dem unbestimmten Artikel, Zahlwörtern oder Mengenwörter wie *a few* und *many* kombiniert werden (1–4). Er bezieht sich dann auf ein unbestimmtes Mitglied (oder mehrere Mitglieder) einer Gruppe, etwa einen Freund aus einer Gruppe von Freunden oder einen Titel aus dem Werk eines Künstlers (Beispiel 1 und 2). Weil offen bleibt, wie groß die Gruppe ist, wirkt der doppelte Genitiv unverbindlicher und höflicher als der einfache (z. B. suggeriert *a friend of Peter's*, dass Peter mehrere Freunde hat).

(1) She must be ***a*** friend **of Peter's.**
(2) Who hasn't seen a couple of films **of Tom Cruise's?**
(3) She brought two videos **of Andrew's** and one **of Kate's.**
(4) Many colleagues **of the director's** attended the awards ceremony.

Die folgende Übersicht veranschaulicht die Funktion des doppelten Genitiv zum Ausdruck von Besitz bzw. Zugehörigkeit:

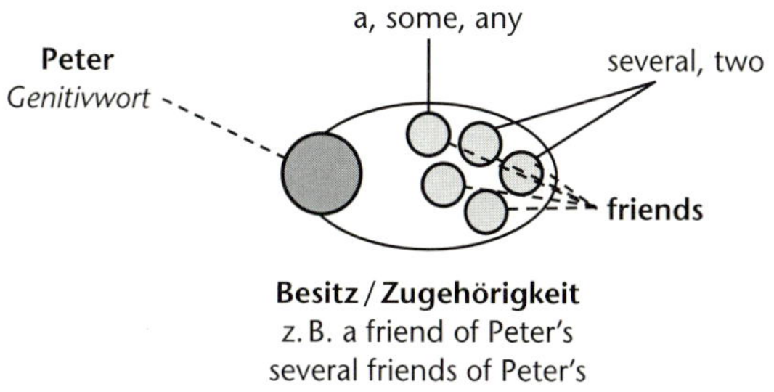

2. Doppelter Genitiv und Demonstrativwort: Emotionale Wirkung
In Kombination mit Demonstrativwörtern *that* und *those* drückt der doppelte Genitiv Verärgerung, Verwunderung o. ä. aus (Beispiel 5 und 6).

(5) Those CDs of Matt's are awful! He has no taste in music.
(6) I don't know why that book of Orwell's is meant to be a classic.

Weitere Bedeutungen des s-Genitivs **25**

Abgesehen von Besitz, Urheberschaft oder Betroffensein kann der s-Genitiv auch noch andere Bedeutungskonzepte ausdrücken. Er hat hier eine charakterisierende Funktion, die dem attributiven Adjektiv vergleichbar ist (→ **56.1**). Vergleiche das folgende Schema:

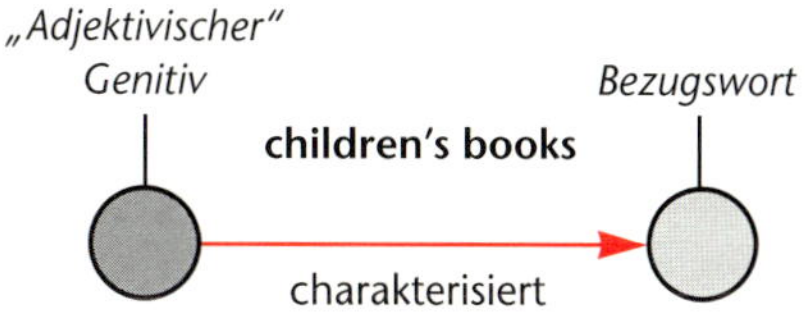

1. S-Genitiv bei Zeit- und Entfernungsangaben
Der „adjektivische" s-Genitiv erscheint in Zeitangaben, vornehmlich mit Zeiteinheiten wie *minute, hour, day* und *week* (Beispiel 1). Bei Maßangaben mit Zahlen steht als Alternative die zusammengesetzte Form zur Verfügung (Beispiel 2).

(1) a fifteen minutes' walk, in a week's time, a two days' stay, an hour's rest
(2) Alternativen: a fifteen-minute (Singular!) walk, a two-day stay

Bei Entfernungsangaben tritt der s-Genitiv nur in einigen formelhaften Wendungen auf (Beispiel 3), normalerweise benutzt man hier eine *of*-Konstruktion (Beispiel 4).

(3) a stone's throw away, at arm's length
(4) Aber: a distance of three miles, a journey of fifty kilometres

2. *S*-Genitiv zur Klassenbezeichnung
Auch in dieser Konstruktion verhält sich der Genitiv wie ein attributives Adjektiv. Im Deutschen entspricht ihm häufig ein zusammengesetztes Nomen (Beispiel 5-8). Wie das erste Element in einer Zusammensetzung wie „Kinderbuch" charakterisiert und klassifiziert der Genitiv das Grundwort, indem er es von anderen Arten von Büchern etc. abgrenzt.

(5) **Children's books** are downstairs. *(Kinderbücher sind im Tiefgeschoss.)*
(6) There are now quite a few **women's soccer teams** in England.
(... Frauen-Fußballmannschaften ...)
(7) There is a **bird's nest** on our balcony. *(... ein Vogelnest.)*
(8) **Duck's eggs** are larger than **hen's eggs.** *(Enteneier ... Hühnereier.)*

26 Genitivkonstruktionen im journalistischen und förmlichen Stil

Die Verwendung des Genitivs in Texten wird im Folgenden an zwei Textsorten illustriert, einer im journalistischen Stil verfassten Pressemitteilung und einem Auszug aus einer wissenschaftlichen Abhandlung.
Die Pressemitteilung (Beispiel 1) enthält nicht nur Beispiele für die übliche Verwendung des *s*-Genitivs bei Personen (*Taylor's suggestions, Taylor's assertions*). Der Gebrauch des *s*-Genitivs wird auch auf Sachbezeichnungen ausgedehnt, die für menschliche Institutionen stehen (*industrialized world, nuclear industry*; → **22**). Auffällig ist, dass der s-Genitiv hier mit einer *of-phrase* kombiniert wird, so dass mit *the environmental damage of the industrialized world's reliance on oil, 20 per cent of the world's primary supply* und *the longer-established nuclear industry's contribution of only 12 per cent* Ausdrücke von großer Informationsdichte entstehen, wie sie im journalistischen Stil beliebt sind.

(1) *From a press release by Greenpeace*:

Geoffrey Taylor's suggestion that opposition to nuclear power is based on „timidity" and that the industry should be allowed to develop by trial and error shows scant regard for the thousands who have died, are suffering or will suffer as ***a result of the Chernobyl disaster.*** He is right to abhor **the environmental damage of the industrialized world's reliance on oil.** However, most oil is used for transport, not for power production as he implies [...] The route towards a 'greener' ***source of energy*** is not to promote uneconomic and unsafe nuclear reactors, nor fossil fuels. A comprehensive ***programme of energy efficiency*** is needed, together with an increase in the use of renewables. Contrary to **Taylor's assertions,** renewable ***forms of energy*** now provide for about **20 per cent of the world's primary supply,** not just from wind, but also from bio-mass, hydro power and solar energy. This figure should be compared with **the longer-established nuclear industry's contribution of only 12 per cent.**
From Bridget Woodman, Greenpeace Nuclear Campaign, London N1,
The Freiburg Corpus B09 121–142

Text 1 enthält auch vier Beispiele für eine reine *of*-Konstruktion (*a result of the Chernobyl disaster, source of energy, programme of energy efficiency, forms of energy*). Diese Genitivkonstruktion ist typisch für die exakte wissenschaftliche Darstellung, wie der zweite Text zeigt (Beispiel 2). Allerdings sind auch im wissenschaftlichen Stil Kombinationen von *s*-Genitiv und *of-phrase* nach der Art von Beispiel 1 nicht ausgeschlossen; vgl. den Ausdruck *renewal of Britain's nuclear submarine force*, der der Quelle von Beispiel 2 entnommen ist.

(2) *From a scientific discussion of how news items are selected:*

The formation of news events, and **the formation of news values,** is in fact a reciprocal, dialectical process in which stereotypes are **the currency of negotiation. The occurrence of a striking event** will reinforce a stereotype, and reciprocally, the firmer the stereotype, the more likely are relevant events to become news. **An excellent example of this process** [is ...] the Chernobyl disaster [...]
The Chernobyl accident confirmed worst fears about the dangers associated with nuclear arms and nuclear power, and quickly became the paradigm for the category 'nuclear accident'. The paradigm then quickly collected other instances, and generated **a heightened perception of danger.** Diverse events such as leakages, fires, explosions, temperature increases and excess waste disposals at various nuclear locations started to be reported [...]

From Roger Fowler, *Language in the News,* London 1991, p. 17f

Formen des *s*-Genitivs

27

1. Grundprinzip der Bildung

Der *s*-Genitiv kann nicht nur von Nomen gebildet werden, sondern auch von Nominalgruppen und den indefiniten Pronomen auf *-body* und *-one*: *Peter's dartboard – my little brother's toys, somebody's football – everyone's enjoyment.*
An Singularformen wird Apostroph + *s* angehängt (Aussprache [z],[s] oder [ɪz] wie beim Plural-s): *the lady's* [z] *coat, Mr Black's* [s] *hat, the boss's* [sɪz] *suit, James's* [zɪz] *anorak.*
Pluralformen auf *-s* erhalten nur einen Apostroph (die Aussprache ändert sich dabei nicht): *the ladies'* [z] *dresses, the Blacks'* [s] *coats, the bosses'* [sɪz] *umbrellas.*

2. *S*-Genitiv bei unregelmäßigen Pluralformen

Wird der Plural nicht auf *-s* gebildet, sondern auf andere Weise, so wird Apostroph + *s* angehängt: *the children's* [z] *socks, the men's* [z] *department.*

3. *S*-Genitiv bei Namen auf *-s*

Familiennamen, die auf Vokal + stimmloses *-s* enden (z. B. *Moss, Davis),* bilden den *s*-Genitiv wie alle anderen Nomen, die auf *-s* enden:
Singular: *Mr Davis's dog*, Plural: *the Davises' dog* (Aussprache jeweils [sɪz]).
In anderen Fällen, in denen das *-s* wie ein Plural- oder Genitiv-*s* klingt (stimmloses *-s* nach Konsonant wie bei *Bates* bzw. stimmhaftes *-s* wie bei *Jones*), gibt es einige zusätzliche Schreib- und Aussprachevarianten:
Singular: *Mr Bates'* [beɪts] *cow,* Plural: *the Bates'* [beɪts] / *the Bates's* ['beɪtsɪz] *cow.*

Singular: *Mrs Jones'* [dʒəʊnz] *car,* Plural: *the Jones'* [dʒəʊnz] / *the Jones's* ['dʒəʊnzɪz] *car.*

Bei zahlreichen ausländischen oder historischen Eigennamen wird stets nur ein Apostroph angehängt:
Socrates' ['sɒkrətiːz] *philosophy, Guy Fawkes'* [fɔːks] *Night.*

4. Gruppengenitiv
Auch Nominalgruppen mit nachgestelltem Attribut sowie durch *and* aneinander gereihte Nomen können als Ganzes einen s-Genitiv bilden. Man bezeichnet eine solche Konstruktion als Gruppengenitiv. Die Genitiv-Endung tritt an das letzte Wort der Gruppe:
the people next door's piano, somebody else's violin, Gilbert and Sullivan's operas (they wrote them together)

Grundsätzliches zu den Possessivwörtern

28

Unter Possessivwörtern fassen wir Possessivbegleiter wie *my, your, his* (+ Nomen) und Possessivpronomen wie *mine, yours*, etc. zusammen. (Zu den Formen der verschiedenen Possessivwörter → **30**.)

1. Possessivbegleiter bei Körperteilen und Kleidungsstücken, etc.
Im Englischen verwendet man Possessivbegleiter grundsätzlich in Bezug auf Körperteile (Beispiel 1) und Kleidungsstücke (Beispiel 2) sowie auf abstrakte Begriffe wie *life, death, mind*, etc., wenn sie Personen zugeordnet sind (Beispiel 3).

(1) She looked at me questioningly with **her *hands*** on **her *hips*.**
(2) Before going into the interview, I straightened **my *tie*** and combed **my *hair*.**
(3) Most people spend ***their*** whole **lives** frightened of job interviews.

2. Verstärkung durch *own*
Das zur Verstärkung benutzte Wort *own* kann auf zwei verschiedene Weisen mit dem Possessivbegleiter kombiniert werden:

— Possessivbegleiter + *own* können vor dem Nomen stehen (Beispiel 4). Soll ein bereits genanntes Nomen nicht wiederholt werden, so können Possessivwort + *own* auch allein stehen (Beispiel 5).

(4) You don't need to tell me what to do. I'll make up **my own *mind*.**
(Ich treffe meine eigene Entscheidung/meine Entscheidung selbst.)
(5) Did you hire these ***videos?*** – No, ***they***'re **our own.** *(...es sind unsere eigenen.)*

— Possessivbegleiter und *own* stehen als *of*-Gruppe hinter dem Nomen (Beispiel 6 und 7). Zu beachten ist, dass *own* auch hier nur nach einem Possessivwort auftritt (→ **29.2**).

(6) They have plenty of ***ideas* of their own** for ways to conserve energy.
(7) The definition of happiness is ***a home* of one's own.**

3. Die Verwendung der Possessivpronomen
Possessivpronomen (immer ohne Artikel) treten für ein Nomen mit Possessivbegleiter ein, wenn das Nomen bereits genannt wurde oder mitverstanden wird (Beispiel 1). Häufig ist der Gebrauch von *be* und Possessivpronomen im Sinne von *belong to s. o.* (Beispiel 2), besonders in Antworten auf Fragen mit *whose* (Beispiel 3).

(1) Their taste in clothes is completely different from **ours.**
(… anders als unserer/der unsrige.)
(2) Is that jumper **yours?** (Does it belong to you?)
(3) Whose shoes are those?/Whose are those (shoes)? – They're not **mine.**

Im förmlichen Stil können Possessivpronomen auch als Subjekt zu *be* stehen und sich auf ein nachfolgendes Nomen beziehen (Beispiel 4 und 5; → **23**).

(4) **Ours** was a fateful meeting. (Our meeting was a fateful one.)
(5) **Theirs** was a stormy relationship.

Die Konstruktion *of* + Possessivpronomen (*a good friend of mine*, etc.) entspricht dem „doppelten Genitiv" (→ **24**).

Possessivwörter: Vergleich mit dem Deutschen **29**

1. Bei Körperteilen und Kleidungsstücken, etc.
Zum Ausdruck der Zugehörigkeit von Körperteilen, Kleidungsstücken, etc. gibt es grundsätzlich zwei Möglichkeiten, von denen die eine im Deutschen, die andere im Englischen bevorzugt wird. Vergleiche das folgende Schema sowie Beispiel 1–3:

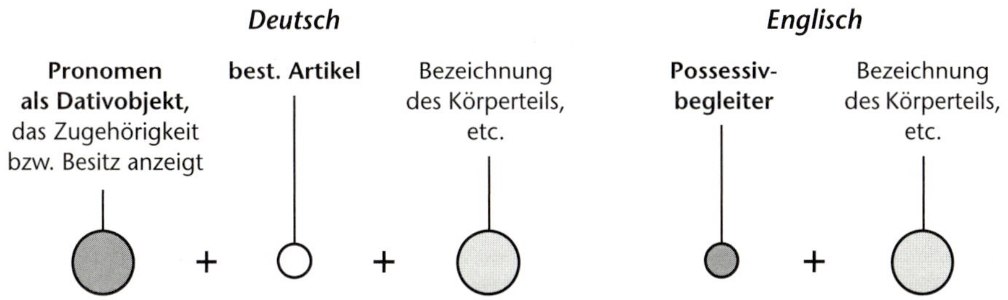

(1) Die Gastgeberin schüttelte **ihm die *Hand.***	The hostess shook **his *hand.***
(2) Peter wusch **sich die *Hände.***	Peter washed **his *hands.***
(3) Sie zog **sich die *Schuhe*** aus.	She took **her *shoes*** off.

Wie das Schema und die Beispiele zeigen, wird im Deutschen der „Besitzer" durch ein Pronomen als Dativobjekt identifiziert. Ist der Besitzer eine andere Person als die vom Subjekt bezeichnete, so verwendet man Personalpronomen (Beispiel 1). Ist der Besitzer die gleiche Person, so erscheint das Reflexivpronomen (Beispiel 2 und 3). Bei der Bezeichnung des Körperteils genügt dann der bestimmte Artikel. Im Englischen

entfällt das besitzanzeigende Objekt, dafür wird ein Possessivwort gebraucht, der bestimmte Artikel genügt nicht.
Nach einigen Tätigkeitsverben ist allerdings neben der Kombination „Possessivwort + Körperteilbezeichnung" auch im Englischen die „deutsche" Konstruktion möglich, vor allem nach Verben, die eine Berührung ausdrücken (Beispiel 4 und 5). Die Bezeichnung des Körperteils wird hier mit einer Präposition (*by, on*, etc.) angeschlossen.

(4) Somebody caught **me** by **the *sleeve.***
(5) They hit **her** over **the *head*** with a bottle.
Ebenso: to hit s.o. in the eye, to seize s.o. by the throat, to lead/hold s.o. by the hand, to kiss s.o. on the forehead

2. Deutsch *eigen* im Vergleich mit englisch *own*
Deutsch *eigen* kann für sich allein, d.h. ohne Possessivwort, Besitz und Zugehörigkeit ausdrücken. *Eigen* kann deshalb auch wie andere Adjektive mit Artikeln und Mengenwörtern verwendet werden. *Own* dagegen kann nur in Verbindung mit einem Possessivwort auftreten, aber nicht mit Artikeln oder Mengenwörtern. Zu den beiden möglichen Konstruktionen von *own* → **28.2**.

	Deutsch	Englisch
(6)	Wer hätte nicht gern **ein eigenes** Auto?	Who wouldn't like a car **of their own / their own** car?
(7)	Sie hat nicht **viele eigene** CDs, deshalb leiht sie sich immer meine aus.	She doesn't have many CDs **of her own,** that's why she keeps borrowing mine.

30 Formen der Possessivwörter

Possessivwörter haben die Funktion von Possessivbegleitern, wenn sie bei einem Nomen stehen. Sie sind Possessivpronomen, wenn sie an Stelle eines Nomens verwendet werden. Ihre Formen lauten:

Possessivbegleiter:	**my**	**your**	**his**	**her**	**its**	**our**	**your**	**their**	**one's** car(s)
Possessivpronomen:	**mine**	**yours**	**his**	**hers**	–	**ours**	**yours**	**theirs**	—

Kapitel 2:

Das Umfeld des Nomens – Artikel, Demonstrativwörter und Mengenwörter

Vorbemerkung 31

Children need attention.

Nomen wie *children* und *attention* können für sich allein einen Satzteil bilden, wenn eine ganz allgemeine Vorstellung ausgedrückt werden soll. Meist aber erscheinen Nomen zusammen mit Artikeln, Possessivwörtern, Demonstrativwörtern oder Mengenwörtern. Diese machen deutlich, wie das Nomen verstanden werden soll:

the child on the photo, this child, three children, many children,
the older children in our neighbourhood, the children you meet in the streets

Die genauere Charakterisierung erfolgt, wie die Beispiele zeigen, oft zusätzlich durch Adjektive (→ **56**) sowie nachgestellte Wortgruppen und Relativsätze (→ **223**).
Für die Verwendung von Artikeln, Demonstrativ- und Mengenwörtern gelten im Englischen eine Reihe von Bedingungen, die andere Sprachen nicht in derselben Konsequenz anwenden. Sie sind das Hauptthema dieses Kapitels. Zu den Possessivwörtern → **28–30**.

Bestimmter und unbestimmter Artikel 32–37

Grundsätzliches 32

Beide Artikel, der bestimmte Artikel *the*, aber auch der unbestimmte Artikel *a/an*, haben aussondernde Funktion. Dieses Grundprinzip wird in der Gegenüberstellung mit allein stehenden Nomen besonders deutlich.

1. Nomen ohne Artikel
Personen- und Sachbezeichnungen ohne Artikel bezeichnen **eine Gattung oder eine Sache ohne Einschränkung**. Bei zählbaren Nomen wird hierzu die Pluralform verwendet (*bees* = Bienen allgemein; Beispiel 1). Bei nichtzählbaren Nomen (z. B.

Stoffbezeichnungen und abstrakten Begriffen, ➜ **7.2**) verwendet man die Singularform (Beispiel 2–4) oder – falls nur diese vorhanden ist – die Pluralform (Beispiel 5).

(1) Bees make honey from nectar.
(2) Rice is a staple food in many parts of Asia.
(3) Do you understand chemistry?
(4) Ancient Greece was the birthplace of philosophy.
(5) Maths is quite an interesting subject.

Viele charakterisierende Adjektive werden nicht als Einschränkung empfunden. Kombinationen aus Adjektiv und Nomen stehen deshalb ebenfalls häufig ohne den Artikel (Beispiel 6 und 7).

(6) Vegetarian cooking is healthier for you.
(7) Cafés are a part of French culture. *(... der französischen Kultur.)*

2. Unbestimmter Artikel

Im Gegensatz zum artikellosen Gebrauch von Nomen signalisiert der unbestimmte Artikel beim Nomen eine gewisse Auswahl, indem er **ein Exemplar aus einer Gattung** auswählt. Dieses Exemplar ist allerdings ein beliebiges, z. B. eine x-beliebige Fliege oder ein x-beliebiges Glas Wasser (Beispiel 8 und 9).
Auch wenn ein Mensch als Vertreter einer speziellen Gruppe charakterisiert wird, z. B. als Vertreter eines bestimmten Berufs, einer Nationalität, Religion oder politischen Partei, geschieht dies mit Hilfe des unbestimmten Artikels (Beispiel 10).

(8) There's a fly in my soup.
(9) Can you give me a glass of water?
(10) He is a waiter / an Irishman / a Conservative.

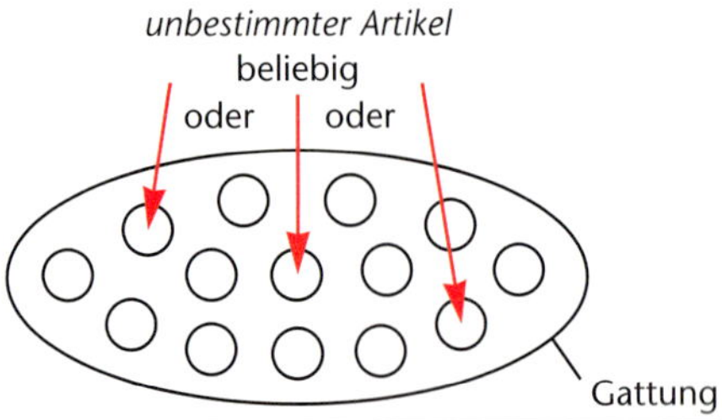

3. Bestimmter Artikel

Der bestimmte Artikel weist auf **ganz bestimmte Personen oder Sachen** hin. (Noch deutlicher wird diese hinweisende Funktion durch Demonstrativwörter ausgedrückt; ➜ **38**.) Der bestimmte Artikel wird vor allem dann verwendet, wenn ein Attribut, z. B. ein Relativsatz (Beispiel 11) oder eine nachgestellte Präpositionalgruppe (Beispiel 12) genauer festlegt, wer oder was gemeint ist. Entscheidend ist, dass das Attribut tatsächlich als Einschränkung empfunden wird. (➜ **35.1**).

(11) Did you take the advice *he gave you?*
(12) The chief executive praised the industry *(Fleiß) of the workforce.*

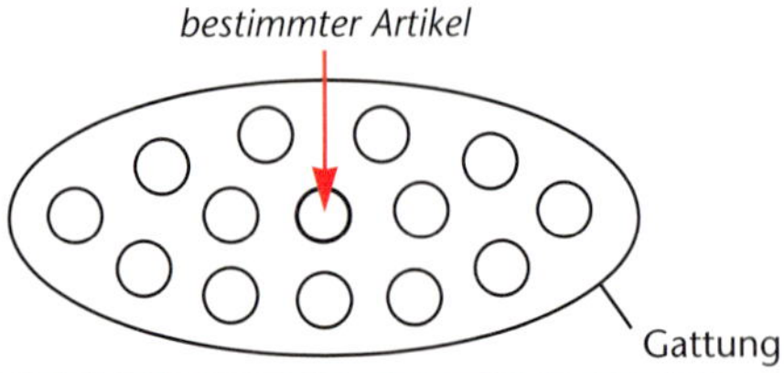

Die Einschränkung kann auch ein mitgedachter Bezugsrahmen sein. Dieser kann enger oder weiter gefasst sein (Firma, Stadt, Sonnensystem, etc.; Beispiel 13–15).

(13) The boss is away on business.
(Firma als Bezugsrahmen)
(14) How far is it to the station?
(Stadt als Bezugsrahmen)
(15) Jupiter is the largest of the nine planets.
(Sonnensystem als Bezugsrahmen)

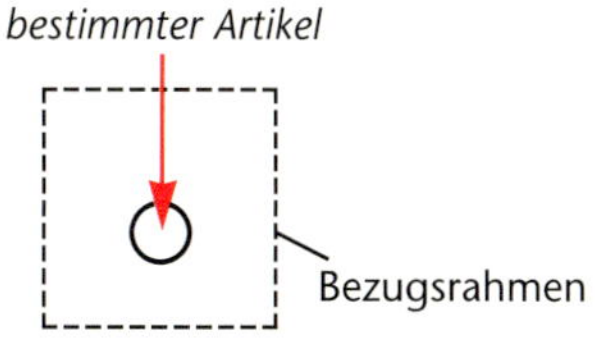

Zur Hervorhebung oder Bewertung verwendet man den bestimmten Artikel in seiner betonten Form mit der Aussprache [ðiː] (Beispiel 16; → **37.1**).

(16) That's *the* answer. That's *the* movie to see.

Details zum Gebrauch / Nichtgebrauch des bestimmten Artikels bei allgemeinen Nomen **33**

Theoretisch lassen sich die folgenden Spezialfälle aus dem Grundprinzip für den Gebrauch des bestimmten Artikels ableiten (Verwendung nur bei bewusst einschränkender Funktion: Verzicht auf den Artikel, wenn ein Nomen im allgemeinen, uneingeschränkten Sinn gebraucht wird; → **32.1 + 3**); praktisch ist der Zusammenhang aber nicht immer leicht herzustellen.

1. Institutionen wie *school, church, university, hospital, prison*

Hier verzichtet man auf den Artikel, wenn die Funktion der Institution gemeint ist (Beispiel 1).
Der Artikel wird verwendet, wenn man sich auf ein bestimmtes Gebäude bezieht (Beispiel 2 und 3).

(1) The injured man was taken to hospital.
Ebenso: go to bed, go to town, go to school, go to church, etc.
(2) The school is opposite the church.
(3) The university is in the middle of the town.

2. Verkehrsmittel

Hier entfällt der bestimmte Artikel, wenn die Funktion des Verkehrsmittels durch *by* angezeigt wird (*by bus, by car,* etc.; Beispiel 4).
Will man auf einen konkreten Bus, etc. verweisen, so wird der Artikel jedoch gebraucht (Beispiel 5 und 6).

(4) We'll go to London by bus.
Ebenso: by train / car / ship / plane / etc.
(5) The bus / train was crowded because it was rush hour.
(6) You need to take the number 12 bus.

3. Tageszeiten und Mahlzeiten

Der Artikel erscheint nicht, wenn Tageszeiten oder Mahlzeiten im allgemeinen Sinn gemeint sind (z. B. *morning* = täglich wiederkehrender Zeitabschnitt, *breakfast* = die Morgenmahlzeit; Beispiel 7 und 8). Bezieht man sich auf einen konkreten Einzeltag oder eine konkrete Mahlzeit, so steht der Artikel (Beispiel 9 und 10).

(7) The party went on till **morning.**
(8) **Breakfast** is served from 8.00 to 10.00. **Lunch** is at 12.30.
(9) **The / That afternoon** was hot and humid.
(10) **The dinner** last night was excellent.

Nach *in, during, in the course of* erhalten die Bezeichnungen von Tageszeiten allerdings auch in verallgemeinernder Bedeutung den Artikel (Beispiel 11).

(11) The dustmen always come **in the course of the morning,** whereas the postman usually turns up **in the afternoon.**

4. Feiertage, Wochentage, Monate und Jahreszeiten

Kein Artikel steht, wenn an die regelmäßige Wiederkehr dieser Zeiträume gedacht wird (Beispiel 12 und 13). Der Artikel entfällt außerdem auch, wenn der vergangene oder kommende Wochentag oder Monat gemeint ist (Beispiel 14 und 15). In anderen Fällen steht jedoch der bestimmte Artikel (Beispiel 16 und 17).

(12) **Easter Monday** is a public holiday.
(13) **August** is the one month when there is no school.
(14) I met him on **Sunday** (= last Sunday).
(15) I'll see him in **June** (= next June).
(16) That week we met on **the Friday.**
(17) **the September** of 1976

Bei Jahreszeiten kann der Artikel ohne besonderen Bedeutungsunterschied stehen oder entfallen (Beispiel 18), nicht jedoch bei *fall,* das im amerikanischen Englisch für *autumn* gebraucht wird (Beispiel 19).

(18) We're going to Italy in **(the) spring.**
(19) The woods are at their most beautiful in **(the) autumn.**
Aber nur: ... in **the fall.**

5. Besonderheiten der Stellung

Der bestimmte Artikel steht – wie im Deutschen – vor dem Nomen und seinen Attributen. Er tritt jedoch hinter die Mengenangaben *all, both, half, double, twice, three / four / ... times* (Beispiel 20).

(20) all **the** gold coins, both **the** dollar bills, half **the** change, double / twice / three times **the** amount

Der Gebrauch / Nichtgebrauch des bestimmten Artikels bei Eigennamen

34

1. Der Standardfall: Eigennamen ohne Artikel
Da Eigennamen für etwas Einmaliges stehen, müssen sie nicht zusätzlich näher bestimmt werden und werden deshalb typischerweise ohne Artikel verwendet. Dies gilt insbesondere für Personennamen, auch solche mit Titel oder anderen Zusätzen, sowie Verwandtschaftsbezeichnungen (Beispiel 1–4).

(1) Mr Spencer is Anne's maths teacher.
(2) Dad and Uncle Ben are twins.
(3) Old Dr Baxter was our family doctor for years.
(4) Saint Patrick is the patron saint of Ireland.

Ohne Artikel werden auch die Namen von Straßen, Plätzen, Brücken, Parks und Gebäuden gebraucht (Beispiel 5 und 6), ebenso die Namen von Erdteilen, Ländern, Provinzen, Städten, Seen, Inseln, Buchten und Bergen (Beispiel 7). Eine Ausnahme bilden einige Namen, die auch in der Originalsprache mit Artikel stehen (Beispiel 8), sowie einige zusammengesetzte Namen von berühmten Gebäuden (Beispiel 9).

(5) St. Paul's Cathedral is not far from London Bridge.
(6) Fifth Avenue runs alongside Central Park.
Ebenso: Waterloo Station, Times Square, Hyde Park, Piccadilly Circus, Downing Street, Buckingham Palace, Tower Bridge, etc.
(7) Chicago lies on Lake Michigan.
Ebenso: (Latin) America, (northern) Italy, (beautiful) Yorkshire, Bavaria, Paris, Loch Ness, Long Island, Hudson Bay, Mount Everest, Snowdon, etc.
(8) Aber: the Hague *(Den Haag)*, the Matterhorn, the Zugspitze
(9) Aber: the White House, the Empire State Building

Abgekürzte Namen von Organisationen, etc., die nur aus Anfangsbuchstaben bestehen, erhalten keinen Artikel, wenn man sie wie normale Wörter ausspricht (Beispiel 10). Werden sie jedoch buchstabiert, so treten sie mit Artikel auf (Beispiel 11).

(10) Is Spain a member of NATO? ['neɪtəʊ]
Ebenso: UNESCO [juː 'neskəʊ], UNICEF ['juːnɪsef], UNO ['juːnəʊ], etc.
(11) Aber: the UN [juː 'en], the EU [iː 'juː], etc.

2. Die Ausnahme: Eigennamen mit bestimmtem Artikel
Nur wenige Arten von Eigennamen werden grundsätzlich mit Artikel verwendet. Dazu gehören solche, die aus allgemeinem Nomen und *of*-Attribut bestehen oder bei denen ein *of*-Attribut zur Präzisierung angeschlossen werden kann (Beispiel 12–14).

(12) the Prince of Wales (Aber: Charles, Prince of Wales),
the Duchess of Kent (Aber: Katherine, Duchess of Kent)
(13) the Isle of Man, the Cape of Good Hope, the Wash
(14) the Tower (of London), the City (of London), the House (of Commons)

Mit dem Artikel stehen auch Eigennamen im Plural, vor allem Familiennamen (Beispiel 15), und die Namen von Gebirgen und Inselgruppen sowie von einigen Ländern und Institutionen (Beispiel 16–17; zur Verwendung des Verbs im Singular → **4.3**).

(15) the Browns, the Millers
(16) the Alps, the Falklands, the Netherlands, the United States
(17) The United Nations was founded in 1945.

Mit dem Artikel stehen außerdem die Namen von

— Flüssen, Kanälen und Meeren (Beispiel 18),
— Schiffen (Beispiel 19),
— Museen, Theatern und Kinos (Beispiel 20).
— Zeitungen (Beispiel 21).

(18) the Thames, the Suez Canal, the Mediterranean
(19) the Queen Mary, the Lusitania, the Titanic
(20) the Tate Gallery, the Guggenheim; the National Theatre, the Globe; the Odeon, the National Film Theatre
(21) the Times, the Guardian, the Independent, the Sun

35 Der bestimmte Artikel: Vergleich mit dem Deutschen

Der bestimmte Artikel wird im Englischen grundsätzlich weniger häufig gebraucht als im Deutschen. Das mag u.a. damit zusammenhängen, dass er im Deutschen auch die Aufgabe hat, das grammatische Geschlecht der Nomen anzuzeigen (*der* Tisch, *die* Butter, *das* Papier), eine Funktion, die im Englischen entfällt. Weitere wichtige Unterschiede ergeben sich vor allem in folgenden Bereichen:

1. Abstrakte nichtzählbare Nomen
Im Gegensatz zum Deutschen wird der Artikel hier im Englischen **nicht** verwendet, wenn der Begriff in uneingeschränkter, allgemeiner Bedeutung gebraucht wird (Beispiel 1). Als allgemein wird ein Begriff oft auch dann empfunden, wenn er durch vorangestellte Adjektive oder nachgestellte Wortgruppen weiter charakterisiert wird (Beispiel 2 und 3).

	Deutsch	Englisch
(1)	Das Leben ist kurz.	Life is short.
(2)	Das *menschliche* Leben ist kurz.	*Human* life is short.
(3)	Das Leben *auf dieser Erde* ist kurz.	Life *on earth* is short.

Der bestimmte Artikel erscheint im Englischen bei nichtzählbaren Abstrakta nur dann, wenn z. B. durch eine *of-phrase* oder einen notwendigen Relativsatz (→ **223.1**) eine Einschränkung oder Kontrastierung zwingend vorgegeben ist (Beispiel 4 und 5).

	Deutsch	Englisch
(4)	die Haltung *der heutigen Generation*	the attitude *of today's generation*
(5)	Das Leben, *das unsere Vorfahren führten,* und das Leben, *das wir heute führen,* sind sehr verschieden.	The life *our ancestors* led and the life *we lead today* are very different.

2. Klassifizierende Verwendung des Artikels im wissenschaftlichen Stil
Im Deutschen ist es üblich, zur Angabe einer Gattung die Singularform des Nomens mit dem bestimmten Artikel zu verwenden (Beispiel 6). Im Englischen ist diese Verwendung zwar möglich, häufig wird jedoch die Pluralform ohne Artikel bevorzugt, vor allem wenn die Gattung in sich vielfältig erscheint (Beispiel 7).

	Deutsch	Englisch
(6)	Der Wal ist ein Säugetier.	The whale is a mammal. Oder: Whales are mammals.
(7)	Das Auto und sein Einfluss auf die Gesellschaft	The car and its influence on society Eher: Cars and their influence on society

3. Eigennamen
Weitgehende Übereinstimmung gibt es hier zwischen dem Englischen und dem Deutschen bei Personennamen und geographischen Namen (Beispiel 8 und 9). Im Unterschied zum Deutschen werden jedoch im Englischen die Namen von Straßen und Plätzen (Beispiel 10 und 11) sowie – öfter als im Deutschen – die Namen von Brücken und Gebäuden ohne Artikel verwendet (Beispiel 12 und 13).

	Deutsch	Englisch
(8)	Peter Schmid, Anna Mayer	Peter Smith, Anne Evans
(9)	England, Deutschland, Amerika	England, Germany, America
(10)	Wir wohnen in der Goethestraße.	We live in George Street.
(11)	Der Potsdamer Platz wird gerade wieder hergerichtet.	Trafalgar Square is to be turned into a pedestrian area.
(12)	die Ludwigsbrücke, die Katharinenbrücke, die Hafenbrücke	Tower Bridge, London Bridge Aber: the Golden Gate Bridge
(13)	der Reichstag, der Papstpalast, die Nikolaikirche Aber: Schloss Sanssouci	Buckingham Palace, Windsor Castle, Westminster Abbey Aber: the Tower (of London)

36 Details zum Gebrauch des unbestimmten Artikels

1. Gebrauch bei Gruppenzugehörigkeit

Der unbestimmte Artikel wird im Englischen u. a. dann verwendet, wenn eine Person als Vertreter eines Berufs, einer Nationalität, einer religiösen Gruppe, einer politischen Partei, etc. dargestellt wird (→ **32.2**). Er steht aber auch, wenn eine Person als bestimmter Menschentyp oder als Mensch schlechthin verstanden wird (Beispiel 1 und 2). Dieser Gebrauch findet sich vor allem nach Kopulaverben wie *be, become, remain* (Beispiel 1), darüber hinaus aber auch nach anderen Verben mit Subjektergänzung (*die, wake up*, etc.; Beispiel 2).
Außerdem steht der unbestimmte Artikel nach *as* (Beispiel 3) sowie nach einigen Verben mit Objektergänzung wie *make, consider* und *turn* (Beispiel 4). (Einzelheiten zu Verben mit Subjekt- und Objektergänzung → **98**.)

(1) I'm **an optimist.** *(Ich bin Optimist).*
(2) He died **a broken man.** *(… als gebrochener Mann.)*
(3) As **a traditionalist** the MP was against changing the law on foxhunting. *(Als Traditionalist …)*
(4) His experience of war turned him into **a confirmed pacifist.**

Dagegen steht kein Artikel bei Funktionen und Titeln, die als einmalig verstanden werden, deren Träger also nicht als beliebige Vertreter einer Gruppe oder Klasse dargestellt werden (Beispiel 5 und 6).

(5) Ronald Reagan was **President** (of the USA) for two terms.
(6) The Democrats nominated Ian Byrne as **mayor.**

2. Verwendung bei Mengenangaben

Vor Mengen-, Maß- und Zeiteinheiten steht der unbestimmte Artikel im Sinne von *pro/je.* Hier ist seine Verwandtschaft mit dem Zahlwort *one* spürbar (Beispiel 7 und 8).

(7) Orange juice costs just 50p **a** litre.
(8) We were speeding down the motorway at 90 miles **an** hour.

3. Gebrauch in Redewendungen

In einigen Redewendungen hat der unbestimmte Artikel eine Bedeutung, die an das Zahlwort *one* erinnert (Beispiel 9). In anderen Fällen bietet sich jedoch keine systematische Erklärung für die Verwendung des unbestimmten Artikels an (Beispiel 10).

(9) **In a word** you're lazy! *(Mit einem Wort …)*
Ebenso: at a glance *(auf einen Blick)*, one at a time *(einer nach dem anderen)*
(10) We always go to Scotland on holiday. Can't we go somewhere else **for a change?** *(… zur Abwechslung …)*
Ähnlich: as a whole *(als Ganzes)*, as a rule *(in der Regel)*, from a distance *(aus der Ferne)*, to take a seat *(Platz nehmen)*, to come to an end *(zu Ende gehen)*, to take a fancy to *(Gefallen finden an)*, to have a good mind to do s.th. *(gute Lust haben, etw. zu tun)*, to have a good knowledge of … *(gute Kenntnisse in … haben)*

4. Besonderheiten der Stellung
Der unbestimmte Artikel steht normalerweise vor dem Nomen und seinen Attributen. Er tritt jedoch hinter *what, such, half* (Beispiel 11–13) sowie hinter *quite* und *rather* (Beispiel 14). Im sehr förmlichen Stil finden sich auch die Konstruktionen *many a* sowie *so/as/too/how/however* + Adjektiv + unbestimmter Artikel (Beispiel 15–17).

(11) *What* a waste of time!
(12) It's *such* a long journey.
(13) The taxi will be here in *half* an hour.
(14) My plane was late, the train broke down and I have a cold. It's been *quite* a day!
(15) *Many* a traveller is reluctant to return home after a good holiday.
(16) He had never travelled *so great* a distance before.
(17) I'll never make my flight, it's *too quick* a connection.

Formen und Aussprache des Artikels (Übersicht)

37

1. Der bestimmte Artikel
Der bestimmte Artikel trägt normalerweise keine Betonung. Die betonte Form dient wie beim unbestimmten Artikel zur Bewertung und Kontrastierung.

Unbetonte Aussprache		
vor gesprochenem Konsonant	[ðə]	**the** floor, **the** house, **the** USA
vor gesprochenem Vokal	[ðɪ]	**the** apple, **the** umbrella, **the** hour
Betonte Aussprache	[ðiː]	That's ***the*** solution. I said ***the*** answer, not ***an*** answer.

2. Der unbestimmte Artikel
Auch der unbestimmte Artikel wird normalerweise unbetont gesprochen. Die betonte Form verwendet man nur zum Zweck der Kontrastierung, beim zögernden Sprechen und beim Bemühen um besondere Deutlichkeit.

Unbetonte Aussprache			
vor gesprochenem Konsonant	a	[ə]	**a** box, **a** house, **a** European town
vor gesprochenem Vokal	an	[ən]	**an** egg, **an** umbrella, **an** hour, **an** MP
Betonte Aussprache			
vor gesprochenem Konsonant:	a	[eɪ]	I said ***a*** house, not ***the*** house.
vor gesprochenem Vokal:	an	[æn]	I said ***an*** umbrella, not ***the*** umbrella.

Die Form *an* steht vor Wörtern, die mit *h* beginnen nur dann, wenn das *h* stumm ist. Da das *h* vor unbetontem Vokal z. T. nicht gesprochen wird, trifft man auch hier auf die Form *an*, z. B. *an hotel* [–'–], *an historical* [–'–––] *novel*, etc.

38–40

Demonstrativwörter

Grundsätzliches

38

Demonstrativwörter stehen meist als Begleiter bei Nomen (Beispiel 1). Soll ein Nomen nicht wiederholt werden, so wird nach den Singularformen *this* und *that* das Stützwort *one* eingesetzt (Beispiel 2). Nach den Pluralformen *these* und *those* ist das Stützwort *ones* ebenfalls möglich, aber nicht nötig (Beispiel 3). Außerdem können die Demonstrativwörter allein, d. h. als Pronomen auftreten (Beispiel 4 und 5).

(1) this / that newspaper; these / those books
(2) Which is your car? – That one.
(3) Are those cassettes more expensive than these (ones)?
(4) This is my book.
(5) Whose pencils are those?

1. Situationsbezug, Rückbezug und Vorausbezug

Demonstrativwörter haben eine starke hinweisende Funktion (oder „Zeigefunktion"). Sie tritt am deutlichsten zu Tage, wenn sie sich auf die augenblickliche Situation beziehen (Beispiel 1 und 2). Häufiger aber ist der Rückverweis auf eine frühere Äußerung (Beispiel 3 und 4). Außerdem können *this / these* (nicht jedoch *that / those*) auch eine nachfolgende Äußerung ankündigen (Beispiel 5).

(1) Look at this mess.
(2) Can you see that tree over there? It's been blown over.
(3) The Government claimed that the storm damage was minimal. This claim turned out to be rubbish.
(4) The weather report was right. Those high winds did wreak havoc.
(5) He ended his speech with this message: "We must keep our spirits high through adversity!"

Das folgende Schema veranschaulicht nochmals die Bezugsmöglichkeiten:

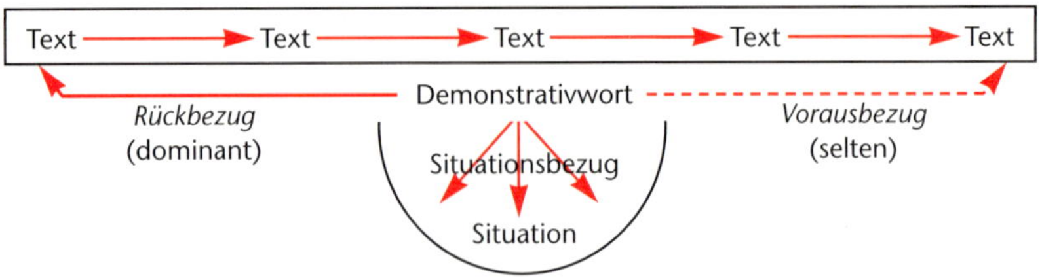

2. Nähe und Ferne

This / these bezeichnen etwas – vom Sprecher aus gesehen – örtlich oder zeitlich nahe Gelegenes (Beispiel 6 und 7), *that / those* etwas örtlich oder zeitlich Entferntes (Beispiel 8 und 9), wobei mit zeitlicher Nähe und Ferne ein gegenwärtiger bzw. vergangener Zeitraum gemeint ist (Beispiel 7 und 9). Außerdem können *that* und *those* einen inneren Abstand, z. B. Geringschätzung, ausdrücken (Beispiel 10).

(6) You've never been on this part of the island before, have you?
(7) On a day such as this the island looks so beautiful.
(8) Let's walk over to those cliffs and look down onto the beach.
(9) I was here ten years ago. That summer the weather was much worse than it is now.
(10) Look at those birds! Don't they look funny.

3. Aussprache
Zu beachten ist hier die unterschiedliche Aussprache der Singularform *this* [ðɪs] und der Pluralform *these* [ðiːz].

Demonstrativwörter als Mittel der Textverknüpfung

39

Demonstrativwörter können sich im Rahmen eines Textes auf einzelne schon erwähnte Wörter, aber auch auf Wortgruppen oder noch größere sprachliche Einheiten oder generell auf einen dargestellten Sachverhalt beziehen. Dabei wird der Bezug nicht immer eindeutig festgelegt, wie dies der folgende Gesprächsbeitrag illustriert (Beispiel 1).

(1) *From a discussion on the problems of employees in Britain and France:*

Maybe their system's organized differently, but fundamentally the problems are the same and that's given our people the confidence that they needed because they've been able to see that people everywhere [...] are facing these particular difficulties, but issues of privatization for example are the same in France and actually about to get much worse [...] and I think that helped [...] our colleagues from France [...] We've been able to support one another with information about companies working, multinational companies working on both sides of the Channel.
The British National Corpus, KM 1 n=67

In Beispiel 1 lässt sich zwar der Ausdruck *these particular difficulties* relativ eindeutig auf das vorausgehende Textelement *the problems* beziehen, doch die beiden *that*-Formen beziehen sich nicht auf bestimmte sprachliche Elemente, sondern auf einen ganzen Sachverhalt: Beide *that*-Formen verweisen – einmal aus englischer, einmal aus französischer Sicht – darauf, dass die Probleme dieselben sind.
Eine kontrastierende Wirkung hat der Wechsel zwischen *that* und *these*, der Pluralform zu *this*, in Beispiel 1 nicht. Dies ist anders im folgenden Beispiel 2:

(2) In those days there was no money to buy books. I borrowed books from the rental library of Shakespeare and Company, which was the library and bookstore of Sylvia Beach at 12 rue de l'Odéon. On a cold windswept street, this was a warm, cheerful place with a big stove in winter, tables and shelves of books, new books in the window, and photographs on the wall of famous writers both dead and living.
From Ernest Hemingway, "Shakespeare and Company", in Ernest Hemingway, *A Movable Feast*, London 1993 [1936], p. 31

Hier drückt das einleitende *those days* die anfängliche Distanz zum Geschehen aus, das kurz darauf folgende *this* aber bereits Nähe und Vertrautheit mit dem Ort der Handlung, dem Buchgeschäft. Der Wechsel von *those* zu *this* bewirkt so, dass der Leser schnell in das Geschehen einbezogen wird.

40 Vergleich mit dem Deutschen

Grundsätzlich erfüllen *this / these* und *that / those* dieselben Funktionen wie die deutschen Demonstrativwörter *dieser / diese / dieses* und *jener / jene / jenes*. Allerdings werden *that / those* wesentlich häufiger verwendet als *jener / jene / jenes*. Diese förmlich klingenden Formen werden im Deutschen oft durch das Demonstrativwort *dies* oder durch den bestimmten Artikel ersetzt, z. T. in der Kombination *der / die / das … dort* (Beispiel 1 und 2).

	Englisch	Deutsch
(1)	In an emergency jump, count slowly to ten and pull the ripcord – in **that** order. **That**'s all you have to remember.	Im Notfall hinausspringen, langsam bis zehn zählen und dann die Reißleine ziehen – in **dieser** Reihenfolge. **Das** ist alles, woran man denken muss.
(2)	Why didn't **those** people help you?	Warum haben Ihnen **die** Leute **dort** nicht geholfen?

Unterschiede bestehen außerdem hinsichtlich der Verwendung der Singular- und Pluralformen in Sätzen mit dem Kopulaverb *be*. Im Gegensatz zu deutschen Singularformen erscheinen im Englischen die Pluralformen *these* und *those*, wenn die Verbergänzung im Plural steht (Beispiel 3 und 4). Nur wenn man sich nicht wirklich auf das Pluralnomen bezieht, sondern auf ein (singularisches) Ereignis, steht auch im Englischen die Singularform. Vgl. Beispiel 5, wo sich die Form *that* auf das Klingeln bezieht.

(3)	**These** are the best cameras in the world.	**Dies / Das** sind die besten Fotoapparate auf der Welt.
(4)	**Those** weren't the correct measurements.	**Dies / Das** waren nicht die richtigen Maße.
(5)	[The doorbell rings:] Oh, **that**'s the Smiths, I expect.	Oh, **das** sind Schmidts, glaube ich.

41–42 Mengenwörter: Allgemeines

Im Folgenden werden die wichtigsten grammatischen Merkmale der Mengenwörter vorgestellt. Die Einzelbesprechung konzentriert sich auf die Gruppen *some / any, much / many / little / few, every / each / all* und *either / both*. Andere Mengenwörter wie *enough, several, a lot of, plenty of* und die negativen Formen *no, none* und *neither* werden an geeigneter Stelle in diesem Kapitel mit besprochen: Zu *enough, several, plenty of*, etc. → **48.4** und **49**, zu *no/none* → **45**, zu *neither* → **54.1**.

Mengenwörter und Mengenvorstellungen

41

1. Bestimmte und unbestimmte Mengenangaben

Generell kann man zwischen bestimmten und unbestimmten Mengenangaben unterscheiden. Bestimmte Mengenangaben werden entweder durch Zahlwörter und zählbare Nomen ausgedrückt *(one book, three books, thirty thousand books)* oder – bei nichtzählbaren Nomen – durch präzise Maßangaben *(three slices of cake, five cups of coffee)*. Unbestimmte Mengenangaben können entweder beim Nomen auftreten, d. h. als indefinite Begleiter verwendet werden (z. B. in *some information, plenty of money*), oder allein stehend, d. h. als indefinite Pronomen gebraucht werden (z. B. *something, everything, none*).

2. Einzelelement, Gesamtmenge, Teilmenge

Mengenwörter wie *every* und *each* bezeichnen ein **Einzelelement** aus einer Gesamtheit, z. B. jedes Kind aus der Gesamtheit aller Kinder, und treten deshalb bei den Singularformen zählbarer Nomen auf *(every/each child)*.
Eine **Gesamtmenge** (oder Gesamtheit) wird durch *all* bezeichnet; *all* steht vor den Pluralformen zählbarer Nomen (*all pop songs*, etc.) und vor nichtzählbaren Nomen, z. B. vor Stoffbezeichnungen und abstrakten Begriffen *(all pop music, all his courage)*. Zur Verneinung dienen *no* und *none* (z. B. *no child, no music, no songs/none of the songs*).
Zum Ausdruck einer (unbestimmten) **Teilmenge** gebraucht man *some/any, much/many, plenty of*, etc. sowie *(a) little/(a) few*. *Much* und *little* können nur mit nichtzählbaren Nomen verwendet werden (*not much time, little money*, etc.), *many* nur mit zählbaren Pluralnomen (*many friends*, etc.). Mit beiden Gruppen von Nomen können dagegen *some/any* sowie *plenty of*, etc. auftreten (*some milk, some eggs*, etc.).
Einen Sonderfall stellen **Zweiermengen** dar. Hier wird das Einzelelement durch *either* und *neither* (mit der Singularform eines zählbaren Nomens) bezeichnet (z. B. *either/neither soccer team)*, die Gesamtheit dagegen durch *both* (mit der Pluralform des Nomens, z. B. *both teams*).

Vgl. auch die folgende schematische Darstellung der Mengenvorstellungen, die durch die englischen Mengenwörter ausgedrückt werden:

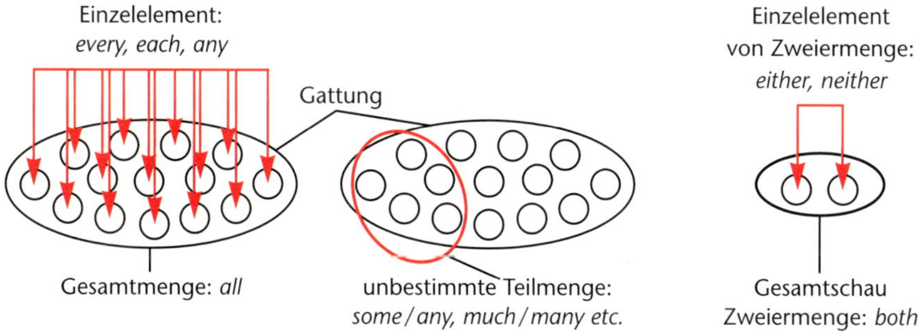

42 Positive, nichtpositive und negative Mengenwörter

In vielen Sprachen, so auch im Deutschen, wird zwischen positiven und negativen Mengenwörtern unterschieden. Im Englischen dagegen spielt noch eine weitere Kategorie eine wichtige Rolle, die dazwischen anzusiedeln ist und hier als nichtpositiv bezeichnet wird (Englisch: *nonassertive)*. Zu den Einzelheiten → **43–50**.

1. Positive Mengenwörter (Symbol +)
Mit positiven Mengenwörtern kann man ausdrücken, dass etwas vorhanden ist oder dass ein Sachverhalt zutrifft. Daher treten sie vor allem in bejahten Aussagesätzen auf (Beispiel 1–3).

(1) I need to ask you **some** questions.
(2) **Several** interesting topics were raised in the discussion.
(3) We shall have **plenty of** time to deal with all of the points raised.

+
positive Vorstellung

2. Nichtpositive Mengenwörter (Symbol ?/–)
Diese Mengenwörter verwendet man, wenn offen bleiben soll, ob etwas vorhanden ist oder ob ein Sachverhalt zutrifft. Daher kommen sie z. B. häufig in Fragesätzen vor (Beispiel 4 und 5). Außerdem treten sie in verneinten oder eingeschränkten Sätzen auf (Beispiel 6 und 7). Die nichtpositiven Mengenwörter erhalten dort negative oder einschränkende Bedeutung.

(4) Have you **any** further questions?
(5) Did **either** of the speakers lose his temper?
(6) I do*n't* have **much** free time.
(7) I've *hardly* **any** money left to last to the end of the month.

?/–
nichtpositive Vorstellung

3. Negative Mengenwörter (Symbol –)
Mit negativen Mengenwörtern verneint man völlig oder (im Fall von *little* und *few*) fast, dass etwas vorhanden ist oder dass ein Sachverhalt zutrifft (Beispiel 8–10). Sie können aus diesem Grund nichtpositive Formen wie *any* nach sich ziehen (Beispiel 9 und 10).

(8) **No** questions were asked.
(9) **Neither** of the speakers had *anything* interesting to say.
(10) She has very **little** time for *anything* but work, no wonder she has **few** friends.

–
negative Vorstellung

Some und *any*

43–47

Grundsätzliches

43

Die folgenden Erläuterungen zum Gebrauch von *some* und *any* in den verschiedenen Satzarten gelten auch für die Zusammensetzungen mit *-one, -body, -thing, -where.* Dabei werden *some* und *any* vor Nomen unbetont gesprochen, in den Zusammensetzungen allerdings betont. Zu *no, no one, nobody, nothing* und *none* → **45**.

1. Angabe der unbestimmten Menge

Some oder *any* + Nomen werden verwendet, wenn eine unbestimmte (wenn auch normalerweise nicht sehr große) Menge oder Anzahl gemeint ist (Beispiel 1 und 2).

(1) She wanted **some** paper to write a letter on. *(Sie wollte Papier/etwas Papier ...)*
(2) Are there **any** empty boxes for your books? *(Sind leere Kisten ... da?)*

2. Verwendung der positiven und nichtpositiven Formen

Die Tatsache, dass *some* eine positive und *any* eine nichtpositive Sicht ausdrückt (→ **42.1–2**), hat vor allem folgende Auswirkungen:

— *Some* erscheint in **bejahten Aussagesätzen** ohne negative und einschränkende Wörter (Beispiel 3 und 4) sowie in bejahten Aufforderungssätzen (Beispiel 5).

(3) They want **some** ice cream.
(4) There was **something** about him that made me shudder.
(5) Ask **somebody** to help you.

\+
some

— *Any* steht in **verneinten Aussagesätzen** und Aufforderungssätzen (Beispiel 6 und 7) und nach negativen oder einschränkenden Wörtern (Beispiel 8 und 9).

(6) He wo***n't*** eat **any** food that contains eggs.
(7) Do***n't*** take **any** notice of him.
(8) He left the room ***without*** **anybody** seeing him.
(9) ***Hardly*** **anything** was too difficult for him when it came to cooking.

?/–
any

In **Fragesätzen** steht *any*, wenn es sich um echte Fragen handelt, d. h. wenn man nicht weiß, ob die Antwort positiv oder negativ sein wird, oder wenn man eher eine negative Antwort erwartet (Beispiel 10 und 11). Zu Fragesätzen mit *some* (→ **44.2**).

(10) Did you have **any** difficulties finding your way around the school?
(11) Was there **anything** you didn't understand?

?/–
any

44

Details zur Verwendung von *some* und *any* in verneinten Sätzen, Fragesätzen und Konditionalsätzen

1. Verneinte Sätze

In verneinten Aussagesätzen (ebenso in verneinten Aufforderungssätzen) und nach negativen und einschränkenden Wörtern steht gewöhnlich *any* (Beispiel 1 und 2). In diesem Fall wird der gesamte Satz verneint. Auch *some* kann jedoch im verneinten Satz auftreten, und zwar vor allem vor dem negativen Wort (Beispiel 3), gelegentlich auch dahinter (Beispiel 4). Die Verneinung betrifft dabei nur einen Teil des Satzes.

(1) I do*n't* know **any** of the actors in the film.
(= All the actors are unknown to me.)
(2) She *hardly ever* paid **any** attention to detail in her roles.
(3) Can you believe it? **Somebody** in class hadn't heard of Paul Newman.
(4) I don't know **some** of the actors in the film.
(= Some of the actors are unknown to me, but not all.)

2. Entscheidungsfragen

Wenn die Antwort offen ist, verwendet man *any* (Beispiel 5; → **42.2**), ebenso, wenn man eine negative Antwort erwartet (Beispiel 6). Erwartet man jedoch eine positive Antwort oder will man dazu ermutigen, so benützt man *some* (Beispiel 7 und 8). Das gilt auch für höfliche Bitten und Angebote in Frageform (Beispiel 9).

(5) Have you **any** idea when Susan will be back?
(6) Do you know **anyone** who lives near the coast?
(7) Have you got **somewhere** I can store these boxes?
(I know you have some space.)
(8) Isn't there at least **something** I can do to help?
(I think there is.)
(9) Is she sure she wouldn't like **some** more pudding?

3. Fragewortfragen

In bejahten Fragewortfragen stehen gewöhnlich *some*, in verneinten dagegen gewöhnlich *any*, da man jeweils von positiven bzw. negativen Voraussetzungen ausgeht (Beispiel 10 und 11). Es kommt jedoch gelegentlich auch der umgekehrte Fall vor, wenn der Sinnzusammenhang es erfordert (Beispiel 12 und 13).

(10) What do you need **some** advice about?
(I know you need some advice.)
(11) Why didn't you tell **anyone** about your problem?
(I know you didn't tell anyone.)
(12) How can **anyone** be so stupid?
(I didn't think anyone could be so stupid.)
(13) Why don't you get **some** sleep.
(You should get some sleep.)

4. Konditionalsätze
In Konditionalsätzen mit *if* steht *any,* wenn man eine Bedingung für nicht zutreffend oder unwahrscheinlich hält (Beispiel 14 und 15).
Some wird verwendet, wenn man eine Bedingung für zutreffend oder wahrscheinlich hält (Beispiel 16). In Konditionalsätzen mit anderen Konjunktionen, wie *unless* oder *provided that* steht fast immer *some* (Beispiel 17).

(14) If he had **any** sense, he'd take the car to the garage rather than try and repair it himself.
(15) If **anything** should go wrong, give me a call and I'll come over.
(16) If the doctor said you need **some** exercise, then you must follow his instructions.
(17) She can come to the party, provided that she brings **something** to eat with her.

Zur Verwendung von *not ... any, no* und *none* 45

Zum Gebrauch von *not... any* in verneinten Sätzen stehen als Alternative der Begleiter *no* („kein") sowie die Pronomen *none, nobody, no one* und *nothing* zur Verfügung. Diese negativen Formen wirken jedoch – im Gegensatz zu deutsch *kein* – zum Teil förmlicher (Beispiel 1 und 2).

(1) They had**n't** kept **any** records of our meetings at all.
Förmlicher: They had kept **no** records ...
(2) There was**n't anything** that could prove we knew each other.
Förmlicher: There was **nothing** that could prove ...

Umgangssprachlich werden *no, none*, etc. vor allem dann verwendet, wenn die negative Bedeutung besonders betont werden soll (Beispiel 3) oder wenn *not ... any* nicht möglich ist, d. h. in Subjektposition (Beispiel 4) oder in verkürzten Sätzen ohne Verb (Beispiel 5).

(3) We decided to play **none** of the usual tricks.
(4) **No** previous experience is needed for the job.
(5) How many restaurants have you worked in? – **None.**

Nach *none* als Subjekt kann das Prädikat immer im Singular stehen. In der Umgangssprache erscheint es jedoch häufig im Plural, wenn sich *none* auf eine Pluralform bezieht (Beispiel 6 und 7).

(6) **None** of us ***knows/know*** when the play begins.
(7) **None** of the secretaries ***enjoys/enjoy*** working late.

46 Sonstige Verwendungsweisen von *some* und *any*

1. *Some*

Some kann auch ohne Bezug auf ein Nomen verwendet werden, vor allem zum Ausdruck eines Kontrastes. Es dient dann zur Bezeichnung mehrerer Personen. Gesprochen wird dabei die Starkform [sʌm] (Beispiel 1 und 2).

(1) **Some** like it hot. *(Manche mögen's heiß.)*
(2) "**Some** are born great, **some** achieve greatness and **some** have greatness thrust upon 'em."
(Shakespeare, *Twelfth Night,* Act 2, Scene 5)

Außerdem hat *some* (ebenfalls als Starkform [sʌm] gesprochen) bei zählbaren Nomen im Singular die Bedeutung „irgendein unbestimmter" (Beispiel 3 und 4). Vor Grundzahlen bedeutet es „ungefähr" (Beispiel 5).

(3) **Some** fool (or other) has put my telephone number in the ad. *(Irgendein Dummkopf ...)*
(4) **Some** day you'll regret this. *(Eines Tages = an irgendeinem zukünftigen Tag ...)*
(5) **Some** fifty people answered the advertisement. *(Ungefähr fünfzig Leute ...)*

2. *Any*

Any kann nicht nur als unbestimmte Mengenangabe, sondern auch in der Bedeutung „jeder beliebige" auftreten. Dabei steht es auch in bejahten Sätzen und wird betont gesprochen (→ **51**). Außerdem kann *any* als Gradadverb vor Adjektiven und Adverbien stehen, jedoch nur bei nichtpositiver Sichtweise, d. h. in verneinten Sätzen und Fragesätzen (Beispiel 6 und 7).

(6) I can't go **any** further.
(7) Was the film **any** good?

47 *Some/any:* Vergleich mit dem Deutschen

Wenn man eine unbestimmte Menge meint, ist im Deutschen eine Mengenangabe nicht nötig und wirkt oft übergenau. Im Englischen wird hier in der Regel *some/any* oder ein anderes Mengenwort gebraucht (Beispiel 1 und 2). Nur wenn die ganze betreffende Gattung gemeint ist, z. B. Eiskrem generell (Beispiel 3), oder wenn sich die Menge mehr oder weniger von selbst versteht, etwa bei Kochzutaten (Beispiel 4), werden *some* oder *any* nicht verwendet.

	Deutsch	Englisch
(1)	Ich habe (etwas) Brot und (ein paar) Brötchen gekauft.	I bought **some** bread and **some** rolls.
(2)	Sie haben keine Tomaten gehabt.	They didn't have **any** tomatoes.
(3)	Magst du Eiskrem?	Aber: Do you like ice-cream?
(4)	Hast du Sahne in die Soße getan?	Aber: Did you put cream in the sauce?

Soweit im Deutschen Mengenwörter wie *etwas* oder *einige* verwendet werden, spielt die Frage, ob etwas vorhanden ist (positive Sicht) oder ob dies fraglich ist (nichtpositive Sicht), keine Rolle. Im Englischen ist der Unterschied zwischen positivem *some* und nichtpositivem *any* aber wichtig. Seine Missachtung kann zu Missverständnissen oder Verstimmung zwischen den Gesprächspartnern führen (Beispiel 5 und 6).

	Deutsch	Englisch
(5)	Hast du **etwas** Geld, das du mir leihen könntest?	Have you got **any** money you could lend me?
(6)		Have you got **some** money you could lend me?

Die Form *any* in Beispiel 5 drückt aus, dass es sich um eine echte Frage handelt; der oder die Fragende rechnet auch mit einer Ablehnung. Mit *some* in Beispiel 6 verbindet sich die Erwartung, dass der oder die Angesprochene Geld hat und es auch verleihen wird. Eine Ablehnung der Bitte wird nicht erwartet.

Much und *many, little* und *few* 48–50

Grundsätzliches 48

1. Unterscheidung zwischen Singular- und Pluralformen

Die Singularformen *much* („viel“), *little* („wenig“) und *a little* („ein wenig“) treten nur bei **nichtzählbaren Nomen mit Singularbedeutung** auf (Beispiel 1–3). Außerdem können sie als unbestimmte Sachbezeichnung ohne Bezug auf ein Nomen stehen (Beispiel 4).

(1) How **much** time have we got left? – Not **much.**
(2) There's **little** hope of finding any more survivors.
(3) All the man asked for when he had been dug out was **a little** water.
(4) **Much** has been promised by the authorities, but **little** has in fact reached the victims of the disaster.

Die Pluralformen *many* („viele“), *few* („wenige“) und *a few* sowie *several* (die beiden letzteren in der Bedeutung „einige“) werden nur zusammen mit **zählbaren Nomen im Plural** verwendet (Beispiel 5–7). Ohne Bezug auf ein Nomen stehen *many* und *few / a few* nur im Sinne von *many people* bzw. *few / a few people* (Beispiel 8 und 9).

(5) Do you have **many** visitors to this part of the country?
(6) **Few** countries have as varied a landscape as Scotland.
(7) I've been to Wales **several** times.
(8) How **many** (people) can the boat carry?
(9) Only **a few** (people) have no ambition to travel.

2. Verwendung der Komparativ- und Superlativformen
Da *much* und *many* gemeinsame Steigerungsformen haben, nämlich *more* und *most*, können diese Formen mit allen Nomen verwendet werden (Beispiel 10 und 11). Für *little* und *few* existieren jeweils separate Steigerungsformen (*less/least* und *fewer/fewest*; Beispiel 12–14). An Stelle der Komparativform *fewer* wird in der Umgangssprache jedoch gelegentlich auch *less* verwendet (Beispiel 14).

(10) We need **more** wine and **more** crisps for the party.
(11) **Most** people enjoy a glass of wine now and again.
(12) **Each** year we earn **less** and **less.**
(13) Of all of us I earn the **least.**
(14) The firm now employs **fewer / (less)** people than a couple of years ago.

3. *Much* und *many* als nichtpositive Mengenangaben
Vor allem in der Umgangssprache drücken *much* und *many* eine nichtpositive Sicht aus und treten deshalb vorwiegend in Fragesätzen und verneinten Aussagesätzen auf (Beispiel 15 und 16; ➜**49**).

(15) Is there **much** unemployment in this area?
(16) There aren't **many** jobs around here.

? / –
much / many
(Umgangssprache)

Im förmlichen Stil sind *much* und *many* nicht auf die nichtpositive Sichtweise festgelegt; hier werden sie auch in bejahten Aussagesätzen verwendet, vor allem in Subjektposition (Beispiel 17 und 18).

(17) **Much** has been done to preserve our historical buildings.
(18) **Many** buildings have been restored using public donations.

4. *Little/few* und *a little/a few*: negative und positive Sicht
Little und *few* ohne den unbestimmten Artikel gehören zu den **negativen** Mengenwörtern. Sie bezeichnen eine eingeschränkte unbestimmte Menge oder Anzahl (Beispiel 19). Umgangssprachlich sind sie nur nach *too, as, so, very* und *how* üblich (Beispiel 20). Sonst gehören sie eher dem förmlichen Stil an; die Umgangssprache bevorzugt *not ... much, not ... many* (Beispiel 21).

(19) There are very **few** economists who have specialized in this field.
(20) It's amazing how **little** it takes to shake the stock exchange.
(21) Those present showed **little** enthusiasm / did**n't** show **much** enthusiasm for the idea.

–
little / few

A little und *a few* (sowie *several*) bezeichnen eine geringe unbestimmte Menge oder Anzahl unter dem Gesichtspunkt, dass etwas vorhanden ist (Beispiel 22 und 23). Sie drücken daher – ähnlich wie *some* (Beispiel 24) – eine **positive Sicht** aus.

(22) Could you wait **a little** while?
(23) They still have **a few / several** items on sale.
(24) He looks ill, he needs **a little / some** fresh air.

+ *a little / a few / several*

Details zur *much / many* und ihren Ersatzformen **49**

Eine nichtpositive Sicht drücken *much* und *many* vor allem dann aus, wenn sie ohne Adverbien als Mengenangaben gebraucht werden (Beispiel 1; → **48.3**). In Kombination mit *too* und *so* erscheinen *much* und *many* auch in bejahten Aussagesätzen (Beispiel 2), ebenso in Ausrufesätzen nach *how* (Beispiel 3).

(1) He did***n't*** have **much** money / **many** friends.
(2) The banks are often said to have ***too*** **much** power.
(3) ***How*** **much** suffering there is in the world!

In bejahten Sätzen ohne verstärkende Adverbien werden – vor allem umgangssprachlich – **Ersatzformen** wie *a lot of, lots of, plenty of,* etc. verwendet (Beispiel 4). Zu beachten ist dabei, dass *a great / good deal* wie *much* nur bei nichtzählbaren Nomen mit Singularbedeutung auftreten (Beispiel 5); *a large number of* wird wie *many* nur bei Pluralformen von Nomen verwendet (Beispiel 6). Eine andere, aber doch verwandte Bedeutung wird durch *enough* („genug") ausgedrückt (Beispiel 7).

(4) **A lot of** students attended the talk.
(5) **A great / good deal of** what was said was nonsense.
(6) **A large number of** those present weren't really interested.
(7) There's **enough** room for all of us.

Much, a lot, a great deal und *enough* können auch als **Gradadverbien** benützt werden, wobei *enough* in diesem Fall nachgestellt werden muss (Beispiel 8–10; → **70.1, 73–76**).

(8) Jim and Anne didn't **much** like the show.
(9) We laughed **a lot / a great deal.**
(10) The audience just wasn't quick **enough** at catching the jokes.

Much / many: Vergleich mit dem Deutschen **50**

Auch im Deutschen wird bei einigen unbestimmten Mengenangaben danach unterschieden, ob sie sich auf nichtzählbare Nomen mit Singularbedeutung oder auf Pluralformen von zählbaren Nomen beziehen. So wird das Mengenwort *etwas* nur singularisch, das Mengenwort *einige* nur pluralisch verwendet. Im Gegensatz zum

Englischen werden jedoch die Mengenwörter *viel* und *wenig* in endungsloser Form bei Singular- und Pluralformen von Nomen gebraucht (Beispiel 1–4).

	Deutsch		Englisch
(1)	Wir essen nicht **viel** Fleisch.	=	We don't eat **much** meat.
(2)	Wir kennen nicht **viel / viele** Leute in der Umgebung.	≠	We don't know **many** people in the neighbourhood.
(3)	Wir haben zu **wenig** Geld, um uns einen Urlaub leisten zu können.	=	We have too **little** money to afford a holiday.
(4)	Die Kinder haben hier zu **wenig / wenige** Freunde.	≠	The kids have too **few** friends here.

Der typische Fehler Deutschsprachiger besteht darin, dass sie *much* und *little* mit Pluralformen von Nomen verbinden.

51–53 *Every, each, any, all*

Grundsätzliches

51

Das Folgende betrifft die Begleiter *every* und *any* sowie die entsprechenden zusammengesetzten Pronomen, vor allem *everybody, everything, anyone* und *anything*. Zu *all* und *each* existieren keine Zusammensetzungen; diese Mengenwörter werden als Begleiter beim Nomen und als Pronomen verwendet. (Zu *all* in dieser Verwendung ➜ **52**.)

1. Mengenvorstellung: Uneingeschränkte und eingeschränkte Menge

Every, each und *any* („jeder beliebige") bezeichnen einzelne Elemente einer Gesamtmenge, *all* die Gesamtheit (➜ **41.2**). Die Gesamtmenge (oder Gesamtzahl) kann man sich uneingeschränkt vorstellen (z. B. alle Tiere überhaupt); häufiger aber denken wir nur an eine eingeschränkte Menge aus einem begrenzten Bereich (z. B.: alle Tiere im Zoo). Die Einschränkung kann auch einfach mitverstanden werden (z. B.: alle Tiere = die Tiere, die ich kenne). Schematisch lässt sich der Unterschied folgendermaßen darstellen:

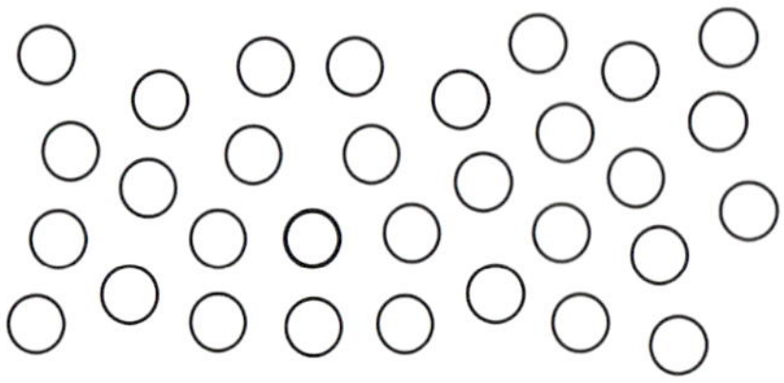

Uneingeschränkte Menge:
all animals, every animal, any animal

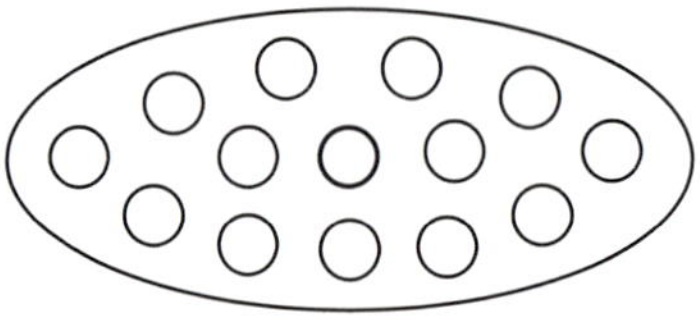

Eingeschränkte Menge:
all the animals, every animal, (any of the animals)
Aber nur hier: *each animal*

Wie die Abbildung zeigt, können *all, every* und *any* beide Mengenvorstellungen ausdrücken. *Each* dagegen bezieht sich stets auf eine eingeschränkte Menge, also auf einen begrenzten Bereich. *All* muss zum Ausdruck der eingeschränkten Menge mit dem bestimmten Artikel verwendet werden (*all the animals in the zoo,* etc.).

2. Der Bedeutungsunterschied zwischen *every, each* und *any*

Every und *each* können beide in Aussagen über eine begrenzte Menge oder Zahl gebraucht werden. Dabei ist der Bedeutungsunterschied gering. *Each* drückt aus, dass jedes einzelne Element für sich und im Vergleich mit den anderen betrachtet wird („jeder einzelne"; Beispiel 1). *Every* betont dagegen eher, dass alle Elemente einer Menge oder Gesamtzahl der Reihe nach berücksichtigt werden (Beispiel 2). Deshalb wird in Häufigkeitsangaben mit Zahlwörtern immer nur *every* verwendet (Beispiel 3). Auch nach *almost, nearly* und *practically* kann nur *every* und nicht *each* stehen (Beispiel 4); sonst aber sind *every* und *each* oft austauschbar (Beispiel 5).

(1) Each person has their own likes and dislikes.
(2) Mark eats muesli for breakfast every morning.
(3) The telephone has been ringing every *five* minutes. *(... alle fünf Minuten.)*
(4) We stayed up till well past midnight on *almost* every night of our holiday.
(5) I've had less than six hours' sleep every / each night this week.

Wichtiger als der Unterschied zwischen *each* und *every* ist der zwischen *each / every* auf der einen und *any* auf der anderen Seite. *Any* bezeichnet ein beliebiges Exemplar aus einer Gesamtzahl („irgendeiner / jeder x-beliebige"). Das bedeutet, dass ähnlich wie beim unbestimmten Artikel (➜ **32.2**) die Wahl noch nicht getroffen ist. Deshalb tritt *any* vor allem in Sätzen mit modalen Hilfsverben oder in Aufforderungssätzen auf, die eine Möglichkeit oder Wahrscheinlichkeit ausdrücken (Beispiel 6 und 7). Beschreibt man dagegen Tatsachen, so verwendet man *every* oder *each* (Beispiel 8). *Every / each* und *any* sind daher praktisch nie austauschbar.

(6) Don't worry, it could have happened to any of us.
(7) Turn to any station on the radio and you'll find nothing worth listening to.
(8) Each of us / Everyone has their bad points.

Das folgende Schema fasst die mit *every, each* und *any* verbundene Sichtweise für den häufigeren Fall der eingeschränkten Menge zusammen:

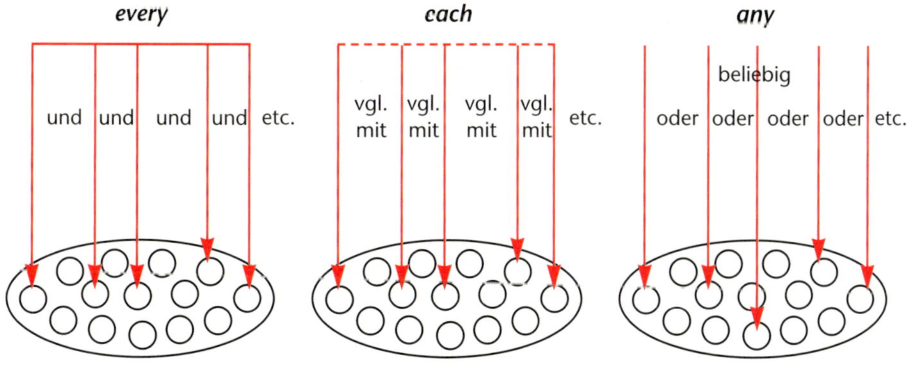

3. Stellungsmöglichkeiten
Every und *any* stehen wie Artikel und andere Begleiter vor dem Nomen (Beispiel 9 und 10). Auch bei *each* und *all* ist diese Stellung möglich (Beispiel 11 und 12). Außerdem steht *all* vor dem bestimmten Artikel und vor Demonstrativ- und Possessivwörtern, wenn es sich auf eine eingeschränkte Menge bezieht (Beispiel 13).

(9) Every seat in the stadium was filled.
(10) Any moment now the race will begin.
(11) Each runner stepped forward to the starting blocks.
(12) All children love to win.
(13) All the onlookers cheered as the race neared its conclusion.
Ähnlich: all this nonsense, all his money, all our possessions

Für *all* und *each* kommen noch weitere Stellungen im Satz in Frage (Beispiel 14–17).

(14) The competitors each took their places on the starting blocks.
(15) We had all been looking forward to watching the race.
(16) The winner won £1000, whereas the two runners-up won £500 each.
(17) The others boasted at how fast they were, but Richard beat them all.

52 Details zur Verwendung von *all*

Als Bezeichnung einer Gesamtheit bezieht sich *all* normalerweise auf die Pluralformen zählbarer Nomen oder auf nichtzählbare Nomen mit Singularbedeutung (Beispiel 1; → **7.1–2**). *All* kann aber auch vor bestimmten zählbaren Nomen im Singular stehen, so vor Zeitbezeichnungen, wo *all* eine Gesamtdauer bezeichnet (Beispiel 2), außerdem vor Länder- oder Städtenamen, wo sich *all* auf das Gesamtgebiet bzw. dessen Einwohnerschaft bezieht (Beispiel 3). Alternativ können Kombinationen mit *whole* eintreten (Beispiel 4).

(1) all animals, all life
(2) all day, all afternoon; all the time, all my life
(3) all Scotland, all Stratford
(4) Alternativ: the whole day, the whole of Scotland, etc.

All kann auch im Sinne von *the only thing* (vor Relativsätzen) und dabei ohne Bezug auf ein Nomen verwendet werden (Beispiel 5). Im Sinne von *everything* kommt es fast nur in formelhaften Wendungen vor (Beispiel 6). Noch seltener wird bezugsloses *all* für Personen verwendet (dt. „alle"). Stattdessen tritt normalerweise *everybody / everyone* ein (Beispiel 7); möglich sind natürlich auch *all of us, all of them,* etc. (Beispiel 8).

(5) Leave me out of your fights. All I want is some peace and quiet.
(6) It's a tense poker game. Winner takes all.
(7) Selten: His resignation came as a shock to all.
(Häufiger: ... to everybody.)
(8) The news took all of us by surprise.

Every / each / any / all: Vergleich mit dem Deutschen

53

Deutsch: *alle* – Englisch: *all* oder *all the*

Das Deutsche macht bei der Verwendung der Mengenwörter keinen Unterschied zwischen einer uneingeschränkten Menge (z. B. „alle Schüler generell") und einer begrenzten Menge (z. B. „die Schüler einer Schule"). In beiden Fällen wird normalerweise die Form *alle* ohne Artikel verwendet, während das Englische zwischen *all* und *all the* unterscheidet (Beispiel 1 und 2).

	Deutsch	Englisch
(1)	Alle Häuser werden im Laufe der Jahre unansehnlich.	All houses become run-down over the years.
(2)	Alle Häuser in dieser Straße stammen aus derselben Zeit.	All the houses in this street were built in the same period.

Deutsch: *jeder* – Englisch: *each / every* oder *any*

Auch die Begriffsvorstellung von *jeder* wird im Deutschen nicht weiter differenziert. Das Englische macht dagegen einen deutlichen Unterschied zwischen „jeder x-beliebige" (ausgedrückt durch *any*; Beispiel 3) und „jeder allgemein / im Vergleich zu den anderen" (ausgedrückt durch *every* bzw. *each*; Beispiel 4).

(3)	Jeder kann dir den Weg zum Bahnhof zeigen.	Anyone can show you the way to the station.
(4)	Jedes Haus in der Straße ist frisch gestrichen.	Each / Every house in this street has been freshly painted.

Either, neither, both

54

Either, neither und *both* beziehen sich auf eine Zweiergruppe (→ **41.2**) und werden deshalb nur in Verbindung mit zählbaren Nomen verwendet. Sie sind dabei immer betont.

1. Either / neither

Bei *either* wird jeder der beiden Teile der Gruppe für sich betrachtet. Meist wird *either* in der Bedeutung „jeder beliebige, der eine oder der andere" verwendet (Beispiel 1 und 2).

Eine weitere Bedeutung von *either* ist „der eine und der andere". In dieser Bedeutung wird es jedoch selten gebraucht; hier wird oft *both* vorgezogen (Beispiel 3).

(1) You can travel from either airport. It costs about the same.
(2) Either of these two hotels is fine. I'm sure they are equally comfortable.
(3) The window seats on either side / on both sides of the plane were already taken.

Either wird – als nichtpositive Form – auch in Fragesätzen gebraucht, wenn die Antwort offen ist (Beispiel 4). Wird eine positive Antwort erwartet, benutzt man *one* (Beispiel 5). In verneinten Aussagesätzen verwendet man *not ... either*. Die Alternativform *neither* wirkt förmlicher (Beispiel 6). *Neither* tritt vor allem in Subjektposition und in verkürzten Sätzen ohne Verb auf (Beispiel 7 und 8; → **45** zur Verwendung von *not ... any* und *no / none*).

(4) Would **either** of these two flights suit you?
(5) Aber: There used to be two planes leaving for Brussels in the morning. Has **one** of them been cancelled?
(6) I don't like **either** of the two meals on offer.
Förmlicher: I like **neither** of the two meals on offer.
(7) **Neither** of the two pilots on board had ever flown to Tokyo before.
(8) Which of the bags is yours? The blue one or that big green one? – **Neither.**

2. *Both*: Bereits bekannte Zweiergruppe

Bei *both* („alle beide") wird die Zweiergruppe in ihrer Gesamtheit betrachtet. Es wird nur gebraucht, wenn bereits erwähnt wurde oder bekannt ist, dass es sich um eine Zweiergruppe handelt (Beispiel 9). Soll diese Zahl erst mitgeteilt werden, so tritt dagegen *the two* ein (Beispiel 10). Für die Stellung von *both* gelten dieselben Regeln wie für *all* (→ **51.3**).

(9) **Both** his feet hurt from the long trek up the mountain.
(Jeder gesunde Mensch hat zwei Füße.)
(10) **The two** climbers were exhausted when they reached the summit.
(Es hätten auch z. B. drei Bergsteiger sein können.)

3. *Either, neither* und *both* in zweigliedrigen Konjunktionen

Either, neither und *both* werden auch als Teil von zweigliedrigen Konjunktionen verwendet (Beispiel 11–13).

(11) Can you let me have **either** your phone number **or** your e-mail address?
(... entweder ... oder ...)
(12) **Neither** your message on the answer phone **nor** your card reached me.
(Weder ... noch ...)
(13) I have **both** a letter **and** a parcel to post to Mum. *(... sowohl ... als auch ...)*

Kapitel 3:
Das Adjektiv

Vorbemerkung: Das Adjektiv zwischen Nomen und Verb

55

Neben Nomen und Verben verkörpern die Adjektive die dritte große Wortart. Zum Grundbestand gehören die ursprünglichen, nicht abgeleiteten Adjektive. Sie bezeichnen Dimensionen wie Länge, Breite, Höhe (z. B. *long, wide, high, tall*) und physikalische Eigenschaften wie Größe, Gewicht, Helligkeit, Oberflächenart, Temperatur (z. B. *big, heavy, bright, hard, hot,* etc.) oder drücken grundlegende Wertungen aus (z. B. *good, cheap, right*). Diese Adjektive treten überwiegend in Form von Gegensatzpaaren auf (*long/short, heavy/light, good/bad,* etc.) und werden zur Beschreibung von Personen und Dingen benutzt, aber auch zu deren Vergleich; deshalb lassen sie sich auch steigern.
Darüber hinaus gibt es jedoch auch eine große Zahl von Adjektiven, die von Nomen und Verben abgeleitet sind, meist mit Hilfe von Nachsilben, z. B.: *cloudy, beautiful, useless, poisonous, educational* und *eatable*. Bei der Ableitung vom Verb dienen oft Partizipien als Zwischenstation, wie bei *amusing, shocking, surprised* und *worried*.
Im Satz sind Adjektive entweder dem Nomen zugeordnet (wie in *a long journey* oder *a good guy*) oder an das Verb gebunden (vor allem an Kopulaverben wie in *I'm happy* oder *This cheese smells awful*). Seltener ist die Verwendung des Adjektivs an Stelle eines Nomens (z. B.: *The Naked and the Dead*). Diese syntaktischen Möglichkeiten sowie Steigerung und Vergleich sind die Themen dieses Kapitels.

Attributiver und prädikativer Gebrauch von Adjektiven

56–59

Grundsätzliches

56

1. Attributiver Gebrauch: Stellung vor und nach dem Nomen
Steht ein Adjektiv beim Nomen, so spricht man von attributivem Gebrauch. In dieser Funktion steht das Adjektiv im Englischen normalerweise – wie im Deutschen – **vor** dem Nomen (Beispiel 1). Das Adjektiv selbst kann durch ein Adverb näher bestimmt werden (Beispiel 2).

(1) Heavy rain (is bad for crops).
(2) *Particularly* heavy rain (can lead to floods).

Wird das Adjektiv jedoch durch ein anderes Element, z. B. eine Präpositionalgruppe wie *for this area* ergänzt, so steht es **hinter** dem Nomen (Beispiel 3). Solche Kombinationen können als verkürzte Relativsätze verstanden werden (Beispiel 4).

(3) The weather typical *for this area* (is hot and sunny).
(4) Vgl.: The weather which is typical for this area …

Das folgende Schema veranschaulicht die Möglichkeiten der attributiven Verwendung. (Zur Nachstellung auch → **57.2**.)

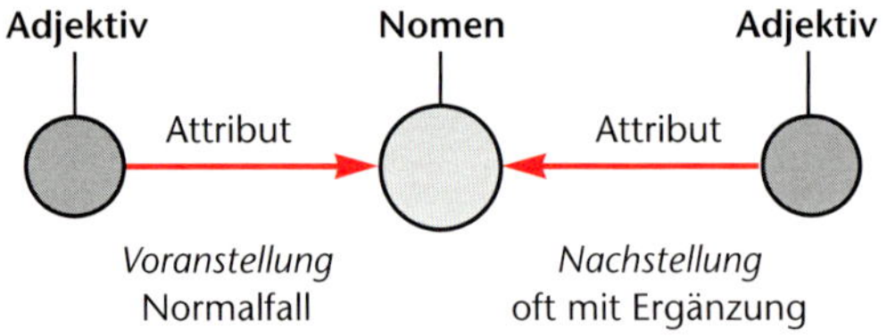

2. Prädikativer Gebrauch: Subjektergänzung und Objektergänzung
Ist das Adjektiv vom Verb abhängig, so bezeichnet man dies als prädikativen Gebrauch. In dieser Funktion wird es am häufigsten nach Kopulaverben (*be, seem, remain, become, turn*, etc.) verwendet. Da das Adjektiv hier eine Eigenschaft des Subjekts nennt, hat es die Funktion einer **Subjektergänzung** (Beispiel 5 und 6).

(5) The evening was cool.
(6) The weather remained (unusually) cold.

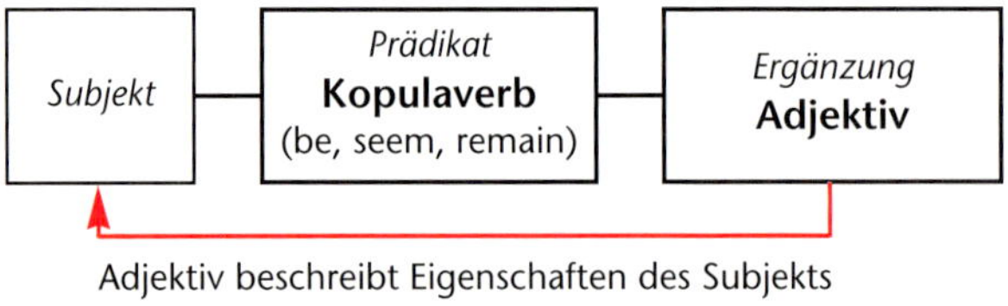

Prädikativer Gebrauch: Adjektiv als Subjektergänzung

Seltener ist der Gebrauch eines Adjektivs als **Objektergänzung.** Hier gibt das Adjektiv eine Eigenschaft des Objekts an, was wiederum nur nach bestimmten Verben wie *find, consider, think, regard as, keep* möglich ist (Beispiel 7 und 8).

(7) I found the film entertaining.
(8) I had always regarded the actor as unintelligent.

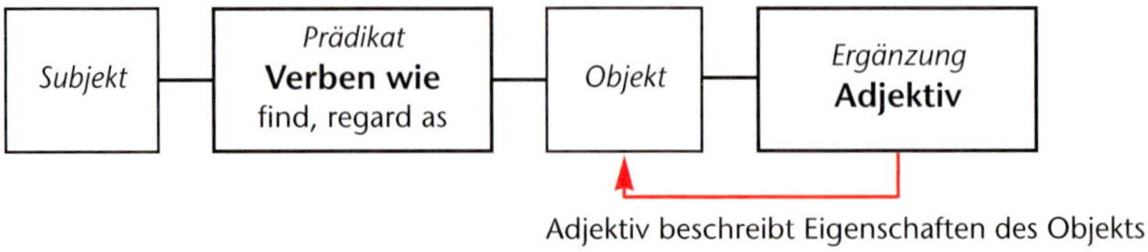

Prädikativer Gebrauch: Adjektiv als Objektergänzung

Details zum attributiven Gebrauch

57

1. Nur attributiv gebrauchte Adjektive

Einige englische Adjektive, wie z. B. *chief,* können nur attributiv vor dem Nomen verwendet werden (Beispiel 1 und 2).

(1) His **main** hobby is playing D.I.Y. *(do-it-yourself).*
(Sein Lieblingshobby …)

(2) That's the **very** colour of paint I want for my bedroom wall.
(… genau die Anstrichfarbe …)

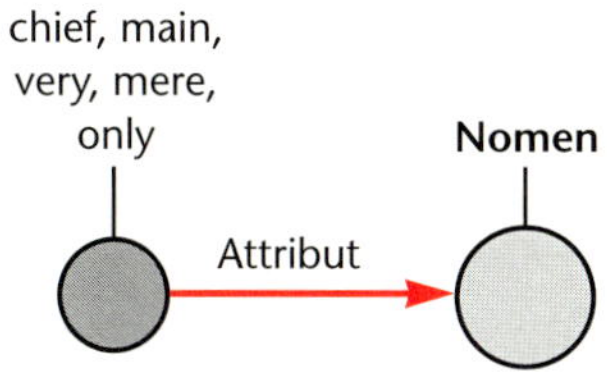

Stets hinter dem Nomen stehen dagegen das Adjektiv *proper* im Sinn von „eigentlich" (Beispiel 3) sowie einige Adjektive in Rechtsbegriffen französischen Ursprungs (Beispiel 4).

(3) The City of London **proper** is, in fact, only a square mile.
(Die eigentliche Londoner City …)

(4) the president **elect**
(gewählter Präsident vor der Amtsübernahme)
Ebenso: Lords Spiritual and Temporal
(geistliche und weltliche Mitglieder des Oberhauses),
heir apparent *(rechtmäßiger Erbe),*
heir presumptive *(mutmaßlicher Erbe)*

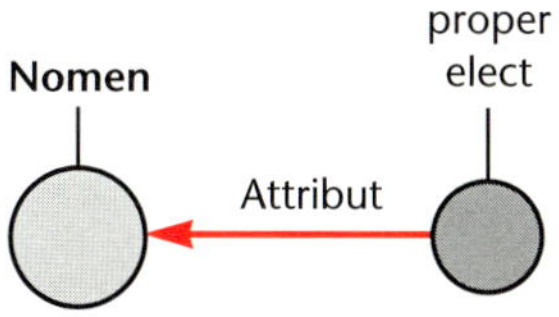

Nicht selten stehen Nomen, z. B. Stoffnamen und Ortsnamen wie Adjektive attributiv vor anderen Nomen, z. B. *a gold bracelet, a London football club,* etc. Auch einzelne Adverbien und Präpositionen werden so gebraucht, z. B. *the up train* (Zug zur nächsten größeren Stadt), *the down train* (Zug von der nächsten größeren Stadt), *the then government* (die damalige Regierung).

2. Zur Stellung nach dem Nomen

Adjektive auf *-able* und *-ible* treten häufig hinter das Nomen, wenn diesem *only* oder *every* vorausgeht (Beispiel 5). Bei einigen Adjektiven wie *available* und *imaginable* ist der Grund für die Nachstellung, dass sie eine gedachte Einschränkung suggerieren (Beispiel 6).

(5) The only reason **imaginable** to explain his behaviour is that he was offended by our questions.

(6) All the dates **available** (for your driving test) are after the summer.

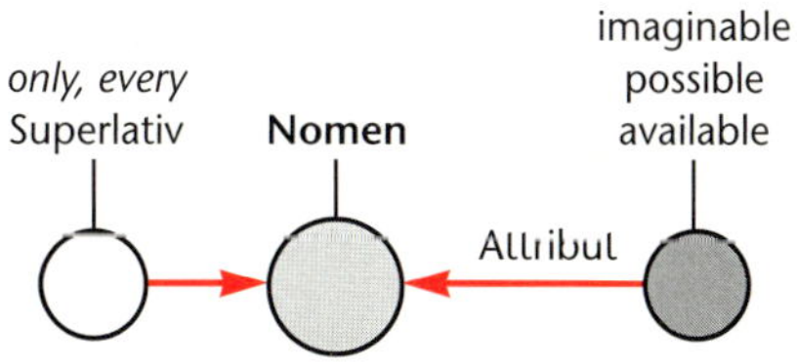

3. Attributive Adjektive und das Stützwort *one*

Wurde ein Nomen schon einmal erwähnt und müsste es für eine Adjektiv-Nomen-Kombination wiederholt werden, so tritt bei zählbaren Nomen statt der Wiederholung normalerweise das Stützwort *one* (Plural *ones*) ein (Beispiel 7). Bei Komparativ- und Superlativformen von Adjektiven kann das Stützwort entfallen (Beispiel 8). Zur Verwendung des Stützworts bei Demonstrativwörtern → **38**.

(7) I can't decide whether to buy the green ***shirt*** or the red **one.**
(8) I'll take some of the small ***oranges*** over there: the larger **(ones)** are not always the juiciest **(ones).**

58 Details zum prädikativen Gebrauch

1. Die *a*-Adjektive

Bestimmte Adjektive werden vorwiegend prädikativ gebraucht, vor allem nach dem Kopulaverb *be*. Die größte Gruppe bilden die sog. *a*-Adjektive (Beispiel 1). Diese Adjektive können auch als nachgestellte Attribute auftreten; sie werden dann als prädikativer Bestandteil eines verkürzten Relativsatzes verstanden (Beispiel 2). Vor dem Nomen stehen einige dieser Adjektive dann, wenn sie ein Adverb bei sich haben (Beispiel 3).

(1) Ben was **asleep,** and nothing could wake him.
Ebenso: awake, afraid, alive, alone, ashamed, aware, ablaze, adrift *(treibend)*, afloat, averse
(2) Jane, **aware** of the danger, rushed out of the burning building.
Vgl.: Jane, who was **aware** …
(3) The most ***environmentally*** **aware** age group is the under 25s, especially students.

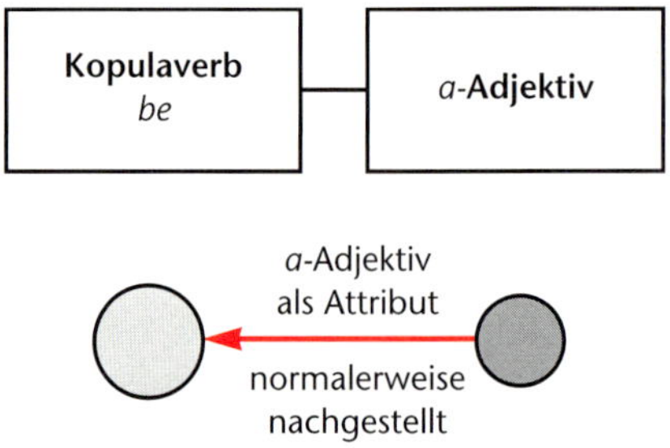

Zu einigen *a*-Formen gibt es Adjektive ähnlicher Bedeutung, die attributiv vor dem Nomen stehen können (Beispiel 4 und 5).

(4) The boat is **afloat.** – attr.: the **floating** boat
(5) The ranger was **alone.** – attr.: the **lone** ranger
Ebenso: alive – live / living, ablaze – blazing

2. *Drunk, content* und *well*

Auch diese Adjektive werden nur prädikativ verwendet. *Drunk* und *content* verfügen außerdem über Alternativformen, die attributiv vor dem Nomen stehen können (Beispiel 6 und 7). Das Adjektiv *well* („gesund") darf nicht mit dem Adverb *well* („gut") verwechselt werden; für die Position vor dem Nomen steht für *well* als Alternative *healthy* zur Verfügung (Beispiel 8).

(6) By two o'clock in the morning most of the remaining guests were quite **drunk.** – attr.: a **drunken** sailor
(7) I'm quite **content** to curl up with a good book. – attr.: a **contented** guest
(8) I'm not feeling very **well.** – attr.: a **healthy** person

Problemfälle: Attributiver und prädikativer Gebrauch mit Bedeutungsunterschied

59

1. Spezifische oder reduzierte prädikative Bedeutung

Manche Adjektive haben mehrere Bedeutungen, von denen eine dem attributiven Gebrauch vorbehalten ist (Beispiel 1 und 4), die andere, meist spezifischere oder auch eingeschränkte Bedeutung dem prädikativen Gebrauch (Beispiel 2 und 5). Die prädikative Bedeutung trifft auch für das nachgestellte Attribut zu (Beispiel 3 und 6; → **57.2**).

(1) the **present** situation, the **present** government, at the **present** time (attr.: *gegenwärtig, vorliegend*)
(2) Janet wouldn't be **present** at the prizegiving. (präd. eingeschränkt auf: *anwesend*)
(3) The few people **present** heckled the speaker. (wie präd.: *anwesend*)
(4) a **fond** mother, **fond** memories, he gave her **fond** looks (attr.: *zärtlich, liebevoll*)
(5) I'm much too **fond** of cake and chocolate to be able to stop eating them. (präd. eingeschränkt auf: *gerne mögen*)
(6) a mother **fond** of her children (wie präd.: *gerne mögen*)

Bei einigen Adjektiven ist die allgemeinere Bedeutung sowohl beim attributiven als auch beim prädikativen Gebrauch möglich. Die eingeschränkte Bedeutung hat das Adjektiv jedoch nur in prädikativer Verwendung und als nachgestelltes Attribut (Beispiel 7–14).

(7) a **faint** noise / light / smell – Her voice grew **fainter** and **fainter.** (attr. und präd.: *schwach, leise*)
(8) When she saw the gun she felt **faint.** (nur präd.: *schwindlig*)
(9) a **concerned** look – I'm very **concerned** about his health. (attr. und präd.: *ängstlich, besorgt*)
(10) Those who were directly **concerned** in the incident have been questioned by the police. (nur präd.: *beteiligt an, betroffen/berührt von*)
(11) The jeweller **concerned** talked to a reporter. (wie präd.: *betroffen*, etc.)
(12) an **involved** paragraph – The author's style is very **involved.** (attr. und präd.: *kompliziert, verschachtelt*)
(13) Three men were **involved** in the shooting. (nur präd.: *beteiligt an, betroffen von, verwickelt in*)
(14) The men **involved** in the drug deal have been caught. (wie präd.: *beteiligt an*, etc.)

2. *Ill* und *sick*
Im britischen Standard wird *ill* attributiv nur im Sinn von „schlecht" verwendet (Beispiel 15) und nur prädikativ in der Bedeutung „krank" (Beispiel 16). Die Bedeutung „krank" wird in attributiver Konstruktion durch das Adjektiv *sick* ausgedrückt (Beispiel 17), das prädikativ die Bedeutung „(mir ist) schlecht / übel" (Beispiel 18) oder „sich übergeben" hat (Beispiel 19). Allerdings wird, zumindest in der Presse, *ill* in zunehmendem Maße auch attributiv im Sinn von „krank" gebraucht, vor allem, wenn es ein Adverb bei sich hat (*ill workers, a seriously ill child*).

(15) **ill** humour *(schlechte Laune)*, **ill** will, **ill** feeling
She suffered no **ill** effects.
(16) My sister was very **ill.**
(17) a **sick** man, a **sick** dog
(18) He was **sick** after eating the fish.
He felt **sick** with fear before the audition.
(19) Not used to sea travel, Nick ended up being **sick** over the side of the boat.

Im nichtbritischen Englisch, vor allem im amerikanischen Englisch, wird *sick* auch prädikativ im Sinne von „krank" gebraucht (Beispiel 20).

(20) Several children are **sick** with the flu at the moment.

60–62 Das Adjektiv an Stelle eines Nomens

60 *Grundsätzliches*

Adjektive können nur in sehr begrenztem Umfang in nominalisierter Form, d. h. in der Satzfunktion von Nomen verwendet werden. Es gibt zwei Verwendungsweisen:

1. Bezeichnung einer Gesamtgruppe von Personen
Ein nominalisiertes Adjektiv wie *blind, elderly, poor, rich,* etc. bezieht sich auf die Blinden, Älteren, Armen, Reichen, etc. im Allgemeinen; es drückt einen gattungsmäßigen Bezug aus. Dabei tritt es fast ausschließlich mit dem bestimmten Artikel auf. Im Gegensatz zu einem echten Nomen erhält das Adjektiv kein Plural-*s*, verlangt aber als Subjekt eine Verbform im Plural (Beispiel 1 und 2).

(1) ***The* blind** often ***have*** a highly developed sense of touch. *(Die Blinden …)*
(2) ***The* elderly *form*** an ever-increasing percentage of the population.
(Die Älteren …)

Zur Bezeichnung einer oder mehrerer Einzelpersonen muss dem Adjektiv ein Nomen wie *woman, girl, man, boy* oder *people* folgen (Beispiel 3).

(3) Someone helped the **blind** man onto the bus. *(… dem Blinden …)*

2. Bezeichnung eines allgemeinen abstrakten Begriffs
Ein Adjektiv mit dem bestimmten Artikel kann auch zur Bezeichnung eines uneingeschränkten abstrakten Gesamtbegriffs dienen (Beispiel 4 und 5). Dieser Gebrauch findet sich hauptsächlich im förmlichen Stil.

(4) For lovers of ***the* wild** and **beautiful,** Wales is the place to go!
(Für Liebhaber des Wilden und Schönen …)
(5) To try to see the whole of England in a week is to attempt ***the* impossible.**
(… das Unmögliche …)

Bezieht man sich jedoch auf eine bestimmte Person, Sache oder Situation, so folgt dem Adjektiv entweder ein allgemeines Nomen wie *thing* als Stützwort (Beispiel 6), oder es wird ein sog. *what*-Spaltsatz (→ **252**) verwendet (Beispiel 7).

(6) **The most surprising thing *about Tom*** is his ability to cook.
(Das Erstaunlichste an Tom …)
(7) **What is really annoying *about Tom*** is his lack of a sense of humour.
(Das wirklich Ärgerliche an Tom …)

Details zum personenbezogenen Gebrauch von nominalisierten Adjektiven

61

1. Nominalisierung und Übergang zum echten Nomen
Während die meisten Adjektive das Nomen nur mit Bezug auf Personengruppen vertreten können (→ **60.1**), haben sich einige Adjektive, darunter Bezeichnungen für Rassen, Konfessionen und politische Parteien, zu vollen Nomen entwickelt. Sie bilden den Plural auf *-s* und können im Singular mit dem unbestimmten Artikel auftreten (Beispiel 1–3).

(1) Many **whites** are unable to treat a **black** as an equal.
(2) In Latin America the overwhelming majority of the population are **Catholics.**
(3) In some European countries the **Greens** have achieved some political power.

Eine besondere Stellung nehmen *the accused, the undersigned* und *the deceased* bzw. *the departed* („der / die Verstorbene") ein, die nur im förmlichen Stil (vorwiegend in der juristischen Amtssprache) auftreten. Sie können ebenfalls eine oder mehrere Einzelpersonen bezeichnen, bleiben aber im Plural unverändert (Beispiel 4 und 5).

(4) The **deceased** leaves a widow and two children. *(Der Verstorbene …)*
(5) Neither of the **accused** has made a confession. *(Keiner der beiden Angeklagten …)*

2. Nationalitätenbezeichnungen
Die meisten Nationalitätenbezeichnungen beruhen auf Adjektiven, werden aber häufig auf die Mitglieder der entsprechenden Nationen bezogen. Dabei spiegeln sie das ganze Spektrum der Nominalisierung wider.

Nationalitätenadjektive, die auf *-sh* und *-ch* enden, werden nur gattungsbezogen verwendet; einzelne Personen werden durch Kombinationen aus Adjektiv und *-man, -woman, girl, boy,* etc. bezeichnet (Beispiel 6 und 7). Andere Nationalitätenadjektive sind zu vollen Nomen mit *s*-Plural geworden (Beispiel 8 und 9), zum Teil sind solche Nomen im Plural aber auch endungslos (Beispiel 10 und 11).

(6) Great Britain is made up of three nations: the **Welsh,** the **Scottish** and the **English.**
(7) Two **Frenchmen** started talking about a **Dutchman** they had met the week before.
Ebenso: the Irish, the Danish (häufiger: the Danes), the British, etc.
(8) **Mexicans** and **Columbians** basically speak the same language.
(9) Do you know the joke about **the Spaniard** and **the Russian** on holiday in the States?
Ebenso: American(s), Belgian(s), German(s), Norwegian(s), etc.
(10) The **Chinese** living next door is a very nice man.
(11) The **Chinese** who run the restaurant round the corner live in our block of flats.
Ebenso: Japanese, Vietnamese, Lebanese, etc.

62 Vergleich mit dem Deutschen

Da das Adjektiv im Deutschen im Gegensatz zum Englischen Flexionsendungen aufweist, kann es viel freier verwendet werden, ohne dass Missverständnisse entstehen. Hierzu die folgende Gegenüberstellung:

	Englisch		Deutsch
Gattungsbezogener Gebrauch	**Nominalisiertes Adjektiv**	=	**Nominalisiertes Adjektiv**
Gesamtheit von Personen	**The unemployed** deserve our help.	=	**Die Arbeitslosen** verdienen unsere Hilfe.
Uneingeschränkter abstrakter Begriff	This means trying **the impossible**.	=	Das heißt, das **Unmögliche** zu versuchen.
Spezifischer Gebrauch	**Adjektiv + Nomen**	≠	**Nominalisiertes Adjektiv**
Einzelpersonen	a **blind man,** many **handicapped people**	≠	ein **Blinder,** viele **Behinderte**
Eingeschränkter abstrakter Begriff	**The interesting thing** about the housing situation is ...	≠	**Das Interessante** an der Wohnungssituation ist ...
	außerdem: ***wh*-Spaltsatz**		
	What is interesting about ... is ...		
Wiederaufnahme eines zählbaren Nomens	**Adjektiv +** ***one / ones***	≠	**Nur Adjektiv**
	the small boy and the **big one**	≠	der kleine Junge und der **große**

Das Problem für Deutschsprachige besteht darin, dass sie bei der Übertragung nominalisierter deutscher Adjektive ins Englische auf ganz verschiedenartige Strukturen ausweichen müssen.

Steigerung des Adjektivs und Vergleich

63–67

Grundsätzliches

63

Steigerung und Vergleich sind so eng miteinander verknüpft, dass im Englischen nur ein Begriff für beide zur Verfügung steht: *comparison*. Deshalb werden die beiden Prozesse hier auch zusammen behandelt.

1. Die zwei Formen der regelmäßigen Steigerung
Komparativ- und Superlativformen von Adjektiven können im Englischen auf zweierlei Weise gebildet werden: mit den Endungen *-er/-est* und mit *more/most*.

— Mit den vom Deutschen bekannten Endungen *-er/-est* werden die einsilbigen Adjektive gesteigert (Beispiel 1), außerdem zweisilbige Adjektive, die auf *-er, -le, -ow* und *-y* enden (Beispiel 2).

(1) low – lower – lowest
Ebenso: big, great, high, thick, thin, etc.
(2) narrow – narrower – narrowest
Ebenso: clever, simple, shallow, easy

— Mit *more/most* werden in der Regel die verbleibenden zweisilbigen Adjektive gesteigert (Beispiel 3), außerdem die drei- und mehrsilbigen Adjektive (Beispiel 4).

(3) active – more active – most active
Ebenso: basic, common, childish, savage, etc.
(4) beautiful – more beautiful – most beautiful.
Ebenso: competent, characteristic, important, etc.

Wie bei der Flexion von Nomen und Verben gibt es auch bei der Adjektivsteigerung einige unregelmäßige Formen (→ **64**).

2. Hauptformen des Vergleichs
Vergleiche mit Adjektiven können Gleichheit oder verschiedene Formen der Ungleichheit ausdrücken. Gleichheit wird durch die Formel *as ... as* wiedergegeben; das Adjektiv erscheint dabei in der Grundform (Beispiel 5).

(5) No other form of transport is **as fast as** the aeroplane.

Ungleichheit kann durch die Formel *not as … as* ausgedrückt werden, gelegentlich auch durch *not so … as*; das Adjektiv steht ebenfalls in der Grundform (Beispiel 6). Die typische Form für den Ausdruck von Ungleichheit ist jedoch der Komparativ in Verbindung mit *than* (Beispiel 7); schließlich wird auch beim Superlativ der Vergleich mit anderen Personen oder Objekten mitverstanden (Beispiel 8).

(6) Travelling by train is not **as / so popular as** going by car.
(7) The railways proved a **more efficient** form of transport **than** the canals.
(8) Which route is **(the) shortest?** (= shorter than all the others)

Neben den Vergleichsformen mit *-er / -est* bzw. *more / most* gibt es auch die selteneren Formen mit *less / least* zum Ausdruck eines geringeren Grades (Beispiel 9 und 10).

(9) Trains are **less likely** to have accidents **than** cars.
(… weniger unfallgefährdet als …)
(10) Flying is **the least stressful** form of transport.
(… die am wenigsten anstrengende Art …)

Abschließend eine Zusammenstellung der wichtigsten Vergleichsmöglichkeiten:

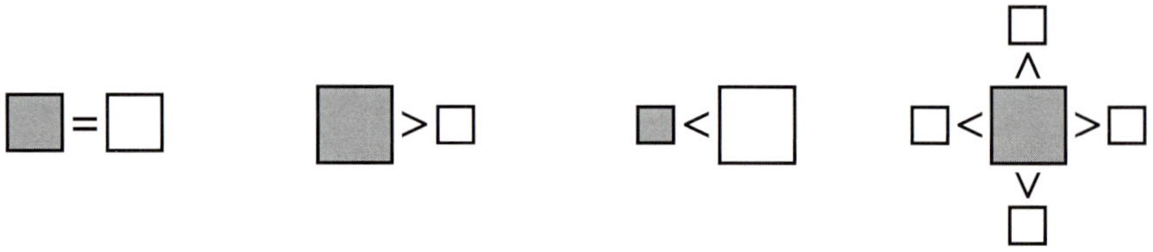

as big as — bigger than — not as big as (not so big as) — the biggest

64 Unregelmäßige Steigerung

Einige Adjektive und Mengenwörter werden unregelmäßig gesteigert:

good / well *(gesund)*	better	best	much (money) / many (coins)	more	most
bad / ill *(böse / krank)*	worse	worst	little (money)	less	least
			Regelmäßig dagegen:		
little *(klein)*	smaller	smallest	few (coins)	fewer	fewest

Zur Verwendung der Steigerungsformen von *much, many, little* und *few* → **48.2**.

Problemfälle: Zwei Steigerungsformen

65

Einige Adjektive haben mehr als eine Komparativ- bzw. Superlativform. Dabei hat meist die eine Form eine örtliche oder zeitliche, die andere eine übertragene Bedeutung (Beispiele 1–7). Einige dieser Steigerungsformen (z. B. *next* sowie *latter* und *last*) werden jedoch meist nicht mehr als solche empfunden (Beispiel 2, 6 und 7). Bei *old* haben die Steigerungsformen *elder, eldest* eine spezifischere Bedeutung; sie beziehen sich in der Regel nur auf Familienmitglieder (Beispiel 8).

(1) Our **nearest** neighbours lived a mile away.
(*nächster* = örtliche Nähe)
(2) We've got to get out at the **next** stop.
(*nächster* = Reihenfolge)
(3) John lives **further / farther** away from the town centre than us, but Helen lives the **furthest / farthest** away.
(*weiter/am weitesten* = örtliche Entfernung)
(4) We made no **further** enquiries.
(*weitere* = zusätzliche *Erkundigungen)*
(5) It was **later** than I thought.
(*später* im zeitlichen Sinn)
(6) Of the two Beat writers, Ginsberg and Kerouac, the **latter** is more famous.
(der Letztere, der zuletzt Genannte)
(7) His **latest** book is about New Labour.
(*sein neuestes Buch* = es besteht die Möglichkeit, dass er noch weitere schreibt)
His **last** book was on the demise of the Tories.
(*sein letztes Buch* = er hat danach kein weiteres geschrieben)
(8) My **elder** sister is a nurse. He was the **eldest** in a family of six.

Most drückt (im Gegensatz zu *the most*) nicht immer den Superlativ aus, sondern – im förmlichen Stil – oft nur einen hohen Grad (Beispiel 9). Wenn sich Missverständnisse ergeben könnten, gebraucht man daher *most* mit Artikel, wenn man wirklich den höchsten Grad meint (Beispiel 10).

(9) This mountain pass is **most dangerous.** *(... äußerst gefährlich.)*
(10) This mountain pass is **the most dangerous.** *(... der gefährlichste.)*

Weitere Vergleichskonstruktionen

66

1. Stetige Steigerung

Zum Ausdruck einer stetigen Steigerung (dt. *immer* + Komparativ) gebraucht man bei den mit *-er/-est* gesteigerten Adjektiven „Komparativ + *and* + Komparativ". Bei den mit *more/most* gesteigerten Adjektiven wird „*more and more* + Grundform" verwendet (Beispiel 1 und 2).

(1) The population of the planet is getting **bigger and bigger.**
(2) The home use of computers has become **more and more widespread.**

2. Proportionale Steigerung
Diese Form des Vergleichs (dt. *je ... desto ...*) wird durch die Konstruktion „*the* + Komparativ ... *the* + Komparativ“ wiedergegeben (Beispiel 3 und 4).

(3) **The longer** you wait in line, **the angrier** you become.
(4) **The greater** the number of people in the queue, **the more heated** the atmosphere.

67 Steigerung und Vergleichskonstruktionen: ein Textbeispiel

Der folgende Text belegt die zwei Möglichkeiten der regelmäßigen Steigerung, die Bildung des Komparativs und Superlativs mit *-er/-est* für einsilbige und mit *more/most* für mehrsilbige Adjektive und Adverbien (→ **92**); außerdem enthält er auch die unregelmäßige Form *further* (zu *far*). Der Text illustriert, wie Komparativformen in typischen Vergleichen (*larger than*), aber auch in proportionalen Vergleichskonstruktionen auftreten (*... hotter the further ...*, etc.). Einige Komparativformen haben jedoch eher die Funktion eines einfachen Gradadverbs (*further west*) oder eines verknüpfenden Adverbs (*rather than:* „eher ... als“).
Die zahlreichen Superlativformen haben ebenfalls vergleichende Bedeutung (z. B. *oldest* im Sinne von „älter als alle anderen“), dienen aber auch zur Hervorhebung, ähnlich wie die verstärkenden Adjektive und Adverbien (*strong, humungous* – „gewaltig“, *chief, huge, extremely*), mit denen sie sich im Text abwechseln.

The continental US stretches across North America from ‘sea to shining sea’.
[...] The Atlantic Coast is the **most heavily** populated area and retains ***strong*** traces of its European heritage. This is where the **oldest** American cities like Boston, New York, Washington DC and Philadelphia are located. [...] The central north-east is marked by the ***humungous*** Great Lakes (Superior, Michigan, Huron, Erie and Ontario), which occupy an area **larger than** most European countries. [...]
The central area drained by the Mississippi, Missouri and Ohio rivers is the grain basket of the country. **Further** west, on the Great Plains, are the country’s ***chief*** grazing areas. This is cowboy country, though today their trusty steeds tend to be battered pick-ups **rather than** hi-ho Silvers. [...]
With such varied topography, the US has ***extremely*** diverse ecosystems. The **most impressive** flora are the ***huge*** evergreens of the West Coast, the sequoia and the redwood, some of which are believed to be the **oldest** living things on Earth. [...] The **largest** land mammals, such as black and grizzly bears, elk and deer, roam the northwestern states. The southern states are home to some of the **most interesting** fauna: the marsupial opossum and the mean old alligator. [...]
The climate is temperate in most parts of the US. Generally speaking, it gets **hotter the further** south you go and seasonally **more extreme the further** you are north and inland from the coasts.
http://www.lonelyplanet.com/dest/nam/usa.htm (1998)

Kapitel 4:

Adverbien und adverbiale Bestimmungen

Vorbemerkung:
Verhältnis von Adverb und adverbialer Bestimmung 68

Das **Adverb** ist eine Wortart und insofern mit Nomen, Verben und Adjektiven vergleichbar. Die Zahl der ursprünglichen Adverbien wie *soon* oder *often* ist jedoch gering. Die Mehrzahl der Adverbien ist von Adjektiven abgeleitet, die meisten davon mit Hilfe der Endung *-ly* (➜**90.1**).
Eine **adverbiale Bestimmung** ist dagegen ein Satzteil und steht damit auf der gleichen Ebene wie Subjekt, Prädikat und Objekt. Die beiden Begriffe werden oft fälschlicherweise gleichgesetzt. Zu ihrer Klärung dienen das folgende Schema und die zugehörigen Beispiele.

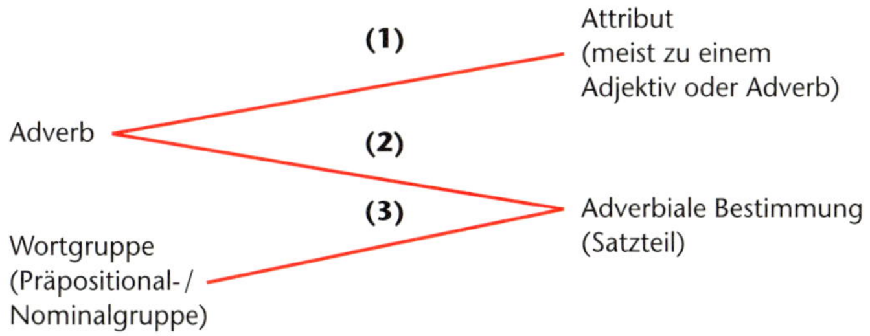

(1) The guidebook was **very** reliable.
(2) They studied the map **thoroughly.**
(3) **Last year** we visited several ancient monuments **in Ireland.**

Adverbien können demnach als Attribute, vor allem zu Adjektiven und anderen Adverbien, gebraucht werden. Sie treten jedoch auch als adverbiale Bestimmungen auf und teilen sich diese Funktion dann mit Wortgruppen wie *in Ireland* oder *last year.* Das Kapitel berücksichtigt diesen Zusammenhang; aus Gründen der Übersichtlichkeit stehen jedoch die Adverbien (zu denen auch feste Kombinationen wie *at last, of course, sort of* gezählt werden) im Mittelpunkt der Darstellung.
Ausgeschlossen bleiben in diesem Kapitel dagegen Wortgruppen, die als nachgestellte Attribute zu Nomen verwendet werden; sie lassen sich zum Teil als verkürzte Relativsätze verstehen (➜**223**; Beispiel 4 und 5).

(4) ***My uncle* in Toronto** has invited me over for Easter.
(5) ***The weeks* before Christmas** are very busy.

69–72 Bedeutungsklassen und Stellungsprinzipien

Grundsätzliches zu den Bedeutungsklassen

69

Die gebräuchlichste Klassifizierung der Adverbien beruht auf der bedeutungsmäßigen Funktion, die sie in der Kommunikation erfüllen. Auf dieser Basis ergibt sich folgende Einteilung, die auch Wortgruppen in adverbialer Funktion mit einschließt:

- **Gradadverbien** wie *extremely, completely, partly, scarcely,* etc.
- **hervorhebende Adverbien** wie *mainly, particularly, only, as well,* etc.
- **Adverbien der Art und Weise** wie *quickly, thoroughly, easily,* etc. (Für die Bezeichnung der **Methode** oder des **Mittels**, durch die eine Handlung charakterisiert ist, werden meist Wortgruppen wie *in a businesslike manner* oder *by means of a helicopter* gebraucht.)
- **Adverbien des Ortes und der Richtung** wie *here, there, inside, upstairs,* etc. (Häufiger sind hier Wortgruppen wie *in London, after the war.*)
- **Adverbien der Zeit und Häufigkeit**
  Aus grammatischer Sicht empfiehlt sich die Unterteilung in Adverbien der **unbestimmten** Zeit und Häufigkeit (*soon, already, often, normally,* etc.) und Adverbien der **bestimmten** Zeit und Häufigkeit *(today, yesterday, once, twice)*. Die zweite Gruppe umfasst auch viele Wortgruppen wie *last year, next month, three times.*
- **Adverbien des Standpunkts und Kommentars** wie *geographically, basically, unfortunately, obviously, frankly,* etc.
- **textverknüpfende Adverbien**, die eine Verbindung unter dem Gesichtspunkt der Reihenfolge, des Kontrasts, der Folgerung, etc. herstellen, wie z. B. *firstly, secondly, yet, however, therefore, consequently,* etc.

Diese Einteilung der Adverbien ist maßgebend für ihre Stellung im Satz. Im Übrigen ist zu beachten, dass eine Reihe von Adverbien mehr als einer Bedeutungsklasse angehören kann, z. B. „Art und Weise“ und „Grad“ (Beispiel 1 und 2) oder „Art und Weise“ und „Kommentar“ (Beispiel 3 und 4).

(1) They treated her **roughly.**	(Art und Weise)
(2) I earned **roughly** £3,000 a year.	(Grad)
(3) Some plants grow **naturally** in ponds.	(Art und Weise)
(4) **Naturally,** they should have asked you before cutting down that tree.	(Kommentar)

Grundsätzliches zur Stellung

70

1. Adverbien als Attribute: Stellung beim Bezugselement

Wird das Adverb als Attribut gebraucht, so erscheint es beim Bezugselement, und zwar meist vor diesem Element (Beispiel 1 und 2). Dies trifft vor allem auf Gradadverbien zu. Nach dem Bezugselement steht das Adverb *enough* (Beispiel 3). Es gilt also Stellungsschema 1.

(1) The illness left her physically *weak.*
(2) She does her job very *thoroughly.*
(3) John's *nice* enough, but he always seems a bit distant.

Stellungsschema 1

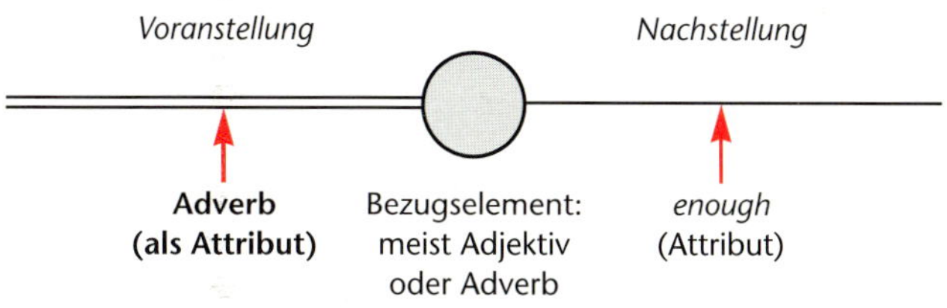

2. Adverbien als adverbiale Bestimmungen: Anfangs-, Binnen- und Endstellung
Unter **Anfangsstellung** der Adverbien versteht man die Position vor dem Subjekt (Beispiel 4).

(4) Obviously, there is a need for consultation on this question.

Adverbien in **Binnenstellung** stehen bei einfachen Prädikaten vor dem Vollverb (Beispiel 5), bei Prädikaten mit einem Hilfsverb treten sie meist zwischen Hilfsverb und Vollverb (Beispiel 6). (Zur Stellung bei mehreren Hilfsverben s. u.)

(5) The committee hastily convened to discuss the proposals.
(6) The meeting will probably come up with a solution.

Bei **Endstellung** stehen Adverbien hinter dem Vollverb und (falls vorhanden) dem direkten Objekt (Beispiel 7). Andere Ergänzungen können dem Adverb jedoch folgen, z. B. ein präpositionales Objekt (Beispiel 8).

(7) They must have an answer immediately.
(8) We asked the chairman repeatedly for his unbiased opinion.

Insgesamt gilt das Stellungsschema 2.

Stellungsschema 2

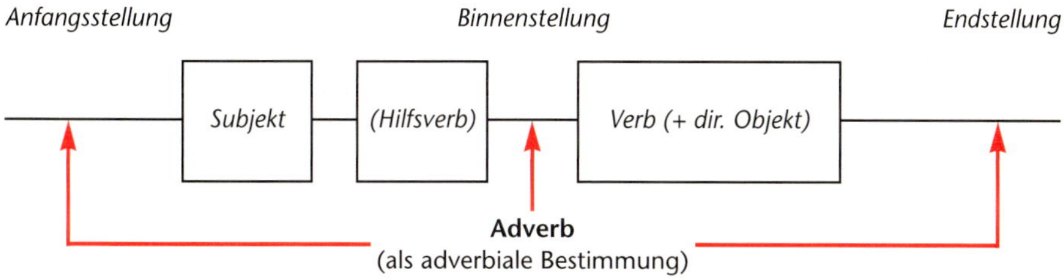

Welche der drei Stellungen tatsächlich für ein bestimmtes Adverb in Frage kommt, hängt weitgehend von seiner Bedeutungsklasse ab. Dies spiegelt sich auch in den Beispielen oben wider, die Adverbien ganz unterschiedlicher Bedeutungsklassen enthalten (Kommentar: Beispiel 4 und 6, Art und Weise: Beispiel 5, Zeit und Häufigkeit: Beispiel 7 und 8).

Zu beachten ist auch, dass – abweichend vom obigen Schema – Adverbien in Binnenstellung nach dem Kopulaverb *be* stehen (Beispiel 9).

(9) Juvenile crime is **evidently** a serious problem nowadays.

3. Wortgruppen als adverbiale Bestimmungen: Anfangs- oder Endstellung
Diese adverbialen Bestimmungen erscheinen, unabhängig von ihrer Bedeutungsklasse, normalerweise in Endstellung (Beispiel 10 und 11), z. T. auch in Anfangsstellung (Beispiel 12 und 13). Sie sind zu gewichtig, als dass sie in Binnenstellung stehen könnten. Es gilt also Stellungsschema 3.

(10) I took my driving test **in Bristol.** (Ort)
(11) We made our way over the mountain **on foot.** (Mittel, d. h. Art und Weise)
(12) **A few weeks ago** my brother had a very bad accident. (bestimmte Zeit)
(13) **Every morning** he listens to the weather forecast before setting out. (bestimmte Häufigkeit)

Stellungsschema 3

Für kurze Kombinationen wie *at once* und *of course* gilt dieses Stellungsprinzip nicht. Sie verhalten sich wie Ein-Wort-Adverbien.

71 Die Stellung mehrerer adverbialer Bestimmungen am Satzende

Treten mehrere adverbiale Bestimmungen am Satzende auf – was vor allem bei Angaben der bestimmten Zeit und Häufigkeit, des Ortes und der Richtung sowie der Art und Weise der Fall ist – so gilt für gleichwertige Elemente das Stellungsschema 4:

Stellungsschema 4

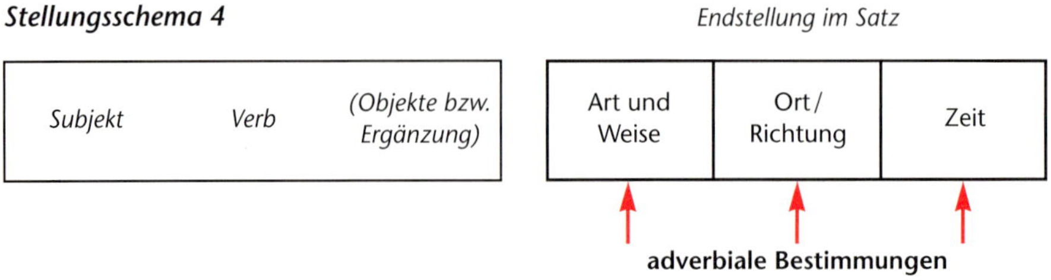

Dabei wird Art und Weise typischerweise durch ein Adverb wiedergegeben, bei Ort/Richtung und Zeit dominieren Wortgruppen (Beispiel 1). Ist die Orts- oder Richtungsangabe vom Verb abhängig (→ **82**), so steht sie in Abweichung vom obigen Stellungsprinzip unmittelbar hinter dem Verb (Beispiel 2). Wenn zwei Zeitbestimmungen aufeinander treffen, so erscheint die genauere Zeitangabe vor der allgemeineren (Beispiel 3).

(1) The plane flew noiselessly *through the sky* on that spring afternoon.
(2) He went to London *by car* yesterday morning.
(3) We had to be at the station by eight o'clock *in the evening.*

Eine lange oder betonte adverbiale Gruppe kann jedoch entgegen ihrer üblichen Position am Satzende stehen (Beispiel 4 und 5). Im Übrigen wird eine Häufung von drei adverbialen Bestimmungen am Satzende oft dadurch vermieden, dass eine von ihnen an den Satzanfang tritt (Beispiel 6).

(4) Commuters stream out of the station every morning *like an army of ants on the move.* (Art und Weise nach Richtung und Zeit)
(5) A group of tramps settled last week *on the wasteland by the shoe factory.* (Ort nach Zeit)
(6) *This morning* a woman was walking quickly behind me *on her way to work.*

Weitere Bedeutungsklassen und ihre sprachliche Realisierung

72

Neben den schon genannten Bedeutungsklassen (Grad, Art und Weise, Ort, etc.; → **69**) gibt es noch weitere, die durch adverbiale Bestimmungen wiedergegeben werden. Dazu gehören Angaben des Grundes (Beispiel 1 und 2), des Zwecks (Beispiel 3 und 4), der Einräumung (Beispiel 5 und 6) und der Bedingung (Beispiel 7 und 8).

(1) He daren't open the gate because of the dog. **(2)** He was frightened because he had already once been bitten by a dog.	(Grund)
(3) I wouldn't go bungee-jumping from a bridge for a million pounds. **(4)** My friends have suggested I go jogging to keep fit.	(Zweck)
(5) In spite of/Despite my reservations, they insisted on taking me climbing with them. **(6)** Although I had been wary, I was surprised to find that snorkelling was a lot of fun.	(Einräumung)
(7) In case of emergency, ring the alarm. **(8)** If you have any questions, let us know.	(Bedingung)

Wie die Beispiele zeigen, werden diese adverbialen Bedeutungen durch Wortgruppen, noch häufiger aber durch Nebensätze und infinite Konstruktionen wiedergegeben (→ **180, 186, 217–218**).

73–76

Gradadverbien

Grundsätzliches

73

1. Bedeutungsspektrum

Gradadverbien umfassen **verstärkende** Adverbien (*very, completely, absolutely, so,* etc.), **abschwächende** Adverbien (*almost, partly, rather, fairly* = „ziemlich", *kind of / sort of* = „irgendwie", etc.) und **einschränkende** Adverbien (*hardly / barely / scarcely / little* = „kaum"). Das Gradadverb *quite* kann je nach Kontext entweder verstärkend (Beispiel 1) oder abschwächend (Beispiel 2) benutzt werden.

(1) It's quite *clear* that the recent floods have meant financial loss for the region.
(2) The village was quite *badly* damaged in the earthquake.

2. Gradadverbien bei Adjektiven und anderen Adverbien

Gradadverbien stehen hier vor dem entsprechenden Adjektiv oder Adverb (*very clever, extremely intelligent, rather badly done*). Es gilt Stellungsschema 1 für Attribute (→ **70.1**). Eine Ausnahme bildet *enough,* das als Adverb nachgestellt wird (*big enough, stupid enough*).

3. Gradadverbien mit Verbbezug

Das Entscheidende ist, dass diese Adverbien eng mit dem Verb verknüpft sind. Dies zeigt sich schon allein darin, dass eine Reihe von Gradadverbien bevorzugt bei bestimmten Verben auftritt (Beispiel 3 und 4). Was die Stellung betrifft, so stehen verbbezogene Gradadverbien meist entweder direkt vor dem Verb (Beispiel 3 und 4), unmittelbar nach dem Verb (Beispiel 5) oder – wenn vorhanden – nach Verb + direktem Objekt (Beispiel 6).

(3) They badly *needed* medical supplies to help with the injured.
(4) The aidworkers utterly *deplored* the position of the local authorities.
Ebenso: ***entirely*** + ***agree***, ***completely*** + ***forget***, ***greatly*** + ***admire***, ***deeply*** + ***resent***, ***perfectly*** + ***understand***, ***so*** + ***want***, etc.
(5) Prices *rose* dramatically.
(6) The publicity *helped our plan* considerably.

Dabei spielt es keine große Rolle, ob man diese Adverbien als Attribut (→ **70.1:** Stellungsschema 1) oder als adverbialen Bestimmungen (→ **70.2:** Stellungsschema 2) versteht. Das folgende Schema fasst die beiden Erklärungen zusammen:

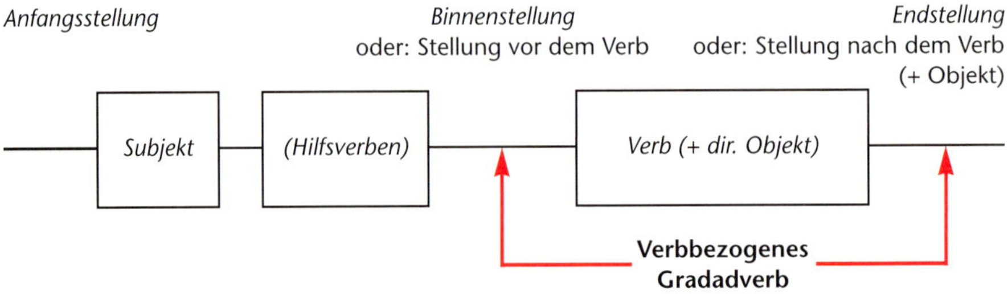

Details zur Stellung von Gradadverbien vor und nach dem Verb

74

Die Möglichkeiten der Vor- und Nachstellung (bzw. Binnen- und Endstellung im Satz) stehen nicht für alle Gradadverbien gleichermaßen zur Verfügung. Einige Gradadverbien erscheinen normalerweise nur vor dem Verb (Beispiel 7), andere werden fast immer nachgestellt (Beispiel 8).

(7) I **rather *like*** the route through the park to the town centre.
Ebenfalls stets ***vor*** dem Verb: quite, almost, nearly, kind of, sort of, as good as

(8) In the last few years the shopping centre ***has improved*** **a great deal.**
Ebenfalls stets ***nach*** dem Verb: a good deal, a lot, a little, by far, for sure, for certain, a bit, at all

In Sätzen mit mehreren Hilfsverben steht das Gradadverb ebenfalls meist unmittelbar vor dem Verb, also nach dem letzten Hilfsverb (Beispiel 9).
Nur einschränkende Adverbien wie *barely, hardly, scarcely* – die zugleich Adverbien der Häufigkeit sind (➜**84.1**) – sowie *almost* und *nearly* erscheinen nach dem ersten Hilfsverb (Beispiel 10).

(9) He ***will be*** **sorely** ***missed*** by all of us when he leaves for the States.

(10) He ***could*** **hardly** ***be expected*** to stay in Britain after being offered such a good job.

Anfangsstellung von einschränkenden Gradadverbien (mit Inversion)

75

Im förmlichen Englisch können die Adverbien *barely, hardly, scarcely* und *little* die Anfangsstellung im Satz einnehmen, wenn ihre einschränkende Bedeutung dramatisch herausgestellt werden soll. In diesem Fall tritt stets Teilinversion ein (Umstellung von Subjekt und erstem Hilfsverb, *do*-Umschreibung in den einfachen Tempusformen; ➜**253**).

(1) **Hardly** had we left the house when it began to rain.

(2) **Scarcely** had she opened her mouth to speak when there was an almighty clap of thunder.

(3) **Little** did they know that they were being watched.

76 Der Gebrauch von *very, much* und *very much*

Very bezieht sich als Gradadverb auf Adjektive und Adverbien (Beispiel 1), *much* und seine Variante *very much* beziehen sich auf Verben (Beispiel 2).

(1) The hill was **very *rocky,*** but the ramblers persevered **very *carefully*** and finally they reached the summit.
(2) It was hazy at the top, so we couldn't ***see*** **(very) much.**

Much ist dabei hauptsächlich auf verneinte Sätze und Fragesätze beschränkt und steht hier gewöhnlich nach dem Verb (+ Objekt) (Beispiel 3). Bei bestimmten Verben der gefühlsmäßigen Einstellung *(enjoy, admire, regret, like, prefer,* etc.) kann es auch vor dem Verb stehen (Beispiel 4). In dieser Stellung und bei diesen Verben kommt *much* auch gelegentlich im bejahten Satz vor (Beispiel 5).

(3) Did you ***bleed*** **much** when you fell?
(4) My leg was still rather sore, so I didn't **much *enjoy*** the rest of the climb.
Oder: ... so I didn't ***enjoy*** the rest of the climb **much.**
(5) He **much *preferred*** the trek back down the mountain to the climb up it.

Very much ist nicht auf bestimmte Sätze beschränkt, kann also auch in bejahten Aussagesätzen verwendet werden. Es steht gewöhnlich hinter dem Verb (Beispiel 6). Bei den Verben der gefühlsmäßigen Einstellung kann es dem Verb auch vorausgehen (Beispiel 7). Im Zweifelsfall sollte man *very much* und nicht *much* benutzen.

(6) She ***cried*** **very much** at the sad news.
(7) We **very much *enjoyed*** our day in the country.
Oder: We ***enjoyed*** our day in the country **very much.**

77–79 Hervorhebende Adverbien

77 Bedeutungsspektrum und Stellungsprinzipien

1. Bedeutungskonzepte: Besonderes Ausmaß, Einschränkung, Parallelität
Hervorhebende Adverbien sind von den Gradadverbien nicht immer leicht abzugrenzen. Im Gegensatz zu diesen verstärken sie jedoch das Bezugselement nicht, sondern heben es gegenüber den anderen Elementen der Äußerung hervor. Das leuchtet am meisten dort ein, wo Adverbien auf das Besondere des Bezugselements hinweisen, wie etwa *particularly* (Beispiel 1). Aber auch einschränkende Adverbien wie *only* dienen der Hervorhebung (Beispiel 2), ebenso „auch"-Adverbien wie *also,* die eine Parallele zu einem schon genannten Geschehen oder Sachverhalt herstellen (Beispiel 3).

(1) He **particularly** likes to have an ice-cream ***on a hot day.*** (besonderes Ausmaß)
Ähnlich: especially, mainly, mostly, chiefly, above all

(2) He **only** works ***three days*** a week. (Einschränkung)
Ähnlich: merely, exclusively

(3) Just like his brother, ***Mike*** is **also** employed at the local brewery. (Parallelität)
Ähnlich: too, as well, even

2. Stellungsprinzipien

Hier gibt es grundsätzlich zwei Möglichkeiten:

— Hervorhebende Adverbien können **unmittelbar vor oder nach dem Element** stehen, das sie hervorheben, eine Stellung, die an die Gradadverbien erinnert (Beispiel 4 und 5). Diese Stellung ist aber eher selten. Nur nachgestellt verwendet werden *too, as well* und *alone* (Beispiel 6 und 7).

(4) I was interested **above all *in Irish music/in Irish music* above all.**
(5) The reservation of tickets is **only *possible/possible* only** in the afternoon.
(6) All my friends are going to the concert. ***Peter,* too,** managed to get tickets.
(7) ***Paul* alone** didn't go because he doesn't like heavy metal.

— Hervorhebende Adverbien können in **Binnenstellung** auftreten (Beispiel 8 und 9). Für die meisten dieser Adverbien (außer *alone, too, as well* und *either*) ist dies die bevorzugte Position. Welches Element hervorgehoben werden soll, wird in der Konversation durch die Betonung, im schriftlichen Gebrauch nur durch den Textzusammenhang klar. Vgl. das Beispiel im nächsten Abschnitt.

(8) We could **even *hire a car and go to the coast*** for the day (rather than just go into town on the train).
(9) He **especially** likes swimming ***in the sea*** (rather than in a pool).

Die Wirkung von hervorhebenden Adverbien: ein Beispiel

78

In Binnenstellung können sich hervorhebende Adverbien auf ganz verschiedene Satzelemente beziehen. Das folgende Beispiel illustriert einige der möglichen Bezüge.

Fred **only** delivers brown bread to the shops on Fridays.

(a) he only delivers it (he doesn't bake it)

(b) only brown bread (not white bread)

(c) only to the shops (not to private customers)

(d) only on Fridays (not more often)

In der mündlichen Kommunikation wird durch die Betonung klar, was hervorgehoben werden soll. (Im Beispiel oben ist das entsprechende Wort jeweils unterstrichen.) In einem (gelungenen) schriftlichen Text klärt sich der Bezug durch die vorangehende Textpassage. So kommt im Beispiel 1 nur die Auslegung *only bakes brown bread*, im Beispiel 2 nur die Auslegung *only bakes bread* in Frage.

(1) On a Friday the bakery next to the post office bakes various different kinds of bread, but there is one baker who **only** bakes brown bread on a Friday.
(2) Most bakeries bake and deliver bread to shops on Fridays, but there is one baker who **only** bakes bread for them on Fridays.

79 Details zu den Adverbien *too, as well* und *either*

Die hervorhebenden Adverbien *too* und *as well* können nicht in Binnenstellung auftreten. Abgesehen von dem seltenen Fall, dass sie unmittelbar auf das Bezugselement folgen (→ **77.2**), nehmen sie die Endstellung ein (Beispiel 1 und 2). Nur in Endstellung erscheint das Adverb *either*, das die „auch"-Bedeutung in verneinten und einschränkenden Äußerungen ausdrückt (Beispiel 3). (*Neither* und *nor* im Sinn von „auch nicht" stehen dagegen immer in Anfangsstellung und bedingen Umstellung von Subjekt und Hilfsverb; → **247**; Beispiel 4.)

(1) Andy wanted to ask Susan for a date, but intended to ask Beth to go out with him, **too.**
(2) Although I had already gone to the cinema on Monday, I went yesterday **as well.**
(3) I have no ear for music and I'm not interested in it **either.**
(4) Aber: He can't sing. **Neither / Nor** can he play an instrument.

80–81 Adverbiale Bestimmungen der Art und Weise

Die zu dieser Gruppe gehörigen Adverbien und Wortgruppen treten fast nur bei Verben auf, die eine Tätigkeit oder einen Vorgang ausdrücken (dynamische Verben; → **119.2**). Sie umfassen die eigentlichen Angaben der Art und Weise sowie die Angaben der Methode und des Mittels (oder Instruments).

80 Die eigentlichen Angaben der Art und Weise

Diese Angaben beschreiben – aus der subjektiven Sicht des Sprechers – wie eine Handlung ausgeführt wird. Hierher gehören vor allem Adverbien auf *-ly* (und endungslose Adverbien), die gesteigert werden können, sowie einige bedeutungsverwandte Wortgruppen (z. B. *with care* als Synonym zu *carefully*).

Angaben der Art und Weise treten oft in Endstellung nach dem Verb (+ Objekt) auf (Beispiel 1 und 2). Sie müssen dort stehen, wenn sie für die Bedeutung des Satzes unerlässlich sind. Ist dies nicht der Fall, so können Adverbien der Art und Weise auch in Binnenstellung (immer unmittelbar vor dem Vollverb) erscheinen (Beispiel 3 und 4). Einige Adverbien, die in formelhaften Höflichkeitsfloskeln gebraucht werden, wie *cordially, humbly* und *kindly*, erscheinen stets in Binnenstellung (Beispiel 5).

(1) Boats must be *tied to the harbour wall* securely.
(2) Before setting out for sea, you must *check your equipment* carefully.
(3) The ships were being strongly *warned* to stay in harbour.
(4) The storm slowly *abated.*
(5) The captain kindly *invited* us onto the bridge.

Viele Adverbien der Art und Weise beschreiben auch die Haltung oder Stimmung, aus der heraus jemand etwas tut. Sie stehen dann sehr häufig in Anfangsstellung, d. h. vor dem Subjekt, das sich auf die handelnde Person bezieht. Solche Adverbien werden häufig durch ein Komma vom Rest des Satzes abgetrennt (Beispiel 6 und 7).

(6) Calmly and bravely, the fireman went back into the burning building.
(7) Fiercely, the contestants glared at each other, hungry for the fight.

Die folgende Übersicht, die auf dem Stellungsschema 2 (→**70.2**) basiert, veranschaulicht die Stellungsmöglichkeiten für die Angaben der Art und Weise.

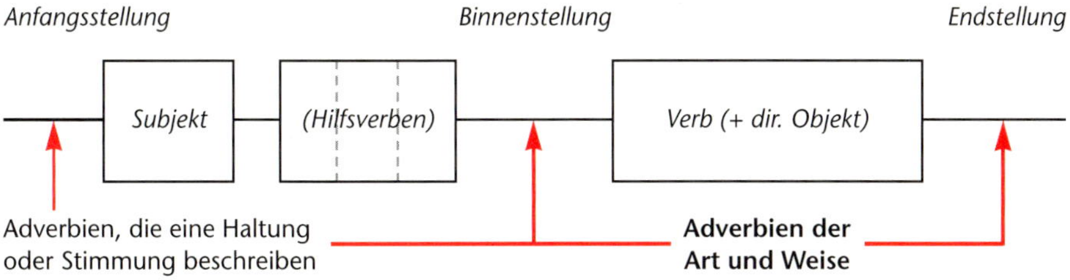

Angaben der Methode und des Mittels 81

Angaben der Methode beschreiben durch einen Vergleich, wie eine Handlung ausgeführt wird. Hierher gehören Adverbien, die mit *-wise, -fashion* oder *-style* von Nomen oder Adjektiven abgeleitet sind (Beispiel 1), sowie Präpositionalgruppen mit *way, manner, style, fashion* (Beispiel 2).
Angaben des Mittels beschreiben, mit welchem Werkzeug, (Hilfs-)Mittel, etc. eine Handlung ausgeführt wird. Es handelt sich vor allem um Präpositionalgruppen mit *with, by, by means of*, etc. (Beispiel 3) sowie um einige Adverbien auf *-ly* (Beispiel 4).

(1) For some strange reason this map folds lengthwise.
(2) John said he had been treated in a disgraceful way by the police.
(3) He cleaned the dashboard with a damp cloth.
(4) The braking distance of a vehicle can be worked out mathematically.

Für die Position dieser adverbialen Bestimmungen im Satz ist das Stellungsschema 3 (**→70.3**) maßgebend. Demnach treten Angaben der Methode und des Mittels gewöhnlich in Endstellung, nie in Binnenstellung auf (Beispiel 5). Dies gilt auch für die betreffenden Adverbien (Beispiel 6).
In der selteneren Anfangsstellung werden sie verwendet, wenn sie für den Satz einen Rahmen setzen oder wenn sie einen Kontrast ausdrücken (Beispiel 7) oder wenn eine dramatische Wirkung erzeugt werden soll (Beispiel 8). Vgl. die folgende Variante von Stellungsschema 3.

(5) You can only become a good bridge player **through practice.**
(6) Deal out the cards **clockwise.**
(7) **With the ace of trumps,** he might have won this game, **without it** he didn't have a chance.
(8) **With a swipe of the hand,** he had played his queen and captured the opponent's king.

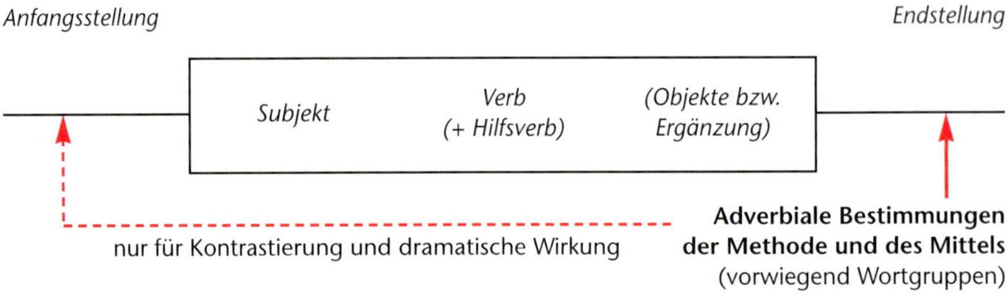

82–83 Adverbiale Bestimmungen des Ortes und der Richtung

Orts- und Richtungsangaben umfassen eine begrenzte Anzahl von Adverbien wie *here, there, inside, upstairs, abroad, (at) home, in, out, up, back*, vor allem aber Wortgruppen mit Präpositionen.

82 Verbabhängige Orts- und Richtungsangaben

Die meisten Adverbien und viele adverbiale Gruppen können sowohl zur Angabe eines Ortes als auch zur Angabe einer Richtung verwendet werden. Die Auslegung hängt vom Verb ab, mit dem sie verbunden werden. Als Ortsangaben werden sie verstanden, wenn das Verb ausdrückt, wo sich etwas befindet (Beispiel 1). Nach Verben der Bewegung haben sie die Bedeutung einer Richtungsangabe (Beispiel 2 und 3). Bei Wortgruppen werden hier auch unterschiedliche Präpositionen benutzt.

(1) A man was standing **at the cashpoint machine.**
Ebenso nach den Verben: sit, lie, live („wohnen“), be placed, be situated, etc.
(2) We hurried **to the bank** before it shut.
Ebenso nach Bewegungsverben wie: go, move, run, rush, climb, jump, etc.
(3) She put her credit card **into the slot.**
Ebenso nach: lay, place

Für die Stellung der Orts- und Richtungsangaben im Satz (auch der Adverbien) ist das Stellungsschema 3 maßgebend (→ **70.3**). Normalerweise stehen verbabhängige Angaben hinter dem Verb (Beispiel 1 und 2) bzw. nach Verb + direktem Objekt (Beispiel 3). Anfangsstellung ist nur dann möglich, wenn ein besonderer dramatischer Effekt erzielt werden soll. Dabei kommt es z. T. auch zur Umstellung von Subjekt und Verb (Inversion: → **254**; Beispiel 4).

(4) **Out** popped a fox from a hole in the ground.

Andere Ortsangaben

83

Während Richtungsangaben fast immer verbabhängig gebraucht werden, können Ortsangaben auch unabhängig vom Verb des Satzes beschreiben, wo ein Geschehen stattfindet. Auch hier gilt das Stellungsschema 3 (→ **70.3**). Allerdings ist neben der Endstellung oft auch die Anfangsstellung möglich, vor allem wenn die Ortsangabe den Rahmen für die Handlung des Satzes setzen soll (Beispiel 2).

(1) Many people watched the sea **from the top of the cliff.**
(2) **From the top of the cliff,** the people below looked like ants.

Abschließend noch eine Zusammenfassung der Stellungsmöglichkeiten für alle Orts- und Richtungsangaben:

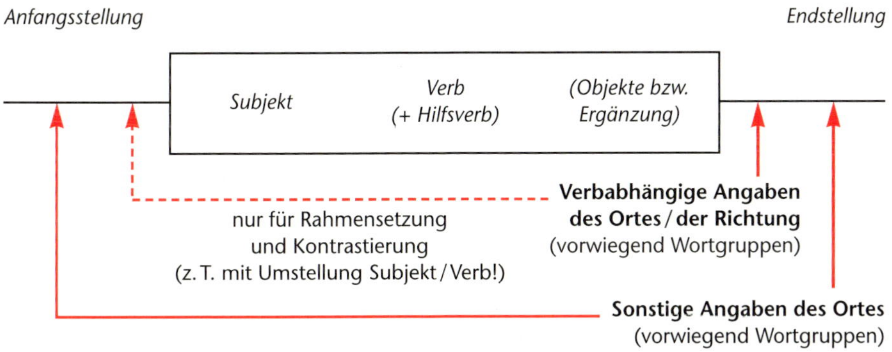

84–85

Adverbiale Bestimmungen der Zeit und der Häufigkeit

84

Die Unterscheidung zwischen bestimmter und unbestimmter Zeit bzw. Häufigkeit

1. Das Kriterium der Messbarkeit

Angaben der bestimmten Zeit und Häufigkeit sind dadurch gekennzeichnet, dass sie wenigstens theoretisch auf messbaren Einheiten wie Stunden, Tage, Wochen und Jahre beruhen; für Angaben der unbestimmten Zeit und Häufigkeit trifft dies nicht zu. Von Grenzfällen wie *every day, every time, the other day*, etc. abgesehen, ist diese Unterscheidung relativ gut möglich.

Die bestimmten Zeit- und Häufigkeitsangaben umfassen einige Adverbien und eine Vielzahl von Wortgruppen. Bei den unbestimmten Angaben dominieren die Adverbien.

Angaben der bestimmten Zeit	**Angaben der unbestimmten Zeit**
Adverbien: yesterday, today, tomorrow, tonight	*Adverbien:* recently, lately, already, just, now, still, later, soon, once *(einst)*, etc.
Wortgruppen: last night, this week, in 1960, on New Year's Eve, in summer, since Christmas, for two years, etc.	*Wortgruppen:* once upon a time, one day, the other day *(neulich)*, long ago
Angaben der bestimmten Häufigkeit	**Angaben der unbestimmten Häufigkeit**
Adverbien: daily, hourly, weekly, once, twice	*Adverbien:* never, ever, seldom, rarely, sometimes, usually, generally, often, always, etc.
Wortgruppen: three times, four times, every day, each time, every second week, every five minutes, once a month, etc.	*Wortgruppen:* as a rule, for the most part, time and again, in general

2. Konsequenzen für die Stellung im Satz

Die Unterscheidung zwischen bestimmten und unbestimmten Angaben der Zeit und der Häufigkeit ist maßgebend für ihre Stellung im Satz.

— **Angaben der bestimmten Zeit und Häufigkeit** erscheinen normalerweise in **Endstellung** (Beispiel 1–3), zum Zweck der Rahmensetzung und Kontrastierung auch in Anfangsstellung (Beispiel 4 und 5). Diese Zeitangaben verhalten sich also ähnlich wie (nicht verbabhängige) Ortsangaben (→**83**). Die Binnenstellung ist selten und nur bei sehr geläufigen Adverbien wie *today, yesterday, now* und *then* anzutreffen (Beispiel 6).

(1) A Civil War re-enactment will take place on the green **tomorrow.**
(2) A historic battle was fought just outside the town **in 1643.**
(3) Will there be separate performances **hourly?**
(4) **During the time of Cromwell** the celebration of Christmas was forbidden.
(5) **Twice** the city was destroyed by fire and **twice** it was rebuilt.
(6) The mayor **yesterday** denied allegations that the event was an attempt to gain popularity.

— **Angaben der unbestimmten Zeit und Häufigkeit** erscheinen vorwiegend in **Binnenstellung** (Beispiel 7 und 8), viele von ihnen können aber auch in Endstellung und Anfangstellung auftreten (Beispiel 9 und 10). Eine Ausnahme bilden die (wenigen) Wortgruppen, die der unbestimmten Zeit und Häufigkeit zugeordnet werden können; sie verhalten sich wie bestimmte Angaben und stehen nur in Anfangs- oder Endstellung (Beispiel 11 und 12).

(7) The Times **recently** published a very interesting article on community spirit.
(8) My aunt has **always** claimed that she gets on well with her neighbours.
(9) Do accidents happen here **often?**
(10) **Sometimes** drivers just don't look!
(11) I met a friend of mine **the other day.**
(12) **As a rule,** I don't get out of bed until I hear the postman.

Details zur Stellung der Adverbien der unbestimmten Zeit und Häufigkeit

85

1. Binnenstellung nach dem ersten Hilfsverb

Im Gegensatz zu Gradadverbien und Adverbien der Art und Weise erscheinen Zeit- und Häufigkeitsadverbien in Binnenstellung nicht nach dem letzten, sondern nach dem ersten Hilfsverb (Beispiel 1 und 2).

(1) He ***had* always *parked*** on the wrong side of the road, but he ***had* never *been caught*.**
(2) Don't worry about being lonely, you***'ll* soon *be mixing*** with a lot of new people at university.

2. Endstellung

Diese Stellung ist bei Adverbien der unbestimmten Häufigkeit kaum üblich, also im Wesentlichen unbestimmten Zeitadverbien vorbehalten (Beispiel 3). Die Endstellung ist bei *still* selten (Beispiel 4) und bei *just* nicht möglich (Beispiel 5).

(3) The new exhibition will open **shortly.**
(4) We should visit your mother **still,** despite your argument.
Häufiger: We should **still** visit your mother …
(5) Aber nur: My dad has **just** been given early retirement.

3. Anfangsstellung
Diese Stellung ist – mit Ausnahme von *just* und *ever* – bei allen unbestimmten Zeit- und Häufigkeitsadverbien möglich (Beispiel 6 und 7). Nach *never, seldom, rarely* und *scarcely* am Satzanfang tritt Teilinversion ein, d. h. Umstellung von Subjekt und Hilfsverb (Beispiel 8; → **253**).

(6) Soon she'll be able to visit us by plane, now there's an airport nearby.
(7) Generally, there isn't much through traffic here, and there are rarely any heavy lorries.
(8) Seldom have I driven such a big car.

Abschließend eine Übersicht über die wichtigsten Stellungsmöglichkeiten der Zeit- und Häufigkeitsangaben. (Zu Wortgruppen wie *the other day, as a rule* → **84.2**.)

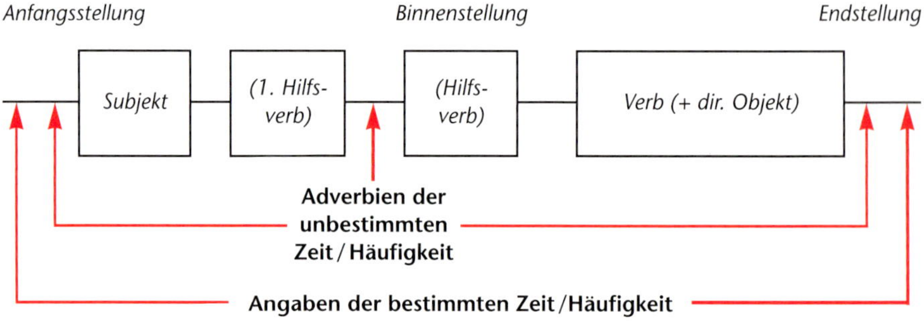

86–87 Adverbien des Standpunkts und des Kommentars

86 Das Bedeutungsspektrum

Bedeutungsmäßig umfassen diese Adverbien verschiedene Bereiche:

— Sie geben den **sachlichen Gesichtspunkt** an, unter dem ein Geschehen betrachtet wird („geographisch gesehen"; Beispiel 1)

(1) Not only geographically but also psychologically, the British feel themselves to be islanders.
Ebenso: morally, politically, technically, linguistically, etc.

— Sie charakterisieren die **Form und Art einer Aussage** („kurz, „offen / frei heraus / ehrlich gesagt"; Beispiel 2)

(2) Briefly, imports must be reduced, or else there will be disaster.
Ebenso: frankly, bluntly, honestly, in brief, in short, in general terms, etc.

— Sie geben eine **persönliche Beurteilung** wieder (Beispiel 3), oft ein Urteil über die Wahrscheinlichkeit eines Sachverhalts (Beispiel 4).

(3) Naturally there must be sacrifices on all sides.
Ebenso: (un)fortunately, typically, understandably, rightly, wrongly, strangely, etc.
(4) Apparently Sam needs to have his eyes tested.
Ebenso: possibly, probably, perhaps, evidently, obviously, surely, etc.

Insgesamt sind die Adverbien des Standpunkts und Kommentars im Vordringen. So werden auch Adverbien des Standpunkts auf *-wise* (dt. „was ... betrifft" / „... mäßig") umgangssprachlich, vor allem im amerikanischen Englisch, immer häufiger (Beispiel 5). Immer öfter wird auch *hopefully* als Adverb des Kommentars in der Bedeutung „hoffentlich" verwendet (Beispiel 6) (inzwischen wesentlich häufiger als in seiner ursprünglichen Bedeutung „hoffnungsvoll"; Beispiel 7).

(5) Taxwise, business is in a much better position this year.
(Was die Steuern betrifft ...)
(6) Hopefully, prices will remain stable for the rest of the year.
(7) Aber: The journalists were waiting hopefully for a bulletin to be issued.

Stellungsmöglichkeiten

87

Adverbien des Standpunktes und Kommentars legen normalerweise die Perspektive für den ganzen Satz fest. Deshalb erscheinen sie bevorzugt in **Anfangsstellung**, wie die Beispiele 1–5 in **86** illustrieren. Möglich ist jedoch auch Binnen- oder Endstellung. Adverbien werden dann manchmal, Wortgruppen meistens, durch Sprechpause bzw. Komma als eingeschobener oder nachträglicher Kommentar gekennzeichnet (Beispiel 1–3). Bei der Binnenstellung kommt nicht nur die Stellung nach dem ersten Hilfsverb oder dem Kopulaverb *be* in Frage (Beispiel 2), sondern auch die Stellung davor (Beispiel 4).

(1) The new cancer treatment, understandably, aroused a great deal of controversial feeling.
(2) It is, honestly, one of the great achievements of our time.
(3) The response to the appeal was overwhelming, to everyone's surprise.
(4) Peter, of course, had not heard about the new discovery.

Einige Adverbien der persönlichen Beurteilung, darunter insbesondere Wahrscheinlichkeitsadverbien, treten vorwiegend in Binnenstellung (nach dem ersten Hilfsverb) auf, ohne dass sie durch Komma oder Sprechpause vom Satz abgehoben werden (Beispiel 5 und 6).

(5) Newton is rightly regarded as the father of modern science.
(6) We will probably be dealing with thermodynamics next term.
Ebenso: wrongly, correctly, justly, possibly, presumably, reportedly, evidently, obviously, apparently, surely

Vergleiche die Zusammenfassung der Stellungsmöglichkeiten in folgendem Schema:

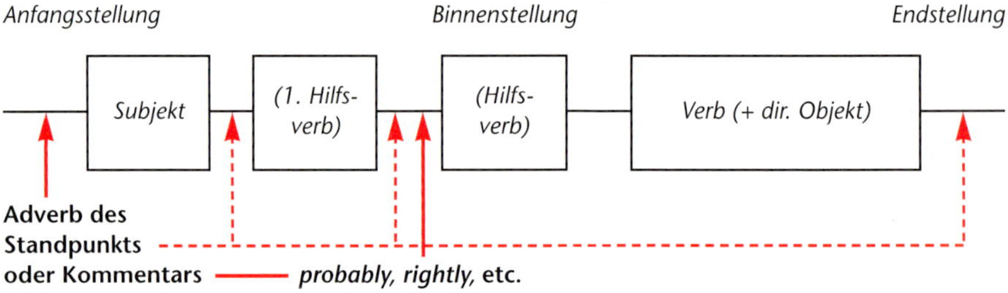

88–89 Textverknüpfende Adverbien

88 Bedeutungsspektrum und Stellungsprinzipien

Neben adverbialen Bestimmungen, die nur innerhalb des Satzes wirksam sind, gibt es solche, die eine Beziehung zu einem oder mehreren vorangehenden Sätzen herstellen, also für die Textgestaltung wichtig sind.

1. Bedeutungsbeziehungen
Textverknüpfende Adverbien lassen sich in folgende Bedeutungsgruppen einteilen:

— **Additive Adverbien:** Dazu zählen insbesondere Adverbien (und auch Wortgruppen), die eine zusätzliche Information und zugleich eine Verstärkung ankündigen wie *in addition* (Beispiel 1) oder eine Neuformulierung signalisieren wie *for example* (Beispiel 2). Außerdem gehören hierher einige Adverbien und Wortgruppen, die einen Vergleich (Beispiel 3) oder eine Zusammenfassung einleiten (Beispiel 4).

(1) The Australian climate itself attracts many tourists to the area. **In addition,** the Australians are a warm and hospitable people.
Entsprechend: moreover, furthermore, above all, in fact, indeed, again *(außerdem)*, etc.

(2) There are many ways of exploring the wonders of the Middle East: **for example,** you can take a coach or a jeep or even a camel.
In other words, the choice is yours.
Entsprechend: that is (*Abkürzung:* i.e.), (or) rather *(vielmehr)*, etc.

(3) During the holiday season roads are overcrowded.
Similarly, charter flights are also booked solid.
Entsprechend: equally, in the same way, in / by comparison, etc.

(4) **All in all,** India can offer you the experience of a lifetime.
Entsprechend: in sum, altogether *(insgesamt)*, in conclusion

— **Kontrastierende Adverbien:** Sie drücken entweder einen echten Gegensatz aus (Beispiel 5) oder aber eine Einräumung (Beispiel 6).

(5) You might think that everything in Paris is expensive. **On the contrary,** eating out in small cafés off the beaten track is surprisingly cheap.
Entsprechend: in contrast, yet *(jedoch)*, on the one hand … on the other hand, etc.

(6) I don't mind paying a little bit more for my food, or going to particular shops to buy it. **After all,** good food is important for one's health.
Entsprechend: however, though *(jedoch)*, anyhow / anyway *(sowieso, jedenfalls)*, at any rate *(jedenfalls)*, nevertheless, otherwise / (or) else *(andernfalls)*, etc.

Weitere textverknüpfende Adverbien dienen zum Ausdruck der **Reihenfolge** (z. B. *first[ly], second[ly], first of all, next, then, last, finally)* oder einer **Schlussfolgerung** (z. B. *therefore, so* = „deshalb", *consequently, thus, then* = „also").

2. Stellungsprinzipien

Textverknüpfende Adverbien stehen normalerweise in **Anfangsstellung**. Dabei werden sie z. T. durch eine Sprechpause bzw. Komma vom Rest des Satzes abgehoben (Beispiel 7). Die Adverbien *anyhow, anyway, then* („also"), *after all* treten jedoch oft, *however* gelegentlich, in Endstellung auf (Beispiel 8). Bei *though* („jedoch") ist die Endstellung der Normalfall (Beispiel 9).

(7) The Government are facing opposition from the other parties. **Furthermore,** their own backbenchers are even beginning to speak out against the motion.
(8) I'm not sure that I will get there in time, but I'm going to try **anyway.**
(9) Did you get a ticket? – No, unfortunately not. But it was worth trying, **though.**

Einige textverknüpfende Adverbien wie *however, for example, therefore* treten auch in verschiedenen **Binnenstellungen** auf, wobei sie oft durch Komma bzw. Sprechpause als Einschub gekennzeichnet werden (Beispiel 10 und 11).

(10) A real solution might, **for example,** be provided by building a tunnel.
(11) Most people involved with the project, **however,** think this will be too expensive.

Abschließend eine zusammenfassende Übersicht über die Stellungsmöglichkeiten der textverknüpfenden Adverbien:

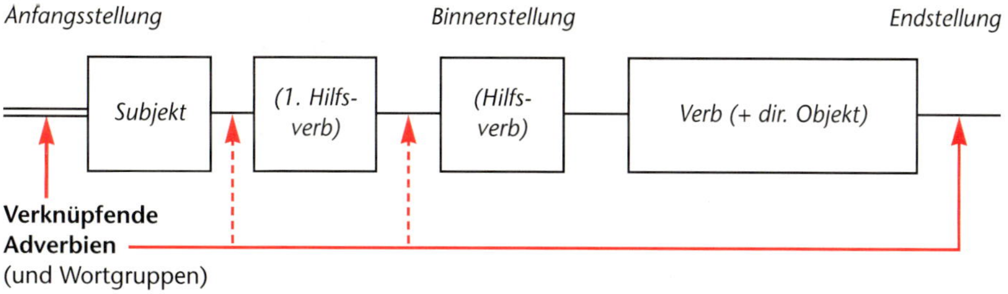

89

Adverbien und andere Mittel der Textverknüpfung: ein Textbeispiel

Der folgende Ausschnitt aus einem populärwissenschaftlichen Buch illustriert die Rolle der textverknüpfenden Adverbien im Textzusammenhang (Nummer 1 im Text). Ihre Aufgabe ist die klare Grobgliederung des Textes, wobei *then, in this way* und *therefore* eine Folge ausdrücken, *however* einen Kontrast; durch *in brief* wird eine Zusammenfassung angekündigt, durch *similarly* zusätzliche Informationen. Unterstützt werden diese Adverbien durch die Konjunktionen *but* und *and*, die ebenfalls einen Kontrast ausdrücken bzw. einen Zusatz ankündigen, aber in weniger deutlicher Form (im Text Nummer 2).
Neben textverknüpfenden Adverbien und Konjunktionen dienen der Verknüpfung auch andere Elemente, wie *as follows,* die Konstruktionen mit *suppose* und *to continue with* sowie die rhetorischen Fragen (Nummer 3 im Text). Schließlich wirkt auch die Wortbedeutung von bestimmten Nomen und Adjektiven textverknüpfend (Nummer 4 im Text), so beim einleitenden Nomen *conclusion* oder beim Ausdruck *further discrepancies* („weitere Unstimmigkeiten").

[...] ***Our conclusions*** (4) so far, **then** (1), are ***as follows*** (3): the large number of words known by humans, and the speed with which they can be located, point to the existence of a highly organized mental lexicon.
However (1), the requirements of massive storage capacity and fast retrieval are not necessarily the same. This can be illustrated by an analogy. ***Suppose*** (3) the words in the mental lexicon were like books. If we wanted to store thousands of books, ***how would we do this?*** (3) The simplest method would be to find a large room and to stack them up in heaps which go from floor to ceiling. We would start at the side of the room opposite the door and carry on heaping them up until the room was quite full. Then we would shut the door. **In this way** (1) we could store the maximum possible number of books. ***But*** (2) ***suppose*** (3) we then needed to consult one of them. ***How would we find it?*** (3) We might never locate the book we wanted, unless it happened to be one of the few stored near the door.
In brief (1), the system which allowed the greatest storage capacity might not be compatible with efficient retrieval. ***And*** (2) there might be ***further discrepancies*** (4) between storage requirements and speedy retrieval. ***To continue with*** (3) the book analogy, libraries often keep all really big and heavy books near the floor. ***But*** (2) this means that they cannot be kept in strict sequence. **Similarly** (1), in the human mind, extra long words might need a specialized storage system which could separate them from shorter words, and which might cause some delay when it came to retrieving them.
In dealing with words in the mind, **therefore** (1), we must treat storage and retrieval as interlinked problems but not identical ones [...]

Jean Aitchison, *Words in the Mind,* Oxford: Basil Blackwell 1987, p. 9

Bildung und Steigerung der Adverbien: Übersicht

90–93

Wie schon zu Beginn des Kapitels erwähnt, gibt es nur wenige ursprüngliche, d. h. nicht abgeleitete Adverbien (→ **68**), vor allem Orts- und Zeitadverbien (→ **82–83** und **84.1**). Der Standardfall ist das sog. *-ly*-Adverb.

Ableitung der Adverbien von Adjektiven und Nomen

90

1. Ableitung von Adjektiven durch *-ly*

Diese Ableitung ist bei einer Vielzahl von Adjektiven möglich (*proud – proudly, happy – happily, simple – simply,* etc.). Adjektive auf *-ic* nehmen insofern eine Sonderstellung ein, als sie das Adverb durch Anhängen von *-ally* bilden (*fanatic – fanatically*). Eine Ausnahme stellt das Adverb *publicly* dar.
Adjektive, die auf *-ly* enden, und *difficult* können keine Adverbien durch Anhängen von *-ly* bilden. Hier treten, soweit nicht endungslose Adverbien üblich sind (vgl. Abschnitt 3), Umschreibungen mit *way, manner* o. ä. ein, wie *friendly – in a friendly way, cowardly – like a coward, timely – in time, difficult – with difficulty.*

2. Andere Adverb-Endungen: *-wise, -fashion, -style*

Solche Bildungen sind eindeutig seltener als die Ableitung auf *-ly*. Als Basis dienen in der Regel Nomen. Formen mit *-wise* werden zusammengeschrieben (Beispiel 1), Formen mit *-fashion* und *-style* werden getrennt oder mit Bindestrich geschrieben (Beispiel 2).

(1) lengthwise *(der Länge nach)*, crosswise *(quer; über Kreuz)*,
clockwise *(im Uhrzeigersinn)*, fanwise *(fächerartig)*
(2) to kiss Eskimo fashion, to light a fire boy-scout fashion, to salute military-style

3. Adverbien mit gleicher Form wie Adjektive

Eine Reihe von Adverbien und Adjektiven hat gleiche Form und gleiche Bedeutung, z. B. *daily* (Beispiel 3). Einige Adverbien und Adjektive haben jedoch bei gleicher Form verschiedene Bedeutung, z. B. *well* („gut" oder „gesund"; Beispiel 4).

(3) The boss looks in **daily.** (Adverb)
His **daily** routine begins with a visit to the newsagents. (Adjektiv)
Ebenso: hourly, weekly, monthly, quarterly *(vierteljährlich)*, yearly, etc.
Außerdem: early, fast, long, far
(4) He ate **well.** (Adverb zum Adjektiv *good*)
She is not **well.** (Adjektiv: „gesund")
Ähnlich: ill (Adverb: „schlecht" / Adjektiv: „krank"),
still (Adverb: „immer noch" / Adjektiv: „still"),
only (Adverb: „erst, nur" / Adjektiv: „einzig")

Als Adverbien und zugleich als Mengenwörter werden *enough* (Beispiel 5) und *much* (Beispiel 6) verwendet. Dies gilt auch für *little*, das zusätzlich auch als Adjektiv auftritt (Beispiel 7).

(5) He earns well **enough.** (Adverb)
I have **enough** money. (Mengenwort)
(6) They're paid **much** better now. (Adverb)
They didn't have **much** capital. (Mengenwort)
(7) He **little** cares what other people earn. (Adverb)
There's **little** profit in it. (Mengenwort)
He has a **little** shop in York. (Adjektiv)

91 Problemfälle: Doppelformen mit unterschiedlicher Bedeutung

Es gibt eine Reihe von Adjektiven, die zwei Adverbformen haben, eine endungslose und eine mit *-ly* abgeleitete. Zum Teil lassen sich die damit verbundenen Bedeutungsunterschiede als Kontrast zwischen wörtlicher und übertragener Bedeutung erklären (Beispiel 1–4), zum Teil haben sich die Bedeutungen so auseinander entwickelt, dass der Zusammenhang nicht mehr erkennbar ist (Beispiel 5–14). Gelegentlich hat auch eines der beiden Adverbien mehrere Bedeutungen (Beispiel 15–21).

(1) He stuffed his hands **deep** in his pockets. *(tief)*
(2) She **deeply** regretted her behaviour. *(zutiefst)*

(3) The plane soared **high** above the clouds. *(hoch)*
(4) We found the entire episode **highly** amusing. *(höchst)*

(5) They worked **hard.** *(hart)*
(6) The project **hardly** has any chance of success. *(kaum)*

(7) I don't want to play with you. You don't play **fair.** *(fair)*
(8) He's **fairly** sure the train arrives at 16.15. *(ziemlich)*

(9) John's **pretty** annoyed that you didn't show up. *(ziemlich)*
(10) Little Susan was dressed so **prettily,** with ribbons in her hair. *(hübsch)*

(11) Where have you been? You always turn up **late.** *(spät, zu spät)*
(12) We've had to wait for you a lot **lately.** *(in letzter Zeit)*

(13) Hurry up! The police are getting quite **near.** *(nah)*
(14) The game's **nearly** over, and our team's lost again. *(beinahe, fast)*

(15) It's **just** a mouse, Jane; there's no need to be frightened. *(nur)*
(16) He's **just** arrived. *(gerade)*
(17) He was **justly** accused of fraud. *(zu Recht)*

(19) Jeff left the door **wide** open. *(weit)*
(20) There are many **widely** differing opinions on this matter. *(sehr, völlig)*
(21) Our MP is **widely** held to be completely incompetent. *(weit und breit, überall)*

Steigerung der Adverbien und Vergleich 92

Die Steigerung der Adverbien stimmt im Wesentlichen mit der Steigerung der Adjektive (➜**63.1**) überein. Auf *-er/-est* gesteigert werden ursprüngliche sowie mit den Adjektiven formgleiche Adverbien (Beispiel 1). Alle auf *-ly* abgeleiteten Adverbien werden mit *more, most* gesteigert (Beispiel 2). Auch die unregelmäßigen Steigerungsformen sind identisch mit den entsprechenden Adjektivformen; bei *much – more – most* und *little – less – least* entsprechen sie den Mengenwörtern (➜**48.2**).

(1) soon – sooner – soonest
Ebenso: long, fast, loud, hard, early, etc.
(2) quickly – more quickly – most quickly
Ebenso: easily, loudly, nervously, deeply, etc.

Auch die Verwendung der Adverbien in Vergleichskonstruktionen entspricht der von Adjektiven (Beispiel 3; ➜**63.2**).

(3) Bill works **more quickly than** Jack, but **not as quickly as** Peter.

Formen des Adverbs: Vergleich mit dem Deutschen und mit Varianten des Englischen 93

1. Kennzeichnung der Adverbien im Deutschen und Englischen

Im Englischen wie im Deutschen werden die meisten Adverbien aus Adjektiven abgeleitet, besonders Adverbien der Art und Weise, des Grades, der unbestimmten Zeit und Häufigkeit sowie Adverbien des Standpunkts und Kommentars. Dabei unterscheiden sich im Deutschen die meisten Adverbien nicht von der Grundform des Adjektivs. Dies gilt z. B. für abgeleitete Adverbien der Art und Weise (Beispiel 1), Gradadverbien (Beispiel 2) und Häufigkeitsadverbien (Beispiel 3). Nur eine begrenzte Anzahl von Adverbien, meist des Standpunkts und Kommentars, wird durch die Endung *-weise* gekennzeichnet (Beispiel 4).
Im Englischen stimmen nur wenige Adverbien in der Form mit dem Adjektiv überein (Beispiel 5; ➜**90.3** und **91**). Die überwiegende Zahl der abgeleiteten Adverbien ist durch die Endung *-ly* markiert (Beispiel 1–4).

	Deutsch	Englisch
(1)	Dieser Wecker hört nach fünf Minuten **automatisch** zu läuten auf.	This alarm clock stops **automatically** after five minutes.
(2)	Das ist **völlig** vernünftig.	That's **perfectly** reasonable.
(3)	Wir machen **häufig** Urlaub in Frankreich.	We **frequently** go on holiday to France.
(4)	**Unglücklicherweise** verpasste ich den Zug.	**Unfortunately** I missed the train.
(5)	Mach die Tür **weit** auf.	Open the door **wide.**

Das folgende Schema verdeutlicht die Unterschiede zwischen dem Deutschen und dem Englischen:

deutsch

Adverbform = Adjektivform — Adverb auf -*weise*

Art und Weise – Grad – unbestimmte Zeit und Häufigkeit – Standpunkt und Kommentar

Adv. = Adj. — Adverb auf -*ly*

englisch

Aus deutscher Sicht muss man vor allem darauf achten, dass man im Englischen dort, wo ein Adverb nötig ist, auch tatsächlich die -*ly*-Form (und nicht die endungslose Form) verwendet. Besonders trügerisch sind Fälle, in denen ein Wort nach einem Handlungsverb als Adverb und nach einem Kopulaverb als Adjektiv steht (Beispiel 6–9; →**99**).

(6) She ***sang*** **beautifully.**
(7) Aber: She ***looks*** **beautiful** in her new dress.
(Adjektiv nach dem Kopulaverb *look* = „aussehen")
(8) He ***reacted*** quite **ridiculously** to our questions.
(9) Aber: His accusations ***seem*** quite **ridiculous.**
(Adjektiv nach dem Kopulaverb *seem*)

2. Endungslose Adverbformen im Nichtstandard

In vielen Varianten des Englischen sind endungslose Adverbformen weiter verbreitet als im britischen Standard. Dies gilt für Adverbien der Art und Weise, vor allem in der Stellung nach dem Verb (Beispiel 10), aber auch für Gradadverbien bei Adjektiven, für die vor allem im amerikanischen Englisch oft endungslose Formen benutzt werden (Beispiel 11). Viele dieser Formen treten heute auch in der Umgangssprache des britischen Standard auf.

(10) Drive **slow.** Come **quick.**
(11) **real** good, **dead** earnest, a **damn** good idea, **plain** stupid

Kapitel 5:

Das Verb und seine Rolle im Satz

Vorbemerkung: Das Verb als Prädikat 94

Pete plays the guitar. But his technique is poor.

Verben – wie *play* und *be* in diesem Beispiel – erfüllen eine zentrale Funktion im Satz, die des Prädikats. Sie verknüpfen Satzteile, die sich auf Personen, Dinge und Eigenschaften beziehen, zu Aussagen über Handlungen und Sachverhalte. So wird im ersten Satz *Pete* mit *guitar* in Verbindung gebracht, im zweiten Satz *his technique* mit der Eigenschaft *poor*. Dies geschieht im Rahmen von Satzmustern, von denen das Beispiel die beiden wichtigsten illustriert. Der erste Satz hat das Satzmuster *Subjekt – Prädikat – Objekt*; ihm liegt ein transitives Verb zu Grunde. Das Satzmuster des zweiten Satzes ist *Subjekt – Prädikat – Subjektergänzung*; das Verb ist hier ein Kopulaverb.
Als Prädikat dienen einfache Verben (wie im Beispiel), außerdem *phrasal verbs* wie *give up, run away*, etc. und Verbverbände wie *have a bath* oder *be fond of*. All diese „Verben“ und die entsprechenden Satzmuster werden in diesem Kapitel behandelt. Zur Rolle des Verbs in Passivsätzen → Kapitel 6, zu den Aspekt- und Tempusformen des Verbs → Kapitel 7, zu den Hilfsverben → Kapitel 8.

Transitive Verben, Kopulaverben und Satzmuster 95–100

Grundsätzliches 95

Ein Satzmuster kann Subjekt, Prädikat und verschiedene Ergänzungen umfassen. Welche Ergänzungen auftreten, hängt vom Typ des Verbs ab. Man unterscheidet transitive Verben (Verben mit einem oder zwei Objekten), Kopulaverben (Verben mit Subjektergänzung) und Verben mit Objekt und Objektergänzung. Verben ohne Objekt oder Ergänzung werden als intransitiv bezeichnet. Zu Verbverbänden mit Ergänzung → **104.3, 105.3**. Zur Rolle der adverbialen Bestimmungen im Satz → **100**.

1. Standardfall: Transitive Verben mit einem oder zwei Objekten

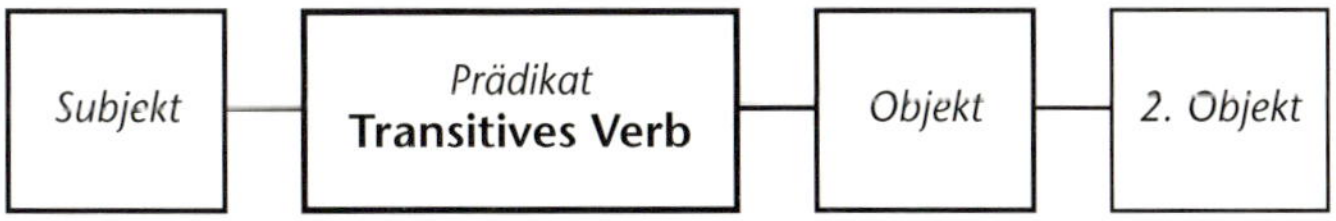

Hat ein Verb nur ein Objekt, so folgt es direkt auf das Verb (Beispiel 1). Das Objekt kann auch ein Reflexivpronomen sein (Beispiel 2; → **96**). Es gibt allerdings auch Verben, die nicht im strengen Sinn transitiv sind, weil sie das Objekt mit einer Präposition anschließen; hier sprechen wir von Präpositionalobjekten und Präpositionalverben (Beispiel 3; → **104.2**).
Auch von den Verben mit zwei Objekten kann wenigstens eines ein Präpositionalobjekt sein (Beispiel 4 und 5). Details zu Verben mit zwei Objekten → **101–103**.

(1) The orchestra **was / were playing** ***Handel.***
(2) The opera singer **prepared** ***herself*** for her part.
(3) You should **look at** ***the conductor*** while playing.
(4) The director **offered** ***the leading role*** **to** ***an unknown young actor.***
(5) Jeff **bought** ***a theatre ticket*** **for** ***his mother.***

2. Kopulaverben mit Subjektergänzung

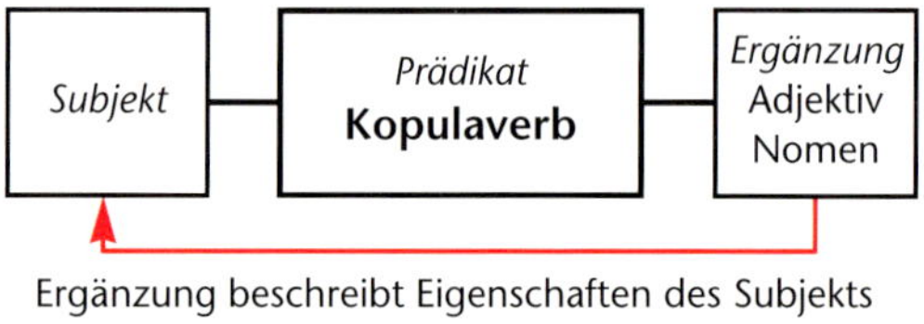

Kopulaverben stellen eine Verbindung zwischen dem Subjekt und einem Satzteil her, der eine Eigenschaft des Subjekts bezeichnet und deshalb Subjektergänzung genannt wird. Die Ergänzung ist meist ein Adjektiv (Beispiel 6), kann aber auch ein Nomen sein (Beispiel 7). Zu den Bedeutungsklassen der Kopulaverben → **98.1**.

(6) She **seemed** ***very intelligent,*** but also ***a little anxious.***
(7) He **is** simply ***an idiot.***

3. Verben mit Objekt und Objektergänzung

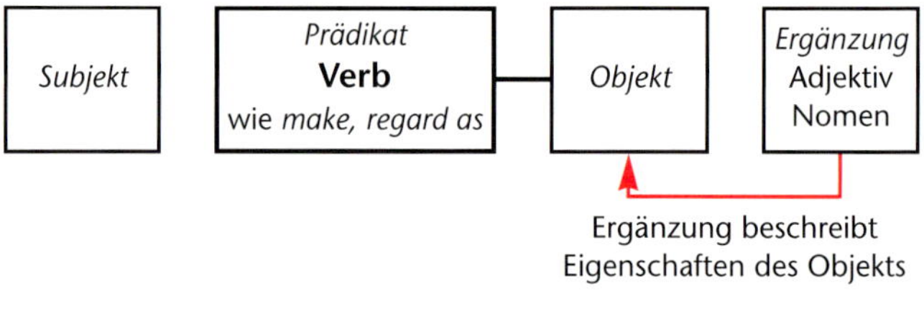

Dieses Satzmuster ist insofern transitiv, als es ein Objekt enthält. Diesem Objekt ist eine Ergänzung zugeordnet (Nomen oder Adjektiv). Die Ergänzung wird deshalb Objektergänzung genannt. Sie wird entweder direkt (Beispiel 8) oder mit Hilfe der Präpositionen *as* oder *for* angeschlossen (Beispiel 9). Zu Details → **98.2**.

(8) My new jacket **has made** ***me the object of envy.***
(9) She **regards** ***her mother's clothes*** **as** ***old-fashioned.***

4. Intransitive Verben (Satzmuster ohne Objekt oder Ergänzung)

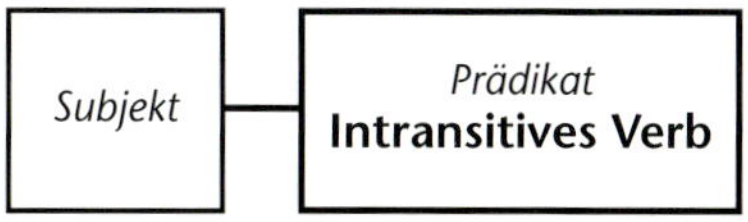

Das Satzmuster dieser Verben besteht nur aus Subjekt und Prädikat. Allerdings gibt es nur wenige rein intransitive Verben (Beispiel 10). Viele Verben treten in intransitiven oder transitiven Satzmustern auf, ohne dass sich die Bedeutung nennenswert ändert (Beispiel 11). (Zu Verben mit unterschiedlicher intransitiver und transitiver Bedeutung → **97.1**). Außerdem werden viele Verben der Bewegung, die oft als intransitiv eingestuft werden, fast immer zusammen mit einer adverbialen Bestimmung der Richtung gebraucht (Beispiel 12; → **100.1**).

(10) The sun **is shining.**
Ebenso: arrive, disappear, exist, etc.
(11) She **is reading** (a book).
(12) She **drove** to London yesterday.

Verben mit Reflexivpronomen als Objekt **96**

1. Verwendungsmöglichkeiten des Reflexivpronomens

Viele Verben können als direktes, aber auch als indirektes oder Präpositionalobjekt ein reflexives *self*-Pronomen zu sich nehmen. Das Reflexivpronomen bezieht sich auf dieselbe Person oder Sache wie das Subjekt (Beispiel 1–3).

(1) He cut **himself** while shaving. (Reflexivpronomen als direktes Objekt)
(2) When she went into town, she bought **herself** a new toothbrush.
(Reflexivpronomen als indirektes Objekt)
(3) If you want your dreams to come true, you have to believe in **yourself.**
(Reflexivpronomen als Präpositionalobjekt)

Das Reflexivpronomen darf nicht mit dem entsprechenden Personalpronomen verwechselt werden, das sich gewöhnlich auf ein anderes Nomen bezieht (Beispiel 4 und 5). Zu den *self*-Pronomen auch → **18.2**.

(4) He saw **himself** in the mirror. (Reflexivpronomen als Objekt)
(5) Aber: He saw **him** (= a ghost, his brother) in the mirror.
(Personalpronomen als Objekt)

In adverbialen Bestimmungen des Ortes, die mit einer Präposition eingeleitet werden, steht an Stelle des Reflexivpronomens das Personalpronomen (Beispiel 6 und 7).

(6) He put his bag down on the seat beside **him.** *(… neben sich.)*
(7) I didn't have enough money on **me** to pay for the taxi. *(… bei mir …)*

2. Verben mit und ohne Reflexivpronomen
Verben, die immer ein Reflexivpronomen bei sich haben müssen, sind im Englischen selten und gehören eher der gehobenen Stilebene an (Beispiel 8). Eine Reihe von englischen Verben kann jedoch sowohl mit als auch ohne Reflexivpronomen verwendet werden (Beispiel 9).

(8) Why shouldn't the surgeon **pride himself** on his skill?
Ebenso: absent oneself from (a meeting), avail oneself of an opportunity *(eine Gelegenheit nutzen)*
(9) The doctor **prepared (herself)** to break the bad news to the girl's parents.
Ebenso: dress (o.s.), wash (o.s.), shave (o.s.), hide (o.s.), prove (o.s.) (to be), surrender (o.s.) to / yield (o.s.) to *(sich ergeben)*

Das Reflexivpronomen wird bevorzugt, wenn die Handlung plastisch dargestellt werden soll oder wenn sie absichtlich oder bewusst geschieht (Beispiel 10). Deshalb findet es sich häufig beim Imperativ dieser Verben (Beispiel 11). Dagegen fehlt das Reflexivpronomen eher, wenn etwas gewohnheitsmäßig oder ohne besondere Absicht geschieht (Beispiel 12).

(10) Three days after the operation the patient managed to **get himself** out of bed; he **washed himself** carefully and began to **dress himself.**
(11) **Get yourself** ready! The bus leaves in five minutes.
(12) Having to **shave** every morning is a horrible chore.

3. Einfache englische Verben für deutsche reflexive Verben
Viele Verben, die im Deutschen reflexive Entsprechungen haben, werden im Englischen nicht reflexiv gebraucht (Beispiel 13 und 14).

(13) I just don't **remember** ***the name of the village.*** (nur direktes Objekt)
(14) Vgl.: Ich **erinnere mich** einfach nicht ***an den Namen des Dorfs.***
(Reflexivpronomen als Objekt + Präpositionalobjekt)
Ebenso: approach – sich nähern, change – sich verändern, complain – sich beklagen, imagine – sich einbilden, lie down – sich hinlegen, move – sich bewegen, recover – sich erholen, rely on – sich verlassen auf, sit down – sich setzen, turn to – sich wenden an

Intransitive und kausativ-transitive Verben: Vergleich mit dem Deutschen

97

1. Intransitiver und kausativ-transitiver Gebrauch desselben Verbs

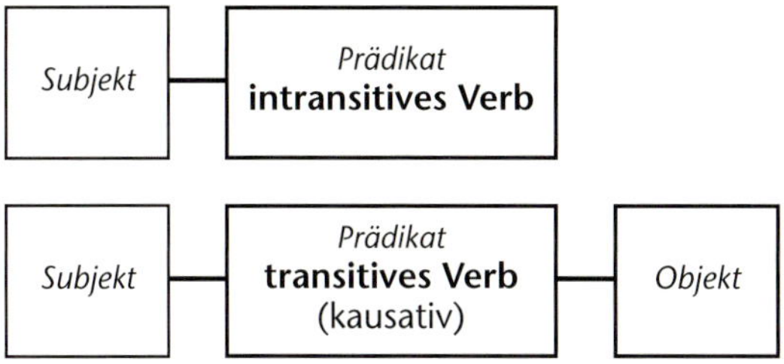

Eine Reihe englischer Verben kann intransitiv oder transitiv gebraucht werden, wobei sie beim transitiven Gebrauch ein Veranlassen ausdrücken (kausative Bedeutung). Im Deutschen gibt es nur wenige entsprechend gebrauchte Verben (Beispiel 1 und 2). Häufig wird die kausative Bedeutung im Deutschen durch den Zusatz *lassen* ausgedrückt (Beispiel 4).

	Englisch	**Deutsch**
(1)	The plane **flew** smoothly and **landed** safely.	Das Flugzeug **flog** ruhig und **landete** sicher.
(2)	The pilot **flew** and **landed** the plane safely.	Der Pilot **flog** und **landete** das Flugzeug sicher.
(3)	Some candidates **failed.**	Einige Kandidaten **fielen durch.**
(4)	The examiners **failed** three candidates.	Die Prüfer **ließen** drei Kandidaten **durchfallen.**

Ebenso: a horse races / to race a horse *(rennen / rennen lassen)*,
a man works / to work a man hard *(arbeiten / arbeiten lassen)*,
s.o. starves / to starve s.o. to death *(verhungern / verhungern lassen)*

Sonst wird die kausativ-transitive Bedeutung im Deutschen durch ein anderes Verb wiedergegeben (Beispiel 5 und 6).

	Englisch	**Deutsch**
(5)	The athlete **ran** as fast as he could.	Der Sprinter **rannte** so schnell er konnte.
(6)	He **runs** the firm very successfully.	Er **leitet** die Firma mit großem Erfolg.

Ebenso: cabbages grow / to grow cabbages *(wachsen / anbauen)*,
a chair stands s.wh. / to stand a chair s.wh. *(stehen / stellen)*,
s.o. walks / to walk one's dog *(spazieren gehen / ausführen)*

2. Intransitive und verwandte transitive Verben

In einigen Fällen wird im Englischen wie im Deutschen die intransitive und die transitive Bedeutung durch unterschiedliche, aber verwandte Verben wiedergegeben.

Da ihre Formen sich z. T. überschneiden oder sehr ähnlich sind, sind diese Verben häufig die Quelle von Verwechslungen (Beispiel 7 und 8).

	Englisch		Deutsch
(7)	The letter **lay** unopened on the kitchen table.		Der Brief **lag** ungeöffnet auf dem Küchentisch.
	Intransitiv:	lie – lay – lain	liegen – lag – gelegen
(8)	He **laid** his pictures out on the table.		Er **legte** seine Bilder auf den Tisch / breitete … auf dem Tisch aus.
	Transitiv:	lay – laid – laid	legen – legte – gelegt
	Ebenso:		
	Intransitiv:	fall – fell – fallen	fallen – fiel – gefallen
	Transitiv:	fell – felled – felled	fällen – fällte – gefällt
	Intransitiv:	rise – rose – risen	sich erheben – erhob – erhoben
	Transitiv:	raise – raised – raised	heben – hob – gehoben
	Intransitiv:	sit – sat – sat	sitzen – saß – gesessen
	Transitiv:	set – set – set	setzen – setzte – gesetzt (auch: stellen)

Sit/sat/sat wird zwar meistens intransitiv verwendet, tritt gelegentlich aber auch kausativ-transitiv in der Bedeutung „jemanden setzen" auf (Beispiel 9 und 10). *Set/set/set* ist dagegen zwar meistens kausativ-transitiv, wird aber bei Gestirnen intransitiv in der Bedeutung „untergehen" verwendet (Beispiel 11 und 12).

	Englisch	Deutsch
(9)	The children **sat** on the sofa.	Die Kinder **saßen** auf dem Sofa.
(10)	The mother **sat** her baby in the armchair.	Die Mutter **setzte** ihr Baby in den Sessel.
(11)	She **set** the pot on the table.	Sie **stellte** den Topf auf den Tisch.
(12)	By the time they had finished dinner, the sun **was setting.**	Als sie das Abendessen beendet hatten, **ging** die Sonne **unter.**

98 Kopulaverben und Verben mit Objektergänzung

1. Kopulaverben: Bedeutungstypen

Das weitaus wichtigste Kopulaverb ist *be*, das eine Vielzahl von Bedeutungen haben kann, z. B. Befinden, Position und Beziehung (Beispiel 1–3). Außerdem gehören zu den Kopulaverben weitere Verben, die eine Position (Beispiel 4) oder einen Anschein (Beispiel 5) ausdrücken.

(1) They **are** both alive and kicking.
(2) The money **is** in the envelope on the shelf.
(3) The criminal **is** the brother of my best friend.
(4) The defendant **stood** stock-still before the judge.
Ebenso: lie (asleep / hidden), come (first / last on a list)
(5) After his battle in court, John **seemed / appeared** (to be) completely exhausted.

Eine andere Gruppe von Kopulaverben bezeichnet die Fortdauer eines Zustands (Beispiel 6) oder eine Veränderung (Beispiel 7). Zu den Kopulaverben, die eine sinnlich wahrnehmbare Eigenschaft wiedergeben →**99**.

(6) The sailors **remained** calm throughout the storm.
Ebenso: stay (sober / cloudy), keep (quiet / fit)
(7) He saw the tornado approach and **turned** pale with fear.
Ebenso: become (famous / a habit), go (bankrupt / mad with rage), come (true / open), fall (asleep / ill), grow (older / fat), get (wet / drunk)

2. Verben mit Objekt und Objektergänzung: Bedeutungstypen
Verben mit diesem Satzmuster beschreiben entweder eine Tätigkeit, die ein Ergebnis mit einbezieht (Beispiel 8), oder sie drücken eine Meinung bzw. Vermutung aus (Beispiel 9).

(8) The New York voters **elected** him mayor.
Ebenso: name s.o. (Katherine), appoint s.o. (as / to be chairman), choose s.o. (as / to be representative), get s.th. / s.o. (ready), keep s.o. / s.th. (quiet), render s.o. (speechless), etc.
(9) Most people **regarded** her **as** a good choice for the job.
Ebenso: look upon s.o. / s.th. as (a failure), take s.o. / s.th. for (granted), think of s.o. / s.th. as (the equivalent of), mistake s.o. for (s.o. else), consider s.o. [to be] (stupid), find / think s.th. / s.o. (disappointing)

Kopulaverben und gleich lautende transitive Verben **99**

Zu den Kopulaverben gehören auch die Verben, die eine sinnlich wahrnehmbare Eigenschaft des Subjekts bezeichnen; als Subjektergänzung haben sie ein Adjektiv bei sich (Beispiel 1–4). Diese Verben können auch als transitive Verben mit Objekt verwendet werden. Sie beschreiben dann eine Tätigkeit und können daher nur durch ein Adverb näher bestimmt werden (Beispiel 5–8; →**93.1**).

Subjekt	*Prädikat* **Kopulaverb**	*Ergänzung* **Adjektiv**

Subjekt	*Prädikat* **transitives Verb**	*Objekt*	(+ Adv. Best.)

(1) The cake **looked** very ***appetizing.*** *(aussehen)*
(2) Her cooking **smelt** and **tasted** ***delicious.*** *(riechen, schmecken)*
(3) That **sounds** ***tasty,*** why don't you cook that? *(sich anhören)*
(4) The tomatoes **felt** ***soft,*** just right for a sauce. *(sich anfühlen)*

(5) The girl **looked** ***longingly*** at the cakes. *(anschauen)*
(6) I ***gingerly*** **smelt** the sauce and **tasted** it very ***carefully.*** *(riechen an, kosten)*
(7) The timer on the cooker **sounded** ***repeatedly.*** The roast was done. *(läuten)*
(8) She **felt** the handle ***cautiously*** to see if it was hot. *(betasten)*

100 Verbabhängige und freie adverbiale Bestimmungen im Satz

1. Verben mit adverbialer Ergänzung

Eine Reihe von Verben hat praktisch immer eine adverbiale Bestimmung des Ortes oder der Richtung bei sich. Die adverbiale Bestimmung ist also hier eine verbabhängige Ergänzung. Dazu gehören Verben, die eine Position ausdrücken; sie treten zusammen mit Ortsadverbialen auf, die sich auf die Position des Subjekts beziehen (Beispiel 1). Verben der Bewegung werden mit einer Angabe der Richtung verbunden, in die sich die genannte Person bewegt (Beispiel 2). Diese Konstruktionen sind mit dem Satzmuster „Kopulaverb + Subjektergänzung" vergleichbar (→ **95.2**).

(1) The soul of jazz **lies *in New Orleans.***
Ebenso: stand, live *(wohnen)*, stay *(sich aufhalten)*, work *([bei ...] beschäftigt sein)*
(2) The saxophonist **hurried *on stage.***
Ebenso: go, move, run, etc.

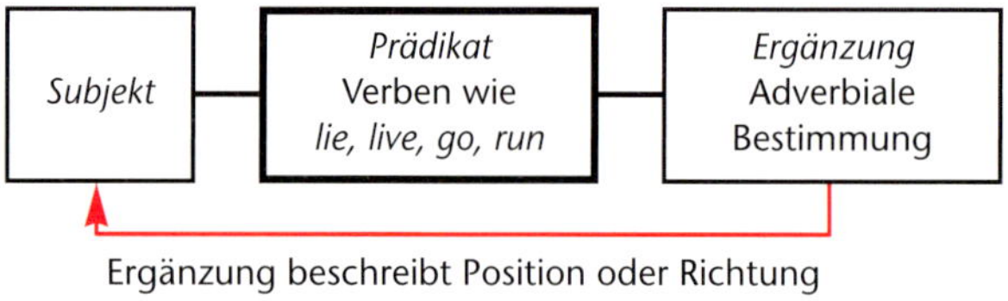

Verben wie *put* haben eine adverbiale Bestimmung bei sich, die sich auf die Position des Objekts bezieht (Beispiel 3). Diese Konstruktionen lassen sich mit dem Satzmuster „Verb + Objekt + Objektergänzung" vergleichen (→ **95.3**).

(3) The bandleader **placed** his baton **on the stand.**
Ebenso: put, lay, set, stick *(stecken)*

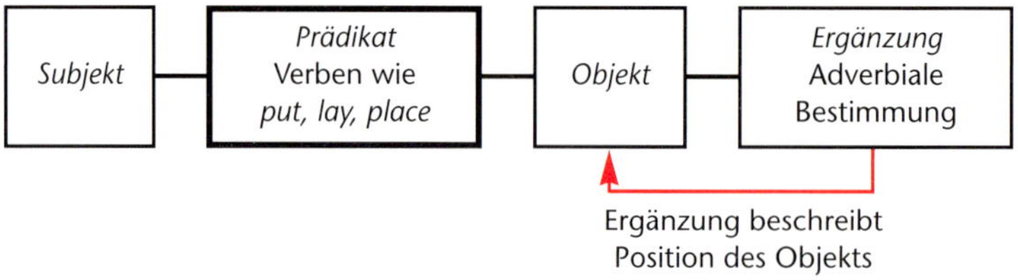

Manche Verben können sowohl mit Subjektergänzung als auch mit adverbialer Ergänzung gebraucht werden (Beispiel 4 und 5). Ebenso gibt es Verben mit Objektergänzung oder adverbialer Ergänzung (Beispiel 6 und 7).

(4) Their son **was *a gifted mathematician.***	(Subjektergänzung)
(5) Both their daughters **were *at university.***	(adverbiale Ergänzung)
(6) The lecturer **kept** the students ***busy.***	(Objektergänzung)
(7) Tom **kept** all his lecture notes ***in his desk.***	(adverbiale Ergänzung)

2. Freie adverbiale Bestimmungen im Satz
Sämtliche Satzmuster können durch freie, d. h. nicht von einem bestimmten Verb abhängige adverbiale Bestimmungen (Wortgruppen und Adverbien) erweitert werden (Beispiel 8 und 9), auch durch entsprechende Ortsangaben (Beispiel 10). Zu den Einzelheiten → Kapitel 4.

(8) **In his spare time** he **often** writes for the local newspaper.
(9) **Because of the recent strikes** the Times has had problems with distribution.
(10) **In Britain** most people **usually** buy a daily paper.

Besonders gerne werden intransitive Verben durch adverbiale Bestimmungen ergänzt, die die Begleitumstände der Handlung nennen (Beispiel 11). Ein Satz, der mit einem intransitiven Verb endet, wird vor allem dann gewählt, wenn eine dramatische Wirkung erreicht werden soll (Beispiel 12).

(11) Lisa and Ben **didn't arrive** at the party ***until 11 o'clock.***
Most guests had already started **dancing *in the hall.***
The energy in the air **rose *to fever pitch.***
— intransitives Verb mit adverbialer Bestimmung

(12) Finally the star guest **turned up** and the real fun **started.**
— intransitives Verb allein stehend

Verben mit zwei Objekten

101–103

Grundsätzliches

101

Viele Verben haben neben dem direkten Objekt (meist eine Sachbezeichnung) ein indirektes Objekt. Das indirekte Objekt bezeichnet in der Regel den Empfänger einer Handlung, also meistens eine Person. Diese Verben lassen sich in zwei Gruppen einteilen.

1. Verben mit indirektem Stellungs- oder Präpositionalobjekt

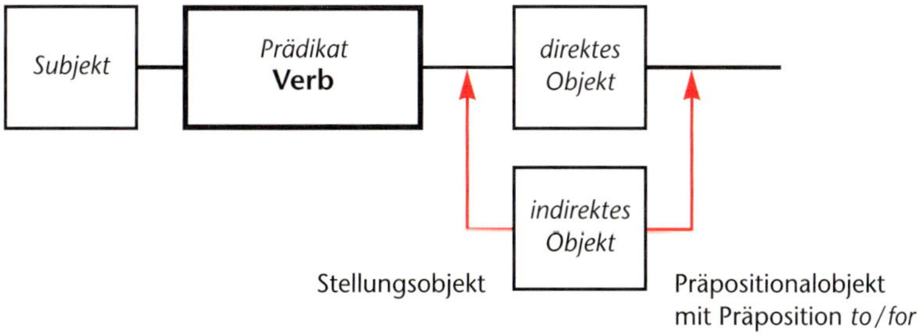

Bei diesen Verben kann das indirekte Objekt ohne Präposition angeschlossen werden und geht dann dem direkten Objekt als „Stellungsobjekt" voraus (Beispiel 1). Es kann aber auch mit einer Präposition angeschlossen werden und folgt dann dem direkten Objekt als Präpositionalobjekt. Als Präposition tritt meistens *to* ein (Beispiel 2). Bei einer Reihe von Verben wird das Präpositionalobjekt jedoch mit *for* angeschlossen (Beispiel 3); auch hier ist daneben das Stellungsobjekt möglich (Beispiel 4). Zu den Details der Stellung → **102.1–2**.

(1) The guide **showed** the tourists the sights of London.
(2) The guide **showed** the sights of London **to** the tourists.
Ebenso: bring, give, grant, hand, lend, offer, owe *(schulden)*, pass *(reichen)*, promise, read *(vorlesen)*, sell, send, throw, tell, write
(3) The tourist information office **found** an inexpensive hotel **for** the visitors.
Ebenso mit der Präposition *for*: cook, get, buy, make
(4) The tourist information office **found** the visitors an inexpensive hotel.

2. Verben, die nur ein indirektes Präpositionalobjekt zulassen

Subjekt	*Prädikat* **Verb**	*direktes Objekt*	*Indirektes Objekt* **mit Präposition**

Bei diesen Verben wird das indirekte Objekt stets mit einer Präposition angeschlossen und folgt gewöhnlich dem direkten Objekt. Als Präposition tritt auch hier meistens *to* ein (Beispiel 5 und 6), bei einigen Verben wird jedoch *from* gebraucht (Beispiel 7). Zu Besonderheiten der Stellung → **102.3**.

(5) The guide **described** London's sights **to** the tourists.
(6) The museum staff did not **say** a word **to** the visitors about the closed exhibition rooms.
Ebenso: address, admit, announce, dictate, distribute, explain, mention, propose
(7) The archivist knew he couldn't **conceal** the damage to the collection **from** the visitors.
Ebenso: hide, steal, take

102 Details zur Stellung des direkten und indirekten Objekts

1. Verben mit indirektem Stellungs- oder Präpositionalobjekt
Bei diesen Verben bestimmen zwei Faktoren die Stellung des direkten und indirekten Objekts: zum einen das Gewicht der Information, die das Objekt enthält, zum anderen die Länge des Objekts. In der Regel ist das längere Objekt auch dasjenige, das die gewichtigere Information enthält, und nimmt deshalb die Endstellung ein (Beispiel 1 und 2). Doch auch das kürzere Objekt kann in die Endstellung treten, wenn es die wichtigere neue Information enthält oder, z. B. zum Ausdruck eines Gegensatzes, besonders hervorgehoben werden soll (Beispiel 3 und 4).

(1) The waiter **brought**	us each indirektes Objekt	*a huge plate of spaghetti.* direktes Objekt
(2) Janet's mum **bought**	ice-cream direktes Objekt	*for all seven of the children.* indirektes Objekt
(3) Uncle Pete **promised**	my younger brother indirektes Objekt	*a coke* if he behaved himself. direktes Objekt
(4) Don't **serve**	the roast lamb direktes Objekt	*to Sandra.* She doesn't eat meat. indirektes Objekt

2. Pronomen als Objekte

Ist das direkte Objekt *it* oder *them,* so steht das indirekte Objekt gewöhnlich (mit Präposition) dahinter (Beispiel 5). Dies gilt auch, wenn das indirekte Objekt ebenfalls ein Pronomen ist (Beispiel 6). Je nach regionaler Herkunft der Sprecher kann das Pronomen als indirektes Objekt aber auch ohne Präposition vor oder hinter *it* bzw. *them* stehen (Beispiel 7).

(5) If you don't want your book, why don't you **give** it (dir. Obj.) to Chris (indir. Obj.)?
(6) Please lend me your notes. – I'm sorry, I can't **lend** them (dir. Obj.) to you (indir. Obj.), I've already **lent** them to John.
(7) I'm sorry, I can't **lend** you them (them you), I've already **lent** them to John.

3. Verben, die nur ein indirektes Präpositionalobjekt zulassen

Bei diesen Verben steht normalerweise das indirekte Präpositionalobjekt an zweiter Stelle (Beispiel 8; → **101.2**). Das direkte Objekt tritt nur dann an die zweite Stelle, wenn es sehr viel länger ist (Beispiel 9). Die Präposition bleibt hier immer erhalten, also auch dann, wenn das indirekte Objekt vorangestellt wird.

(8) The Prime Minister **reported** the terrible defeat (dir. Obj.) to the House (indir. Obj.).
(9) He **explained** to the House (indir. Obj.) the reasons why the army had failed (dir. Obj.).

Andere Verben mit zwei Objekten **103**

Zu nennen ist hier vor allem eine Verbklasse, bei der im Gegensatz zu den in → **101** besprochenen Verben meistens das direkte Objekt eine Person und das Präpositionalobjekt eine Sache bezeichnet (Beispiel 1 und 2). Bei diesen Verben geht das direkte Objekt praktisch immer dem Präpositionalobjekt voraus.

(1) The festivities will **provide** residents (dir. Obj.) with an opportunity to forget all their troubles (Präpositionalobj.).
(2) The mayor **thanked** all the young volunteers who had taken part in the preparation (dir. Obj.) for their hard work (Präpositionalobj.).
Ebenso: accuse s.o. of s.th. *(beschuldigen)*, blame s.o. for s.th. *(tadeln)*, compare s.o. with s.o. *(vergleichen)*, convince s.o. of s.th. *(überzeugen)*, remind s.o. of s.th. *(erinnern)*, suspect s.o. of s.th. *(verdächtigen)*, etc.

104–106

Einfache und zusammengesetzte Verben, *phrasal verbs* und Verbverbände

Grundsätzliches

104

1. Einfache und zusammengesetzte Verben
Da die Struktur der meisten englischen Verben nicht mehr durchschaubar ist, erscheint die überwiegende Zahl heute als einfache Verben, auch wenn viele ursprünglich zusammengesetzt wurden (etwa *receive* aus lat. *re-* und *cipere* (Beispiel 1). Zusammengesetzte Verben werden vor allem mit den Partikeln *out, over* und *under* gebildet, die dem Verb vorangestellt werden, und werden durchwegs transitiv gebraucht (Beispiel 2–3). Die zusammengesetzten Verben spielen im heutigen Englisch jedoch nur eine geringe Rolle. Ihre Aufgabe wurde weitgehend von den *phrasal verbs* übernommen.

(1) He **received** the ball too late to be able to do anything useful with it.
(2) The home team **outplayed** by far the visiting team from Oldham.
(3) The forward **underestimated** the referee, who **overruled** the objections to the red card.

2. *Phrasal verbs*
Dazu rechnen wir die Verben, die aus Verb und nachgestellter Partikel (*out, up*, etc.) oder aus Verb und Präposition (*at, for, to*, etc.) bestehen. Im ersten Fall sprechen wir von Partikelverben, im zweiten Fall von Präpositionalverben.

— **Partikelverben** sind ihrer Herkunft nach zusammengesetzte Verben, deren Partikel heute nachgestellt wird. Sie entsprechen damit weitgehend den deutschen Verben vom Typ *fortfahren / fährt fort / fuhr fort*, bei denen im Präsens und Imperfekt das Präfix ebenfalls nachgestellt wird (allerdings nicht im Infinitiv). Die Bedeutung der Partikelverben lässt sich nur in wenigen Fällen aus den Bedeutungen von Verb und Partikel ableiten (Beispiel 4), meist hat sie sich weit davon entfernt (Beispiel 5 und 6).
Wie bei den einfachen Verben gibt es intransitive Partikelverben (Beispiel 4), aber auch transitiv gebrauchte, d. h. Partikelverben mit einem oder zwei Objekten (Beispiel 5 und 6).

(4) We left, but he didn't even **look up** to say goodbye. *(aufschauen)*
(5) They **gave up** their attempts to persuade him to come with them. *(aufgeben)*
(6) He couldn't stop **making up** stories about having things to do. *(erfinden)*

— **Präpositionalverben** haben im Aktivsatz immer ein Objekt bei sich, das Präpositionalobjekt (Beispiel 7). Viele Verben, die als Präpositionalverben auftreten, können jedoch auch intransitiv, d. h. ohne Präposition und ohne Objekt, gebraucht werden (Beispiel 8).

(7) We **looked after** our neighbours' cat while they were on holiday.
(8) We're not really animal lovers but when they asked, we **agreed** (to do it).

Abschließend ein zusammenfassendes Schema zur Rolle der *phrasal verbs* im Satz. Zu Details der Stellung des Objekts und zu kombinierten Formen wie *put up with* → **105.2**. Zur Stilebene → **106**.

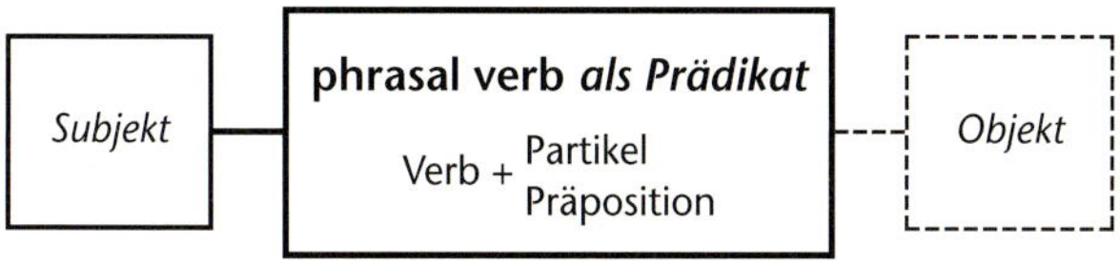

3. Verbverbände

Von einem Verbverband sprechen wir, wenn ein Verb mit einem Adjektiv oder Nomen eine so enge Bindung eingeht, dass beide zusammen eine Bedeutungseinheit bilden. Verbverbände werden vor allem mit dem Verb *be* gebildet, das meist mit einem Adjektiv kombiniert wird (Beispiel 9), sowie mit *have, do, make, take* und *give,* die meist mit Nomen verbunden werden (Beispiel 10). Ähnlich wie Einzelverben haben auch viele Verbverbände eine Ergänzung bei sich, die meist durch eine Präposition angeschlossen wird (→ **103**).

(9) Melanie always used to **be interested** in reading. — Verbverband: *be* + Adjektiv + Präposition
Ebenso: be ready (to do), be fond (of), be keen (on), be afraid (of), etc.

(10) When we found out that John enjoyed poetry, we **made fun of him** for ages. — Verbverband: Verb + Nomen (+ Präposition)
Ebenso: have a meal, do the dishes, make a mess (of), take leave, give a talk (to), etc.

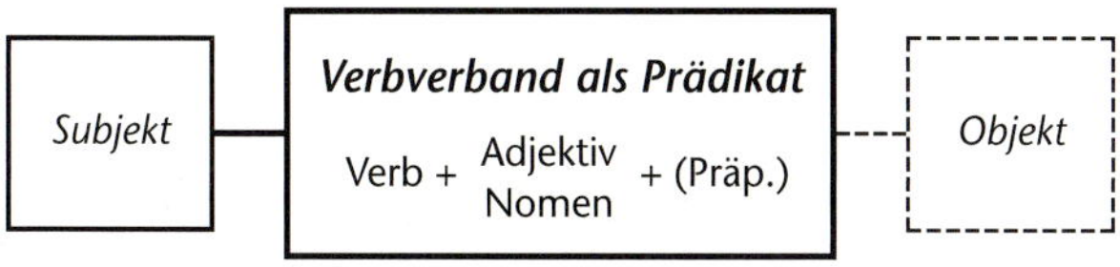

Phrasal verbs und Verbverbände: Details zur Stellung der Objekte

105

1. Stellungsmöglichkeiten bei Nomen und Pronomen als Objekt

Bei Partikelverben kann das Objekt vor oder hinter der Partikel stehen, wenn es ein Nomen oder eine kurze Nominalgruppe ist (Beispiel 1 und 2). Ist das Objekt eine längere Nominalgruppe, so steht es hinter der Partikel (Beispiel 3). Ist es ein Personalpronomen, so steht es jedoch immer vor der Partikel (Beispiel 4).

(1) Someone **pointed out** ***the Norman castle.***
(2) Someone **pointed** ***the Norman castle*** **out.**
(3) Someone **pointed out** ***the ruins of the famous Norman castle.***
(4) Someone **pointed** ***it*** **out.**

Bei Präpositionalverben kommt nur die Reihenfolge „Verb – Präposition – Objekt“ in Frage, gleichgültig ob das Objekt ein Nomen oder ein Pronomen ist (Beispiel 5 und 6). Gelegentlich treten jedoch Adverbien zwischen Verb und Präposition (Beispiel 7).

(5) A steward **looked after** the young boy who had never flown before.
(6) A steward **looked after** him.
(7) The captain **listened *carefully* to** the weather reports.

2. Kombinierte *phrasal verbs*
Hierbei handelt es sich um Partikelverben, die das Objekt mit Hilfe einer Präposition anschließen. Bei ihnen sind Verb und Partikel nie trennbar (Beispiel 8 und 9).

(8) When he was fourteen, David **ran away from *home*.**
(9) His parents **looked down on *him*** and he couldn't **put up with *it*** any longer.
(herabsehen auf – etw. ertragen)
Ebenso: do away with *(abschaffen)*, look forward to *(sich freuen auf)*, stay away from *(sich fern halten von)*, etc.

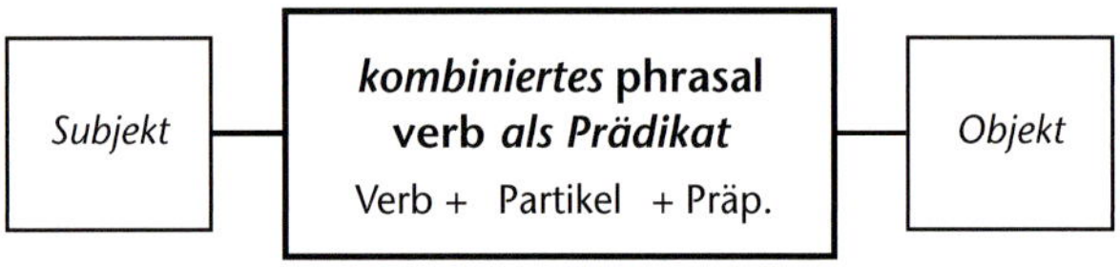

3. Stellung der Objekte von Verbverbänden
Nimmt ein Verbverband aus Verb und Nomen eine Ergänzung zu sich, so wird die Ergänzung normalerweise mit einer Präposition angeschlossen (Beispiel 1). Bei einigen Verbverbänden ergibt sich aber als zweite Stellungsmöglichkeit die Position zwischen Verb und Nomen des Verbverbands, wobei der Anschluss ohne Präposition erfolgt (Beispiel 2). Diese Stellung entspricht dem Stellungsobjekt bei Verben mit zwei Objekten (→ **101.1**). Bei einigen wenigen Verbverbänden mit *give* ist nur diese Stellung möglich (Beispiel 3).

(1) My sister and I **made use of *the good weather*** and took the train to Stratford.
(ausnutzen, gebrauchen)
Ebenso: catch sight of *(erblicken)*, take care of *(sorgen für)*, give rise to *(hervorrufen)*, give way to *(weichen)*, pay attention to *(Acht geben auf)*, set foot on *(betreten)*, etc.
(2) I thought it would be a good idea **to pay *our grandma* a visit / a visit to *our grandma*.**
Ebenso: make s.o. an offer / make an offer to s.o., do s.o. a favour / do a favour for s.o. *(jdm. einen Gefallen erweisen)*, etc.
(3) We promised to **give *her* a ring** when we got home. *(anrufen)*
Ebenso: give s.o. a kiss / a kick / a push / a shove / a shock, etc.

Verbklassen und stilistische Ebene: zwei Textbeispiele

106

Obwohl *phrasal verbs* und Verbverbände auf allen Stilebenen vorkommen, sind sie in der mündlichen Umgangssprache am meisten verbreitet, wie dies der folgende Ausschnitt aus einem Interview belegt. Der Text enthält nicht nur verschiedene Präpositionalverben (*get into, talk about*) und Partikelverben (*start out, sit around, go out)*, sondern auch Verbverbände wie *do work on* und umgangssprachliche idiomatische Wendungen wie *it's not much good* und *there's a lot of work about.* Der anspruchsvoller Wortschatz, der oft aus dem Französischen und Lateinischen stammt, beschränkt sich auf wenige Fachbegriffe (z. B. *design, commercials, feature films*).

From an interview with BBC camerawoman Justine Evans:

— How did you **start out?**

— I did a film course at Bournemouth & Poole College of Art and Design. It was entirely practical – we just made films all the time. Courses like that are few and far between but they are the only way to go if you want to **get into** filmmaking – ***it's not much good*** **sitting around** and **talking about** film genres if you want to do something practical. After college I then **went out** as a trainee, **doing work on** commercials and feature films. I did my first work for the BBC in about 1992, after spending a year assisting. ***There is a lot of work about*** in wildlife films but there is no established route to **get into** them. The first bridge is the most difficult to cross – actually getting the experience.

http://www.bbc.co.uk/home/interview/ (1998)

Anders ist die Verteilung in förmlichen Textsorten, z. B. in der folgenden Analyse von politischen Interviews. Hier beschränkt der aus dem Französischen und Lateinischen stammende schwierigere Wortschatz nicht nur auf die Fachbegriffe, er umfasst auch Nomen und Adjektive mit allgemeiner Bedeutung wie *agenda, responses, collective view, research, proportion, evasions, aspects* sowie die Verben *present, tend, contain* und *challenge.* (Daneben enthält der Text auch den Verbverband *take part* und das Partikelverb *take on.*) Zum förmlichen Stil tragen auch die Satzkonstruktionen mit *in order to* und *so that* bei.

Politicians take part in televised interviews ***in order to*** **present** their party's policies to the public, so they need to learn the art of trying to 'set the ***agenda***' themselves, making their ***responses*** statements of their party's ***collective view. Research*** has shown that politicians' answers in TV and radio interviews **tend to contain** a greater ***proportion*** of ***evasions*** than those of other interviewees in other situations. Both interviewer and politician may **challenge** the other ***so that*** the interview takes on some of the ***aspects*** of a debate.

From Dennis Freeborn (1993), *Varieties of English,* 2nd ed., Basingstoke: Macmillan, p. 148

Kapitel 6: Passivkonstruktionen

107 Vorbemerkung

The office was broken into and vandalized last week.

Das Passiv ist nicht nur eine Verbform, sondern beeinflusst den ganzen Satz, in dem es erscheint. Vor allem hat das Subjekt im Passivsatz eine andere Funktion als im Aktivsatz: In Passivsätzen, die eine Handlung beschreiben, wie in unserem Beispiel, bezeichnet das Subjekt die betroffene Sache oder Person. Damit wird die Handlung aus einer ganz anderen Sicht dargestellt als im Aktivsatz, wo das Subjekt den Urheber der Handlung einführen würde. Dieser (d. h. der Einbrecher) wird in unserem Beispiel gar nicht erwähnt.
Dies ist nur ein Beispiel dafür, wie Passivkonstruktionen andere Sichtweisen abdecken als Aktivkonstruktionen. Die Unterschiede werden noch deutlicher, wenn im Lauf des Kapitels die verschiedenen Passivsatzmuster vorgestellt und mit den entsprechenden Mustern des Aktivsatzes verglichen werden. Der Schlussabschnitt veranschaulicht an einem längeren Beispiel, wie gerade das Wechselspiel von Passivsätzen und Aktivsätzen einen Text abwechslungsreich machen kann. Zu den Verbformen des Passivs → **155**.

108–109 Passivsatzmuster bei Verben mit einem Objekt

108 Grundsätzliches

1. Der Standardfall: Subjekt des Passivsatzes = Objekt des Aktivsatzes
Das Standardmuster des Passivsatzes umfasst ein Subjekt, das Prädikat und meist zusätzlich eine oder mehrere freie adverbiale Bestimmungen, z. B. Orts- und Zeitangaben. Das Subjekt des Passivsatzes entspricht dem Objekt des vergleichbaren Aktivsatzes. Vergleiche hierzu das Schema:

The circus	was founded	in Coventry	in 1963.
Subjekt	Prädikat	(Adv. Best.)	(Adv. Best.)

The current owner's father	*founded*	***the circus***	*in Coventry*	*in 1963.*
Subjekt	Präd.	**dir. Obj.**	(Adv. Best.)	(Adv. Best.)

Diese Form des Passivsatzes ist im Englischen mit den meisten transitiven Verben möglich, vor allem mit Tätigkeitsverben (Beispiel 1), aber auch mit Verben der Wahrnehmung und des Wissens (Beispiel 2 und 3). Bei den Beziehungsverben *have, possess, cost* und *weigh*, die als Ergänzung eine Besitz- oder Maßangabe haben, ist die Passivbildung jedoch nicht möglich.

(1) The tigers **were led** into the ring.
(2) The faulty trapeze **wasn't seen** until it was too late.
(3) The clown's true identity **had been known** for some time.

2. Der *by-agent* im Passivsatz

In den bisherigen Beispielsätzen (Beispiel 1–3) wird der Urheber der Handlung nicht genannt. Dies ist typisch für die Mehrzahl der Passivsätze. Es ist zugleich ein wesentlicher Unterschied zum Aktivsatz, in dem der Urheber bei Tätigkeitsverben stets durch das Subjekt bezeichnet wird (→ **107**). Der Urheber kann aber auch in den Passivsatz eingeführt werden, und zwar mit Hilfe des *by-agent*. Dies geschieht jedoch nur, wenn der Urheber besonders wichtig erscheint (→ **117**). Vergleiche das folgende Schema zum Verhältnis von Passivsatz mit *by-agent* und vergleichbarem Aktivsatz:

The boy was rescued **by a passing policeman.**
by-agent

A passing policeman *rescued the little boy.*
Subjekt

Passivkonstruktionen bei *phrasal verbs* 109

Auch hier gilt der Grundsatz „Subjekt des Passivsatzes = Objekt des Aktivsatzes". Bei den Präpositionalverben bedeutet dies, dass das Subjekt des Passivsatzes dem Präpositionalobjekt des Aktivsatzes entspricht, wie dies im folgenden Schema dargestellt ist:

The theft is being looked into.
Subjekt Präpositionalverb

They are looking into ***the theft.***
Präpositionalverb Präpositionalobjekt

Wie aus dem Schema ersichtlich ist, bleiben Verb und Präposition im Passivsatz wie im Aktivsatz zusammen. Das Präpositionalobjekt des Aktivsatzes (hier: *the theft*) wird von der Präposition getrennt und dient als Subjekt des Passivsatzes.

Dieses Satzmuster ist bei vielen Präpositionalverben üblich (Beispiel 1 und 2). Die gleichen Möglichkeiten ergeben sich auch für die Partikelverben (Beispiel 3) sowie für kombinierte *phrasal verbs* (→ **105.2**). Bei diesen bleiben Partikel und Präposition beim Verb (Beispiel 4). Insgesamt kann von den meisten *phrasal verbs* mit Objekt ein Passiv gebildet werden.

(1) Don't worry, the backlog of work **will be dealt with** in due course.
(2) The problems with the software **have** already **been commented on.**
(3) What happened to those files on my desk? – They**'ve been thrown away.**
(4) Such extravagance **cannot be put up with** any longer.

Nomen, die zu adverbialen Bestimmungen des Aktivsatzes gehören, auch Ortsangaben, können normalerweise nicht als Subjekt eines Passivsatzes auftreten. Bezieht sich die Ortsangabe jedoch auf eine Sache, die durch die Handlung direkt betroffen ist oder verändert wird, so ist die Passivbildung wie bei den Präpositionalobjekten möglich (Beispiel 5).

(5) The old house **had been lived in** by many generations.
Aktivsatz: Many generations had lived in the old house.

110–111 Passivsatzmuster bei Verben mit zwei Objekten

110 *Grundsätzliches zum Passiv bei Verben mit indirektem Stellungs- oder Präpositionalobjekt*

Bei diesen Verben (*give, hand, show,* etc.; → **101.1**) sind zwei Passivsatzmuster möglich:

Satzmuster 1: „Persönliches Passiv"	Satzmuster 2: „Sachpassiv"
The visitors were given a warm welcome.	**A warm welcome** was given to the visitors.
Subjekt	Subjekt
We gave ***the visitors***	***a warm welcome.***
indir. Obj.	direktes Objekt

1. Persönliches Passiv

Hier entspricht das Subjekt des Passivsatzes dem indirekten Objekt des Aktivsatzes. Es bezeichnet den Empfänger einer Handlung (Beispiel 1 und 2). Dabei handelt es sich meist um eine Person – deshalb die Bezeichnung „persönliches Passiv". Zur Übertragung ins Deutsche → **116.3**.

(1) *All our friends* **were told** the exact date and place of the party.
(2) *They* **had all been promised** a fantastic evening.

2. Sachpassiv
Diesem Satzmuster liegt die Standardform des Passivs zugrunde (→ **108.1**), d. h. das Subjekt entspricht dem direkten Objekt des Aktivsatzes. Es bezieht sich meist auf eine Sache (Beispiel 3), selten auf eine Person (Beispiel 4). Das verbleibende indirekte Objekt wird im Passivsatz in der Regel mit *to* angeschlossen. Diese Passivkonstruktion ist seltener als das persönliche Passiv.

(3) *The cheque* **was presented** to the patron of the charity.
(4) *The customer* **was passed** from one salesperson to the next.

Details zu den beiden Passivmustern bei verschiedenen Verbklassen

111

1. Verben, die das indirekte Objekt mit *for* anschließen
Bei diesen Verben (→ **101.1**) ist meist nur das zweite Passivsatzmuster („Sachpassiv“) zulässig (Beispiel 1 und 2).

(1) *The concert tickets* **were bought for** us by the organizer.
(2) *An excellent meal* **was cooked for** us when we arrived.

2. Verben, die nur ein indirektes Präpositionalobjekt zulassen
Verben wie *explain, describe*, etc. (→ **101.2**) schließen das indirekte Objekt stets mit *to* an. Auch hier ist nur das zweite Passivsatzmuster möglich (Beispiel 3 und 4).

(3) *The dangers of the route* **had been explained** to the hikers in detail.
(4) *Our means of escape* **was described** to us slowly and carefully.

3. Verbverbände aus Verb + Nomen mit Ergänzung
Bei manchen Verben mit zwei Objekten wird das Sachobjekt als Teil des Verbs empfunden und deshalb normalerweise nicht als Subjekt des Passivsatzes gewählt. Üblich als Subjekt ist dagegen das Personenobjekt (Beispiel 5). Im förmlichen Stil kann jedoch auch das Sachobjekt als Subjekt des Passivsatzes auftreten, besonders wenn der Verbverband erweitert wird, etwa durch ein Adjektiv (Beispiel 6 und 7).

(5) He had been turning up late for weeks, so *he* **was given the sack.**
(… deshalb wurde er gefeuert.)
(6) *He* **was made an offer** for his house.
An interesting offer **was made** to him.
(7) *Her new novel* **was taken notice of** by the critics.
No particular notice **was taken** of his suggestion.

4. Verben mit Objekt und Objektergänzung

Bei diesen Verben (→ **95.3**) kann nur das Objekt zum Subjekt des Passivsatzes werden. Aus der Objektergänzung wird im Passivsatz eine Subjektergänzung.

> **Mr Osgood** was considered **a particularly effective speaker.**
> Subjekt — Subjektergänzung
>
> *They considered* ***Mr Osgood*** ***a particularly effective speaker.***
> Objekt — Objektergänzung

112–115 Weitere Satzmuster mit passivischer Bedeutung

Im Folgenden werden das Passiv bei Verben des Mitteilens und Vermutens, das *get*-Passiv, das *have*-Passiv und das Mediopassiv genauer besprochen. Passivische Bedeutung haben jedoch auch die Konstruktionen *become + past participle (His ideas eventually became accepted), need* + (aktives) *gerund / need* + passiver Infinitiv (*The law needs changing / needs to be changed*; → **212.1**) sowie bestimmte Verbverbände aus *be* + Adjektiv + Infinitiv (*The regulations are not easy to understand*; → **199**). Zu einer kontrastiven Betrachtung dieser Konstruktionen → **116.4**.

112 Passivkonstruktion bei Verben des Mitteilens und Vermutens

Dieses Satzmuster lässt sich aus einem Aktivsatzgefüge herleiten, das durch Wendungen wie *People say that …* eingeleitet wird. Dabei wird das Subjekt des Passivsatzes aus dem *that*-Satz übernommen, wie das folgende Schema zeigt:

> **Stonehenge** is said to be the finest example of Bronze Age architecture.
> Subjekt
>
> *People say that* ***Stonehenge*** *is the finest example of Bronze Age architecture.*
> Subjekt des *that*-Satzes

Dieses Satzmuster wird mit Verben des Mitteilens wie *say, report* (Beispiel 1) und Verben des Vermutens wie *believe, think, suppose, assume* (Beispiel 2) gebildet. Es ist vor allem in journalistischen Berichten und wissenschaftlicher Literatur verbreitet; es vermittelt den Eindruck, dass eine Quelle zitiert wird, ohne dass diese namentlich genannt wird.

(1) Some two million tourists **were reported** to have visited Stratford-on-Avon last year. *(... sollen ... besucht haben.)*
(2) Several Government departments **are supposed to be involved** in the new legislation. *(Man nimmt an, dass .../... sollen mit ... befasst sein.)*

Aus Wendungen wie *People say that ...* lassen sich auch Passivsätze ableiten, die durch das Strukturwort *it* eingeleitet werden. Sie sind jedoch wesentlich seltener als das oben beschriebene Satzmuster (Beispiel 3 und 4).

(3) **It has been said** that Stonehenge is the finest example of Bronze Age architecture in Europe.
(4) **It is thought** that its construction spanned a period of over 1,000 years.

Das *get*-Passiv

113

Das Satzmuster *get + past participle* wird wegen seiner passivischen Bedeutung als *get*-Passiv bezeichnet. Es wird vorwiegend in der Umgangssprache verwendet, vor allem, wenn ausgedrückt werden soll, dass ein Ereignis ungewollt oder unerwartet eintritt (Beispiel 1 und 2). Im Gegensatz zum *be*-Passiv kann das *get*-Passiv nur einen Vorgang und keinen Zustand ausdrücken (Beispiel 3 und 4; → **116.5**). Zum *get*-Passiv in kausativer Bedeutung → **114**.

(1) Some of his friends **got arrested** after the demonstration.
(2) What happened to you? – I **got hurt** in a fight at a party.
(3) A window **will get broken** if they're not careful with that ball. (Vorgang: zerbrochen werden)
(4) Aber: You won't be able to open that door because the lock**'s broken.** (Zustand: kaputt sein)

Das *have*-Passiv

114

Das Satzmuster *have* + Objekt + *past participle* kann zwei unterschiedliche Bedeutungen haben:

— Bei der rein passivischen Bedeutung ist das Subjekt die von der Handlung ohne eigene Absicht betroffene Person (seltener: die betroffene Sache). Diese Bedeutung kann auch durch einen Satz mit dem *be*-Passiv wiedergegeben werden (Beispiel 1–3).

(1) The passengers **had** their tickets **checked** at the barrier.
Mit *be*-Passiv: The passengers' tickets **were checked** at the barrier.
(2) She **had** all her money **stolen** from her case.
Mit *be*-Passiv: All her money **was stolen** from her case.
(3) The case **had had** its locks **forced open.**
Mit *be*-Passiv: The case's locks **had been forced open.**

— Das *have*-Passiv kann auch eine kausative Bedeutung enthalten: Das Subjekt bezeichnet die Person, die eine Handlung veranlasst (Beispiel 4). Statt *have* kann hier auch *get* benützt werden (Beispiel 5 und 6).

(4) We **are having the house decorated** while we are away.
(Wir lassen … unserer Haus streichen.)
(5) He **had his holiday snaps developed** at the shop on Market Street.
(Er ließ seine Urlaubsfotos … entwickeln.)
(6) Alternativ: He **got his holiday snaps developed** …

115 Das Mediopassiv

Das Mediopassiv ist der Form nach ein Aktivsatzmuster mit einem intransitiv gebrauchten Tätigkeitsverb, das häufig durch ein Adverb (*easily, well,* etc.) näher bestimmt wird (Beispiel 1 und 2) oder verneint ist (3). Der Bedeutung nach ist diese Konstruktion jedoch passivisch, weil als Subjekt des Satzes nicht – wie vom Verb her zu erwarten wäre – der Urheber der Handlung (z. B. der Fahrer in Beispiel 4) gewählt wird, sondern die betroffene Sache (z. B. das Auto). Der Eindruck der „Selbsttätigkeit" wird besonders in Werbetexten genutzt (Beispiel 4 und 5). Im Deutschen verwendet man häufig Aktivsätze mit dem Reflexivpronomen *sich* oder mit *sich lassen.*

(1) I love this author, her books **read** so ***easily.*** *(… lesen sich so leicht.)*
(2) Aren't these photos good? Julia **does photograph *well,*** doesn't she?
(Julia ist wirklich fotogen, nicht wahr?)
(3) The window **won't open,** there must be something in the way.
(… lässt sich nicht öffnen …)
(4) The new Ford **drives** like a dream. *(… fährt sich traumhaft.)*
(5) Our revolutionary new denim **washes *easily*** and without shrinking.
(… lässt sich leicht waschen …)

116 Vergleich mit dem Deutschen

Eine schematische Gegenüberstellung von englischen und deutschen Passivsatzmustern führt leicht zu dem Schluss, dass es im Englischen mehr Möglichkeiten gibt, das Passiv einzusetzen, als im Deutschen. Ein genauerer Vergleich zeigt jedoch, dass es im Deutschen vielfältige Übertragungsmöglichkeiten gibt.

1. Standardfall: Subjekt des Passivsatzes = direktes Objekt des Aktivsatzes

Dieses Satzmuster ist im Englischen und im Deutschen möglich. Im Englischen lassen sich solche Passivsätze fast mit jedem transitiven Verb bilden (Beispiel 1; Ausnahmen → **108.1**). Im Deutschen dagegen gibt es eine Reihe von einfachen Verben mit Dativobjekt, die diese Passivkonstruktion nicht zulassen. Oft existiert jedoch ein zusammengesetztes Verb mit Akkusativobjekt, das die Passivbildung gestattet (Beispiel 2).

	Englisch	Deutsch
(1)	The car **is cleaned** every day. (← Someone cleans the car every day.)	Das Auto **wird** jeden Tag **geputzt.**
(2)	He **is threatened** with bankruptcy. (← Bankruptcy threatens him.)	Passivkonstruktion mit dem Verb *drohen* nicht möglich (← Der Bankrott droht ihm.) Ersatz: Er **ist** vom Bankrott **bedroht.**

2. Passiv bei Verben mit Präpositionalobjekt
Im Englischen kann das Präpositionalobjekt des Aktivsatzes zum Subjekt des Passivsatzes gemacht werden (→ **109**), im Deutschen ist dies nicht möglich. Als Ersatz stehen jedoch auch hier oft zusammengesetzte Verben mit Akkusativobjekt zur Verfügung, mit denen das Passiv gebildet werden kann (Beispiel 3). Eine weitere Übersetzungsmöglichkeit bietet das unpersönliche Passiv (mit oder ohne Strukturwort *es*; Beispiel 4).

	Englisch	Deutsch
(3)	The pets **will be looked after** by the neighbours. (← The neighbours will look after the pets.)	Konstruktion mit *sich kümmern um* nicht möglich Ersatz: Die Haustiere **werden** von den Nachbarn **versorgt.**
(4)	Every possible outcome **was talked about.**	**Es wurde über** jedes mögliche Ergebnis **gesprochen.** / **Über** jedes mögliche Ergebnis **wurde gesprochen.**

3. Passiv bei Verben mit zwei Objekten
Im Englischen wie im Deutschen kann hier das Standardpassiv gebildet werden (Beispiel 5; → **110.2**). Darüber hinaus kann im Englischen das indirekte Objekt als Subjekt des Passivsatzes gewählt werden („persönliches Passiv"; → **110.1**), im Deutschen dagegen nicht. Einen gewissen Ausgleich bietet das Deutsche insofern, als das Dativobjekt im Rahmen des Standardpassivmusters an den Satzanfang rücken kann (Beispiel 6).

	Englisch	Deutsch
(5)	The prize **was awarded** to my uncle in 1990.	Der Preis **wurde** meinem Onkel 1990 **verliehen.**
(6)	My uncle **was awarded** the prize in 1990. (← Someone awarded the prize to my uncle in 1990.)	*Mein Onkel* (= Dativobjekt) als Subjekt nicht möglich; Ersatz: Meinem Onkel **wurde** der Preis 1990 **verliehen.** (= Dativobjekt am Satzanfang)

4. Weitere Satzmuster mit passivischer Bedeutung

Bei Verben des Mitteilens und Vermutens kann im Englischen das Subjekt eines angenommenen Nebensatzes *(People say that he is rich)* zum Subjekt des Passivsatzes werden (→ **112**). Im Deutschen kann (wie im Englischen) die unpersönliche Passivkonstruktion *es wird gesagt* + Nebensatz gewählt werden, außerdem steht der Aktivsatz mit *man* oder mit dem Modalverb *sollen* zur Verfügung (Beispiel 7). Von den weiteren passivischen Konstruktionen hat das *get*-Passiv seine Entsprechung im Vorgangspassiv mit *werden* (Beispiel 8); das *have*-Passiv hat im Deutschen als umgangssprachliche Parallelen *„bekommen/erhalten/kriegen* + Partizip" (Beispiel 9); das *„need*-Passiv" (→ **212.1**) lässt sich mit der Konstruktion *„gehören* + Partizip" wiedergeben (Beispiel 10).

	Englisch	Deutsch
(7)	He **is said** to be rich.	**Es wird gesagt / Man sagt,** dass er reich sei. / Er **soll** reich sein.
(8)	She **got hurt** badly in the accident.	Sie **wurde** bei dem Unfall schwer **verletzt.**
(9)	She **had** a job **offered** (to) her.	Sie **bekam (erhielt / kriegte)** eine Stelle **angeboten.**
(10)	Your **hair needs to be cut / needs cutting.**	Deine Haare **gehören geschnitten.**

5. Vorgangs- und Zustandspassiv

Im Rahmen von Passivkonstruktionen können nicht nur Vorgänge, sondern auch Zustände dargestellt werden. Das Deutsche hat hierfür getrennte Verbformen: Das Vorgangspassiv wird mit dem Hilfsverb *werden* gebildet, das Zustandspassiv mit *sein*. Im Englischen ist die Unterscheidung weniger klar. Die *simple form* des *be*-Passivs kann sowohl Vorgangs- als auch Zustandspassiv ausdrücken (Beispiel 11 und 12). Die *progressive form* des *be*-Passivs und das *get*-Passiv sind allerdings auf Vorgänge beschränkt (Beispiel 13 und 14).

	Englisch	Deutsch
(11)	The Formula 1 driver **was injured** in the crash.	Der Formel-1-Fahrer **wurde** beim Zusammenstoß **verletzt.** (Vorgangspassiv)
(12)	The X-rays showed that his leg **was** badly **damaged.**	Die Röntgenaufnahmen zeigten, dass sein Bein schwer **verletzt war.** (Zustandspassiv)
(13)	Would you wait for a moment. The X-rays **are being developed.**	Die Röntgenaufnahmen **werden** gerade **entwickelt.** (Vorgangspassiv)
(14)	He **got taken** to the hospital in an ambulance.	Er **wurde** mit einem Krankenwagen ins Krankenhaus **gebracht.** (Vorgangspassiv)

Passiv- und Aktivsätze im Text

117

Passiv- und Aktivsätze geben unterschiedliche Sichtweisen eines Geschehens wieder (→ **107**). Ein Wechsel zwischen Aktiv und Passiv führt deshalb zu einem Wechsel der Sichtweisen, vor allem bei der Schilderung von Vorgängen, weniger bei der Beschreibung von Zuständen, wie dies der folgende Text illustriert.

Shakespeare's Globe

The original Globe [...] **was closed** (1) in 1642. Now, 200 yards from its original site, after almost 400 years, [it] **has been opened** (2) to the public again: it **was** officially **inaugurated** (3) by Her Majesty the Queen on Thursday 12 June 1997 and its Opening Season ***ran*** (4) from 29 May to 21 September 1997.
After Shakespeare's Globe **was closed** (5) in 1642, its form and layout ***became*** (6) an enigma. Only a few relevant documents ***existed*** (7) and none of these ***provided*** (8) a complete and accurate picture of its design.
In 1970, Sam Wanamaker ***established*** (9) the Shakespeare Globe Playhouse Trust. A site **was needed** (10) on which to rebuild the Globe. That year, a 0.8 acre site **was identified** (11) on Bankside. In 1982, Professor John Orrell ***revived*** (12) interest in the plans of the Globe. His analysis of Wenceslas Hollar's 'Long View of London' (1647) – a panorama of London taken from the tower of Southwark Cathedral – ***proved*** (13) that the angles and relative heights of the buildings depicted in the drawing were accurate. Construction work ***began*** (14) in 1987. [...]
Faithful design and the use of traditional materials and techniques ***have been*** (15) the key to the reconstruction of the Globe. The circular theatre **is made up** (16) of twenty wooden bays, each three storeys high. These **are thatched** (17) with Norfolk reed and the walls **are made** (18) with lime plaster.
The stage **is roofed** and **thatched** (19). The back wall (Frons Scenae) **is fixed** (20), highly decorated and elaborately carved in an early classical style with three openings. Huge oak pillars painted to look like marble – one on each side of the stage – ***support*** (21) the Heavens, the coffered and painted canopy over the stage.
On 12 December 1996, Shakespeare's Globe **was voted** (22) the best attraction in Europe : it **was awarded** (23) the European Tourism Initiative Golden Star Award by the European Federation of Associations of Tourism Journalists. [...]
http://www.rdg.ac.uk/AcaDepts/In/Globe/Globe.html (1998)

Der Kommentar zum Text lässt sich im wesentlichen unter zwei Gesichtspunkten zusammenfassen:

Das Gerüst des Textes: Vorgangspassiv und Urheberaktiv
Der Text beginnt mit einer Situation, die die Verwendung von Passivsätzen herausfordert: Geschildert wird, wie das *Globe Theatre* von den Vorgängen der Schließung, Wiedereröffnung und Einweihung betroffen wird; dies geschieht durch die Passivformen der Tätigkeitsverben *close, open* und *inaugurate* (1–3 und 5). Im Satz mit *inaugurate* (3) wird zusätzlich auf den Urheber, die Königin, in Form eines *by-agent* verwiesen.
Die Gegenposition kommt im mittleren Textabschnitt zum Ausdruck, wo die Rolle von Sam Wanamaker und John Orrell als Urheber von Handlungen durch aktive Verbformen von Tätigkeitsverben signalisiert wird: *established* (9) und *revived* (12).

Die Suche nach einem geeigneten Baugelände wird allerdings wieder aus der Perspektive der betroffenen Sache dargestellt: *was needed* (10) und *was identified* (11). Auch am Ende des Texts wird die Wahl des *Globe* als führende Touristenattraktion durch das Vorgangspassiv von *vote* (22) und *award* (23) ausgedrückt.

Die Rolle von „neutralen" Aktivformen und Zustandspassiv
Das Handlungsgerüst wird zwar durch den Wechsel von Vorgangspassiv und Urheberaktiv bestimmt, daneben enthält der Text aber auch Aktivformen von Verben, die einen Zustand oder Vorgang ohne erkennbaren Urheber beschreiben, also den Kontrast zwischen Aktiv und Passiv weitgehend neutralisieren: Verben ohne Passivform wie *become* (6), *exist* (7) und *be* (15) sowie intransitiv gebrauchtes *run* (4) und *begin* (14), außerdem Verben, bei denen der Bedeutungsunterschied zwischen Aktiv- und Passivform gering ist wie *provide* (8), *prove* (13) und *support* (21).
Eine ähnlich neutrale Wirkung hat das Zustandspassiv (→ **116.5**), das im Englischen insgesamt eher selten ist, im zweiten Teil dieses Texts aber massiv in Erscheinung tritt: *is made up, are thatched*, etc., (16–20). Im Gegensatz zum Vorgangspassiv wird hier nicht die Einwirkung auf eine Sache beschrieben, sondern einfach das Ergebnis festgestellt.

Insgesamt ergibt sich durch das Zusammenwirken von Aktiv- und Passivformen von Tätigkeitsverben, von Zustandspassiv und von Aktivformen neutraler Verben ein abgestufter Perspektivenwechsel und damit ein abwechslungsreicher Text.

Kapitel 7:

Tempusformen und modale Verbformen

Vorbemerkung: Verbformen und Perspektivenwahl **118**

We were waiting at the bus stop when the accident happened.

In diesem Satz geben die Verbformen *were waiting* und *happened* nicht nur an, dass sich das Warten auf den Bus und der Unfall in der Vergangenheit abspielten: Beide Verbformen signalisieren als *past-tense*-Formen, dass das Warten und der Unfall als von der Gegenwart getrennte Ereignisse gesehen werden. Die beiden Verbformen markieren aber gleichzeitig auch zwei verschiedene **Perspektiven**, unter denen das Geschehen betrachtet wird.
So versetzt uns die *progressive form* „were waiting" mitten in den Vorgang des Wartens, während die *simple form* „happened" eine Gesamtsicht des Unfalls suggeriert. Die folgenden Abschnitte dieses Kapitels erläutern im Einzelnen, wie diese und andere Perspektiven durch die englischen Tempusformen wiedergegeben werden.

Progressive form und *simple form* **119–123**

Grundsätzliches

Aspektunterschied und Rolle der Verbbedeutung **119**

1. Aspektunterschied
Die *progressive form* ist das charakteristische Merkmal des englischen Tempussystems. Ihre Bedeutung tritt am deutlichsten in der Gegenüberstellung mit der *simple form* hervor.

— Die *progressive form* stellt ein Geschehen (in den folgenden Beispielen: *working in a cafe*) als einen Vorgang dar, der zu einem bestimmten Zeitpunkt (jetzt, gestern abend, etc.) im Ablauf begriffen ist, der daher noch nicht abgeschlossen, insgesamt aber nur von vorübergehender Dauer ist. Diese Betrachtungsweise nennt man den **progressiven Aspekt**. Der Sprachbenutzer versetzt sich gleichsam mitten in das Geschehen und betrachtet den Vorgang des Arbeitens aus der **„Innenperspektive"**. Diese Innenperspektive des progressiven Aspekts liegt der *progressive form* in allen Tempusformen zugrunde (Beispiel 1–3).

— Besteht kein Anlass, den progressiven Aspekt zu betonen, so wird die *simple form* verwendet. Die *simple form* kann z. B. ausdrücken, dass ein Geschehen als Fähigkeit oder Gewohnheit verstanden wird (Beispiel 4); sie kann das Ergebnis einer Handlung hervorheben (Beispiel 5) oder die Tatsache, dass die Handlung abgeschlossen ist (Beispiel 6). In all diesen Fällen wird das gesamte Geschehen erfasst (**„Gesamtsicht"**).

Progressive form:	*Simple form:*
(1) Where's Pete? – He **is working** in a café.	**(4)** Pete **works** in a café.
(2) He **has been working** there for a few months now.	**(5)** He **has** already **worked** three nights this week.
(3) He **was working** last night when we were at the pictures.	**(6)** He **worked** for four hours on Sunday.

Innenperspektive der *progressive form* und Gesamtsicht der *simple form* werden im folgenden Schema nochmals gegenübergestellt:

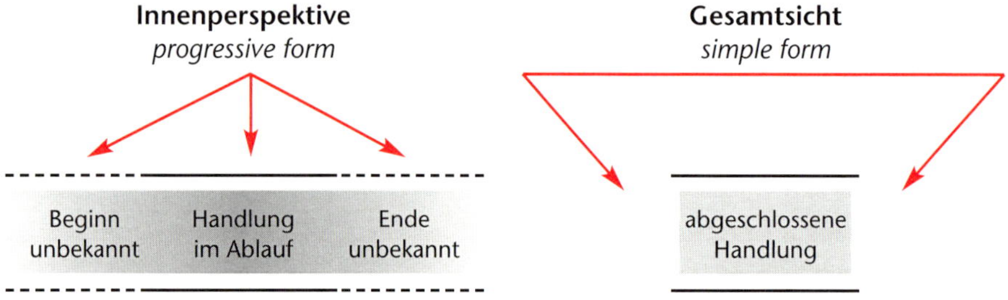

2. Progressiver Aspekt und Verbbedeutung

Jedes englische Verb kann in der *simple form* auftreten. In der *progressive form* erscheinen nur solche Verben, deren spezifische Bedeutung sich mit dem progressiven Aspekt vereinbaren lässt. Man nennt solche Verbbedeutungen **dynamisch** (Beispiel 7). Verbbedeutungen, die den progressiven Aspekt nicht (oder nur in besonderen Fällen) zulassen, und die daher gewöhnlich nur in der *simple form* vorkommen, werden als **statisch** bezeichnet (Beispiel 8).

(7) She **is playing** a new computer game.
(8) Many people today **believe** in the existence of UFOs.

120 Vergleich mit dem Deutschen

Im Deutschen kann der progressive Aspekt nicht durch eine besondere Verbform wiedergegeben werden. Um zu betonen, dass sich ein Geschehen zu einem bestimmten Zeitpunkt im Ablauf befindet, kann man zusätzlich zur Verbform Adverbien wie *gerade*, *da* und *jetzt* (Beispiel 1) oder hinweisende Ausrufe wie *Schau! (mal)!* (Beispiel 2) einsetzen. Meist aber wird im Deutschen nur die (einfache) Verbform verwendet, der progressive Aspekt also gar nicht ausgedrückt (Beispiel 3).

(1) He is running down the hill.	Er *läuft* gerade den Hügel hinunter.
(2) He is coming back.	Schau, jetzt *kommt* er zurück.
(3) These people are all waiting for the bus.	Diese Leute *warten* alle auf den Bus.

Für uns deutsch Sprechende ergibt sich somit das Problem, dass uns das Sprachgefühl für die Verwendung des progressiven Aspekts weitgehend fehlt. Deshalb neigen wir im Englischen zur Vernachlässigung, aber auch zur übertriebenen Anwendung der *progressive form*.
Für das Textverständnis ist zu berücksichtigen, dass in einigen nichtbritischen Varianten des Englischen, z. B. im indischen Englisch, die *progressive form* in Fällen eingesetzt wird, wo sie im Britischen Standard nicht auftritt, so bei statischen Verben wie *know, understand* und *have* („besitzen").

Details zu den Verben mit dynamischer Bedeutung 121

1. Tätigkeitsverben
Sie bilden die Hauptgruppe der dynamischen Verben. Hierher gehören Verben, die eine willentliche Tätigkeit beschreiben (Tätigkeitsverben im engeren Sinn; Beispiel 1), aber auch Verben, die ein sonstiges Geschehen beschreiben, dessen Ende absehbar ist (z. B. „Tätigkeiten" unbelebter Objekte, „Wettertätigkeiten"; Beispiel 2).

(1) What's Gary doing? – He's listening to his CDs.
Ebenso: eat, work, talk, watch, sleep, dream, sit (at the table)
(2) At last the snow is melting.
Ebenso: drip, float, roll, rain, snow, shine, etc.

2. Vorgangsverben
Dies sind Verben, die einen Vorgang der Veränderung beschreiben (Vorgangsverben im engeren Sinn; Beispiel 3). Dazu gehören auch Kopulaverben, die ein Werden ausdrücken (Beispiel 4). Zu statischen Kopulaverben wie *be* und *seem* → **122.2**.

(3) Your cooking is slowly improving, isn't it?
Ebenso: change, fade, darken, approach, disappear, dry (up), etc.
(4) My coffee is getting cold.
Ebenso: become (tired), grow (dark), go (mad), turn (red)

3. Punktuelle Verben
Diese Verben bezeichnen Tätigkeiten von ganz kurzer Dauer (z. B. *knock, clap, tap, nod*). In der *progressive form* drücken sie gewöhnlich mehrfache Wiederholung des Vorgangs aus (Beispiel 5). Wird jedoch die Zahl der Wiederholungen angegeben, so muss die *simple form* stehen (Beispiel 6).

(5) Isn't someone knocking at the door?
(6) Aber: I knocked three times before I got an answer.

122 Details zu den Verben mit statischer Bedeutung

1. Verben der persönlichen Erfahrung und Einstellung
Diese Verben stellen etwas als mentalen Zustand dar, der vom Betroffenen nicht absichtlich und bewusst herbeigeführt wird, und werden gewöhnlich nur in der *simple form* benutzt. Es lassen sich folgende Gruppen unterscheiden:

— Verben der passiven Wahrnehmung. Mit Ausnahme von *notice* werden sie häufig auch mit *can* verbunden (Beispiel 1 und 2). Verben des aktiven, willentlichen Beobachtens wie *watch* und *listen* sind dagegen Tätigkeitsverben (Beispiel 3).

(1) He **didn't notice** that the oven was still on.
(2) I **could smell** gas leaking from somewhere.
Ebenso: see, hear, taste
(3) Aber: He **was watching** the rugby match / **listening** to the news.

— Verben, die eine Meinung, eine Vermutung oder ein Wissen ausdrücken (Beispiel 4 und 5). Verben der aktiven mentalen Beschäftigung wie *consider* – „nachdenken" / „überlegen" – und *meditate* sind dagegen Tätigkeitsverben (Beispiel 6).

(4) I **think** you know what I mean.
(5) **Do** you **remember** what I told you yesterday?
Ebenso: know, believe, forget, feel *(glauben)*, imagine, realize, etc.
(6) Aber: We **are** still **considering** all the options.

— Verben der gefühlsmäßigen Einstellung (Vorliebe, Abneigung, etc.; Beispiel 7). Verben, die den Genuss beschreiben, wie *enjoy*, sind jedoch Tätigkeitsverben (Beispiel 8).

(7) He **hates** going to parties alone.
Ebenso: love, like, dislike, prefer, approve of, disapprove of, etc.
(8) Aber: **Are** you **enjoying** the party?

— Verben, die eine Absicht oder einen Wunsch ausdrücken (Beispiel 9 und 10). *Plan* ist dagegen ein Tätigkeitsverb (Beispiel 11).

(9) They **intend** to give us a call at the weekend.
(10) I **want** a new bike for Christmas.
Ebenso: wish, hope, mean (to do), etc.
(11) Aber: They **are planning** to go on holiday to Tenerife.

2. Zustands- und Beziehungsverben
Diese Verben bezeichnen Zustände, Eigenschaften oder Beziehungen, die sich zwar z. T. in Wirklichkeit ändern können, aber dennoch normalerweise nicht unter dem progressiven Aspekt betrachtet werden. Hierher gehören:

— Verben, die ein Sein, ein Bleiben oder einen Anschein ausdrücken (Beispiel 12). Darunter fallen unter anderem alle Kopulaverben, außer denen, die einen Vorgang der Veränderung wiedergeben *(become, grow,* etc.; → **121.2**).

(12) He **remained** calm and **appeared** to be taking control of the situation.
Ebenso: exist, be, lie (= be situated); stay (awake), keep (fit); seem (important), look (nice), sound (strange), smell (sweet), taste (bitter), feel (soft)

— Verben, die eine Beziehung ausdrücken (z. B. ein Besitz- oder Zuordnungsverhältnis, ein Maßverhältnis u. a.; Beispiel 13).

(13) The parcel **contained** a bomb.
Ebenso: have, own, possess, belong to, consist of, apply to *(betreffen)*, imply, resemble; weigh (2 tons), measure (two inches), cost ($ 10)

Problemfälle

123

1. Verben mit statischen und dynamischen Bedeutungen

Eine Reihe recht häufig vorkommender Verben hat mehrere Bedeutungen, die teils statisch, teils dynamisch sind, wobei natürlich nur im zweiten Fall die *progressive form* möglich ist. Bei manchen dieser Verben sind die Bedeutungen noch sehr nahe miteinander verwandt und aus deutscher Sicht kaum voneinander abzugrenzen (Beispiel 1–3).

(1) I can always **taste** tea in the coffee he makes.
(statisch: *etwas schmecken* = Wahrnehmung)
(2) The pizza Jim made **tasted** great.
(statisch: *schmecken/einen bestimmten Geschmack haben* = Eigenschaft der Pizza)
(3) He **has been tasting** chocolates all afternoon.
(dynamisch: *etwas probieren/verkosten* = Tätigkeit)
Ähnlich: smell (statisch: *etwas riechen/mit dem Geruchssinn wahrnehmen; riechen/duften nach* – dynamisch: *an etwas riechen*)
feel (statisch: *etwas fühlen; sich anfühlen* – dynamisch: *tasten nach*)
look (statisch: *aussehen* – dynamisch: *hinsehen*)
think (statisch: *der Meinung sein* – dynamisch: *nachdenken*)

Es gibt aber auch Verben, bei denen sich statische und dynamische Bedeutung schon weiter voneinander entfernt haben (Beispiel 4 und 5).

(4) She **saw** a strange man outside her neighbour's house.
(statisch: *etwas sehen*)
(5) She **has been seeing** the same boyfriend for two years now.
(dynamisch: *mit jdm. gehen/befreundet sein*)
Ähnlich: hear (statisch: *etwas hören* – dynamisch: *etwas vor Gericht anhören/untersuchen*)

Das Verb *have* gehört im Sinn von „besitzen“, „eine Eigenschaft haben“, „zur Verfügung haben“ zu den statischen Verben und erscheint nur in der *simple form* (Beispiel 6 und 7). Als Funktionsverb im Rahmen von Verbverbänden wie *have trouble, have breakfast, have a shower* hat *have* dynamische Bedeutung und kann in der *progressive form* auftreten (Beispiel 8).

(6) My new car **has** a sunroof.
(7) The old woman **had** no patience with teenagers.
(8) We **are having** problems with the new software. *(haben* = erleben)

2. Ausdruck der Intensivierung

Statische Verben können in der *progressive form* auftreten, wenn z. B. eine Erfahrung (Beispiel 9), ein Wunsch (Beispiel 10) oder eine Erwartung (Beispiel 11) besonders intensiv empfunden wird. Mit der *progressive form* drückt man hier aus, dass man voll in das Geschehen einbezogen ist („Innenperspektive“ → **119.1**).

(9) That morning he **was seeing** his father-in-law for the first time.
(10) We**'ve been meaning** to visit you for ages.
(11) She **was hoping** that he would phone.

3. „Vorübergehende Zustände“

Zustands- und Beziehungsverben können in der *progressive form* erscheinen, wenn ein nur zeitweiliger Zustand (Beispiel 12) oder eine Veränderung (Beispiel 13) zum Ausdruck gebracht werden sollen, Letzteres vor allem zusammen mit Komparativen oder den Adverbien *more and more* oder *ever more*.

(12) He**'s keeping** very quiet today. It's not like him.
(13) He**'s looking** more and more like his father.

Auch das Verb *be* kann zum Ausdruck eines vorübergehenden Verhaltens in der *progressive form* verwendet werden. Voraussetzung ist, dass das nachfolgende Adjektiv eine vorübergehende oder veränderliche Eigenschaft ausdrückt, wie *considerate* oder *stupid* (Beispiel 14 und 15), dies im Gegensatz zu permanenten oder nicht willkürlichen Eigenschaften wie *bald* und *old-fashioned* (Beispiel 16 und 17). Auch bestimmte Nomen können mit der *progressive form* verbunden werden, wenn der vorübergehende Charakter des Zustands betont werden soll (Beispiel 18). Sehr oft drückt dieser Gebrauch von *be* Verärgerung aus.

(14) I thought he **was being** far too ***considerate.***
(15) You**'re being *stupid.***
(16) Aber: He **was *bald*** by 25.
(17) Und: Records **are *old-fashioned.***
(18) She**'s being *a nuisance.***

Simple present und *present progressive* 124–126

Grundsätzliches

Eigentliche Gegenwart und zeitlose Aussagen 124

Beide *present-tense*-Formen werden in Aussagen verwendet, die die Gegenwart betreffen. (Zum futurischen Gebrauch → **128** und **129**.)

1. *Present progressive*
Mit dem *present progressive* bringt man zum Ausdruck, dass etwas jetzt (d.h. zum Zeitpunkt des Sprechens oder im gegenwärtigen Zeitraum) abläuft und vorübergehender Art ist (progressiver Aspekt → **119.1**). Bei Verben mit dynamischer Bedeutung wie *put* (Beispiel 1) und *wash* (Beispiel 2) ist daher das *present progressive* die eigentliche Tempusform für **gegenwärtige Ereignisse**.
Typische adverbiale Bestimmungen sind *at the moment, at present, these days, this summer,* etc.

(1) "Why **are** you **putting** that T-shirt on?"
(2) "My others **are** all **being washed *at the moment.*"**

2. *Simple present*
Das *simple present* drückt aus, dass etwas **überhaupt geschieht oder der Fall ist**, ohne dies eng auf den gegenwärtigen Zeitpunkt oder Zeitraum zu beschränken. Es kann daher Vergangenheit und Zukunft mit einschließen, wie z.B. in Aussagen von zeitloser Gültigkeit (Beispiel 3), bei der Beschreibung von charakteristischen Eigenschaften (Beispiel 4), Gewohnheiten (Beispiel 5) und berufsmäßigen Tätigkeiten (Beispiel 6).
Das *simple present* kann aber auch dazu dienen, etwas eigentlich schon Vergangenes als **aktuell** darzustellen, etwa in Zeitungsüberschriften (Beispiel 7).

(3) The earth **moves** round the sun.
(4) Planes **travel** faster than cars.
(5) At the weekend we ***always* have** bacon and eggs for breakfast.
(6) What **does** Mr. Edmonds **do?** – He **writes** for the local newspaper.
(7) Teachers **Lose** in Pay Dispute

Bei Verben, die den progressiven Aspekt nicht zulassen (Verben mit statischer Bedeutung), ist das *simple present* die einzig mögliche *present-tense*-Form (→ **119.2, 122**).

Details zur Verwendung des *present progressive* 125

1. Gegenwärtiger Zeitraum: Eine Frage der Auslegung
Der „gegenwärtige Zeitraum", auf den sich das *present progressive* laut Definition (→ **124.1**) bezieht, umfasst in der Regel mehr als nur den Zeitpunkt des Sprechens.

Wichtig ist allein, dass der Zeitraum als begrenzt, die Handlung als vorübergehend empfunden wird (Beispiel 1 und 2). In diesem Sinn kann die *progressive form* auch auf Handlungen und Vorgänge bezogen werden, die im Augenblick des Sprechens gerade unterbrochen sind, aber später wieder aufgenommen werden. Dabei kann eine Zeitangabe wie *at the moment, at present, this Christmas* oder *this month* klärend wirken (Beispiel 3).

(1) Our new staff **are performing** rather well, aren't they?
(2) I'll have to go now. I**'m organizing** a new project for the firm.
(3) ***This month*** I **am working** as a waitress in a hotel.

2. Emotionale Beschreibung von Gewohnheiten
Zur gefühlsbetonten Beschreibung von Gewohnheiten kann die *progressive form* mit Häufigkeitsadverbien wie *always, forever, constantly* und *continually* verbunden werden. Hierdurch wird – unter bewusster Übertreibung – Verärgerung, Verwunderung oder Belustigung ausgedrückt (Beispiel 4 und 5). Zur sachlichen Angabe der Häufigkeit verwendet man bei diesen Adverbien die *simple form* (Beispiel 6).

(4) She**'s *always* rushing** about clearing things away.
(5) My brother **is *forever* playing** tricks on me.
(6) Aber: I ***always* take** sugar in my coffee.

126 Details zur Verwendung des *simple present*

1. *Simple present* in beschreibenden und kommentierenden Texten
Da das *simple present* eine Aussage nicht auf den gegenwärtigen Zeitpunkt festlegt, wird es überall dort verwendet, wo es in erster Linie auf den inhaltlichen Zusammenhang und nicht so sehr auf die zeitliche Fixierung ankommt. Das *simple present* erscheint deshalb als Grundtempus in **Inhaltsangaben** (Beispiel 1), **Buchbesprechungen** und **Gedichtinterpretationen**, ebenso in **wissenschaftlichen und technischen Beschreibungen**. (Diese Verwendungsweise unterscheidet sich im Übrigen nicht vom deutschen Sprachgebrauch.)

(1) Pygmalion [...] **describes** the transformation of a Cockney flower-seller, Eliza Doolittle, into a passable imitation of a duchess by the phonetician Professor Henry Higgins [...], who **undertakes** this task in order to win a bet and to prove his own points about English speech and the class system: he **teaches** her to speak standard English and **introduces** her successfully to social life, thus winning his bet, but she **rebels** against his dictatorial and thoughtless behaviour, and **'bolts'** from his tyranny. The play **ends** with a truce between the two of them, as Higgins **acknowledges** that she has achieved freedom and independence, and emerged from his treatment as a 'tower of strength: a consort battleship' [...]

From Margaret Drabble (ed.) (1985), *The Oxford Companion to English Literature*, 5th ed., Oxford University Press, p. 800

2. *Simple present* zur Aktualisierung
Da das *simple present* zwar nicht auf die Gegenwart festgelegt ist, sie aber immer mit einschließt, kann es dazu benutzt werden, ein Geschehen als aktuell und spannend darzustellen. Systematisch wird diese Wirkung des *simple present* im **journalistischen Stil** des amerikanischen Englisch genutzt, und zwar insbesondere in den Überschriften und bei den sog. Zitierverben (*he says, she denies*, etc.) (Beispiel 2), außerdem auch in mündlichen Sportkommentaren.

(2) Ferrari's red-hot allure drives thousands of owners to Italy

[...] This week, Italy **observes** the 50th anniversary of Ferrari, known from Dubuque to Donetsk as manufacturers of the most dashing (and most often red) sports car on the planet.
Where there **is** an open road and brilliant sunshine, a warm breeze will whisper the Ferrari gospel. Wayne Golomb heard the word 35 years ago.
"The first Ferrari I saw was while I was at West Point. I will never forget its sound and shape", **says** the 55-year-old attorney from Springfield, Ill. [...]
"Ferraris interest me because they bring an emotion to the equation that doesn't exist with other makes", Golomb **says.** "These cars have a soul" [...]
Events **include** photography exhibits, a mini-marathon and a visit to founder Enzo Ferrari's birthplace; the wrapup **is** Saturday with a concert and fireworks.

From *USA Today*, 4 June 1997, p. 1

Eine literarische Form dieser Aktualisierung ist das sog. ***dramatic present*** (oder *historic present*), das zur lebendigen Darstellung von Höhepunkten in Erzählungen eingesetzt wird. Vergleiche den folgenden Text (Beispiel 3), in dem die Ausgangssituation durch das *past tense* wiedergegeben wird, die zentrale Handlung aber durch das *simple present*.

(3) *(A 19-year-old cashier in a supermarket is waiting for the return of three girls, who had excited and shocked the staff by shopping in bikinis the day before.)*

[...] The store's pretty empty, it being Thursday afternoon, so there ***was*** nothing much to do except lean on the register and wait for the girls to show up again. The whole store ***was*** like a pinball machine and I ***didn't know*** which tunnel they'd come out of. After a while they **come** around out of the far aisle, around the light bulbs, records at discount [...], sixpacks of candy bars, and plastic toys done up in cellophane [...]. Around they **come,** Queenie still leading the way, and holding a little grey jar in her hand [...] Queenie **puts** down the jar and I **take** it into my fingers icy cold. Kingfish Fancy Herring Snacks in Pure Sour Cream: 49c. Now her hands **are** empty, not a ring or a bracelet, bare as God made them, and I **wonder** where the money's coming from. Still with that prim look she **lifts** a folded dollar bill out of the hollow at the centre of her nubbled pink top. [...]

From John Updike (1962), "A & P", in: John Updike, *Pigeon Feathers and Other Stories,* Penguin Books, p. 133.

Als aktualisierender Gebrauch können auch die folgenden ausrufartigen Sätze verstanden werden, die außerdem durch die Umstellung von Subjekt und Verb (Inversion) gekennzeichnet sind (→ **254**): *Here* ***comes*** *the postman.* – ***Off*** *we* ***go****.*

3. Handeln durch Worte

Diese Funktion des *simple present* betrifft Verben wie *apologize, congratulate, declare, forbid, name, order, promise*. Werden sie in der 1. Person des *simple present* gebraucht, so wird mit dem Aussprechen des Verbs gleichzeitig die Handlung selbst vollzogen („performativer Gebrauch“: von *perform* = ausführen, vollziehen; Beispiel 4 und 5).

(4) I **forbid** you to see him again.
(5) I **apologize** for being so late.

127–134 Wiedergabe der Zukunft

Grundsätzliches

127 Urheberfutur und Futur der äußeren Umstände

Für die Wiedergabe von zukünftigen Ereignissen stehen im Englischen mehrere Tempusformen zur Verfügung. Entscheidend für die Wahl der Form ist, ob das zukünftige Geschehen in Abhängigkeit vom **Willen des Urhebers** (bzw. Agens) gesehen wird oder auf **äußere Umstände** zurückgeführt wird. Besonders markant ist dieser Unterschied bei der futurischen Verwendung von *present progressive* („Urheberfutur“; Beispiel 1) und *simple present* („Futur der äußeren Umstände“; Beispiel 2).

(1) I'**m spending** the weekend in London. *(Ich als Urheber habe alles geplant.)*
(2) My train **leaves** at 18.30. *(aufgrund des offiziellen Fahrplans)*

Auch beim *going-to*-Futur, das beide Perspektiven abdecken kann, ist der Unterschied zwischen dem „Urheberfutur“ und dem „Futur der äußeren Umstände“ noch deutlich spürbar (Beispiel 3 und 4).

(3) I'**m going** to be a pilot. *(Das ist meine Absicht als Urheber.)*
(4) It'**s going** to rain. *(dunkle Wolken als äußere Anzeichen)*

Beim *will*-Futur äußert sich der Einfluss des Urhebers als Bereitschaft oder spontaner Entschluss (Beispiel 5). Weit wichtiger ist jedoch die Verwendung des *will*-Futur als Futur der äußeren Umstände, d.h. im Sinn einer Vorhersage oder Annahme (Beispiel 6); diese Annahme kann auch von einer Bedingung abhängig sein (Beispiel 7).

(5) Hold on a moment. I'**ll help** you with your bags.
(Bereitschaft und/oder spontaner Entschluss des Urhebers)
(6) My aunt's coming tomorrow for a visit, so I **won't be** able to see you.
(Vorhersage aufgrund äußerer Umstände)
(7) If I finish my homework in time, I'**ll come** round and see you.
(äußere Umstände als Bedingung)

Beim *future progressive* ist die Unterscheidung zwischen Urheberfutur und Futur der äußeren Umstände aufgehoben. Hier wird nur noch festgestellt, dass sich etwas im Lauf der Dinge ohnehin ergeben wird (Beispiel 8).

(8) I can take your letter. I'll **be passing** the post office anyway.

Vergleiche die folgende zusammenfassende Übersicht:

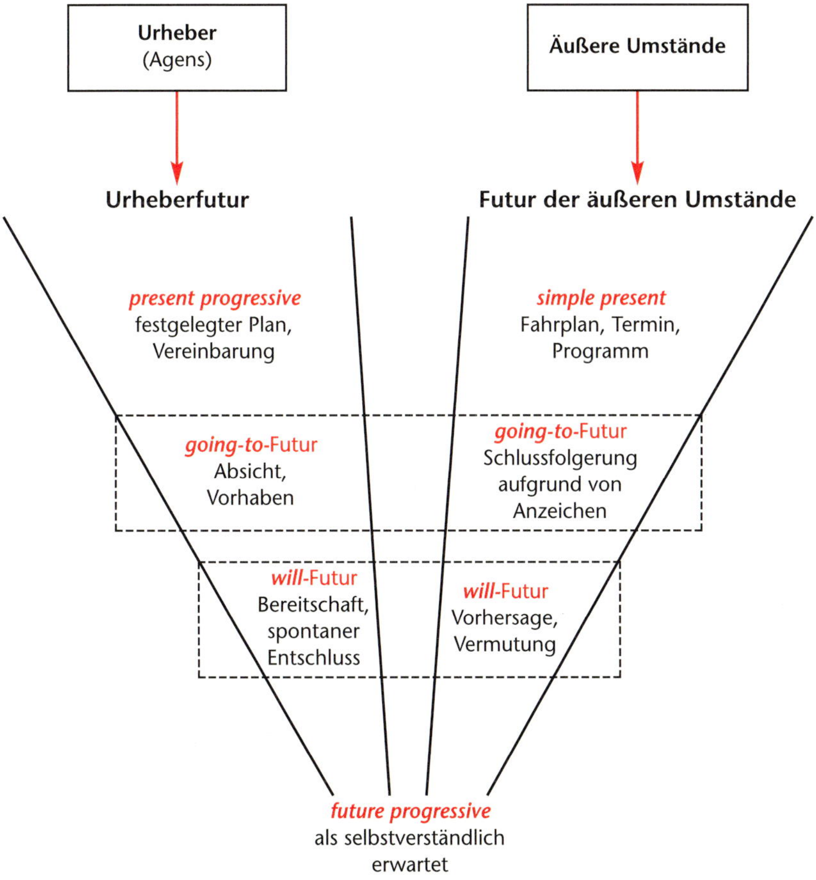

Zukünftiges Geschehen kann auch durch lexikalische Mittel ausgedrückt werden, z. B. durch bestimmte Verben wie *want, hope, expect, intend, be expected, be supposed* (+ Infinitiv), Verbverbände wie *be on the point of* (+ *gerund*), *be about to, be bound to, be sure/certain to, be (un)likely to* (+ Infinitiv) sowie durch die modalen Hilfsverben *can, should, must*, etc.

128 Das futurische *present progressive*

Bei Tätigkeits- und Vorgangsverben (besonders bei Verben, die den Übergang in einen anderen Zustand bezeichnen, wie *come, go, leave,* etc.) kann das *present progressive* in futurischem Sinn zum Ausdruck einer von der handelnden Person (meist Satzsubjekt) getroffenen Vereinbarung oder eines von ihr festgelegten Plans gebraucht werden („Urheberfutur"; → **127**). Um Verwechslungen mit der Gegenwart auszuschließen, benutzt man meist Zeitangaben der Zukunft (Beispiel 1), oder der Zukunftsbezug muss aus dem Zusammenhang hervorgehen (Beispiel 2).

(1) Did I tell you? I**'m hiring** a car ***next week*** and **travelling** to see my sister in Bristol.
(2) Bill and Susan have asked us all to go to the pictures with them on Saturday. **Are** you **going?**

Das *present progressive* kann auch eine Vereinbarung ausdrücken, wenn der Satz zwar ein Sachsubjekt enthält, die handelnde Person aber mitverstanden wird (Beispiel 3). Dabei handelt es sich oft um Passivsätze (Beispiel 4).

(3) (Notice in a shop window:) This shop **is closing** next week.
(4) The flat **is being** completely **redecorated** next month for the new tenants.

129 Das futurische *simple present*

1. Allgemeines

Das *simple present* kann (wie das *present progressive*) im futurischen Sinn gebraucht werden. Anders als das deutsche Präsens (→ **134**) bezeichnet es aber nur Vorgänge oder Zustände, die von einer außenstehenden Person oder Instanz (etwa amtlichen Stellen, Institutionen) festgelegt sind. Es findet sich vor allem in Kalenderangaben, Veranstaltungsprogrammen, Fahrplänen o. ä. (daher wird es auch *timetable future* genannt). Auch hier muss der Zukunftsbezug aus entsprechenden Zeitangaben (Beispiel 1) oder aus dem Textzusammenhang (Beispiel 2) hervorgehen. (Bei Kalenderangaben ist auch das *will*-Futur möglich, wirkt aber förmlicher: Beispiel 3.)

(1) The school holidays **begin *next Thursday*** and **end *on September 7th.***
(2) *MACBETH AT THE ROYAL SHAKESPEARE THEATRE, STRATFORD*
The coach **leaves** at 9 a.m. on the dot and **arrives** in Stratford at approximately 11 a.m. There **is** a trip to Shakespeare's birthplace in the afternoon for those interested. The play **begins** at 7.30 p.m. and **ends** around 10.30 p.m. The coach **departs** for home at 11.30 p.m.
(3) Easter Sunday **is / will be** on March 29th this year.

2. Zukunftsbezug in Nebensätzen

Die zeitliche Beziehung zwischen zwei zukünftigen Handlungen wird oft durch ein Satzgefüge aus Hauptsatz und adverbialem Nebensatz mit *when, as soon as, before,* etc. wiedergegeben. Der Zukunftsbezug wird nur im übergeordneten Hauptsatz ausgedrückt, und zwar gewöhnlich im *will*-Futur. Im Nebensatz steht, entsprechend dem Deutschen, das *simple present* (Beispiel 4). Dies gilt auch für andere Arten von Nebensätzen, z. B. *that*-Sätze (Beispiel 5).

(4) When I **pop** into town later, I'll have a look for a new video recorder.
(Vgl.: I **shall / will / 'll pop** into town later)
(5) I want to go out tonight, but I'll have to check and make sure that it**'s** okay with my parents.
(Vgl.: **Will** it **be** okay with my parents?)

Zum Gebrauch des *present perfect* zum Ausdruck der Vorzeitigkeit in Nebensätzen mit Zukunftsbezug → **133**.

Das *going-to*-Futur

130

1. Ausdruck einer Absicht

Als Urheberfutur (→ **127**) gibt das *going-to*-Futur eine bereits zum Sprechzeitpunkt bestehende Absicht wieder (Beispiel 1). (Es muss jedoch kein fester Plan vorliegen wie beim *present progressive*.) In der 1. Person drückt es oft feste Entschlossenheit aus, besonders in der verneinten Form (Beispiel 2). Hat sich eine früher gefasste Absicht geändert oder ist sie nicht zu verwirklichen, so steht das *past tense* der *going-to*-Form (Beispiel 3).

(1) I**'m going** to tidy my room this afternoon. I haven't been able to find anything for days.
(2) I**'m** not **going** to let you borrow my CDs again, you ruined the last one.
(3) I **was going** to get up early, but it was too warm in bed.

2. Ausdruck einer Schlussfolgerung

Als Futur der äußeren Umstände gebraucht, drückt das *going-to*-Futur aus, dass ein bestimmtes Geschehen vorhersehbar ist, weil bereits bestimmte Anzeichen vorliegen (Beispiel 4 und 5). (Dagegen werden Vorhersagen aufgrund allgemeiner Erfahrungen durch das *will*-Futur ausgedrückt: Beispiel 6.)

(4) Look at those waves! It**'s going to be** a very rough crossing, I'm afraid.
(5) I think Alan**'s going to be** sick. His face is as white as a sheet.
(6) Aber: The return journey in summer **will be** much calmer.

Im Hauptsatz von Bedingungssätzen erscheint in der Regel das *will*-Futur. Das *going-to*-Futur ist jedoch möglich, wenn eine Warnung vor den Folgen einer Handlung ausgedrückt werden soll (Beispiel 7).

(7) If you don't slow down, you**'re going to get** / you**'ll get** a speeding ticket.

131 Das *will*-Futur

1. Bereitschaft oder spontaner Entschluss

Als „Urheberfutur" kann das *will*-Futur einen im Moment des Sprechens gefassten Entschluss oder eine Bereitschaft ausdrücken, meist in der 1. Person (Beispiel 1 und 2). Gewöhnlich wird die Kurzform *'ll* verwendet.

(1) Just a moment. I'**ll write** that down before I forget.
(2) There are no matches in the house. – Oh, I'm sorry. I'**ll go** and buy some this afternoon.

2. Vorhersage oder Vermutung

Das *will*-Futur ist die wichtigste und häufigste Form des Futurs der äußeren Umstände. Diese Umstände sind oft abhängig von Bedingungen, die häufig durch temporale oder konditionale Nebensätze genannt werden (Beispiel 3; zum Tempus im Nebensatz → **129.2** und **133**). Die Vorhersage stützt sich auf allgemeine Kenntnisse, Wissen und Erfahrungen des Sprechers. Sie kann ganz verschiedene Grade der Sicherheit ausdrücken, von der bloßen Vermutung bis zur Gewissheit. Dies kann durch Zusätze wie *I suppose / expect / am sure / know; probably, no doubt,* etc. verdeutlicht werden (Beispiel 4 und 5).
Auch in *that*-Sätzen, die sich an Verben und Verbverbände des Hoffens und Befürchtens anschließen, wird für zukünftiges Geschehen meist das *will*-Futur benutzt (Beispiel 6).

(3) ***If I'm lucky,*** I'**ll be promoted** by Christmas.
(4) ***I'm sure*** you'**ll have** a nice time on holiday.
(5) No doubt some fool **will camp** out all night, despite the cold.
(6) ***I hope*** you'**ll arrive** safely.

132 Das *future progressive*

1. Neutrale Vorhersage

Das *future progressive* kann ausdrücken, dass das Eintreten einer zukünftigen Handlung für sicher oder selbstverständlich gehalten wird. Im Gegensatz zum *will*-Futur, *going-to*-Futur und *present progressive* wird also nichts über die Rolle des Urhebers oder die Abhängigkeit des Geschehens von äußeren Umständen ausgesagt (Beispiel 1 und 2).

(1) I could give you a lift. I'**ll be going** to London next week (anyway).
(2) The shops **will be closing** in half an hour.

Aufgrund seiner Neutralität wird das *future progressive* auch gern in taktvollen Erkundigungen nach einem Vorhaben benutzt. Dadurch, dass der künftige Ereignisablauf und nicht die Absicht in den Vordergrund gestellt wird, soll der Eindruck von Neugier oder eine Beeinflussung vermieden werden (Beispiel 3 und 4).

(3) **Will** you **be seeing** Carol again when you go to Bristol next week?
(4) **Will** Jim **be holding** a meeting this week?

2. Ausdruck des progressiven Aspekts
Das *future progressive* kann in seiner Eigenschaft als *progressive form* auch aussagen, dass ein Vorgang (von begrenzter Dauer) zu einem bestimmten zukünftigen Zeitpunkt gerade ablaufen wird (Beispiel 5). Der betreffende Zeitpunkt wird durch eine Zeitangabe genannt, oft durch einen Nebensatz der Zeit (Beispiel 6).

(5) ***This time next week*** we**'ll be lying** on the beach in Tenerife.
(6) ***By the time I speak to you again,*** I **will be working** for a different company.

Das *future perfect* 133

Das *future perfect* tritt in dem seltenen Fall ein, in dem Vorzeitigkeit gegenüber einem bestimmten Zeitpunkt der Zukunft ausgedrückt werden soll (Beispiel 1–3). Dieser Zeitbezug wird oft durch Zeitangaben mit *by* („bis" / „bis spätestens") betont (Beispiel 3).
Der Gebrauch der *simple form* und der *progressive form* entspricht der Verwendung der entsprechenden *present-perfect*-Formen (→ **135**). Demnach benutzt man für den resultativen Gebrauch das *simple future perfect* (Beispiel 1 und 2). Für den kontinuativen Gebrauch wird bei statischen Verben die *simple form* verwendet, bei dynamischen Verben sind beide Formen möglich (Beispiel 3).

(1) I**'ll have finished** my course ***in July.***
(2) ***Soon*** I**'ll have learnt** all I need to know about computers.
(3) ***By the end of term*** I **will have been studying / will have studied** for four years.

In Nebensätzen steht zum Ausdruck der Vorzeitigkeit nicht das *future perfect,* sondern das *present perfect* (Beispiel 4 und 5). (Vgl. den Gebrauch des *simple present* in Nebensätzen mit Zukunftsbezug → **129.2**)

(4) I'll give you the book back as soon as I**'ve read** it.
(5) Don't leave the house until you**'ve fed** the dog.

Vergleich mit dem Deutschen 134

Im Deutschen stehen nur zwei Tempusformen für die Wiedergabe der Zukunft zur Verfügung, das Präsens und das *werden*-Futur. Dabei wird das *werden*-Futur im heutigen Deutsch vor allem für Vorhersagen über die (meist fernere) Zukunft verwendet. In allen anderen Fällen wird das Präsens bevorzugt; das *werden*-Futur wirkt dort förmlich und übergenau.

Vergleiche die folgende Gegenüberstellung:

Englisch	*Deutsch*	*Englisch*
Urheberfutur		**Futur der äußeren Umstände**

Präsens

present progressive – *Plan, Vereinbarung*

***will*-Futur** – *spontaner Entschluss*

simple present – *timetable*-Futur

(Präsens und *werden*-Futur:)

***going-to*-Futur** – Absicht, Vorhaben

***going-to*-Futur** – Schlussfolgerung aufgrund von Anzeichen

future progressive – als selbstverständlich erwartetes Geschehen

***will*-Futur** – Vorhersage, Vermutung

***werden*-Futur**

Wie das Schema zeigt, ergeben sich die Probleme für Deutschsprachige vor allem bei der Suche nach Übertragungsmöglichkeiten für das dominante deutsche Präsens. Drückt das Präsens eine Urheberfunktion aus, so stehen im Englischen *present progressive*, *going-to*-Futur und *will*-Futur zur Verfügung (Beispiel 1). Wird das deutsche Präsens mit Bezug auf künftige äußere Umstände verwendet, so kommt vor allem das *will*-Futur in Frage, z. T. ist aber auch das *going-to*-Futur möglich (Beispiel 2). Wenn das Geschehen als etwas selbstverständlich Erwartetes ausgelegt werden kann, ist auch das *future progressive* möglich (Beispiel 3). Das *simple present* ist dagegen nur sehr eingeschränkt in der sogenannten *timetable*-Bedeutung verwendbar (Beispiel 4).

(1) Ich **fahre** morgen mit dem Auto nach Cornwall.	I'**m driving** to Cornwall tomorrow. I'**m going to drive** to Cornwall tomorrow. I'**ll drive** to Cornwall tomorrow. *(spontaner Entschluss)*
(2) Die Straßen **sind** morgen sicher voll.	The roads **will be** busy tomorrow. (The roads **are going to be** busy tomorrow.)
(3) Ich kann Jim fragen. Ich **sehe** ihn (sowieso) heute abend.	I can ask Jim. I'**ll be seeing** him tonight (anyway).
(4) Der Zug nach Portsmouth **fährt** um 9.10 Uhr.	The train for Portsmouth **leaves** at 9.10.

Das deutsche *werden*-Futur lässt sich für Vorhaben mit dem *going-to*-Futur (Beispiel 5) und für Vorhersagen mit dem *will*-Futur (Beispiel 6) wiedergeben.

(5) Ich **werde** nächsten Sommer nach Cornwall **fahren.** — I**'m going to travel** to Cornwall next summer.
(6) In zehn Jahren **wird** es noch viel mehr Autos auf den Straßen **geben** als heute. — In ten years' time there **will be** far more cars on the road than today.

Present perfect und *past tense* 135–139

Grundsätzliches

Zwei Perspektiven der Vergangenheit 135

Sowohl *present perfect* als auch *past tense* beziehen sich auf etwas Vergangenes. Welche der beiden Tempusformen in Frage kommt, hängt von der gewählten Perspektive ab.

Perspektive des *present perfect* **Perspektive des *past tense***

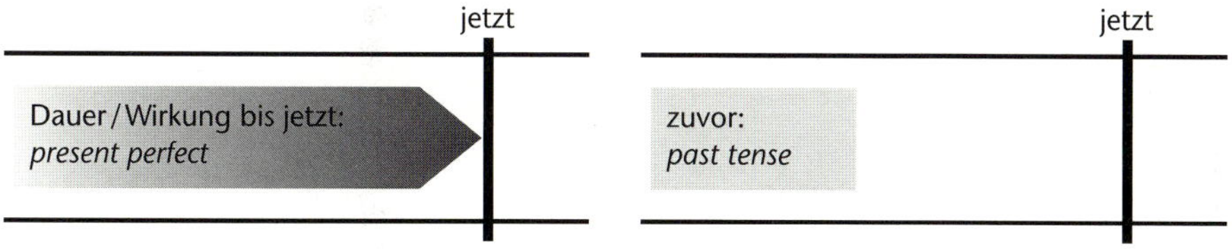

1. *Present perfect*
Die Wahl des *present perfect* signalisiert, dass das an sich vergangene Ereignis **in Bezug auf die Gegenwart** gesehen wird.
Dabei steht häufig das Ergebnis im Vordergrund (Beispiel 1); das Ergebnis kann auch ein Wissen oder eine Erfahrung sein (Beispiel 2). Diese Verwendung wird als **resultativer Gebrauch** bezeichnet. Hier ist der Zeitpunkt, zu dem das Ereignis stattfand, unwichtig. Er wird nicht genannt.
Das *present perfect* kann aber auch ausdrücken, dass ein Vorgang oder Zustand zwar in der Vergangenheit begonnen hat, aber bis zur Gegenwart reicht (Beispiel 3). In diesem Fall liegt **kontinuativer Gebrauch** vor. Der Zeitraum bis zur Gegenwart kann auch ausdrücklich erwähnt werden (*for half an hour*; → **141.1**).

(1) Traffic in the direction of Heathrow **has come** to a standstill.
(= The roads are jammed with cars.)
(2) I**'ve been** to Dublin, but I**'ve** not **been** anywhere else in Ireland.
(= I know Dublin, but I don't know the rest of Ireland.)
(3) I**'ve been waiting** at check-in ***for half an hour.***
(= I came here half an hour ago and I am still waiting.)

2. *Past tense*

Wählt man das *past tense*, so drückt man damit aus, dass das vergangene Ereignis als **getrennt von der Gegenwart** erscheint. Im Vordergrund steht hier ein bestimmter Zeitpunkt der Vergangenheit, zu dem das Ereignis stattfand (Beispiel 4) oder aber ein entsprechender Zeitraum (Beispiel 5). Dieser wird oft durch eine entsprechende Zeitangabe im selben Satz genannt (*in 1856, in 1950, during his lifetime*; → **141.2**). Ein Ergebnis kann hier zwar ebenfalls vorliegen, aber darauf kommt es bei dieser Perspektive nicht an.

(4) George Bernard Shaw **was born *in 1856***. He **died *in 1950.***
(5) ***During his lifetime*** he **wrote** numerous plays, essays and political pamphlets.

136 Vergleich mit dem Deutschen

Auch das Deutsche verfügt über zwei Tempusformen der Vergangenheit, das Perfekt und das Imperfekt, die ebenfalls nicht in allen Fällen frei austauschbar sind. Es handelt sich also im Deutschen nicht nur um stilistische Unterschiede, wie oft behauptet wird. Außerdem wird im Deutschen ein Teil der Funktionen des *present perfect* durch das Präsens übernommen. Vergleiche die folgende Übersicht:

	Englisch	Deutsch
Bezug zur Gegenwart		
resultativer Gebrauch	***Present perfect*** Look, the train **has arrived.** We**'ve bought** a new car.	**Perfekt** Schau, der Zug **ist angekommen.** Wir **haben** ein neues Auto **gekauft.**
kontinuativer Gebrauch	***Present perfect*** We**'ve been working** like mad for the last two months.	**Präsens** Schon die ganzen letzten zwei Monate **arbeiten** wir wie verrückt. Evtl.: **Perfekt** Schon die ganzen letzten zwei Monate **haben** wir wie verrückt **gearbeitet.**
Getrennt von der Gegenwart	***Past tense*** I **met** him yesterday.	**Perfekt** Ich **habe** ihn gestern **getroffen.** **Imperfekt** Ich **traf** ihn gestern.

Vom Deutschen her gesehen, ist Folgendes zu beachten:

— An Stelle des deutschen Präsens muss das *present perfect* verwendet werden, wenn ein Vorgang in der Vergangenheit begann und bis zur Gegenwart andauert (kontinuative Perspektive).
— Für das deutsche Perfekt muss im Englischen immer dann *past tense* eintreten, wenn ein Ereignis als von der Gegenwart getrennt gesehen wird (hier angedeutet durch die Zeitangabe *yesterday*). In diesem Fall ist allerdings auch im Deutschen das Imperfekt möglich.

Details zum *present perfect*

137

1. Der Unterschied zwischen *simple present perfect* und *present perfect progressive*
Von den beiden *present-perfect*-Formen kann das *simple present perfect* sowohl die resultative als auch die kontinuative Bedeutung ausdrücken. Die kontinuative Bedeutung wird normalerweise durch eine Zeitangabe angezeigt (Beispiel 1; → **141.1**).
Das *present perfect progressive* kann dagegen nur in kontinuativer Funktion verwendet werden, weil die *progressive form* immer einen Ablauf signalisiert. Dabei ist es auch möglich, dass der Vorgang noch gar nicht abgeschlossen ist. Eine Zeitangabe kann hinzutreten, ist aber nicht nötig (Beispiel 2).

(1) She **has played** the guitar in that band *for over five years.*
(2) She **has been trying** to teach her brother to play *(since last July).*

2. Beabsichtigtes Resultat und unbeabsichtigte Nebenwirkungen
Die resultative Bedeutung des *simple present perfect* ist so zu verstehen, dass hier eine **beabsichtigte Wirkung** beschrieben wird (Beispiel 3).
Unbeabsichtigte Nebenwirkungen werden dagegen durch das *present perfect progressive* ausgedrückt. Der Vorgang an sich ist zwar schon abgeschlossen, aber das Geschehen ist noch ganz und gar, d. h. mit all seinen angenehmen und unangenehmen Aspekten, gegenwärtig (Beispiel 4).

(3) I**'ve written** the letter to David. You can post it for me now.
(4) I**'ve been working** in the garden all day, so I think I deserve this little break.

3. Das *simple present perfect* in Fragesätzen und verneinten Sätzen
Was das *simple present perfect* betrifft, so sind in Fragesätzen und verneinten Sätzen die resultative und die kontinuative Bedeutung oft nicht voneinander zu trennen. Man spricht deshalb davon, dass hier eine „unbestimmte“ Vergangenheit zum Ausdruck kommt (Beispiel 5 und 6). Auch in Sätzen mit Häufigkeitsangaben werden meist zugleich Ergebnis und Zeitraum wiedergegeben (Beispiel 7).

(5) **Have** you **watched** that programme I recorded for you?
(6) I **haven't seen** such a sad film for a long time.
(7) *Every time* we**'ve gone** to the cinema, somebody tall **has *always* sat** in front of us.

138 Details zum *past tense*

1. *Simple past* und *past progressive*: Abgeschlossene Handlung vs. Vorgang
Beide *past-tense*-Formen drücken aus, dass etwas völlig getrennt von der Gegenwart gesehen wird. Der Unterschied zwischen beiden Formen äußert sich in folgender Weise:

(1) Mark **played** football while a pupil at school.
(2) Between 9 and 11 yesterday morning he **was practising** with his mates.
(3) While he **was running** towards the goal, a defender **tackled** him and brought him to the ground.

Das *simple past* stellt einen vergangenen Vorgang insgesamt, als abgeschlossene Tatsache dar (Beispiel 1). Das *past progressive* betont dagegen, dass der Vorgang zu einer bestimmten Zeit der Vergangenheit noch im Ablauf begriffen war (Beispiel 2); tritt während dieses Ablaufs eine neue Handlung ein, so wird diese durch das *simple past* wiedergegeben (Beispiel 3).

2. Reihung von *past-tense*-Formen
Treten mehrere *past-progressive*-Formen in unmittelbarer Folge auf, so wird betont, dass mehrere Vorgänge gleichzeitig abliefen (Beispiel 4). Eine Reihung von *simple-past*-Formen weist darauf hin, dass die beschriebenen Vorgänge als Handlungskette aufzufassen sind (Beispiel 5).

(4) Some of the audience **were cheering**, some **were whistling** and others **were getting up** to go.
(5) The curtain **rose** once more, the singer **came** on stage, **took** a bow and **left.**

139 Textbeispiel: *Simple past* und *past progressive* in der Erzählung

Das *past tense* ist das Grundtempus für alle Formen der Erzählung (→ **144**). Dabei ergibt sich aus der Bedeutung des *simple past* (→ **135.2, 138.2**), dass es zur Wiedergabe der Abfolge der Erzählschritte, des tragenden **Handlungsgerüsts**, benutzt wird. Die *past progressive*-Formen werden – ebenfalls in Übereinstimmung mit ihrer Grundbedeutung – zum Ausmalen, Beschreiben, Erklären von Situationen und Begleitumständen, d. h. für **Hintergrundhandlungen**, eingesetzt.

Vergleiche die folgende Analyse:

Simple past		***Past progressive***
	We ***were standing*** at the back of	← *Hintergrundhandlung*
neues Handlungs-	the main hotel building (...)	*zu „the lights went on"*
element →	when the lights **went on** in the	
neues Handlungs-	kitchen half a dozen paces in	
element →	front of us. Jackson **came** into the	

Simple past		Past progressive
Zustand (keine Handlung) ➜	kitchen, slowly, alone. He **did not know** he ***was being watched.*** I had	← *Hintergrundhandlung zu „came into the kitchen"*
Zustand (keine Handlung) ➜	never seen him other than polite and on guard; but now he **was** both angry and troubled (...). His	
neues Handlungselement ➜	face **changed** – he ***was looking*** at something on the floor. We	← *Hintergrundhandlung zu "his face changed" und "we pressed forward"*
neues Handlungselement ➜	**pressed** forward to see, (...).	

From Doris Lessing, *The Golden Notebook*

Tempuswahl und Zeitangaben

140–143

Grundsätzliches

Zeitangaben für Gegenwart, Zukunft und Vergangenheit

140

Tempusformen und Zeitangaben (z. B. Zeitadverbien) müssen stets aufeinander abgestimmt sein. Dies gilt für alle Zeitstufen. Für die Gegenwart ist diese Zuordnung unproblematisch (Beispiel 1).

(1) **At the moment** I ***am trying*** to finish decorating the kitchen.

Was die Zukunft betrifft, so erscheinen Zeitangaben der näheren Zukunft meist zusammen mit den gegenwartsbezogenen Futurformen, dem *present progressive* und dem *simple present* (Beispiel 2), während Zeitangaben der ferneren Zukunft vor allem mit dem *will*-Futur kombiniert werden (Beispiel 3).

(2) We***'re leaving*** for London **tonight.** The plane ***leaves*** **at 7.30 p.m.**
(3) **In the year 2020** cars ***will*** probably ***use*** a cleaner type of fuel.

Schwieriger ist die Zuordnung – gerade für Sprachbenutzer mit deutscher Muttersprache – für den Bereich der Vergangenheit, weil hier genau auf den unterschiedlichen Zeitbezug von *present perfect* und *past tense* geachtet werden muss (➜ **135–136**). Zu unterscheiden ist zwischen Zeitangaben, die entweder nur das *present perfect* oder nur das *past tense* zulassen (Beispiel 4 und 5) und solchen, die beide Tempusformen zulassen, jedoch mit unterschiedlicher Bedeutung (Beispiel 6 und 7)

(4) **Up until now** they ***haven't paid*** us a penny in compensation.
(5) **A week ago** we ***received*** a letter telling us to drop the lawsuit.
(6) I ***haven't been*** skiing **for years.**
(7) After his trip to Switzerland he ***talked*** about it **for years.**

141 Zeitangaben, die nur *present perfect* oder nur *past tense* zulassen

1. *Present perfect* (aber kein *past tense*)
Es handelt sich um Zeitangaben, die einen Zeitraum bezeichnen, der bis zur Gegenwart reicht. Dabei wird entweder die Zeitdauer angegeben (Beispiel 1) oder der Beginn des Zeitraums (Beispiel 2) bzw. das Ende des Zeitraums (Beispiel 3).

(1) for the last three days / weeks / . . ., these three days / weeks . . .
(in den letzten drei Tagen / Wochen / . . .)
(2) since yesterday, since Christmas, since May, . . .
(3) so far, up to now, up to the present moment *(bis jetzt)*

Auch Nebensätze mit *since* und *ever since* bedingen im Hauptsatz das *present perfect.* Im Nebensatz selbst steht entweder das *present perfect* (für noch andauernde Vorgänge oder Zustände; Beispiel 4 und 5) oder das *past tense* (für vergangene Ereignisse; Beispiel 6).

(4) We ***haven't been*** back to London **since** we***'ve been living*** here.
(5) He ***has lived*** in Warwick **ever since** he ***has worked*** for the local brewery.
(6) He ***has lived*** in Warwick **ever since** he ***got*** the job at the local brewery.

2. *Past tense* (aber kein *present perfect*)
Diese Zeitangaben umfassen Kalenderdaten (Beispiel 7), Angaben, die vom Sprechzeitpunkt zurückrechnen (Beispiel 8) sowie temporale Nebensätze (Beispiel 9).

(7) before / after (last) Christmas; on Monday; in 1979
(8) yesterday, last year / month / . . .; two days / weeks / . . . ago *(vor zwei Tagen / Wochen / . . .);* the other day *(neulich)*
(9) Nebensätze mit *when, while, before, after, once; when* in Fragesätzen, die sich auf einen vergangenen Zeitraum beziehen

142 Zeitangaben mit *present perfect* oder *past tense*

1. Die *already / not yet*-Gruppe
Hierzu gehören *already, always, (not) yet, ever, never.* Bei diesen Zeitangaben kommt es darauf an, ob man sich auf den Zeitraum bis zur Gegenwart bezieht (*present perfect*; Beispiel 1) oder auf einen vergangenen Zeitraum (*past tense*; Beispiel 2). Das gleiche gilt für den negativen Fall, d. h. das Nichteintreten eines Geschehens (Beispiel 3 und 4).

(1) You will go and get some bread, won't you? – I***'ve*** **already** ***bought*** some.
(2) ***When we called for Mark,*** he *was* **already** ***waiting*** for us at the door.
(3) I'd like to go to France in my summer holidays. I***'ve*** **never** ***been*** there. *(noch nie)*
(4) ***During our holidays*** we **never** ***got up*** before ten o'clock. *(nie)*

Im amerikanischen Englisch wird auch in den Fällen, in denen im britischen Englisch das *present perfect* eintritt, oft das *past tense* verwendet (Beispiel 5 und 6).

	Britisches Englisch	Amerikanisches Englisch
(5)	***Have*** you ***eaten*** lunch **yet?**	***Did*** you ***eat*** lunch **yet?**
(6)	Don't forget to close the windows. – I***'ve*** **already** ***closed*** them.	Don't forget to close the windows. – I **already** ***closed*** them.

2. Die *today/this week*-Gruppe

Diese Gruppe umfasst neben *today* und *this week* auch Kombinationen wie *this month, this year, this morning* und *this summer.* Hier tritt das *present perfect* vor allem dann ein, wenn die Zeitperiode im Augenblick des Sprechens als unbeendet erscheint (Beispiel 7). Das *past tense* wird verwendet, wenn die Zeitperiode als beendet erscheint. Das kann z.B. bei *this week* auch schon am Ende der Arbeitswoche, am Freitag sein und nicht erst am Samstag Abend (Beispiel 8). Das *past tense* kann sich aber auch auf einen vergangenen Zeitpunkt in dieser Woche beziehen (Beispiel 9).

(7) We***'ve been*** particularly busy at work **this week.**
(a remark made on a Wednesday)
(8) We ***had*** a very busy time in the office **this week.**
(a remark made on a Friday)
(9) I ***told*** my boss about my holiday plans **this week.**
(= some past time this week, e.g. on Monday)

Zeitangaben mit *since* und *for* im Vergleich mit dem Deutschen

143

Vergleicht man Zeitangaben mit *since* und *for* mit ihren deutschen Entsprechungen, so ergibt sich folgendes Bild:

	Englisch	Deutsch
Zeitraum bis zur Gegenwart		
Beginn des Zeitraums	***since*** **+ Zeitpunkt** We have known about it **since** Sunday.	***seit*** **+ Zeitpunkt** Wir wissen es **seit** Sonntag.
Zeitdauer	***for*** **+ Zeitraum** We have known about it **for** months.	***seit*** **+ Zeitraum** Wir wissen es **seit** Monaten. Wir haben es **seit** Monaten gewusst.

	Englisch	Deutsch
Andere Zeiträume	***for* + Zeitraum** Last summer I worked at McDonalds **for three weeks.** Next year I'll go abroad **for a couple of months.**	**Zeitraum *(+ lang)*** Letztes Jahr habe ich **drei Wochen (lang)** bei McDonalds gearbeitet. Nächstes Jahr gehe ich **einige Monate (lang)** (auch: für einige Monate) ins Ausland.

Vom Deutschen her gesehen ist vor allem zu beachten, dass der Verwendungsbereich von *seit* im Englischen zwischen *since* (für den Beginn des Zeitraums) und *for* (für die Zeitdauer) aufgeteilt ist.
Zeitangaben mit deutsch „lang" („drei Jahre lang", etc.) werden immer mit *for* übertragen.

144–146 Zeitenfolge in der Erzählung: *past tense* und abhängige Tempusformen

Grundsätzliches

144 Grundtempus, Vorzeitigkeit und Nachzeitigkeit

Geht man vom Sprechzeitpunkt aus, so erscheint jedes Geschehen auf ganz natürliche Weise der Gegenwart, Vergangenheit oder Zukunft zugeordnet. Entsprechend werden *present tense, past tense* bzw. *present perfect* sowie die futurischen Tempusformen verwendet.
In Erzählungen und anderen berichtenden Texten bewegt man sich dagegen meist in der Vergangenheit. Das Grundtempus für diese Textsorten ist deshalb das *past tense*. Vorzeitigkeit und Nachzeitigkeit werden durch besondere Tempusformen ausgedrückt, das *past perfect* und das *future-in-the-past*. Diese Form der Zeitenfolge gilt im Englischen auch für die indirekte Rede (→ **258**). Vgl. auch das folgende Schema:

Bezugspunkt der Erzählung

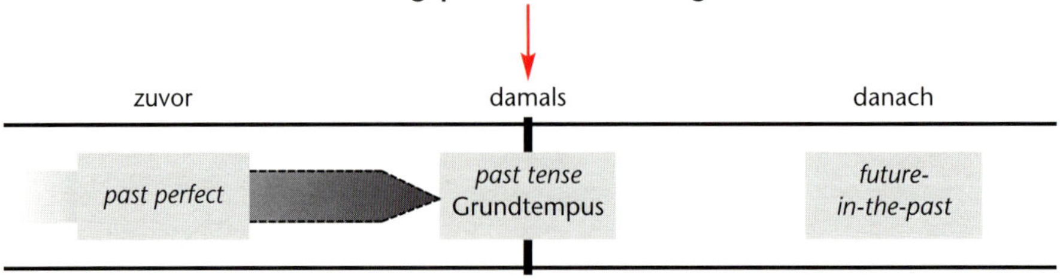

Das *past perfect*

145

1. Allgemeines

Das *past perfect* drückt Vorzeitigkeit gegenüber einem Zeitpunkt in der Vergangenheit aus. Es kann sich auf ein schon früher abgeschlossenes Geschehen beziehen (Beispiel 1) oder auf einen Zustand oder Vorgang, der vor dem Bezugspunkt in der Vergangenheit begonnen hatte und bis zu diesem Zeitpunkt andauerte (Beispiel 2). Bei Verben mit dynamischer Bedeutung kann im letzteren Fall die *progressive form* eintreten, wenn Ablauf und Dauer des Vorgangs betont werden sollen (Beispiel 3).

(1) When I got back from work, I noticed immediately that the house **had been broken into.**
(2) The man who was arrested **had been wanted** by the police for a couple of months.
(3) Cathy was now sure that the person who **had been following** her the whole time was in fact a detective.

2. *Past perfect* und *past tense* in Nebensätzen der Zeit

Konjunktionen wie *after, as soon as, before* drücken an sich schon eine Beziehung der Vorzeitigkeit zwischen Haupt- und Nebensatz aus. Deshalb ist der Gebrauch des *past perfect* nicht immer nötig: Oft genügt in Haupt- und Nebensatz das *past tense* (Beispiel 4–6). Das *past perfect* wird vor allem dann verwendet, wenn die Vorzeitigkeit einer Handlung gegenüber einer anderen besonders betont werden soll, z. B. in Sätzen mit *already* (Beispiel 7).

(4) The room was dark after the candle **went out** / had gone out.
(5) As soon as I (had) **finished** my lunch, I rushed off to soccer practice.
(6) Before he escaped, he (had) **left** a message for the police.
(7) Aber: Before the police could catch him, he **had** already **made** his escape through the window.

3. Zwei Textbeispiele: *Past perfect* bei Erzählrückgriffen

Das *past perfect* kann zusammen mit dem Grundtempus *past tense* in allen Formen der Erzählung auftreten. Werden die Ereignisse der Reihe nach erzählt, so geschieht dies durchgehend im *past tense* (vgl.: *looked, turned, passed, closed* in Beispiel 8). Werden aber Erzählrückgriffe eingeschoben, so muss die Vorzeitigkeit in der Regel durch das *past perfect* verdeutlicht werden (*had … gone, had … made up, had got up* in Beispiel 8). Dies ist besonders wichtig bei aneinander gereihten Hauptsätzen. Die gleiche Funktion hat das *past perfect* auch in der indirekten Rede (Beispiel 9) und in der erlebten Rede (→ **258, 267**).

(8) At the bend of the road I ***looked*** back again (…); then I ***turned*** the corner, ***passed*** the village school, and ***closed*** that part of my life forever. It ***was*** a bright Sunday morning in early June, the right time to be leaving home. My three sisters and a brother **had** already **gone** before me, two other brothers **had** not yet **made up** their minds. They ***were*** still ***sleeping*** that morning but my mother **had got up** early and **cooked** me a heavy breakfast. (…)

(9) They *were* from Hamburg, they *said,* and **had been** in Spain two years, **had circled** it twice and *were planning* to circle it again. They *called* themselves students, and *said* there *was* a large number in the country, playing instruments and living rough – partly for fun, and partly to get out of Germany: I *was* the first 'student' they'**d met** from England.
Both passages from Laurie Lee, *As I walked Out One Midsummer Morning*

146

Das *future-in-the-past*

1. Allgemeines

Das *future-in-the-past,* das formal dem *conditional* entspricht, dient der Wiedergabe der Nachzeitigkeit in Erzählungen und verwandten Textsorten, und hier besonders in der indirekten und erlebten Rede. Zwischen *simple* und *progressive form* bestehen die gleichen Aspektunterschiede wie in anderen Tempusformen (Beispiel 1 und 2).

(1) Trees, nothing but trees. He had no idea which way to go. He thought he **would try** going to the left this time. Darkness **would be falling** soon and he **would have** to make his way carefully through the unfamiliar shadows of the forest.
(2) ... He had not told anybody where he was going, so his absence **would not be noticed** and no one **would be worrying** about him.

2. *Future-in-the-past* und *future-perfect-in-the-past*

Falls nötig, kann durch das *future-perfect-in-the-past* zusätzlich eine Beziehung der Vorzeitigkeit gegenüber dem *future-in-the-past* ausgedrückt werden. Der Zeitbezug zwischen den beiden Tempusformen entspricht dem Verhältnis von *future perfect* und *will*-Futur (Beispiel 3 und 4).

(3) We had plenty of time because Henry's plane *wouldn't arrive* until eight. By then we **would** easily **have got** everything ready.
(4) Vgl.: We have plenty of time because Henry's plane *won't arrive* until eight. By then we'**ll** easily **have got** everything ready.

147–149

Modale Verbformen: Imperativ, *subjunctive, modal past, conditional*

Grundsätzliches zu Formen und Verwendung

147

1. Formen

Während das Deutsche und andere Sprachen neben den indikativischen Verbformen auch über eine Reihe von Konjunktivformen verfügen, existieren im Englischen im Wesentlichen nur noch die Indikativfomen (die in dieser Grammatik als Tempusformen bezeichnet werden). Daneben gibt es nur geringe Restbestände modaler (oder konjunktivischer) Verbformen. Dazu gehören:

— der **Imperativ**
Der Imperativ entspricht im Singular und Plural der Infinitivform des Verbs (*Come in. Be quiet.*). (Zu den verneinten Formen → **242.1**).

— der ***present subjunctive***
Der *present subjunctive* hat ebenfalls in allen Personen die gleiche Form wie der Infinitiv. Er unterscheidet sich daher von den Tempusformen des *simple present* nur in der 3. Person Singular (Beispiel 1), außer beim Verb *be,* wo er in allen Personen *be* lautet (Beispiel 2).

(1) The rules demand that ***she* appear** before court.
(Vgl. *simple present*: ***She* appears** before court.)
(2) The rules demand that ***I/you/he/she/we/they* be** present.
(Vgl. *simple present*: ***I* am / *you* are / *he* is** present.)

— der ***were-subjunctive***
Der *were-subjunctive*, eine Form des Verbs *be*, ist ein Überbleibsel des *past subjunctive.* Er existiert als eigene Form nur noch in der 1. und 3. Person Singular (Beispiel 3 und 4). In den anderen Personalformen von *be* und bei anderen Verben ist der *past subjunctive* von den normalen *past-tense*-Formen nicht mehr zu unterscheiden.

(3) She wishes ***she* were** somewhere else. (Vgl. *simple past*: ***She* was** here.)
(4) I wish ***he* weren't** so angry all the time. (Vgl. *simple past*: ***He* was** angry.)

— das ***conditional*** und das ***conditional perfect***
Conditional und *conditional perfect* sind formgleich mit den Tempusformen *future-in-the-past* und *future-perfect-in-the-past* (→ **146**). Sie bestehen aus dem modalen Hilfsverb *would* und dem Infinitiv bzw. dem Infinitiv Perfekt (z. B. *would come, would have come*).

— das ***modal past*** (Beispiel 5) und das ***modal past perfect*** (Beispiel 6)
Dabei handelt es sich um die Tempusformen *past tense* und *past perfect,* wenn sie in modaler (d. h. konjunktivischer) Bedeutung verwendet werden. Ihre modale Bedeutung lässt sich nur aus dem Kontext erschließen.

(5) They wish they **were travelling** to Spain rather than merely to Margate.
(6) If only I **hadn't insulted** Louise, she would still be my girlfriend.

Modale Bedeutung haben natürlich auch die modalen Hilfsverben (→ Kapitel 8) sowie bestimmte Vollverben (Beispiele 7) oder Adverbien (Beispiel 8).

(7) I **wish** to see her soon.
I **hope** he has arrived by now.
(8) He has **probably** arrived by now.

2. Verwendung
Modale Verbformen drücken aus, dass etwas nicht als Faktum, sondern als vorgestellter, möglicher oder wünschenswerter Sachverhalt betrachtet wird. Dies spiegelt sich in der Verwendungsweise wider:
Die meisten modalen Verbformen treten in Bedingungssätzen auf, z. B. *modal past* (Beispiel 9) und *conditional* (Beispiel 9 und 10). Im förmlichen Stil wird gelegentlich auch der *were-subjunctive* verwendet (Beispiel 10; → **152.1**).

(9) If I **had** the time, I **would visit** my cousin in America.
(modal past – conditional)
(10) If I **were** him, I **would** never **agree** to it.
(were-subjunctive – conditional)

Der *present subjunctive* erscheint in verschiedenen anderen Nebensatztypen, z. B. in *that*-Sätzen, in denen eine Forderung ausgedrückt wird (Beispiel 11; → **148.2**). *Were-subjunctive*, *modal past* und *modal past perfect* haben als weitere Anwendungsbereiche irreale Vergleichssätze mit *as if* (Beispiel 12 und 14) sowie Wunschsätze (Beispiel 13). Zur Funktion des Imperativs und verwandter Konstruktionen → **242**.

(11) Several politicians demanded that the president **resign** immediately.
(present subjunctive)
(12) He sounded as if he **were** ill or unhappy. *(were-subjunctive)*
(13) You wish you **were** on holiday already, don't you? *(modal past)*
(14) She hobbled along as if she **had twisted** her ankle. *(modal past perfect)*

148 Details zum *present subjunctive*

1. Stilistische Einordnung: Britisches vs. amerikanisches Englisch
Im amerikanischen Englisch ist der *present subjunctive* weiter verbreitet als im britischen Englisch und wirkt dort nicht besonders förmlich (Beispiel 1).
Im Britischen Englisch war der *present subjunctive* früher vor allem im Amtsstil üblich (Beispiel 2), wird jedoch heute in zunehmendem Maße auch im anspruchsvollen journalistischen Stil verwendet. Da er beim Verb *be* leichter zu identifizieren ist als bei anderen Verben, ist die Form hier weiter verbreitet (Beispiel 3). Die stilistisch neutralere Variante lautet *should* + Infinitiv (Beispiel 4; → **167**).

(1) "Mr Begin ***had requested*** that I **autograph** the photos for his grandchildren. (...) Susan ***suggested*** that she **go** and **get** the names of the grandchildren."
(From Jimmy Carter, *Keeping Faith*)
(2) "We therefore ***recommend*** that the passenger **contact** the nearest airline office at least 72 hours prior to flight".
(From an airline ticket)
(3) "Saddam Hussein apparently accepted American ***demands*** that United Nations inspectors **be granted** access to his weapons sites."
(From *The Electronic Telegraph,* 23 February 1998)
(4) Vgl.: The authorities ***have decided*** that a new runway **should be built.**

2. Verwendungsschwerpunkte
Der *present subjunctive* tritt vor allem in verschiedenen Arten von Nebensätzen auf:

— in *that*-Sätzen nach Verben und Verbverbänden, die eine Forderung oder einen Entschluss ausdrücken (*request, decide, it is necessary, it is crucial*, etc. (vgl. Beispiel 1–4).

— in adverbialen Nebensätzen der Einräumung (Beispiel 5) und des Zwecks (Beispiel 6); als Alternativen bieten sich hier verschiedene Kombinationen von modalem Hilfsverb + Infinitiv oder der Indikativ an.

(5) We shall continue our endeavours, though the price **be** high.
(Alternativen: ... though the price ***may be*** high / ***is*** high.)
(6) We desperately need money so that each of the children in our care **be given** a start in life.
(Alternativen: ... *can/will/may be given ...*)

Außer in den genannten Nebensätzen ist der *present subjunctive* auch Bestandteil einer Reihe von formelhaft erstarrten Sätzen wie *God save the Queen. – God bless you. – Come what may ... – Be that as it may ... – Like it or not.*

Details zum *were-subjunctive* und *modal past* 149

1. Stilistische Einordnung
Der *were-subjunctive* wirkt heute meist förmlich und wird in zunehmendem Maße durch die normale *past-tense*-Form *was* ersetzt. Dies gilt für irreale Bedingungssätze (vor allem in der 3. Person; Beispiel 1), aber auch für irreale Vergleichssätze mit *as if* (Beispiel 2). *Modal past* und *modal past perfect* sind dagegen stilistisch neutral und treten deshalb auch in der Umgangssprache auf (Beispiel 3 und 4).

(1) If the train **were / was** on time, we wouldn't be late for the party.
(2) He looked as if he **were / was** bored.
(3) She looked as though she **didn't believe** me.
(4) If they **hadn't been** so stupid, they wouldn't have got caught.

2. Irreale Wunschsätze
Hierher gehören Sätze mit *if only* (Beispiel 5) sowie *that*-Sätze nach *I wish* (Beispiel 6) und *I'd / she'd / ... rather* („es wäre mir / ihr / ... lieber"; Beispiel 7)

(5) ***If only*** I **kept** my mouth shut, I wouldn't get into such a mess all the time.
(6) ***I wish*** I **played** tennis as well as Ian.
(7) ***She'd rather*** you **didn't borrow** her things without telling her.

Das *modal past* wird verwendet, wenn ein Wunsch für nicht oder kaum erfüllbar gehalten wird. Insofern sind diese Sätze den irrealen Bedingungssätzen vergleichbar (→ **152**). Das gilt auch für den Fall, dass ein Wunsch nicht mehr erfüllbar erscheint, weil er sich auf die Vergangenheit bezieht. Hier muss wie bei den entsprechenden Bedingungssätzen das *modal past perfect* verwendet werden (Beispiel 8–10). (Das Verb *wish* selbst steht in diesen Wunschsätzen im *present tense*, dies im Gegensatz zur deutschen Form *wünschte*.)

(8) ***I wish*** I **had told** him exactly what I think of him.
(9) ***If only*** I **hadn't been** so diplomatic.
(10) ***I'd rather*** he **hadn't asked** me to go to New York.

Soll nach *I wish* und *if only* der Wunsch nach einer zukünftigen Handlung ausgedrückt werden, so steht *would* + Infinitiv (Beispiel 11). Das *modal past* kann hier nicht verwendet werden.
Einen Sonderfall stellen Sätze mit *it's (high) time* dar. Obwohl hier stets der Wunsch nach einer zukünftigen Handlung ausgedrückt wird, tritt im Nebensatz das *modal past* ein (während im Deutschen der Indikativ verwendet wird! – Beispiel 12).

(11) ***I wish/If only*** she **would say** what's on her mind.
(12) ***It's high time*** we **left** for the station.
*(Es ist höchste Zeit, dass wir zum Bahnhof **gehen/fahren**.)*

150–154 Tempusgebrauch in Bedingungssätzen

Grundsätzliches

150 Arten von Bedingungen und Prinzipien des Tempusgebrauchs

1. Arten von Bedingungen

Bedingungssätze (genauer: Bedingungssatzgefüge) bestehen aus einem Hauptsatz und einem konditionalen Nebensatz, der meist dem Hauptsatz vorausgeht. Der Nebensatz enthält die Bedingung; der Hauptsatz nennt die Folgerung, die sich aus dieser Bedingung ergibt. Es gibt grundsätzlich zwei Arten von Bedingungen:

— **Reale Bedingungen,** d. h. Bedingungen, die nach Meinung des Sprechenden erfüllbar sind (Beispiel 1) oder bereits erfüllt sind (Beispiel 2).

(1) If the plane **arrives** on time, we**'ll** just **catch** our train.
(2) If the plane **has arrived** on time, Sarah **will** already **be waiting** for us.

— **Irreale Bedingungen**, d. h. Bedingungen, die nur theoretisch erfüllbar sind (Beispiel 3) oder die überhaupt nicht erfüllbar sind (es sind nur angenommene Bedingungen; Beispiel 4), außerdem Bedingungen, die nicht mehr erfüllbar sind, weil sie schon in der Vergangenheit hätten erfüllt werden müssen, was nicht geschah (Beispiel 5).

(3) If the plane **arrived** on time, I'**d be** very surprised.
(4) If I **were** a bird, I'**d fly** to Africa in winter.
(5) If the plane **had arrived** on time, he **would** not **have missed** his connection.

2. Gebrauch der Verbformen
Die obigen Beispiele geben auch bereits einen ersten Überblick darüber, welche Verbformen in Bedingungssätzen bevorzugt auftreten:

- **Reale Bedingungssätze** (vgl. Beispiel 1 und 2):
  Im Nebensatz erscheinen die indikativischen Tempusformen, insbesondere das *simple present*.
  Im Hauptsatz tritt häufig das *will*-Futur auf.
- **Irreale Bedingungssätze** (vgl. Beispiel 3–5):
  Im Nebensatz erscheinen die modalen Tempusformen (*modal past, were-subjunctive* oder *modal past perfect)*.
  Im Hauptsatz erscheint gewöhnlich das *conditional* oder auch das *conditional perfect*.

Details zu den realen Bedingungssätzen

151

1. Erfüllbare Bedingungen
Als erfüllbar bezeichnet man Bedingungen, die in der Zukunft (Beispiel 1–3) oder auch jederzeit (Beispiel 4) erfüllt werden können. Solche Sätze gelten als Standardtyp des realen Bedingungssatzes. Neben der typischen Tempusfolge (*simple present – will*-Futur) finden sich auch Kombinationen mit modalen Hilfsverben oder mit dem Imperativ.

Vergleiche die folgende Übersicht:

	Konditionaler Nebensatz	Hauptsatz
	Present tense (Beispiel 1, 2, 4) *oder can / must* + Infinitiv (Beispiel 3)	*will*-Futur (Beispiel 1), modales Hilfsverb + Infinitiv (Beispiel 2), Imperativ (Beispiel 3), *present tense* (seltener; Beispiel 4)
(1)	Unless it **rains** tomorrow,	we'**ll have** a barbecue in the garden.
(2)	If we **run** out of steak,	we **can put** some sausages on, too.
(3)	If you **can spare** the time,	**come** to the party tomorrow evening.
(4)	If you **eat** sausages with mustard,	they **taste** much better.

2. Erfüllte Bedingungen
Erfüllte Bedingungen beziehen sich auf die reale Vergangenheit oder Gegenwart. Merkmal dieses Typs ist, dass hier häufig Tempusformen erscheinen, die man normalerweise nicht mit dem Bedingungssatz in Verbindung bringt, z. B. das *past tense* als (indikativische) Tempusform.

Vergleiche die folgende Übersicht:

	Konditionaler Nebensatz	Hauptsatz
	past tense (kein *modal past*!) (Beispiel 5 und 8) *present perfect* (Beispiel 6) oder *present tense* (Beispiel 7)	Gewöhnlich: Modales Hilfsverb + Infinitiv (Beispiel 5), *will*-Futur (Beispiel 6), Imperativ (Beispiel 7), andere Tempusformen (seltener; Beispiel 8)
(5)	If John **had** a rehearsal all of Friday night,	he **can't have gone** for a pizza with Tony.
(6)	If John **has lost** his voice,	he **won't be** able to sing in the choir tomorrow.
(7)	If he **is** at home,	**ring** him and find out how he is.
(8)	If Matthew **helped** him out,	it **was** only out of a sense of duty.

152 Details zu den irrealen Bedingungssätzen

1. Nicht (oder nur theoretisch) erfüllbare Bedingungen
Von der Standardkombination (*modal past – conditional*) abgesehen (Beispiel 1), erscheint im Nebensatz auch *could* + Infinitiv (Beispiel 2), im förmlichen Stil außerdem der *were-subjunctive* (Beispiel 3). Im Hauptsatz kommen auch *could / might* + Infinitiv in Frage (Beispiel 2).
Beziehen sich die Folgerungen der hypothetischen Bedingung auf die Vergangenheit, so erscheint im Hauptsatz *conditional perfect* (bzw. *could / might* + Infinitiv Perfekt; Beispiel 4).

(1) If she **contracted** measles, she **would have** a week off school.
(2) If researchers **could have** all the resources they needed, they **might produce** results much faster.
(3) If Great Britain **were** a healthier nation, hospitals **would be** less busy.
(4) If governments **spent** more money on research, many diseases **would / might have been wiped out** a long time ago.

2. Nicht mehr erfüllbare Bedingungen
Als Standardkombination gilt hier die Tempusfolge *modal past perfect – conditional perfect* (Beispiel 5). Im Hauptsatz ist zudem die Kombination *could / might* + Infinitiv Perfekt möglich (Beispiel 6).
Betreffen die Auswirkungen der Bedingung nicht die Vergangenheit, sondern die Gegenwart oder Zukunft, so erscheint im Hauptsatz das (einfache) *conditional* bzw. *could / might* + (einfacher) Infinitiv (Beispiel 7).
Zur Variante *Had she left …* statt *If she had left …* → **218.3**.

(5) If Kate **had left** on time, she **wouldn't have been** late for the concert.
(6) If I **had known** earlier, I **could / might have got** you a cheaper ticket.
(7) If we **hadn't had** a flat tyre, we **would / could / might be** there before the show starts.

Should + Infinitiv zum Ausdruck von Bedingungen

153

Konditionalsätze mit *should* können sowohl reale als auch irreale Bedingungen ausdrücken. Allerdings wird durch *should* + Infinitiv die Erfüllung der Bedingung als etwas weniger wahrscheinlich dargestellt als in den typischen realen Bedingungssätzen mit dem *simple present* bzw. als etwas weniger unwahrscheinlich oder unmöglich als in den typischen irrealen Bedingungssätzen mit dem *modal past*. Je nach Art der Bedingung, die ausgedrückt werden soll, stehen im Hauptsatz verschiedene Verbformen, so der Imperativ (Beispiel 1), das *will*-Futur (Beispiel 2) und das *conditional* (Beispiel 3).
Zur Variante *Should there be ...* statt *If there should be ...* → **218.3**.

(1) If there **should be** a problem, just **give** me a ring.
(2) If you **should require** assistance, our staff **will be** happy to help.
(3) If he **should pass** by on Monday, what **would** you **tell** him?

Vergleich mit dem Deutschen und mit nichtbritischen Varianten

154

Das Englische und das Deutsche unterscheiden sich vor allem bezüglich des Tempusgebrauchs in den irrealen Bedingungssätzen. Im Deutschen wird sowohl im Nebensatz als auch im Hauptsatz der Konjunktiv Imperfekt gebraucht, der dem *modal past* entspricht (Beispiel 1). Die erweiterte Form „*würde* + Infinitiv" (die dem *conditional* entspricht) wird dagegen bei den Verben verwendet, deren Konjunktivform sich nicht vom Indikativ unterscheidet. Hier erscheint „*würde* + Infinitiv" wiederum im Nebensatz und im Hauptsatz (Beispiel 2).

(1) If I **had** a lot of money, I **wouldn't be** here.	Wenn ich viel Geld **hätte, wäre** ich nicht mehr hier.
(2) If I **worked** longer hours, I still **wouldn't earn** more money.	Wenn ich länger **arbeiten würde, würde** ich trotzdem nicht mehr **verdienen.** (Der Konjunktiv Imperfekt würde wie der Indikativ *arbeitete* bzw. *verdiente* lauten!)

Die Wahl der modalen Verbform hängt also im Deutschen von der Konjugation des Verbs ab, während sie im Englischen durch den Satztyp bestimmt wird: Im konditionalen Nebensatz erscheint das *modal past* (bzw. der *were-subjunctive*), im Hauptsatz das *conditional.*

Zu berücksichtigen sind allerdings noch zwei weitere Gesichtspunkte:

— In verschiedenen nichtbritischen Varianten des Englischen, z. B. in der amerikanischen Umgangssprache, wird in zunehmendem Maße das *modal past* im irrealen Konditionalsatz durch das *conditional* ersetzt, so dass hier im Nebensatz und im Hauptsatz das *conditional* erscheinen kann. Als Standard aber gilt auch im Amerikanischen noch die Regel „*modal past* im Nebensatz, *conditional* im Hauptsatz".
— Auch im Standardenglisch kann *would* + Infinitiv im Konditionalsatz auftreten, wenn eine Bereitschaft ausgedrückt (Beispiel 3) oder eine höfliche Bitte ausgesprochen werden soll (Beispiel 4). Entsprechend kann *will* + Infinitiv im Konditionalsatz verwendet werden, und zwar ebenfalls im Sinne der Bereitschaft (Beispiel 5) oder aber zum Ausdruck der Entschlossenheit (Beispiel 6; → **168.2**).

(3) It would be a nice gesture if she **would help** her father to cook the dinner.
(4) I would be grateful if you **would lend** a hand with the washing-up.
(5) We can be back by lunchtime if you**'ll come** with me to do the shopping.
(6) If you **will carry** so much at once, it's no wonder that you drop things.

155 Die Bildung der Verbformen: Übersicht

In der folgenden Übersicht ist die Bildung der indikativischen Tempusformen der regelmäßigen Vollverben am Beispiel von *call* dargestellt: Dunkelgrau: *simple form*, hellgrau: *progressive form* (*continuous form*). Zur Bildung der modalen Verbformen → **147.1**.
Bei den zusammengesetzten Tempusformen sind nur die Vollformen der Hilfsverben angegeben. Zu den Kurzformen (*I'm, he's, they'd*, etc.) → **172.6, 173.4**.
Wie aus den Lücken in der Tabelle hervorgeht, ist die *progressive form* beim Passiv nur im *present tense* und *past tense* üblich.
Was die Futurformen betrifft, so werden im südlichen britischen Englisch in der 1. Person Singular und Plural (*I, we*) neben *will* und *would* gelegentlich auch noch die Formen *shall* und *should* benutzt.

Tempusformen des Aktiv			Tempusformen des Passiv		
			present tense		
I / you / we / they	call		I	am	
he / she / it	calls		he / she / it	is	called
			we / you / they	are	
I	am		I	am	
he / she / it	is	calling	he / she / it	is	being called
we / you / they	are		we / you / they	are	

Tempusformen des Aktiv			Tempusformen des Passiv		
			past tense		
I/you/we/they he/she/it		called	I/he/she/it we/you/they	was were	called
I/he/she/it we/you/they	was were	calling	I/he/she/it we/you/they	was were	being called
			present perfect		
I/you/we/they he/she/it	have has	called	I/you/we/they he/she/it	have has	been called
I/you/we/they he/she/it	have has	been calling		—	
			past perfect		
I/you/he/...	had called		I/you/he/...	had been called	
I/you/he/...	had been calling			—	
			will-Futur		
I/you/he/...	will call		I/you/he/...	will be called	
I/you/he/...	will be calling			—	
			future-in-the-past (conditional)		
I/you/he/...	would call		I/you/he/...	would be called	
I/you/he/...	would be calling			—	
			future perfect		
I/you/he/...	will have called		I/you/he/...	will have been called	
I/you/he/...	will have been calling			—	
			future-perfect-in-the-past (conditional perfect)		
I/you/he/...	would have called		I/you/he/...	would have been called	
I/you/he/...	would have been calling			—	

156 Die wichtigsten unregelmäßigen Verben

arise [aɪ]	arose [əʊ]	arisen [ɪ]	*sich erheben*
awake [eɪ]	awoke [əʊ]	awoken [əʊ]	*erwachen*
be [iː]	was [ɒ] / were [ɜː]	been [iː]	*sein*
bear [eə]	bore [ɔː]	borne, born [ɔː]	*(er)tragen, gebären*
beat [iː]	beat [iː]	beaten [iː]	*schlagen*
become [ʌ]	became [eɪ]	become [ʌ]	*werden*
begin [ɪ]	began [æ]	begun [ʌ]	*anfangen*
bend [e]	bent [e]	bent [e]	*beugen, biegen*
bet [e]	bet [e], betted	bet [e], betted	*wetten*
bid [ɪ]	bade [bæd]	bidden [ɪ]	*heißen, gebieten*
bid [ɪ]	bid [ɪ]	bid [ɪ]	*(Preis) bieten*
bind [aɪ]	bound [aʊ]	bound [aʊ]	*binden*
bite [aɪ]	bit [ɪ]	bitten [ɪ], bit [ɪ]	*beißen*
bleed [iː]	bled [e]	bled [e]	*bluten*
blow [əʊ]	blew [uː]	blown [əʊ]	*blasen*
break [eɪ]	broke [əʊ]	broken [əʊ]	*(zer)brechen*
breed [iː]	bred [e]	bred [e]	*brüten, züchten*
bring [ɪ]	brought [ɔː]	brought [ɔː]	*bringen*
broadcast [ɑː]	broadcast [ɑː]	broadcast [ɑː]	*senden (Radio, TV)*
build [ɪ]	built [ɪ]	built [ɪ]	*bauen*
burn [ɜː]	burnt [ɜː], burned	burnt [ɜː], burned	*(ver)brennen*
burst [ɜː]	burst [ɜː]	burst [ɜː]	*platzen*
buy [aɪ]	bought [ɔː]	bought [ɔː]	*kaufen*
cast [ɑː]	cast [ɑː]	cast [ɑː]	*werfen, (Metall) gießen*
catch [æ]	caught [ɔː]	caught [ɔː]	*fangen*
choose [uː]	chose [əʊ]	chosen [əʊ]	*(aus)wählen*
cling [ɪ]	clung [ʌ]	clung [ʌ]	*sich (an)klammern*
come [ʌ]	came [eɪ]	come [ʌ]	*kommen*
cost [ɒ]	cost [ɒ]	cost [ɒ]	*kosten*
creep [iː]	crept [e]	crept [e]	*kriechen*
cut [ʌ]	cut [ʌ]	cut [ʌ]	*schneiden*
deal [iː]	dealt [e]	dealt [e]	*handeln (von), sich befassen (mit)*
dig [ɪ]	dug [ʌ]	dug [ʌ]	*graben*
do [uː]	did [ɪ]	done [ʌ]	*tun*
draw [ɔː]	drew [uː]	drawn [ɔː]	*zeichnen, ziehen*
dream [iː]	dreamt [e], dreamed [iː]	dreamt [e], dreamed [iː]	*träumen*
drink [ɪ]	drank [æ]	drunk [ʌ]	*trinken*
drive [aɪ]	drove [əʊ]	driven [ɪ]	*fahren, treiben*
dwell [e]	dwelt [e]	dwelt [e]	*(ver)weilen, wohnen*
eat [iː]	ate [e / eɪ]	eaten [iː]	*essen*

fall [ɔː]	fell [e]	fallen [ɔː]	*fallen*
feed [iː]	fed [e]	fed [e]	*füttern*
feel [iː]	felt [e]	felt [e]	*(sich) fühlen, sich anfühlen*
fight [aɪ]	fought [ɔː]	fought [ɔː]	*kämpfen*
find [aɪ]	found [aʊ]	found [aʊ]	*finden*
flee [iː]	fled [e]	fled [e]	*fliehen*
fling [ɪ]	flung [ʌ]	flung [ʌ]	*schleudern, werfen*
fly [aɪ]	flew [uː]	flown [əʊ]	*fliegen*
forbid [ɪ]	forbad(e) [æ]	forbidden [ɪ]	*verbieten*
forecast [ɑː]	forecast [ɑː], forecasted	forecast [ɑː], forecasted	*vorhersagen*
forget [e]	forgot [ɒ]	forgotten [ɒ]	*vergessen*
forgive [ɪ]	forgave [eɪ]	forgiven [ɪ]	*vergeben, verzeihen*
freeze [iː]	froze [əʊ]	frozen [əʊ]	*erfrieren*
get [e]	got [ɒ]	got [ɒ], *(US)* gotten [ɒ]	*bekommen, werden*
give [ɪ]	gave [eɪ]	given [ɪ]	*geben*
go [əʊ]	went [e]	gone [ɒ]	*gehen, fahren*
grind [aɪ]	ground [aʊ]	ground [aʊ]	*mahlen*
grow [əʊ]	grew [uː]	grown [əʊ]	*wachsen, anbauen*
hang [æ]	hung [ʌ]	hung [ʌ]	*(auf)hängen*
hang [æ]	hanged [æ]	hanged [æ]	*an den Galgen hängen*
have [æ]	had [æ]	had [æ]	*haben*
hear [ɪə]	heard [ɜː]	heard [ɜː]	*hören*
hide [aɪ]	hid [ɪ]	hidden [ɪ]	*(sich) verstecken*
hit [ɪ]	hit [ɪ]	hit [ɪ]	*schlagen, treffen*
hold [əʊ]	held [e]	held [e]	*halten*
hurt [ɜː]	hurt [ɜː]	hurt [ɜː]	*verletzen, wehtun*
keep [iː]	kept [e]	kept [e]	*(be)halten, aufbewahren*
kneel [iː]	knelt [e]	knelt [e]	*knien*
know [əʊ]	knew [juː]	known [əʊ]	*wissen, kennen*
lay [eɪ]	laid [eɪ]	laid [eɪ]	*legen, (Tisch) decken*
lead [iː]	led [e]	led [e]	*führen, leiten*
lean [iː]	leant [e], leaned [iː]	leant [e], leaned [iː]	*lehnen*
leap [iː]	leapt [e], leaped [iː/e]	leapt [e], leaped [iː/e]	*springen*
learn [ɜː]	learnt [ɜː], learned	learnt [ɜː], learned	*lernen, erfahren*
leave [iː]	left [e]	left [e]	*(zurück-/ver)lassen, weggehen*
lend [e]	lent [e]	lent [e]	*leihen*
let [e]	let [e]	let [e]	*lassen, vermieten*
lie [aɪ]	lay [eɪ]	lain [eɪ]	*liegen*

light [aɪ]	lit [ɪ], lighted	lit [ɪ], lighted	*anzünden, erleuchten*
lose [uː]	lost [ɒ]	lost [ɒ]	*verlieren*
make [eɪ]	made [eɪ]	made [eɪ]	*machen*
mean [iː]	meant [e]	meant [e]	*meinen, bedeuten*
meet [iː]	met [e]	met [e]	*begegnen, (sich) treffen*
mistake [eɪ]	mistook [ʊ]	mistaken [eɪ]	*verwechseln*
mow [əʊ]	mowed [əʊ]	mown [əʊ], mowed	*mähen*
pay [eɪ]	paid [eɪ]	paid [eɪ]	*(be)zahlen*
put [ʊ]	put [ʊ]	put [ʊ]	*legen, setzen, stellen*
quit [ɪ]	quit [ɪ], quitted	quit [ɪ], quitted	*aufgeben, aufhören, verlassen*
read [iː]	read [e]	read [e]	*lesen*
rend [e]	rent [e]	rent [e]	*zerreißen*
rid [ɪ]	rid [ɪ]	rid [ɪ]	*loswerden, befreien (von)*
ride [aɪ]	rode [əʊ]	ridden [ɪ]	*reiten, fahren*
ring [ɪ]	rang [æ]	rung [ʌ]	*läuten, anrufen*
rise [aɪ]	rose [əʊ]	risen [ɪ]	*aufstehen, aufgehen*
run [ʌ]	ran [æ]	run [ʌ]	*rennen, laufen*
saw [ɔː]	sawed [ɔː]	sawn [ɔː], sawed	*sägen*
say [eɪ]	said [e]	said [e]	*sagen*
see [iː]	saw [ɔː]	seen [iː]	*sehen*
seek [iː]	sought [ɔː]	sought [ɔː]	*suchen*
sell [e]	sold [əʊ]	sold[əʊ]	*verkaufen*
send [e]	sent [e]	sent [e]	*schicken*
set [e]	set [e]	set [e]	*setzen, stellen*
sew [əʊ]	sewed [əʊ]	sewn [əʊ], sewed	*nähen*
shake [eɪ]	shook [ʊ]	shaken [eɪ]	*schütteln*
shed [e]	shed [e]	shed [e]	*vergießen, sich entledigen*
shine [aɪ]	shone [ɒ]	shone [ɒ]	*scheinen, glänzen*
shoot [uː]	shot [ɒ]	shot [ɒ]	*schießen, erschießen*
show [əʊ]	showed [əʊ]	shown [əʊ], showed	*zeigen*
shrink [ɪ]	shrank [æ], shrunk [ʌ]	shrunk [ʌ]	*schrumpfen, zurückschrecken*
shut [ʌ]	shut [ʌ]	shut [ʌ]	*zumachen, schließen*
sing [ɪ]	sang [æ]	sung [ʌ]	*singen*
sink [ɪ]	sank [æ]	sunk [ʌ]	*sinken, versenken*
sit [ɪ]	sat [æ]	sat [æ]	*sitzen, sich setzen*
slay [eɪ]	slew [uː]	slain [eɪ]	*erschlagen*
sleep [iː]	slept [e]	slept [e]	*schlafen*
slide [aɪ]	slid [ɪ]	slid [ɪ]	*gleiten*

sling [ɪ]	slung [ʌ]	slung [ʌ]	*schleudern, werfen*
slink [ɪ]	slunk [ʌ]	slunk [ʌ]	*schleichen*
slit [ɪ]	slit [ɪ]	slit [ɪ]	*(auf)schlitzen*
smell [e]	smelt [e], smelled	smelt [e], smelled	*riechen*
sow [əʊ]	sowed [əʊ]	sown [əʊ], sowed	*säen*
speak [iː]	spoke [əʊ]	spoken [əʊ]	*sprechen*
speed [iː]	sped [e], speeded	sped [e], speeded	*schnell fahren, sich beeilen*
spell [e]	spelt [e], spelled	spelt [e], spelled	*buchstabieren*
spend [e]	spent [e]	spent [e]	*ausgeben, verbringen*
spill [ɪ]	spilt [ɪ], spilled	spilt [ɪ], spilled	*verschütten*
spin [ɪ]	spun [ʌ]	spun [ʌ]	*spinnen, sich drehen*
spit [ɪ]	spat [æ]	spat [æ]	*spucken*
split [ɪ]	split [ɪ]	split [ɪ]	*(sich) spalten*
spoil [ɔɪ]	spoilt [ɔɪ], spoiled	spoilt, spoiled	*verderben*
spread [e]	spread [e]	spread [e]	*(sich) aus/verbreiten*
spring [ɪ]	sprang [æ]	sprung [ʌ]	*springen*
stand [æ]	stood [ʊ]	stood [ʊ]	*stehen*
steal [iː]	stole [əʊ]	stolen [əʊ]	*stehlen*
stick [ɪ]	stuck [ʌ]	stuck [ʌ]	*(an)stecken, (an)kleben*
sting [ɪ]	stung [ʌ]	stung [ʌ]	*stechen*
stink [ɪ]	stank [æ], stunk [ʌ]	stunk [ʌ]	*stinken*
stride [aɪ]	strode [əʊ]	stridden [ɪ]	*schreiten*
strike [aɪ]	struck [ʌ]	struck [ʌ]	*stoßen, schlagen*
string [ɪ]	strung [ʌ]	strung [ʌ]	*(auf Schnur) aufziehen, besaiten*
strive [aɪ]	strove [əʊ]	striven [ɪ]	*(an)streben*
swear [eə]	swore [ɔː]	sworn [ɔː]	*schwören, fluchen*
sweep [iː]	swept [e]	swept [e]	*fegen, kehren*
swell [e]	swelled [e]	swollen [əʊ], swelled [e]	*(an)schwellen*
swim [ɪ]	swam [æ]	swum [ʌ]	*schwimmen*
swing [ɪ]	swung [ʌ]	swung [ʌ]	*schwingen, schwenken*
take [eɪ]	took [ʊ]	taken [eɪ]	*nehmen, bringen*
teach [iː]	taught [ɔː]	taught [ɔː]	*lehren*
tear [eə]	tore [ɔː]	torn [ɔː]	*zerreißen*
tell [e]	told [əʊ]	told [əʊ]	*erzählen, sagen*
think [ɪ]	thought [ɔː]	thought [ɔː]	*denken, glauben*
thrive [aɪ]	throve [əʊ], thrived	thriven [ɪ], thrived	*gedeihen*
throw [əʊ]	threw [uː]	thrown [əʊ]	*werfen*
thrust [ʌ]	thrust [ʌ]	thrust [ʌ]	*stoßen*
tread [e]	trod [ɒ]	trodden [ɒ], trod [ɒ]	*treten*

understand [æ]	understood [ʊ]	understood [ʊ]	*verstehen*
upset [e]	upset [e]	upset [e]	*aus der Fassung bringen, umstoßen*
wake [eɪ]	woke [əʊ], waked [eɪ]	woken [əʊ], waked [eɪ]	*(auf)wecken, aufwachen*
wear [eə]	wore [ɔː]	worn [ɔː]	*(Kleidung) tragen, abnutzen*
weave [iː]	wove [əʊ]	woven [əʊ]	*weben*
wed [e]	wedded, wed [e]	wedded, wed [e]	*heiraten, (Brautpaar) trauen*
weep [iː]	wept [e]	wept [e]	*weinen*
win [ɪ]	won [ʌ]	won [ʌ]	*gewinnen*
wind [aɪ]	wound [aʊ]	wound [aʊ]	*winden, (Uhr) aufziehen*
wring [ɪ]	wrung [ʌ]	wrung [ʌ]	*auswringen*
write [aɪ]	wrote [əʊ]	written [ɪ]	*schreiben*

Kapitel 8:
Die Hilfsverben

Vorbemerkung 157

Hilfsverben erfüllen, wie der Terminus andeutet, eine „Hilfsfunktion“ beim Vollverb; sie dienen vor allem zur Bildung der Tempusformen und modalen Verbformen, die in anderen Sprachen durch Verbendungen ausgedrückt werden, sowie der verneinten Formen und Frageformen. Die folgende Grafik zeigt am Beispiel von *must*, welche Auswirkungen diese Hilfsfunktion hat.

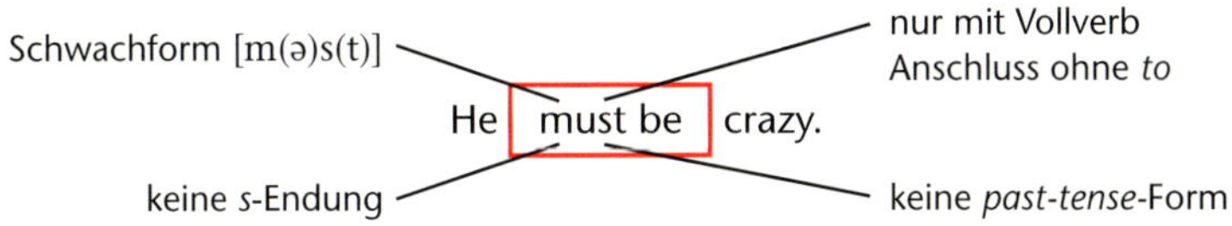

Im Gegensatz zu Vollverben tritt *must* in vollständigen Sätzen nie allein auf, sondern nur zusammen mit der Infinitivform des Vollverbs, die ohne *to* angefügt wird. In der 3. Person Singular hat *must* keine *s*-Endung, außerdem bildet es keine *past-tense*-Formen. Gesprochen wird meist die unbetonte Schwachform [m(ə)s(t)], während Vollverben immer eine Betonung tragen. Schließlich werden Frage und Verneinung ohne *do*-Umschreibung gebildet *(Must you leave already? You mustn't do that.* – „Du darfst das nicht tun.“).
Diese eher formalen Aspekte, die im Wesentlichen auch für die anderen modalen Hilfsverben gelten, stehen jedoch nicht im Zentrum dieses Kapitels. Vielmehr geht es vor allem um die Bedeutungen der Hilfsverben und ihre Verwendungsweisen.

Modale Hilfsverben: Bedeutung, Sprechabsichten, Tempus- und Ersatzformen 158–162

Grundsätzliches zur Bedeutung 158

Bei den meisten modalen Hilfsverben lassen sich zwei Bedeutungen unterscheiden:

— eine **modale Grundbedeutung**, die ausdrückt, was eine Person tun kann, darf, muss, soll oder will (Beispiel 1 und 2). Die Handlung, um die es geht, ist jetzt oder zum gewählten Zeitpunkt noch nicht vollzogen. In dieser Hinsicht lassen sich die modalen Hilfsverben mit der „Zukunftsbedeutung“ der Infinitivkonstruktion vergleichen (Beispiel 3; → **195.1**).

(1) You **can / may / must / should** tell us all about the accident.
(2) I'**ll** tell you as much as I know.
(3) Vgl.: I **intend** to write to the newspaper about it.

— eine zweite modale Bedeutung, die einen Grad der Wahrscheinlichkeit bezeichnet (Beispiel 4 und 5). Auch bei dieser „Wahrscheinlichkeitsbedeutung“ ergeben sich Parallelen zur Infinitivkonstruktion (Beispiel 6).

(4) This **may** be the quickest route to London.
(5) Sandra wasn't at the station when we got there; the train **must** have been late.
(6) Vgl.: The ticket office **seems to** have closed early for lunch.

Diese Unterscheidung von Grundbedeutung und Wahrscheinlichkeitsbedeutung ist maßgebend für die Sprechabsichten, die sich mit modalen Hilfsverben ausdrücken lassen (→ **159**), aber auch für die Verwendung der Tempusformen der Hilfsverben (→ **160**) und der sog. Ersatzformen (→ **161**). Abschließend noch eine schematische Übersicht über die Hauptbedeutungen der modalen Hilfsverben:

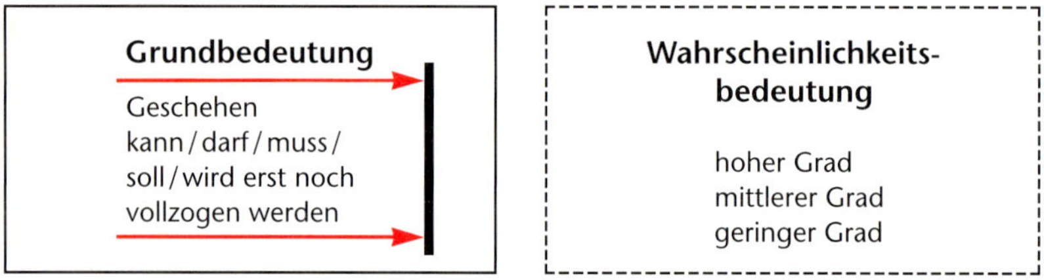

159 Modale Hilfsverben und Sprechabsichten

Unter Nutzung der Grundbedeutungen der modalen Hilfsverben kann eine Vielzahl von Sprechabsichten ausgedrückt werden, die vor allem der Verhaltenssteuerung dienen. Auf der Wahrscheinlichkeitsbedeutung basieren Sprechabsichten wie Schlussfolgerung, Annahme und Vermutung.

1. Verhaltenssteuernde Sprechabsichten

Typische Sprechabsichten dieser Art sind:

um etw. bitten	*will/would*	**Will / Would** you show us the broken lock, please?
	can/could	**Can / Could** you open this door? **Can / Could** I come in?
	may/might	**May / Might** I use your telephone briefly?
erlauben	*can* *may*	You **can** use this room again now. You **may** phone your lawyer if you wish.

verbieten	*can't*	You **can't** talk to him yet, Inspector. He is too weak.
	may not	Mr Brown **may not** have any visitors yet.
	mustn't	He **mustn't** strain himself after the operation.
auffordern	*must*	You **must** tell us everything you noticed that night
	should/ ought to	You **should / ought to** have a burglar alarm put in.
zugestehen, nicht bestehen auf	*needn't*	You **needn't** lock the safe, there's nothing in it.
raten, warnen, tadeln	*should(n't)/ ought(n't) to*	You **shouldn't** be so careless with your valuables. You **ought to** have informed the police.

2. Schlussfolgerung, Annahme und Vermutung
Eine Aussage wie *This is true* wird durch die Indikativform eines Vollverbs (hier: *is*) als Tatsache hingestellt. Durch Sprechakte wie Schlussfolgerung, Annahme oder vage Vermutung kann die Aussage in unterschiedlichem Maße abgeschwächt werden. Dies wird hier an je einem Beispiel illustriert. Zu den Einzelheiten → **163–168**.

Schlussfolgerung (hohe Wahrscheinlichkeit)	*must*	The door is locked. They **must** have gone out. (I'm sure they've gone out.)
Annahme (mittlere Wahrscheinlichkeit)	*will*	Come on, hurry up! Mary **will** already be waiting for us. (Mary is probably already waiting for us.)
Vage Vermutung (geringe Wahrscheinlichkeit)	*may/ might*	I don't know where Mum is. She **may / might** be next door. (Perhaps she is next door.)

Modale Hilfsverben und Zeitbezug **160**

1. *Present-tense*-Formen
Als *present-tense*-Formen bezeichnet man *can, may, will, shall, dare (not), must* und *need (not)*. Sie erhalten in der 3. Person Singular kein *-s*. Aus der Grundbedeutung ergibt sich für die meisten modalen Hilfsverben, dass sie sich auch auf die Zukunft beziehen können (Beispiel 1), vor allem in Verbindung mit entsprechenden Zeitangaben (Beispiel 2). Beim Hilfsverb *will* hat dies dazu geführt, dass es als grammatisches Mittel zur Bildung des Futurs benutzt wird (→ **131**).

(1) We **needn't** fill up – the tank is still half full. But we **must** check the oil.
(2) **May** I borrow your car tonight? – Why not? But watch the brakes.

2. *Past-tense*-Formen mit Vergangenheitsbezug

Als *past-tense*-Formen bezeichnet man *could, might, should, would, ought to, dared (not)* und *used to.* Doch nicht alle *past-tense*-Formen drücken tatsächlich Vergangenheitsbezug aus:

- Nur *used to* und *dared (not)* beziehen sich stets auf die Vergangenheit (Beispiel 3 und 4).
- *Could / could not* haben nur dann Vergangenheitsbezug vor, wenn sie Erlaubnis, Fähigkeit oder (Nicht-)Gelingen wiedergeben (Beispiel 5 und 6), *would* nur, wenn es Entschlossenheit oder Gewohnheit ausdrückt (Beispiel 7 und 8).

(3) We **used to** go swimming a lot when we lived by the sea.
(4) I only rarely **dared** go out in my boat in the winter.
(5) Sundays were always fun, because we **could** go fishing with my uncle.
(6) The gulls **couldn't** find any fish in the choppy water.
(7) Mum **wouldn't** go in the sea that day because she said it was too cold. *(... wollte ... nicht ...)*
(8) We **would** always travel through the night when we went on holiday to the seaside. *(Wir fuhren immer ...)*

3. *Past-tense*-Formen in konjunktivischer Verwendung

Abgesehen von den oben genannten Bedeutungen werden *could* und *would* ebenso wie *might, should* und *ought to* wie deutsche Konjunktivformen (*könnte, dürfte,* etc.) verwendet. Die *past-tense*-Formen drücken hier Unsicherheit, Zurückhaltung oder Höflichkeit aus (Beispiel 9 und 10).

(9) **Could / Would** you help me to move the dining table?
(10) I think we **ought to / should** bring the furniture in from the balcony. It **might** rain.

In der indirekten und in der erlebten Rede können jedoch alle *past-tense*-Formen mit Vergangenheitsbezug auftreten (→ **260.1**).

4. Kombination mit der Perfektform und der *progressive form* des Infinitivs: oft Wahrscheinlichkeit

Mit Ausnahme von *used to* und *dare(d)* können die modalen Hilfsverben auch mit der Perfektform des Infinitivs verbunden werden. (Zur Verwendung von *should / ought to* und *need [not]* in dieser Konstruktion → **166.2** und **165.2**.)

Bei den meisten modalen Hilfsverben ist diese Verwendung nur dann möglich, wenn sie Wahrscheinlichkeit ausdrücken. Der Grund ist, dass auch ein vergangenes Geschehen unwahrscheinlich erscheinen kann (Beispiel 11 und 12).

Geht es um die Wahrscheinlichkeit einer gerade ablaufenden, vorübergehenden Handlung, so wird der *progressive infinitive* angefügt, der sonst bei modalen Hilfsverben nicht möglich ist (Beispiel 13).

(11) Jim **must have had** another appointment, otherwise he would have been here.
(12) I'll phone Mark, he **should have finished** his dinner by now.
(13) Mum and Dad **may be sitting** in the restaurant already.

Modale Hilfsverben und Ersatzformen

161

Für die fehlenden Tempora der modalen Hilfsverben sowie für Infinitiv und Partizipien treten Verben mit ähnlicher Bedeutung ein, die sogenannten Ersatzformen. Diese Notwendigkeit ergibt sich vor allem bei Verwendungen, die auf den Grundbedeutungen basieren (Beispiel 1 und 2), da hier die echten *past-tense*-Formen weitgehend fehlen (→ **160.2**).
Die Ersatzformen können aber auch anstelle der vorhandenen *present-tense*- und *past-tense*-Formen der Hilfsverben benutzt werden. Doch sind hier gewisse Bedeutungsunterschiede zu beachten (Beispiel 3 und 4; → **163–168**). Einige dieser „Ersatzformen", z. B. *have to, be to* und *want to* (umgangssprachlich auch *wanna*) haben heute praktisch selbst schon den Status von modalen Hilfsverben (Beispiel 5 und 6).

(1) Mike **hasn't been able to** get round to fixing the dripping tap.
(2) We **had to** call an electrician to deal with the wiring in the kitchen.
(3) You **may** go into the kitchen if the paint is dry.
(4) Frank **is allowed to** decorate his room any way he wants to. Why can't I?
(5) There **has to** be some way of turning the gas supply off.
(6) I **want to** paper the walls myself, it's too expensive to get someone else to do it.

Formen und Aussprache der modalen Hilfsverben (Übersicht)

162

1. Formenübersicht

Bejahte Formen				Verneinte Formen	
Vollformen	*betont*	*unbetont*	*Kurzformen*	*Vollformen*	*Kurzformen*
can	[kæn]	[k(ən)]	–	cannot	can't [ɑː]
could	[kʊd]	[k(ə)d]	–	could not	couldn't
may			–	may not	(mayn't) *(selten)*
might			–	might not	mightn't
will	[wɪl]	[w(ə)l / (ə)l	'll [l]	will not	won't [əʊ]
would	[wʊd]	w(ə)d / (ə)d]	'd [d]	would not	wouldn't
shall	[ʃæl]	[ʃ(ə)l]	'll [l]	shall not	shan't [ɑː]
should	[ʃʊd]	[ʃ(ə)d]	'd [d]	should not	shouldn't
dare			–	dare not	daren't
dared			–	dared not	–
must	[mʌst]	[m(ə)s(t)]	–	must not	mustn't ['mʌsnt]
need			–	need not	needn't
ought to			–	ought not to	oughtn't to
used to			–	used not to	(usedn't to ['juːsntə]) / didn't use(d) to

2. Verwendung der Voll- und Kurzformen

In der Umgangssprache werden – soweit vorhanden – die Kurzformen bevorzugt. Die entsprechenden Vollformen sind nur im förmlichen Stil üblich, z. B. in offiziellen Reden, amtlichen Schriftstücken, wissenschaftlichen Abhandlungen und Geschäftsbriefen.
Die bejahten Kurzformen *('ll, 'd)* können jedoch nicht am Satzanfang (in Entscheidungsfragen) oder an betonter Stelle im Satz erscheinen (Beispiel 1). Zu beachten ist, dass die Kurzform *'d* nicht nur für *would* oder *should,* sondern auch für *had* eintreten kann (Beispiel 2 und 3).

(1) **Will** the train arrive on time? – I'm sure it **will.**
(2) I'**d** leave now if I were you.
= I would / should leave now if I were you.
(3) I'**d** left when they arrived.
= I had (already) left when they arrived.

3. Aussprache

Die bejahten Formen – auch die Vollformen – werden normalerweise unbetont gesprochen, weil das Hilfsverb im Satz nur eine ergänzende Funktion zum Vollverb hat. Dabei werden kurze Vokale zu [ə] abgeschwächt oder ausgelassen (Schwachformen): *He can* [kən] *leave now.*
Die betonte Aussprache kommt nur in Frage, wenn das modale Hilfsverb besonders hervorgehoben wird, z. B. in Kurzantworten. Dabei werden auch die kurzen Vokale voll gesprochen (Starkformen) *Can he play the piano? – Yes, he can* [kæn].
Die verneinten Formen – auch die Kurzformen – sind im Satz grundsätzlich hervorgehoben und werden deshalb mit vollem Vokal gesprochen.

163–170 Die modalen Hilfsverben im Einzelnen

163 *Can / could*

Can und *could* bezeichnen wie das deutsche Hilfsverb *können* eine Fähigkeit oder Möglichkeit. Aus diesen Grundbedeutungen ergeben sich verschiedene weitere Verwendungsweisen.

1. *Can / could*: Fähigkeit

Can und *can't* bezeichnen eine jetzt oder immer vorhandene Fähigkeit oder Unfähigkeit (Beispiel 1 und 2). *Could* und *couldn't* beziehen sich wie dt. *konnte* auf eine frühere Fähigkeit oder Unfähigkeit. Der Vergangenheitsbezug muss durch eine Zeitangabe oder den Zusammenhang klargestellt sein (Beispiel 3 und 4). Als Ersatzformen treten in den zusammengesetzten Tempusformen *be able to, be capable of* und *know how to* ein (Beispiel 5). Diese Formen sind auch in den einfachen Tempusformen möglich (Beispiel 6).

(1) Goldie has grown so much that he **can** now reach the table with his front paws.
(2) Kittens **can't** see at all for the first eight days after they're born.
(3) When I was a young girl we had a parrot that **could** talk.
(4) My brother used to take our neighbour's dog for a walk, because she was too old and **couldn't** do it herself.
(5) Over the centuries man **has been able to** domesticate a variety of species.
(6) Do you **know how to** milk a cow?

2. *Can/could*: Gelingen und Nichtgelingen

Ist nicht von einer generellen Fähigkeit die Rede, sondern geht es um das Gelingen einer ganz bestimmten Einzelhandlung, so können die Formen *can* und *can't* verwendet werden (Beispiel 7), von den *past-tense*-Formen aber nur *couldn't* (Beispiel 8). Die bejahte *past-tense*-Form *could* darf zum Ausdruck des Gelingens nicht gebraucht werden. An ihre Stelle treten die Ersatzformen *be able to, succeed in* und *manage to,* die auch in den zusammengesetzten Tempusformen erscheinen (Beispiel 9 und 10).

(7) I give up, I **can't** open the box! Do you think you **can?**
(8) I looked in every drawer, but I **couldn't** find a corkscrew.
(9) She eventually **managed to** unwrap the parcel.
(10) Nobody **will be able / has been able to** undo that knot.

3. *Can/could*: Bitte und Vorschlag, Erlaubnis und Verbot

Diese Verwendungsweisen beruhen darauf, dass *can* und *could* eine Möglichkeit ausdrücken können. *Can* und *could* wirken hier weniger förmlich als *may* und *might* (→ **164.1**) und werden deshalb heute bevorzugt. Fragesätze mit *can* und *could* drücken meist eine Bitte aus (Beispiel 11 und 12), die verneinte Frage meist einen Vorschlag (Beispiel 13).
In der Antwort und in sonstigen Aussagesätzen geben *can* und *could* eine Erlaubnis wieder (Beispiel 14). *Can't* drückt ein Verbot aus, das weniger autoritär klingt als *mustn't* (Beispiel 15). Aussagesätze mit *can* und *could* können aber auch eine Aufforderung enthalten (Beispiel 16).

(11) **Can / Could** you lend me your road atlas?
(12) **Can / Could** I use your garage while you're away? – Yes, of course you **can.**
(13) **Can't / Couldn't** he ask someone else for a change, instead of always coming running to you.
(14) Okay, you **can** bring your sister along too.
(15) You **can't** park here, sir. You'll have to move.
(16) You **can / could** help me to mend the puncture.

4. *Can/could*: Charakteristische Eigenschaft

Da *can/could* eine Möglichkeit ausdrücken, können sie auch zur Beschreibung typischer Eigenschaften und Verhaltensweisen benutzt werden (Beispiel 17 und 18).

(17) She **can / could** be very strict at times.
(18) Scotland **can** be very warm in October.

5. *Can/could*: Wahrscheinlichkeitsbedeutung
Zum Ausdruck der Wahrscheinlichkeit (im Sinn der Möglichkeit) erscheint *can* nur in verneinten Sätzen und Fragesätzen (Beispiel 19 und 20), *could* ist dagegen auch im bejahten Aussagesatz verwendbar, drückt aber einen größeren Unsicherheitsfaktor aus (Beispiel 21 und 22).

(19) I seem to have lost my bank card. Where **can** it be, I wonder?
(... Wo kann sie nur sein?)
(20) We **can't** possibly have spent so much already; we've only been here a couple of days.
(21) This doesn't look very familiar. **Could** we be lost, do you think?
(Könnte es sein/Wäre es denkbar, dass wir uns verirrt haben?)
(22) This hotel **could have been** built in the 15th century, judging by the wooden beams. *(... könnte im 15. Jahrhundert gebaut worden sein.)*

164 *May/might* und *mustn't*

May und *might* entsprechen in ihrer Bedeutung verschiedenen deutschen Hilfsverben, vor allem *dürfen* und *können* (= „vielleicht der Fall sein"). Für *nicht dürfen* gibt es im Englischen die Formen *may not* und *mustn't*.

1. *May/might – may not/mustn't*: Erlaubnis und Verbot
May kann verwendet werden, wenn man um Erlaubnis bittet oder sie erteilt (Beispiel 1). Viel gebräuchlicher ist jedoch heute das weniger förmliche *can* (→ **163.3**). Die Form *may not* wird zum Ausdruck eines Verbots nur noch in Antworten auf Fragen mit *may* gebraucht (Beispiel 2). Ansonsten verwendet man für „nicht dürfen" eher *mustn't* (Beispiel 3).
Fragen mit *might* wirken sehr zurückhaltend und höflich (Beispiel 4). In Aussagesätzen drückt *might* eine Aufforderung aus, oft mit einem Unterton der Verärgerung (Beispiel 5). Als Ersatzform für die fehlenden Tempusformen tritt zum Ausdruck von Erlaubnis und Verbot vor allem *be allowed to* ein (Beispiel 6).

(1) **May** we (can we) borrow your lawnmower? We can't get ours to start.
– You **may** have it (can have it) in an hour. I'll have finished with it by then.
(2) **May** I have a piece of that cake? – No, you **may not,** it's for this afternoon.
(3) You **mustn't** throw stones in the pond, you might kill the fish.
(4) **Might** I suggest we have tea in the garden? *(Dürfte ich vorschlagen ...?)*
(5) You **might** be more careful not to trample on the flowerbeds, Tony.
(Du könntest etwas mehr aufpassen, dass du nicht ...)
(6) The Carsons' children **have** never **been allowed to** climb trees.

2. Bedeutungsunterschiede zwischen *may/may not/mustn't* und ihren Ersatzformen
May, may not und *mustn't* drücken aus, dass die Erlaubnis bzw. das Verbot vom Sprecher aus eigener Machtvollkommenheit ausgesprochen wird (Beispiel 7 und 8). Wenn offen gelassen werden soll, wer für die Erlaubnis oder das Verbot verantwort-

lich ist, so wird auch im *present tense* die Ersatzform *be allowed to* verwendet (Beispiel 9).
Im förmlichen Stil, z. B. in amtlichen Bekanntmachungen, können auch *may/may not* sowie *be permitted to* für diese Zwecke benutzt werden (Beispiel 10 und 11).

(7) Yes, you **may** ask your friends in, but you certainly **may not** play in the living-room.
(8) You **mustn't** tell Jane about the surprise birthday party.
(9) Pubs **are not allowed to** serve alcoholic drinks to under-eighteens.
(10) Patrons **may** park at the rear.
(11) Visitors **may not / are not permitted to** walk on the grass.

May erscheint außerdem – ähnlich wie das deutsche *mögen* – in formelhaften Wunschsätzen (Beispiel 12 und 13).

(12) **May** you both be very happy.
(13) **May** the best man win.

3. *May/might*: Wahrscheinlichkeitsbedeutung

May und in noch stärkerem Maße *might* drücken einen relativ geringen Grad der Wahrscheinlichkeit aus, der dem deutschen Adverb *vielleicht* entspricht (Beispiel 14 und 15). In dieser Verwendung sind *may* und *might* durchaus verbreitet und wirken nicht förmlich.
Allerdings tritt *may* nur in Aussagesätzen auf; in den entsprechenden Fragesätzen erscheinen *might, could* oder *can* (Beispiel 16; → **163.5**).

(14) Where's Bob? – I don't know. He **may** be upstairs or he **may** have gone out.
(Vielleicht ist er oben, oder vielleicht ist er weggeangen.)
(15) Ask Anne, she **might** know where your cycle helmet is.
(…, sie weiß vielleicht, wo dein Fahrradhelm ist.)
(16) **Might / Could / Can** I have left my umbrella in the car?

May und *might* treten – als Alternativen zu anderen Verbformen – auch in verschiedenen Arten von Nebensätzen auf, z. B. in *that*-Sätzen nach Verben und Verbverbänden, die eine Möglichkeit oder eine Befürchtung ausdrücken (Beispiel 17 und 18), sowie in adverbialen Nebensätzen der Einräumung (Beispiel 19) und des Zwecks (Beispiel 20; → **148.2**):

(17) It is possible that we **may** / will move to Devon in a few months.
(18) They feared that there **might** / would be a drastic rise in the price of houses in the near future.
(19) Nobody wants to live in the haunted house, however desperate they **may** be / are for somewhere to live.
(… so verzweifelt die Leute auch nach Unterkunft suchen mögen/suchen.)
(20) The estate agents forced the vendors to reduce the asking price of the house so that it **might** / could be sold more quickly.
(… damit es schneller verkauft werden konnte.)

165 *Must* und *needn't*

Das englische *must* und das deutsche *müssen* entsprechen sich zwar im Gebrauch der bejahten Formen, unterscheiden sich jedoch grundlegend in der Bedeutung der verneinten Formen:

must:	„es ist nötig, etwas zu tun"	*müssen:*	„es ist nötig, etwas zu tun"
mustn't:	„es ist **nötig**, etwas **nicht zu tun**" (im Deutschen: *nicht dürfen*, → **164.1–2**)	*nicht müssen:*	„es ist **nicht nötig**, etwas **zu tun**" (im Englischen: *needn't*)

1. *Must* und *needn't*: Aufforderung und Zugeständnis

Da *must* etwas als notwendig bezeichnet, drückt es sehr oft eine Aufforderung aus (Beispiel 1). Mit *I must* äußert der Sprecher den Entschluss oder Vorsatz, etwas Notwendiges zu tun (Beispiel 2). Da *needn't* etwas für nicht nötig erklärt, drückt es häufig ein Zugeständnis aus: Der Betroffene kann selbst entscheiden, ob er etwas tut oder nicht (Beispiel 3).

Von *must* und *needn't* gibt es nur die *present-tense*-Formen. In den anderen Tempusformen tritt vor allem *have to* ein (Beispiel 4 und 5), das *must* umgangssprachlich auch im *present tense* immer mehr verdrängt, besonders im amerikanischen Englisch. Im britischen Englisch ist im *present tense* auch die Form *have got to* sehr verbreitet (Beispiel 6). Zu *must* und *needn't* in der indirekten Rede → **260.3**.

(1) You **must** go to the doctor if that cough doesn't clear up in a few days.
(Du musst zum Arzt …)

(2) I **must** make an appointment at the dentist's about my toothache.

(3) You **needn't** have your arm X-rayed. It's not likely to be broken.
(Du brauchst deinen Arm nicht röntgen zu lassen …)

(4) Joe **had to** be taken to hospital in an ambulance.
(Joe musste … ins Krankenhaus gebracht werden.)

(5) Under new government guidelines patients **won't have to** wait as long to be treated.
(… werden die Patienten nicht mehr so lange auf eine Behandlung warten müssen.)

(6) You**'ve got to** have an anti-tetanus injection straight away.
(Du brauchst sofort eine Tetanusspritze.)

2. Bedeutungsunterschiede zwischen *must/needn't* und ihren Ersatzformen

Must und *needn't* betonen die persönliche Überzeugung des Sprechers, dass etwas notwendig bzw. nicht notwendig ist (Beispiel 7 und 8).

Have to und *have got to* stellen im Prinzip einfach fest, dass äußere Umstände oder die Anordnung eines Dritten etwas erfordern (Beispiel 9). Wie schon erwähnt, sind diese beiden Formen jedoch stark im Vordringen und werden heute umgangssprachlich auch dort verwendet, wo man früher *must* bevorzugte. *Have got to* tritt vor allem immer dann ein, wenn man von einem konkreten Einzelfall spricht (Beispiel 10).

Needn't have signalisiert, dass etwas unnötigerweise geschah. Durch die Formen der Vollverben *didn't have to* und *didn't need to* wird festgestellt, dass etwas nicht nötig war; es bleibt aber offen, ob es geschah oder nicht (Beispiel 11 und 12; → **170.2**).

(7) When you are in London, you **must** find time to visit the British Museum.
(8) You **needn't** see all the exhibition rooms, but you **must** see the mummies.
(9) At the entrance you **have to** open all bags for a security check.
(10) I**'ve got to** sit down for a moment, my feet are killing me.
(11) We **needn't have** bothered to see all the Greek statues; they're all very much the same, aren't they? *(Wir hätten nicht ... anzusehen brauchen ...)*
(12) We **didn't have to / didn't need to** go on the guided tour unless we wanted to. *(Wir mussten nicht an der Führung teilnehmen ...)*

Eine Notwendigkeit im Sinn von „gezwungen sein" kann – vor allem im förmlichen Stil – auch durch *be obliged to, be forced to* und *be compelled to* ausgedrückt werden (Beispiel 13 und 14).

(13) Employees **are obliged to** produce a doctor's note in case of illness.
(14) She was **forced / compelled to** return to work because of financial difficulties.

3. *Must*: Wahrscheinlichkeitsbedeutung

Must drückt einen starken Grad der Wahrscheinlichkeit aus: Eine Schlussfolgerung ergibt sich mit zwingender Notwendigkeit (Beispiel 15 und 16). Eine negative Schlussfolgerung wird normalerweise durch *can't* ausgedrückt (→ **163.5**), manchmal aber auch durch *mustn't*, das etwas weniger bestimmt klingt (Beispiel 17).

(15) I'm going to pick up the photos today, they **must** be ready by now.
(16) You **must** have broken something inside the camera when you dropped it.
(17) The light **can't / mustn't** have been very good when you took this snap.

Shall / should und *ought to* — 166

Shall und *should* können nicht überall eingesetzt werden, wo im Deutschen das Modalverb *sollen* verwendet wird; für einige Bedeutungen von *sollen* tritt z. B. *be to* ein. Andererseits erfüllt *should* Funktionen, die im Deutschen überhaupt nicht von Modalverben wahrgenommen werden. In vielen Fällen kann für *should* auch *ought to* eintreten.

1. *Shall*: Vorschlag, Versprechen, Drohung

Shall we? / Shall I? verwendet man wie das deutsche *sollen* in Fragesätzen, um einen Vorschlag zu machen (Beispiel 1) oder den Wunsch eines anderen zu erfragen (Beispiel 2). In Aussagesätzen in der 2. und 3. Person drückt *shall* – je nach Zusammenhang – ein Versprechen (Beispiel 3) oder eine Drohung aus (Beispiel 4). Solche Sätze wirken oft förmlich.

(1) **Shall** we go to the theatre tonight?
(2) **Shall** I ring up and see if there are any tickets left?
(3) The meal at the restaurant tonight **shall** be the best you've ever had.
(4) You **shan't** have pudding if you don't eat all of your main course.

2. *Should/ought to*: Rat, Aufforderung, Tadel
Should und *ought to* bezeichnen wie dt. *sollte (eigentlich)* eine Verpflichtung. Sowohl die bejahten als auch die verneinten Formen drücken deshalb einen dringenden Rat, eine Ermahnung oder eine Forderung aus (Beispiel 5 und 6), oft mit einem vorwurfsvollen Unterton (besonders bei *ought to*; Beispiel 7). Durch *should (not)/ought (not) to* + Infinitiv Perfekt wird ein vergangenes Verhalten kritisiert (Beispiel 8).

(5) I suppose I **ought to/should** stop eating so much chocolate, I'm getting so fat.
(6) You **shouldn't** rely on all those fancy diets, but **should** do more exercise.
(7) You **ought to** be ashamed of yourself for staying in bed all morning.
(8) He **oughtn't to** have/**shouldn't** have been so stubborn at his age to think he could do what he could ten years ago.

3. Bedeutungsunterschiede zwischen *should/ought to* und *be to*
Bei *should* und *ought to* ergibt sich die Verpflichtung aus der Überzeugung des Sprechers (Beispiel 9). Liegt der Auftrag eines Dritten (z. B. einer fremden Instanz) oder eine Vereinbarung vor, so benützt man *be to* (Beispiel 10–12).
Be to tritt nicht nur in *present-tense*-Formen (Beispiel 10), sondern auch in *past-tense*-Formen auf (Beispiel 11). *Was/were to* lässt offen, ob ein Auftrag oder ein vereinbarter Plan ausgeführt wurde oder nicht. Wurde er eindeutig nicht ausgeführt, so kann auch *was/were to* + Infinitiv Perfekt benutzt werden (Beispiel 12). Weitere Formen werden von *be to* nicht gebildet.

(9) You really **ought to/should** try and be home from work early on Wednesday.
(10) Someone from head office **is to** visit at the end of the month.
(11) There was speculation that our firm **was to** merge with that of our biggest competitor.
(12) The conference **was to** be held/**was to** have been held two weeks ago but had to be postponed.

Was/were to kann auch als eine Art „Erzählvorgriff" verwendet werden („es sollte so kommen"; Beispiel 13):

(13) We would never have guessed it, but the new man **was to** become manager of the firm five years later. *(... sollte ... werden.)*

4. *Should/ought to*: Wahrscheinlichkeitsbedeutung
Should und *ought to* (auch mit Infinitiv Perfekt) drücken eine Annahme im Sinn von „es müsste/dürfte wohl der Fall sein" aus, also eine vorsichtigere, weniger zwingende Schlussfolgerung als *must* (Beispiel 14 und 15).
Should (hier nicht mit *ought to* austauschbar) wird auch in formelhaften Wendungen mit Verben wie *say, think, hope, imagine* gebraucht. Die Aussage von *I say, I think*, etc. wird durch *should* abgeschwächt (Beispiel 16).

(14) The film **ought to/should** be over by 9, so we'll be able to catch the last bus.
(15) Sally **ought to/should** have enjoyed the film, her favourite actor was in it.
(16) What with all the publicity, I **should** imagine the show will be a great success.

Should in *that*-Sätzen

167

1. *Should* nach Verben und Verbverbänden, die eine Forderung oder einen Entschluss ausdrücken

Der *that*-Satz mit *should* sagt hier aus, dass etwas erzielt werden soll. *Should* steht deshalb nach Verben und Verbverbänden, die eine Aufforderung beinhalten (*demand, order, insist, suggest,* etc.; Beispiel 1) oder etwas als erforderlich oder dringlich darstellen (*require, be important / crucial / vital,* etc.; Beispiel 2 und 3). Im Deutschen wird hier der Indikativ des Vollverbs verwendet. (Zur *for* + Infinitiv-Konstruktion nach Verbverbänden mit dem Strukturwort *it* → **199**.)

(1) The policeman ***demanded*** that I **should** accompany him to the station.
(2) The law ***requires*** that all drivers **should** carry a valid driving licence.
(3) ***It is important*** that motorists **should** have at least a rudimentary knowledge of first aid. *(Es ist wichtig, dass Autofahrer … Kenntnisse in erster Hilfe haben.)*

Should kann aber auch nach Verben und Verbverbänden auftreten, die einen Entschluss ausdrücken: den Entschluss, etwas zu fordern (*decide, determine, reach the decision,* etc.; Beispiel 4). Im Deutschen steht hier *sollen*. Anstelle von *should* wird auch der *present subjunctive* des Vollverbs verwendet (Beispiel 5; → **148**).

(4) After considering the committee's report the Government ***decided*** that the wearing of seat-belts **should** be made compulsory in long-distance coaches. *(… dass das Tragen von Sicherheitsgurten … zur Pflicht gemacht werden sollte.)*
(5) Vgl.: It ***was decided*** that the wearing of seat-belts **be** made compulsory.

2. *Should* nach Verben und Verbverbänden, die eine gefühlsmäßige Wirkung oder Wertung ausdrücken

Der *that*-Satz mit *should* (auch mit Infinitiv Perfekt) wird hier im förmlichen Stil verwendet, wenn die Aussage höflicher oder distanzierter klingen soll: Durch *should* gibt der Sprecher vor, sich über eine bloße Vorstellung zu äußern, auch wenn es sich um eine Tatsache handelt (Beispiel 6 und 7).
Should tritt in dieser Verwendung vor allem nach Verbverbänden mit *be* auf, wie z. B. *be sorry/delighted/surprised/shocked, it's sad/dreadful/understandable/surprising/a pity,* etc. (Beispiel 8 und 9). In der Umgangssprache erscheint in diesen *that*-Sätzen meist (wie im Deutschen) der Indikativ des Vollverbs (Beispiel 10). Es besteht auch die Möglichkeit, statt der *that*-Sätze infinite Konstruktionen zu verwenden (Beispiel 11; → **199, 203.3**):

(6) We ***regret*** that the late arrival of the train **should** have caused any inconvenience.
(7) I***'m*** so ***sorry*** that you **should** have missed your connection. It would have been so good to see you.
(8) Paul ***was*** very ***surprised*** that I **should** remember his birthday.
(9) ***It is sad*** that you **should** not be able to see your friends more often.
(10) Vgl.: ***What a pity*** that she **has** to leave so early. *(Wie schade, dass sie so früh gehen muss.)*
(11) Vgl.: ***It's a shame*** for Jane **not to be able** to go on holiday with her friends. *(Es ist schade, dass Jane nicht … konnte.)*

168 *Will/would*

Will und *would* haben eine breitere Bedeutungsskala als das deutsche *wollen;* sie umfassen z. B. auch Bedeutungen, die man im Deutschen durch *werden* wiedergibt. Andererseits kann man *wollen* im Englischen nicht immer durch *will/would* wiedergeben. (Zum *will*-Futur ➜ **131**, zum *future-in-the-past* ➜ **146**.)

1. *Will/would*: Bereitschaft, Absicht, Bitte, Wunsch

Aussagesätze mit *I/we will* bekunden eine spontan (d. h. in der Sprechsituation) entstandene Absicht oder Bereitschaft (Beispiel 1 und 2). Dabei wird meist die Kurzform *'ll* benutzt. Diese Verwendungsweise kann auch als *will*-Futur aufgefasst werden (➜ **131**). Die Bereitschaft, etwas zu tun, kann auch durch *be prepared/willing to* und *intend to* ausgedrückt werden (Beispiel 3 und 4).
Fragesätze mit *Will you?* (Beispiel 5) und der höflicheren Form *Would you?* (Beispiel 6) enthalten meist eine Bitte oder einen Wunsch, während *Won't you?* eine Einladung ausspricht (Beispiel 7). Ein Wunsch kann auch durch *would like to, want to* und *wish to* (förmlich) geäußert und erfragt werden (Beispiel 8).

(1) I wanted to go to the football match this afternoon, but my car's broken down. – **I'll** give you a lift in mine.
(2) Dad's watching the World Cup at the moment. – We **won't** disturb him then.
(3) The police **are prepared to** dispatch reinforcements, should the crowd get out of hand.
(4) Our local club **intends to** organize a trip to Wembley for the Cup Final.
(5) **Will** you please have your tickets ready?
(6) **Would** you keep an eye on my seat, while I nip to the loo?
(7) **Won't** you join us for a celebration?
(8) **Would** you **like to / Do** you **want to** referee the next match?

2. *Will/would*: Entschlossenheit

Will (betonte Vollform) und *won't* bringen hier zum Ausdruck, dass jemand entschlossen ist, etwas (nicht) zu tun (Beispiel 9 und 10).
Wouldn't im Sinn von „wollte nicht" ist als echte *past-tense*-Form zu betrachten und berichtet von einer früheren Willensentscheidung (Beispiel 11).
Die bejahte Form *would* kommt in dieser Bedeutung nur in der indirekten und erlebten Rede vor (Beispiel 12). Als Ersatzformen sind *insist on* und *be determined to* zu betrachten (Beispiel 13), für die verneinten Formen auch *not be willing to* und *refuse to* (Beispiel 14).

(9) We **will** install the new machines, no matter what the trade unions say.
*(Wir **werden** die neuen Maschinen installieren …)*
(10) In spite of the recession, the union **won't** accept any pay offer under 4%.
(11) The manufacturers **wouldn't** pay for the parts damaged in transit.
(… wollten … nicht bezahlen.)
(12) The management announced that they **would** dismiss the fifty workers as planned, in spite of protests.
(13) The firm **insisted on** closing their factory in Leeds.
(14) The strikers **were not willing to** negotiate.

3. *Will/would*: Eigenschaft, Gewohnheit
Will kann auf eine Eigenschaft oder ein typisches Verhalten hinweisen (Beispiel 15). Bei sachlichen Feststellungen ist *will* unbetont (trotzdem immer Vollform). Wird es betont, so drückt es eine gefühlsmäßige Einstellung aus (Unmut, Resignation, etc.; Beispiel 16).
Would dient als echte *past-tense*-Form zur Schilderung einer früheren Gewohnheit (Beispiel 17). Es tritt dabei vor allem im literarisch-poetischen Stil auf. *Would* kann jedoch nur bei Tätigkeits- und Vorgangsverben verwendet werden, im Gegensatz zu *used to,* das auch einen früheren Zustand wiedergeben kann (Beispiel 18; →**169.1**).

(15) A fire **will** continue to burn as long as there is a supply of fuel and oxygen.
(16) Children **will** run out into the street without looking.
(17) When we were young we loved to play by the river. We **would**/used to skim stones, catch fish and swim in the cool water.
(skim, catch, swim: wiederholte Tätigkeiten).
(18) Aber: A tall tree **used to** stand next to the bridge, but it is gone now.
(stand: hier Dauerzustand).

4. *Will/would*: Wahrscheinlichkeitsbedeutung
Will (auch mit dem Infinitiv Perfekt möglich) drückt eine Annahme aus, die nicht weiter begründet sein muss (Beispiel 19–21). Daher kann *will* ganz unterschiedliche Wahrscheinlichkeitsgrade nahe legen; es drückt aber größere Sicherheit aus als *may, might* und *could.*
Bezieht sich die Annahme auf die Zukunft, so kann man auch vom *will*-Futur sprechen (Beispiel 22). Die abschwächende Form *would* ist im Sinne einer Annahme praktisch auf Fragen beschränkt und relativ selten (Beispiel 23). Häufiger sind hier *could* (→**163.5**) oder *might* (→**164.3**).

(19) Was that the door bell? – Yes, it**'ll** be the postman. *(Es wird der Postbote sein.)*
(20) He**'ll** be bringing that registered letter I'm expecting.
(Er bringt sicher das Einschreiben …)
(21) The letter I posted yesterday **will** have arrived by now.
(… wird wohl inzwischen angekommen sein.)
(22) I suppose my aunt**'ll** send me another book for Christmas this year.
(23) What a big parcel – **would**/could/might it be from Grandma?
(… ob es wohl von Oma ist?)

Used to **169**

Used to ['juːstə] nimmt vor allem deshalb eine Sonderstellung unter den modalen Hilfsverben ein, weil es nur als *past-tense*-Form mit echtem Vergangenheitsbezug vorkommt.

1. *Used to*: frühere Gewohnheit oder früherer Zustand
Used kann im Gegensatz zu *would* nicht nur in Verbindung mit Tätigkeits- und Vorgangsverben verwendet werden (→**168.3**), sondern auch in Verbindung mit Verben, die statische Bedeutung haben.

Bei der Schilderung früherer Gewohnheiten wirkt *used to* – im Gegensatz zu *would* – stilistisch neutral (Beispiel 1 und 2).
Häufig betont *used to* einen Gegensatz zwischen Vergangenheit und Gegenwart (Beispiel 2). Bei Verben, die einen Zustand, eine Beziehung oder eine Einstellung ausdrücken (Verben mit statischer Bedeutung), drückt *used to* stets diesen Gegensatz aus (Beispiel 3 und 4).
In vielen Fällen entspricht *used to* dem deutschen Adverb *früher*, z. B. in Sätzen ohne Zeitangabe (Beispiel 4).

(1) Is Jim still so athletic? When I knew him, he **used to** run two miles before breakfast every morning.
(2) As kids we **used to** go swimming at the local baths every Saturday morning, but now we rarely go.
(3) Before the advent of cheap foreign travel, Margate **used to** be one of the favourite holiday resorts of Britons.
(4) I **used to** think that jetlag was a myth, but then I flew long distance myself. *(Früher habe ich geglaubt …)*

2. *Used to* in verneinten Sätzen und Fragesätzen

Die Verneinung wird häufig durch *never used to* ausgedrückt (Beispiel 5). Ansonsten werden Verneinung und Frage gewöhnlich mit *did* gebildet. Im amerikanischen Englisch sind nur die Formen mit *did* üblich, auch im britischen Englisch setzen sie sich immer mehr durch (Beispiel 6 und 7).
Gelegentlich trifft man im britischen Englisch noch auf die „Mischform" *didn't used to* (Beispiel 8). Die nach dem Muster der anderen Hilfsverben gebildeten Formen ohne *do*-Umschreibung (*used not to* und *Used you to …?*) wirken dagegen etwas veraltet (Beispiel 9).

(5) He **never used to** watch detective programmes on TV, but now he can't get enough of them.
(6) When I was young I **didn't use to** read much.
(7) **Did** you **use to** go to the theatre a lot when you lived in London?
(8) Seltener: We **didn't used to** go swimming before we moved here.
(9) Veraltet: I **used not to** like olives, but somehow I have grown to like them.

3. Gegenüberstellung von *used to* und *be used to*

Used to + Infinitiv darf nicht mit *be used to / get used to + gerund* verwechselt werden. Während sich *used to*, wie oben erläutert, stets auf die Vergangenheit bezieht (Beispiel 10), ist die Konstruktion mit *be used to* in allen Tempusformen möglich (Beispiel 11 und 12).

(10) When we lived in Wales, I **used to go** for long walks in the mountains. *(Als wir in Wales wohnten, machte ich lange Spaziergänge …)*
(11) Gill**'s** not **used to walking** much, she goes everywhere by car. *(Gill ist es nicht gewohnt, viel zu Fuß zu gehen …)*
(12) No doubt in time I**'ll get used to** living on my own again. *(Sicher werde ich mich mit der Zeit daran gewöhnen …)*

Need und *dare* als Hilfsverben und Vollverben **170**

1. *Need* und *dare* als Hilfsverben

Als Hilfsverben treten *need* („brauchen") und *dare* („etwas wagen") vor allem in Fragesätzen auf, wobei *dare* hauptsächlich in Fragesätzen mit *how* verwendet wird (Beispiel 1 und 2). Außerdem erscheinen *need* und *dare* in verneinten Sätzen (Beispiel 3 und 4). Dies gilt auch für Sätze, die nicht durch *not*, sondern durch andere negative Wörter verneint oder eingeschränkt sind, z. B. durch *never, no one* oder *hardly* (Beispiel 5 und 6).
Wie bei anderen modalen Hilfsverben hat die 3. Person Singular kein -s; Verneinung und Frage werden ohne *do*-Formen gebildet; der Infinitiv des nachfolgenden Verbs wird ohne *to* angeschlossen.

(1) **Need** I **peel** any more potatoes? – No, that's enough for shepherd's pie.
(2) How **dare** she **tell** me what to do! She's not my mother!
(3) You **needn't lay** the table yet, dinner won't be ready for ages.
(4) I **daren't open** my mouth for fear of saying the wrong thing.
(5) ***No one*** without a detailed knowledge of Chinese cooking **need apply** for the job.
(6) I ***hardly*** **dare ask** for higher wages.

Need kann auch mit dem Infinitiv Perfekt verbunden werden *(needn't have done)*, wenn ein Kommentar zu einem vergangenen Ereignis abgegeben werden soll (Beispiel 7).
Von *dare* gibt es neben der *present-tense*-Form *dare* noch die (seltenere) *past-tense*-Form *dared* (Beispiel 8).

(7) You **needn't have made** so much coffee – I never drink more than one cup.
(8) He **dared not ask** for more jam, the waitress was already in a bad temper.

Zur Verwendung von *needn't* als Verneinung von *must* → **165**.

2. *Need* als Vollverb

Als Vollverb kann *need* („brauchen" oder „müssen") in allen Satzarten gebraucht werden. Die 3. Person Singular endet auf *-s* (Beispiel 9). Frage und Verneinung werden mit *do*-Formen gebildet (Beispiel 10 und 11). Als Ergänzung kann das Vollverb *need* den Infinitiv mit *to* (Beispiel 9–11), eine Nominalgruppe (Beispiel 12) oder – als Alternative zum passiven Infinitiv – das *gerund* nach sich haben (Beispiel 13; → **212.1**).

(9) This jumper **needs *to be washed*** by hand.
(10) **Does** she **need *to bring*** a sleeping bag if she's going to stay the night?
(11) They **don't need *to go*** all the way home after the party, there's plenty of space here.
(12) We **need *a new car*** because our current one is always having problems.
(13) The battery **needs *replacing,*** that's all.
Vgl.: The battery **needs *to be replaced.***

Das Vollverb *need* tritt im Gegensatz zum Hilfsverb *need* in allen Tempusformen auf. Dabei ergeben sich vor allem im Vergangenheitsbereich Bedeutungsunterschiede zwischen der Vollverb-Form *didn't need to do* und der Hilfsverb-Form *needn't have done* (Beispiel 14 und 15; ➔**165.2**).

(14) She **didn't need to go** into town after all, she managed to do all her shopping at the local store.
(Sie musste doch nicht in die Stadt ...)
(15) You **needn't have mended** this shirt, I probably won't wear it again.
(Du hättest dieses Hemd nicht zu flicken brauchen ...)

3. *Dare* als Vollverb
Dare erscheint wie dt. *wagen/sich trauen* auch als Vollverb hauptsächlich in verneinten Sätzen und Fragesätzen. Der Infinitiv kann mit *to*, aber auch ohne *to* angeschlossen werden. Im *simple present* und *simple past* wird die *do*-Umschreibung benutzt (Beispiel 16 und 17). Verneinung kann nicht nur durch *not,* sondern auch durch ein anderes Wort ausgedrückt werden (Beispiel 18).

(16) Peter wants to go hiking with the older boys, but he **doesn't dare (to) ask**.
(17) **Did** she really **dare (to) bring** her pet mouse to class?
(18) ***No*** member of the school team **has dared (to) question** the coach's authority yet.

171–173 Die nichtmodalen Hilfsverben *do, have* und *be*

171 *Do* als Hilfsverb und Vollverb

1. *Do* als Hilfsverb in Fragesätzen, verneinten und emphatischen Sätzen
Das Verb *do* wird, wenn der Satz kein anderes Hilfsverb enthält, zur Bildung von Frage und Verneinung verwendet (Beispiel 1; ➔**233, 235.2**), ebenso in verschiedenen Arten von Kurzsätzen (Beispiel 2 und 3; ➔**247, 248.1**) sowie zur Hervorhebung einer Aussage (emphatisches *do;* Beispiel 4) (➔**255.1**). Von den verneinten Formen sind die Vollformen nur im förmlichen Stil gebräuchlich (Beispiel 5), sonst werden die Kurzformen bevorzugt.

(1) **Do** you play the piano? – No, I **don't.**
(2) Your brother plays an instrument, **doesn't** he?
(3) – Oh yes, he plays the guitar, and so **do** I.
(4) Normally I **don't** like pop music, but I **do** like what's number one at the moment.
(5) An analysis of the process of composition **does not** necessarily lead to a better understanding of music.

2. *Do* als Vollverb
Als Vollverb gehört *do* zur Gruppe der Tätigkeitsverben (Verben mit dynamischer Bedeutung →**119.2, 121.1**; Beispiel 6).
Es tritt dabei häufig zusammen mit bestimmten Nomen in Verbverbänden auf, die bedeutungsmäßig eine Einheit bilden (→**104.3**; Beispiel 7–9). Wie andere Tätigkeitsverben kann das Vollverb *do* in der *progressive form* verwendet werden (Beispiel 8).
In Frage und Verneinung wird das Vollverb *do* mit dem Hilfsverb *do* umschrieben (Beispiel 9).

(6) What**'s** Martin **doing?** – He's fixing a puncture on his bike.
(7) My brother and I always take turns **to do *the washing-up*.**
(… wechseln uns immer beim Geschirrspülen ab.)
(8) Lynn **is doing *her room*** at the moment, but she'll be down in a minute.
(Lynn macht gerade ihr Zimmer sauber …)
(9) **Do** you really **do *the lawn*** twice a week? – No, I used to, but I **don't do** it so often any more.

3. Formenübersicht

Finite Formen			
		Vollformen	*Kurzformen*
present tense:	I / you / we / they	do (not)	don't
	he / she / it	does (not)	doesn't
past tense:	I / you / he / she / it / we / they	did (not)	didn't
Infinite Formen			
Infinitiv:	*pres. participle:*	*past participle:*	
do	doing	done	

Have als Hilfsverb und Vollverb **172**

1. *Have* als Hilfsverb zur Bildung zusammengesetzter Tempusformen
Have wird in Verbindung mit dem *past participle* eines Vollverbs zur Bildung der *perfect tenses* benutzt (*present perfect, past perfect, future perfect, future-perfect-in-the-past;* Beispiel 1 und 2; →**155**). Wie andere Hilfsverben wird *have* in dieser Verwendung in Frage und Verneinung nicht mit *do*-Formen umschrieben (Beispiel 3).

(1) I**'ve been** to France twice this year.
(2) I **had** hoped to go to Paris last year, but I couldn't.
(3) **Have** you ever **been** to Spain? – No, I **haven't.**

2. *Have to* in der Bedeutung „müssen"

Have to muss in Frage, Verneinung, etc. im *simple present* und *simple past* mit *do/did* umschrieben werden (Beispiel 4–6). In zunehmendem Maße wird *have to* auch in der *progressive form* verwendet (Beispiel 7). Zu *have to* und *must/needn't* → **165.2**.

(4) Does he **have to** go to work over the Christmas break?
(5) No, he **doesn't have to** be in again until the New Year.
(6) When I worked for Arthur Smith, I **didn't have to** do any overtime.
(7) The Government **are having to** rethink their position on paternity leave.

3. *Have something done*: veranlassen, dass etwas getan wird

In dieser Bedeutung muss *have* in Frage, Verneinung, etc. ebenfalls mit *do* umschrieben werden (Beispiel 8 und 9). Zur Konstruktion → **210.3**, in passivischer Bedeutung → **114**.

(8) Your hair looks nice. Where **did** you **have** it **done?**
(Wo hast du es machen lassen?)
(9) I **didn't have** these trousers **cleaned,** I washed them in the machine.

4. *Have/have got* in der Bedeutung „besitzen"

Wenn *have* in der Bedeutung „besitzen" oder „als Merkmal haben" auftritt, werden Frage und Verneinung in der Regel mit *do*-Formen gebildet (Beispiel 10 und 11). Im amerikanischen Englisch ist dies die einzige Möglichkeit. In der britischen Umgangssprache kann mit Bezug auf die Gegenwart auch *have got/has got* verwendet werden, das (als ursprüngliche *present-perfect*-Form) nicht umschrieben wird (Beispiel 12 und 13). *Have*-Formen ohne Umschreibung wirken in dieser Verwendung heute veraltet (Beispiel 14).
Da *have* in dieser Bedeutung eine Beziehung und keine Tätigkeit ausdrückt (statische Bedeutung), kann nur die *simple form* gebraucht werden.

(10) **Do** you **have** any books on Southern France in your office? – Sorry, I **don't.**
(11) Sorry, we **don't have** road maps on sale.
(12) **Have** they **got** any green cotton material?
(13) The assistant says they **haven't got** any silk at the moment, and suggests you try next week.
(14) Eher veraltet: **Have** you enough material to finish that dress you're making?

5. *Have* in Verbverbänden

Have bildet mit einer Reihe von Nomen Verbverbände, die sich wie Tätigkeitsverben verhalten. *Have* kann deshalb hier in der *progressive form* auftreten (Beispiel 15). In den einfachen Tempusformen werden Frage und Verneinung mit *do*-Formen gebildet (Beispiel 16 und 17).

(15) He couldn't answer the telephone because he **was having *a shower.***
(16) **Did** you **have *a nice holiday?***
(17) I **didn't have *breakfast*** this morning, so I'm starving!

6. Formenübersicht

Die Kurzformen sind üblich, wenn *have* als Hilfsverb verwendet wird, besonders in der Verbindung *have got.* Im förmlichen Stil werden jedoch die Vollformen bevorzugt.

Finite Formen		*Vollformen*	*Kurzformen*
present tense:	I / you / we / they	have (not)	I've / you've / (not) I / you / ... haven't
	he / she / it	has (not)	he's / she's / it's (not) he / she / it hasn't
past tense:	I / you / he / she / it / we / they	had (not)	I'd / you'd / ... (not) I / you / ... hadn't
Infinite Formen	Infinitiv: have	*present participle:* having	*past participle:* had

Be als Hilfsverb und Vollverb

173

1. *Be* als Hilfsverb zur Bildung zusammengesetzter Tempusformen

Be dient in Verbindung mit dem *present participle* eines Vollverbs zur Bildung der *progressive form* (Beispiel 1), in Verbindung mit dem *past participle* zur Bildung der Passivform (Beispiel 2).

(1) The council **is building** some new houses at the end of our road.
(2) We **were told** that the construction work would continue for a few months.

2. *Be* to in der Bedeutung „sollen"

Mit nachfolgendem *to* + Infinitiv drückt *be* meist aus, dass ein Ereignis vereinbart oder von einer dritten Person oder fremden Instanz festgelegt wurde (Beispiel 3 und 4; → **166.3**).

(3) My cousin's wedding **is to** take place in June. *(... soll ... stattfinden.)*
(4) They **were to** have a huge party, but that would cost too much.

3. *Be* als Kopulaverb

In dieser Verwendung hat *be* eine Subjektergänzung oder eine notwendige adverbiale Bestimmung nach sich (Beispiel 5; → **95.2, 100.1**). Als Kopulaverb zählt *be* zu den Vollverben; Fragesätze und verneinte Aussagesätze werden aber trotzdem ohne *do*-Formen gebildet (Beispiel 6).

(5) He **is** ***a doctor.*** He **is** always ***busy.*** He **is** often ***away from home.***
(6) **Is** his wife a doctor, too? No, she **isn't.** She is a teacher.

Bedeutungsmäßig dient *be* hier zum Ausdruck eines Zustands, einer Beziehung oder einer Eigenschaft.

In dieser Bedeutung tritt *be* wie andere Zustands- und Beziehungsverben stets in der *simple form* auf (Beispiel 7 und 8).

(7) Sheila **is** very musical.
(8) She **was** Mr Benn's best pupil.

In Verbindung mit einigen Adjektiven und Nomen kann *be* im Sinn von „sich (vorübergehend) verhalten" verwendet werden. *Be* lässt sich hier als Tätigkeitsverb auffassen und kann deshalb in der *progressive form* erscheinen (Beispiel 9 und 10; → **123.3**). In dieser Verwendung kann auch der Imperativ von *be* gebraucht werden (Beispiel 11). Der verneinte Imperativ wird dabei mit *do* gebildet (Beispiel 12). Der bejahte Imperativ kann durch *do* verstärkt werden (Beispiel 13).

(9) You**'re being** very stubborn. Do what mum says and swallow your pride.
(10) I wish he'd stop playing his stereo full blast. He**'s being** a terrible nuisance.
(11) **Be** realistic. You're never going to win the lottery.
(12) **Don't be** such a fool.
(13) **Do be** careful with the CD-player, won't you? It was quite expensive.

4. Formenübersicht

Der Gebrauch von Kurz- und Vollformen richtet sich nur nach der Stilebene. Er ist unabhängig davon, ob *be* als Hilfsverb oder Vollverb (d. h. Kopulaverb) verwendet wird.

Finite Formen		*Vollformen*	*Kurzformen*
present tense:	I	am (not)	I'm (not)
	you / we / they	are (not)	you're / we're / they're (not) you / we / they aren't
	he / she / it	is (not)	he's / she's / it's (not) he / she / it isn't
past tense:	I / you / he / she / it /	was (not)	I / he / she / it wasn't
	you / we / they	were (not)	you / we / they weren't
Infinite Formen	Infinitiv: be	*present participle:* being	*past participle:* been

5. Verwendung der Kurzformen *aren't* und *ain't*

Aren't I …? dient als Alternative zu der verneinten Frage mit *Am I not …?* (Beispiel 14). Die Kurzform *ain't* [eɪnt] ist zwar weit verbreitet, im Standardenglisch aber nicht anerkannt. Sie tritt für die Frage *Am I not?* (Beispiel 15) und für die Verneinung *I'm not* (Beispiel 16) ein. Außerdem wird *ain't* aber auch an Stelle von *(you) aren't, isn't, haven't* und *hasn't* gebraucht (Beispiel 17 und 18).

(14) **Aren't** I an idiot? (= Am I not an idiot?)
(15) **Ain't** I cute? (= Standardenglisch: Am I not cute?)
(16) I **ain't** a good driver, sorry. (= Standardenglisch: I'm not a good driver.)
(17) **Ain't** she sweet? (= Standardenglisch: Isn't she sweet?)
(18) **Ain't** got no cigarettes. (= Standardenglisch: I haven't got any cigarettes.)

Kapitel 9:

Infinitiv, *gerund* und Partizip: Strukturen und Funktionen

Vorbemerkung

174

Infinitiv, *gerund* und Partizip fasst man unter dem Begriff „infinite Verbformen" zusammen, da sie im Gegensatz zu den finiten Verbformen (*buys, took,* etc.) keine Angaben zu Person und Tempus enthalten.

She needs to buy a new film.

The owners of many historic buildings strongly object to visitors taking photographs.

Die beiden Beispiele illustrieren die Breite der Anwendungsmöglichkeiten der infiniten Formen im heutigen Englisch. Im ersten Beispiel wird der Infinitiv *buy a new film* als Satzteil empfunden, nicht als Satz; der Unterschied zum einfachen Satz mit einem Nomen als Objekt *(She needs a new film)* ist gering. Ganz anders beim zweiten Beispiel: Hier hat die infinite Konstruktion (in diesem Fall ein *gerund*) einen deutlichen Eigenwert. Wenn man das Nomen *visitors* berücksichtigt, umfasst die *gerund*-Konstruktion *(visitors taking photographs)* das vollständige Satzmuster „Subjekt – Prädikat – Objekt" und entspricht so einem Nebensatz. Dabei ist auffällig, dass das *gerund* den Satzinhalt in einer viel eleganteren Weise ausdrücken kann als das vergleichbare Satzgefüge mit Nebensatz, *The owners of many historic buildings strongly object to the fact that visitors take photographs.*
Natürlich stellen die beiden Beispiele extreme Anwendungen dar. Dazwischen liegen viele infinite Konstruktionen, die unterschiedliche Grade der „Verschmelzung" mit dem übergeordnetem Satz verkörpern. Dies sollte man bedenken, wenn man sich mit Struktur und Funktion der infiniten Konstruktionen befasst, dem Thema dieses Kapitels.
Die Verwendung von Infinitiv, *gerund* und Partizip nach Verben wird in einem eigenen Kapitel behandelt (Kapitel 10). Dort werden auch die Grundbedeutungen der Konstruktionen (modale Bedeutung des Infinitivs, faktische Bedeutung des *gerund*) vorgestellt.

175–179 Allgemeines zu den infiniten Konstruktionen

175 *Grundsätzliches zu den Funktionen im Satz*

Während die Tempusformen des Verbs immer als Prädikat auftreten, haben die Konstruktionen aus Infinitiv/*gerund*/Partizip + Ergänzungen andere Funktionen im Satz. Das folgende Schema illustriert, welche Satzteile die infiniten Konstruktionen sein können.

Subjekt	*Prädikat* Verb *phrasal verb* Verbverband	*Objekt* bzw. *Ergänzung*	*Adverbiale Bestimmung*
Infinitiv		**Infinitiv**	**Infinitiv**
Gerund		***Gerund***	***Gerund***
		Present & past participle	***Present & past participle***
(Beispiel 1 und 2)		(Beispiel 3 und 4, 9 und 10)	(Beispiel 5 und 6, 13 und 14)

Außerdem können infinite Konstruktionen, wie die Beispiele in den beiden folgenden Abschnitten zeigen, auch Attribute zu verschiedenen Satzteilen sein (Beispiel 7, 8, 11 und 12).

1. Funktionen von Infinitiv und *gerund*

Infinitiv und *gerund* vereinigen in sich Eigenschaften von Verb und Nomen. Wie das Schema zeigt, können sie in den gleichen Satzfunktionen auftreten wie Nomen: als Subjekt (Beispiel 1 und 2), als Objekt bzw. Ergänzung (Beispiel 3 und 4) und als adverbiale Bestimmung (Beispiel 5 und 6). Außerdem erscheinen Infinitiv und *gerund* auch als Attribut zu einem Nomen (Beispiel 7 und 8). Im Gegensatz zum Infinitiv kann das *gerund* dabei wie ein Nomen auch an eine Präposition angeschlossen werden (Beispiel 4, 6 und 8).

(1) **To err** is human, to forgive divine.	Infinitiv als Subjekt
(2) **Predicting the future** is always risky.	*Gerund* als Subjekt
(3) I don't want **to know about your plans.**	Infinitiv als Objekt
(4) Helen doesn't believe **in consulting horoscopes.**	*Gerund* als Objekt (hier: Präpositionalobjekt)
(5) You could go and see a clairvoyant **to learn about the future.**	Infinitiv als adverbiale Bestimmung
(6) **Despite wearing a lucky charm,** Mary failed her driving test.	*Gerund* als adverbiale Bestimmung (durch Präp. *despite* eingeleitet)
(7) The last room **to be occupied** is always number 13.	Infinitiv als Attribut zum Nomen
(8) The phobia **of walking under ladders** is quite common.	*Gerund* als Attribut zum Nomen (durch Präp. *of* eingeleitet)

Als Subjekt in Anfangsstellung ist das *gerund* weit häufiger als der Infinitiv, weil der Infinitiv in dieser Funktion oft nachgestellt wird. Dies geschieht im Rahmen von Konstruktionen wie *It is important to know s.th.*, die in Kapitel 10 behandelt werden (→ **199**).

2. Funktionen von *present participle* und *past participle*
Present und *past participle* vereinigen in sich Eigenschaften von Verb und Adjektiv. Wie Adjektive können sie als Ergänzung zu Verben, vor allem zu Kopulaverben, auftreten (Beispiel 9 und 10). Wie Adjektive können sie auch als Attribut zu einem Nomen dienen (Beispiel 11 und 12). Darüber hinaus erscheinen die Partizipien auch als adverbiale Bestimmung (Beispiel 13 und 14).

(9)	They sat **talking** round the fire.	*Present participle* als Ergänzung zum Verb
(10)	The barbecued lamb chops remained **uneaten.**	*Past participle* als Ergänzung zum Verb
(11)	The guests **living nearby** came last.	*Present participle* als Attribut zum Nomen
(12)	The drinks **served with the food** had not been chilled.	*Past participle* als Attribut zum Nomen
(13)	**Reaching for the ketchup,** I accidentally knocked over a glass.	*Present participle* als adverbiale Bestimmung
(14)	**Satisfied with his preparations,** the host sat back and relaxed.	*Past participle* als adverbiale Bestimmung

Den größten Anwendungsbereich haben die infiniten Formen in der Funktion des Objekts bzw. der Ergänzung, d.h. nach Verben, *phrasal verbs* oder Verbverbänden. Diese Funktion wird in einem separaten Kapitel behandelt (→ Kapitel 10). Zum Gebrauch von Infinitiv, *gerund* und Partizip als adverbiale Bestimmung → **180–187**, zur Verwendung als Attribut → **188–191**.

Grundsätzliches zu Konstruktionen mit eigenem Sinnsubjekt

176

1. Einfache und erweiterte infinite Konstruktionen
Die meisten Infinitiv-, *gerund-* und Partizipialkonstruktionen haben kein eigenes Subjekt. Solche „einfachen" infiniten Konstruktionen *(I want to go / I enjoy reading / we sat talking)* werden als Satzteile betrachtet, für die automatisch das Subjekt des Gesamtsatzes maßgebend ist. Soll eine infinite Konstruktion jedoch die Aufgabe von Nebensätzen übernehmen, die ein eigenes Subjekt haben, das vom Subjekt des Hauptsatzes abweicht, so kann sie „erweitert" werden, und zwar durch die Einführung eines „Sinnsubjekts".

2. Der Modellfall: Sinnsubjekt nach dem Verb *expect*
Das Sinnsubjekt einer infiniten Konstruktion lässt sich am besten durch den Vergleich mit einem Nebensatz erklären. Vgl. das folgende Schema:

	Sinnsubjekt Infinitiv	
Peter expected	***his parents/them***	**to arrive at six o'clock.**
Vgl.: Peter expected	that **his parents / they**	would arrive at six o'clock.
Subjekt Gesamtsatz	Subjekt Nebensatz	

Wie das Schema zeigt, hat der Nebensatz hier ein anderes Subjekt als der Gesamtsatz. In diesem Fall erhält die entsprechende Infinitivkonstruktion ein eigenes Sinnsubjekt. Personalpronomen erscheinen dabei in der Objektform (hier: *them*), weil dies die Form ist, die ihnen im Hauptsatz als Objekt zum Verb zukommt. Daher spricht man auch von der „Objekt + Infinitiv-Konstruktion".

3. Anwendungsbereich der Konstruktionen mit Sinnsubjekt
Wie Infinitivkonstruktionen können auch *gerund*- und Partizipialkonstruktionen ein eigenes Sinnsubjekt haben, wenn sie auf ein Verb folgen (Beispiel 2 und 3). Im Deutschen ist hier häufig nur ein Nebensatz möglich („wollte, dass ...", „hasste es, wenn ..."). Im Englischen kommt dagegen manchmal nur eine infinite Konstruktion in Frage, z. B. beim häufigen Verb *want* (Beispiel 1).

(1) Jenny wanted ***her brother*** **to play the saxophone.**	Infinitiv mit Sinnsubjekt
(2) They hated ***him*** **playing the saxophone**.	*Gerund* mit Sinnsubjekt
(3) We watched ***him*** **playing the saxophone**.	Partizip mit Sinnsubjekt

Infinite Konstruktionen mit eigenem Sinnsubjekt treten vorwiegend als Objekt bzw. als Ergänzung nach Verben und Verbverbänden auf (→ Kapitel 10). Sie erscheinen aber auch in anderen Satzfunktionen, so als adverbiale Partizipial- und *gerund*-Konstruktionen (→ **180**) sowie als Attribute (→ **188**).
Dabei wird als Sinnsubjekt nicht immer einfach eine Nominalgruppe bzw. die Objektform des Pronomens eingefügt wie in den bisherigen Beispielen. Beim *gerund* ist auch ein „Genitiv-Sinnsubjekt" möglich (→ **177**), beim Infinitiv wird der Anwendungsbereich des Sinnsubjekts durch die *„for* + Infinitivkonstruktion" ganz entscheidend erweitert (→ **178**).

177 Das Sinnsubjekt beim *gerund*

Ist das Sinnsubjekt ein Nomen, so steht es meist im Einheitskasus (Beispiel 1). Bei Pronomen werden hier die Objektformen verwendet (Beispiel 2; → **176.2**).
Im förmlichen Stil kann das Sinnsubjekt auch durch den *s*-Genitiv wiedergegeben werden, wenn es sich um eine Person (gelegentlich um ein Tier) handelt (Beispiel 3). Entsprechend kann auch ein Possessivbegleiter statt der Objektform des Personal-

pronomens als Sinnsubjekt auftreten (Beispiel 4 und 5). Diese Form des Sinnsubjekts wirkt nicht so förmlich wie das eigentliche Genitiv-Sinnsubjekt.

(1) Would you mind **your son helping me with my accounts?**
(2) Afraid of **him failing,** I helped Matthew prepare for his exam.
(3) The family were so proud of **Jim's gaining a place at university.**
(4) I appreciate **your coming to the rescue so quickly.**
(5) Despite **their constantly asking him,** Matt flatly refused to play for them.

Die *for* + Infinitiv-Konstruktion 178

Mit dieser Kurzformel bezeichnet man die Konstruktion, die sich aus *for* + Nominalgruppe bzw. Pronomen + Infinitiv zusammensetzt.

1. Strukturwort *for* als Signal für das Sinnsubjekt
Wichtig für das Verständnis dieser Konstruktion ist, dass *for* meist nicht als Präposition im Sinn von dt. *für* aufgefasst und wörtlich ins Deutsche übertragen werden kann. Vielmehr dient *for* als Signal dafür, dass die nachfolgende Nominalgruppe Sinnsubjekt der Infinitivkonstruktion ist. Auf diese Weise können auch Infinitivkonstruktionen erweitert werden, für die ein „normales" Sinnsubjekt (wie nach *expect* oder *want*) nicht in Frage kommt. Häufig sind dies Fälle, in denen im Englischen auch kein *that*-Satz möglich ist. Deshalb muss im folgenden Schema auch der deutsche Nebensatz zum Vergleich herangezogen werden:

Strukturwort als Signal (→ for) · Sinnsubjekt (→ the painters/them) · Infinitiv

We were anxious **for *the painters/them* to finish the job quickly.**

Vgl.: Wir wünschten sehr, dass **die Maler/sie** die Arbeit schnell erledigen würden.

Subjekt Gesamtsatz (→ Wir) · Subjekt Nebensatz (→ die Maler/sie)

2. Anwendungsbereich
Die *for* + Infinitiv-Konstruktion verbreitet sich heute immer mehr. Aus der Fülle der Anwendungsmöglichkeiten werden hier nur einige vorgestellt. Die *for* + Infinitiv-Konstruktion tritt u. a. nach bestimmten Verben auf (Beispiel 1).

(1) They've arranged **for *the electricians* to come next week.**
(Sie haben es so abgesprochen, dass die Elektriker nächste Woche kommen.)

For + Infinitiv nach Verb

Außer nach bestimmten Verben steht die *for* + Infinitiv-Konstruktion auch nach zahlreichen Verbverbänden, besonders wenn sie durch das Strukturwort *it* eingeleitet werden (Beispiel 2). Möglich ist *for* + Sinnsubjekt auch in Infinitivkonstruktionen zum Ausdruck des Zwecks und der Folge (Beispiel 3 und 4) und als Attribut zu einem Nomen (Beispiel 5). Bei der Besprechung der einzelnen infiniten Konstruktionen (→ **186–190**) wird jeweils darauf hingewiesen, ob *for* + Sinnsubjekt möglich ist.

(2) It's important **for *the instructions* to be clear and simple.** *(Es ist wichtig, dass die Gebrauchsanweisung klar und einfach ist.)*	*For* + Infinitiv nach Verbverband
(3) We could tape this programme **for *Sarah* to watch** later. (… so that Sarah can watch it later.)	*For* + Infinitiv zum Ausdruck des Zwecks
(4) Breakfast TV is on too early in the morning **for *me* to enjoy it.** (… so early … that I can't enjoy it.)	*For* + Infinitiv zum Ausdruck der Folge
(5) The need **for *him* to go out and earn a living** was made clear to him.	*For* + Infinitiv als Attribut

179 Infinitivkonstruktionen mit Fragewort

1. Vergleich mit indirekten Fragesätzen

Infinitivkonstruktionen, die mit einem Fragewort oder der Konjunktion *whether* (niemals *if*!) eingeleitet werden, entsprechen indirekten Fragesätzen mit modalen Hilfsverben.

	Infinitivkonstruktion	
The students wondered	**how**	**to get better results.**
	whether	**to drop the course or not.**
Vgl.: The students wondered	how	they might get better results.
	whether / if	they should drop the course or not.
	indirekter Fragesatz	

Seiner modalen Bedeutung entsprechend drückt der Infinitiv in Kombination mit Fragewörtern ein Sollen, Müssen oder Können aus. Wenn es unwesentlich ist, welche dieser modalen Bedeutungen gemeint ist (Beispiel 1) oder wenn dies offensichtlich ist (Beispiel 2), wird die knappere, elegantere Infinitivkonstruktion gegenüber dem genaueren indirekten Fragesatz bevorzugt.

(1) They didn't know **what to do with all the blackberries they collected.**
Entweder: They didn't know what they should do …
Oder: They didn't know what they could do …

(2) She told him **where to find the empty jam jars.**
Offensichtlich: … where he could find …

2. Verwendung direkt nach dem Verb oder nach Verb / Nomen + Präposition
Infinitivkonstruktionen mit Fragewort treten nach Verben wie *wonder* und *ask* (Beispiel 3) sowie nach Verbverbänden wie *have no idea* auf (Beispiel 4). Außerdem erscheinen sie als Attribute zu abstrakten Nomen wie *question* und *problem* (Beispiel 5).

(3) I've been wondering **how to ask my boss for a rise.**
(4) We had no idea **who to turn to for advice.**
(5) The problem of **how to deal with the matter** was put to the vote.

Zum Teil ist bei diesen Infinitivkonstruktionen die Verwendung einer Präposition nötig (Beispiel 6 und 7), zum Teil aber nicht zwingend (Beispiel 8). Auch in dieser Hinsicht verhalten sich diese Konstruktionen wie die indirekten Fragesätze (→ **221**).

(6) The group agreed ***on*** **when to meet next time.**
(7) The problem ***of*** **where to get the information** seemed to be unsolvable.
(8) We were doubtful (about) **what to do next.**

3. *How* + Infinitiv nach *know, learn, teach* und *show*
Hier ist das Fragewort nach *know* und *show* notwendig (Beispiel 9 und 10), nach *learn* und *teach* kann es entfallen (Beispiel 11).

(9)	Do you know ***how*** **to play cricket?**	(Fragewort nötig)
(10)	Can you show me ***how*** **to play the game?**	(Fragewort nötig)
(11)	During the summer I learned (how) **to swim,** while my older brother was taught (how) **to waterski.**	(Fragewort entbehrlich)

Partizip und *gerund* als adverbiale Bestimmungen

180–185

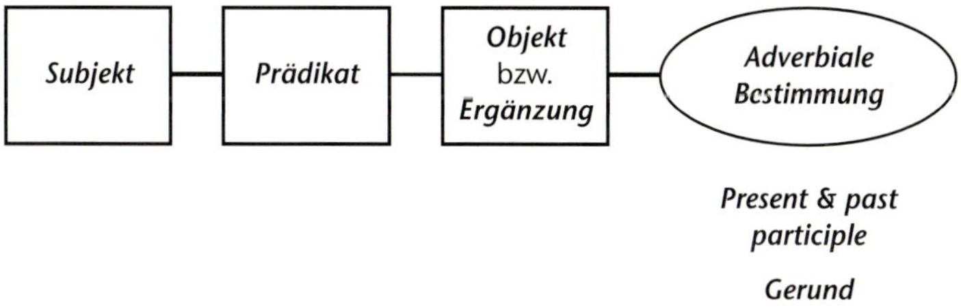

Grundsätzliches

180

1. Verbundene, unverbundene und bezugslose Partizipialkonstruktionen
Adverbiale Partizipialkonstruktionen können mit dem *present participle* und dem *past participle* gebildet werden. Sie lassen sich mit adverbialen Nebensätzen vergleichen. Zu unterscheiden sind die folgenden drei Typen:

— **verbundene Partizipialkonstruktionen**
Sie beziehen sich auf das Subjekt des übergeordneten Satzes. Vergleichbare Nebensätze haben dasselbe Subjekt wie der Hauptsatz. Verbundene Partizipialkonstruktionen können auch wie adverbiale Nebensätze durch Konjunktionen eingeleitet werden. Vgl. das folgende Schema. Zu den Einzelheiten → **181** und **182**.

Looking out over the calm sea, While **he** was looking out over the calm sea,	**he** began to dream.
Gleiches Subjekt	
Though **it** was signposted, **Though signposted,**	**the mountain trail** was not easy to follow.

— **unverbundene Partizipialkonstruktionen** (absolute Partizipien)
Unverbundene Partizipialkonstruktionen haben ein eigenes Sinnsubjekt. Vergleichbare Nebensätze haben ein anderes Subjekt als der Hauptsatz. Unverbundene Partizipialkonstruktionen werden häufig durch *with* eingeleitet. Vgl. das folgende Schema. Zu den Details → **183**.

Temperatures having reached more than 30 degrees, **With temperatures reaching more than 30 degrees,** Vgl.: As **temperatures** were reaching more than 30 degrees,	**they** decided to go to the beach.
Verschiedene Subjekte	

— **bezugslose Partizipialkonstruktionen**
Ein bezugsloses Partizip *(dangling participle)* liegt vor, wenn die Partizipialkonstruktion weder ein eigenes Sinnsubjekt aufweist, noch sich ein logischer Bezug zum Subjekt des Gesamtsatzes herstellen lässt. Allerdings sind solche Partizipialkonstruktionen nicht notwendigerweise unverständlich. Wo dies möglich ist, wird das Partizip hier auf den Sprecher bzw. die Allgemeinheit bezogen und entspricht dann oft einem Nebensatz mit dem allgemeinen Personalpronomen *one*. Hierzu das folgende Schema (zu den Details → **184**):

When changing the toner cartridge, Vgl.: When **one** changes the toner cartridge,	**the printer** should be cleaned as well.
Angenommenes Subjekt: Sprecher oder Allgemeinheit	Subjekt des Satzes

2. *Gerund*-Konstruktionen als adverbiale Bestimmungen
Gerund-Konstruktionen können nur in Verbindung mit Präpositionen adverbiale Funktion haben. Sie lassen sich ebenfalls mit adverbialen Nebensätzen vergleichen. Solche *gerund*-Konstruktionen beziehen sich normalerweise – wie verbundene Partizipien – auf das Subjekt des übergeordneten Satzes (Beispiel 1). Gelegentlich hat das *gerund* aber auch ein eigenes Sinnsubjekt (Beispiel 2).

(1) **In spite of being warned,** she went out skating on the thin ice.
Vgl.: Though she was warned, she went out skating on the thin ice.
(2) Drivers were advised not to travel **because of the roads being icy.**
Vgl.: ... because the roads were icy.

3. Stellung von adverbialen Partizipial- und *gerund*-Konstruktionen im Satz
Solche Konstruktionen können vor oder hinter dem Hauptsatz stehen (Beispiel 3 und 4). Partizipialkonstruktionen können außerdem hinter das Bezugswort treten und damit im Satzinneren erscheinen (Beispiel 5). In diesem Fall lassen sie sich auch als Entsprechungen zu nichtnotwendigen Relativsätzen auslegen und werden daher durch Kommas abgetrennt (→ **191.3**).

(3) **Having quickly become bored,** the children started talking amongst themselves.	Anfangsstellung
(4) The clown made animals out of balloons, **hoping to cheer us all up.**	Endstellung
(5) The audience, **waiting for the performance to start,** sat patiently.	Binnenstellung

Details zu den Partizipialkonstruktionen mit Konjunktion 181

Mit Konjunktionen werden Partizipialkonstruktionen verwendet, wenn ihre Bedeutung so genau festgelegt werden soll wie durch Nebensätze. Dabei kommen folgende Konjunktionen in Frage:

— beim *present participle*: *after, before* (Beispiel 1 und 2)
— beim *past participle*: *once* (sobald), *as soon as* (Beispiel 3)
— bei beiden Partizipien: *when, while, (al)though, if, even if, as if, since* (= seit), *till, until* (Beispiel 4–6)

After, before und *since* können auch als Präpositionen mit *gerund*-Konstruktionen verstanden werden (→ **185.1**).

(1) **After presenting the case for the defence,** the lawyer sat down.
(2) The defendant swore on the bible **before giving his testimony.**
(3) **Once arrested,** a person must be charged with an offence within 24 hours.
(4) **When cross-examined,** the witness became confused.
(5) **While awaiting the verdict,** the accused sat patiently in his cell.
(6) The alleged murderer looked straight in the eyes of the jury, **as if defying them to convict him.**

Die Konjunktionen des Grundes (*because, as / since* = da / weil) werden kaum mit Partizipien kombiniert; die kausale Bedeutung wird meist durch das Partizip ohne Konjunktion wiedergegeben (→ **182.2**).

182 Details zu den verbundenen Partizipialkonstruktionen ohne Konjunktion

Ohne Konjunktion verwendet sind diese Partizipialkonstruktionen bedeutungsmäßig nicht so eindeutig festgelegt wie vergleichbare Nebensätze. Trotzdem lassen sich einige häufige Bedeutungen unterscheiden.

1. Partizipien als Angaben der Zeit

Zum Ausdruck der Gleichzeitigkeit erscheint vor allem das *present participle* von Verben mit dynamischer Bedeutung (→ **119.2**), da diese Verben einen zeitlichen Ablauf schildern (Beispiel 1). Zum Ausdruck der Vorzeitigkeit wird die Perfektform des *present participle* verwendet (Beispiel 2).

(1) **Passing the factory,** we saw that the old chimney had been demolished.
Vgl.: When we passed the factory, we saw …

(2) **Having set the fuse for blowing up the bridge,** the men retired to a safe distance.
Vgl.: When they had set the fuse for blowing up the bridge, …

2. Partizipien als Angaben des Grundes

Diese Bedeutung können das *present participle* und das *past participle* aller Verben haben. Fast immer so zu verstehen sind die Partizipien von Verben mit statischer Bedeutung (Beispiel 3 und 4; → **119.2, 122**).

(3) **Seeing the queue was so long,** we turned the car round and went back home.
Vgl.: Since / As we saw the queue was so long, …

(4) **Situated on the clifftops,** the castle has a wonderful view of the estuary.
Vgl.: As it is situated on the clifftops, …

3 Partizipien als Angaben der Begleitumstände

In dieser Verwendung treten vorwiegend *present participle* und *past participle* von Verben mit dynamischer Bedeutung auf. Im Deutschen benützt man Partizipialkonstruktionen, Hauptsätze (oft mit der Konjunktion *und*; Beispiel 5), Nebensätze mit *indem* und *wobei* oder gelegentlich ebenfalls Partizipialkonstruktionen (Beispiel 6).

(5) The passengers gathered on deck as they passed the headland, **photographing, filming and generally admiring the scenery.**
(Die Passagiere versammelten sich an Deck … Sie fotografierten, filmten und bewunderten die Landschaft insgesamt.)

(6) **Escorted by many small boats,** the ship entered the harbour.
(Von vielen kleinen Booten begleitet lief das Schiff in den Hafen ein.)

4. Bedeutungsmischungen
Oft sind mehrere dieser Bedeutungen gleichzeitig enthalten (z. B. Zeit und Grund), sodass mehrere Übersetzungen in Frage kommen (Beispiel 7). Gelegentlich haben Partizipialkonstruktionen ohne Konjunktion auch andere Bedeutungen, die sich aus dem Textzusammenhang ergeben. Sie können z. B. auch zum Ausdruck der Bedingung, des Mittels oder der Einräumung dienen (Beispiel 8–10).

(7) **Living by the sea,** I got used to the perpetual crashing of the waves, which had at first irritated me.
(*Als ich am Meer lebte …* oder: *Da ich am Meer lebte …*)
(8) **Protected by a dam,** the village would not have been flooded by the spring tide.
Vgl.: If it had been protected by a dam, …
(9) **Using binoculars,** you can see the coastline opposite.
Vgl.: If you use binoculars, …
(10) **Battered by the terrible storms,** the fishing boats nevertheless returned to harbour safely.
Vgl.: Though they were battered by the terrible storms, …

Manchmal können bei diesen Partizipialkonstruktionen Missverständnisse entstehen (Beispiel 11). Zur Klärung kann hier eine Konjunktion eingefügt werden (Beispiel 12).

(11) I saw a strange character **standing in the lane behind our house.**
(Entweder: A strange character was standing in the lane behind our house.
Oder: I was standing in the lane behind our house.)
(12) I saw a strange character **while standing in the lane behind our house.**
(Nur: I was standing in the lane behind our house.)

Details zu den unverbundenen Partizipialkonstruktionen 183

1. Bedeutung und Übertragung ins Deutsche
Unverbundene Partizipialkonstruktionen – auch solche, die mit *with* eingeleitet werden – drücken meist die Begleitumstände einer Handlung aus und werden dann im Deutschen oft durch Hauptsätze oder adverbiale Nebensätze mit *wobei* oder *indem* wiedergegeben (Beispiel 1 und 2). Außerdem können sie auch zur Angabe von Zeit und Grund dienen und entsprechen dann z. B. deutschen Nebensätzen mit *als, wenn, da, weil* (Beispiel 3).

(1) The explorers suddenly found themselves in a vast cavern, **their lamps casting strange shadows.** (*… Ihre Lampen warfen …*)
(2) Many caves have been made accessible to the public, **some of them even being equipped with electric light.** (*… wobei einige sogar …*)
(3) **Their existence discovered in 1940,** the cave paintings at Lascaux quickly became famous around the world.
(*Als ihre Existenz 1940 entdeckt wurde …*)

2. Stilistische Wirkung

Unverbundene Partizipialkonstruktionen, die nicht mit *with* eingeleitet werden, gehören der gehobenen Schriftsprache an (Beispiel 4). Auf allen Stilebenen anzutreffen ist dagegen die *with* + *participle*-Konstruktion. Sie ist auch in der Umgangssprache sehr beliebt (Beispiel 5 und 6).

(4) Glaciers are examples of nature's strength, **their slow progress not hindered by any obstacle.**
(... Ihr langsames Vordringen wird durch Hindernisse nicht aufgehalten.)

(5) **With a boulder blocking their way,** the team was forced to turn back.
(Da ein Felsbrocken ihnen den Weg blockierte ...)

(6) The summit was wild, **with high winds almost blowing the climbers over.**
(... und starke Winde bliesen die Bergsteiger fast um.)

3. Andere Konstruktionen mit *with*

Auch Infinitivkonstruktionen (Beispiel 7) und verblose Nebensätze (Beispiel 8) werden gelegentlich durch das Strukturwort *with* + Sinnsubjekt eingeleitet. Solche Konstruktionen haben ebenfalls adverbiale Funktion.

(7) **With her brother to advise her,** Anne felt the business could not fail to be a success.
(Da sie ihren Bruder als Berater hatte ...)

(8) **With second-hand books so much in demand,** Mr Jarvis is making a handsome profit from his shop.

184 Details zu den bezugslosen Partizipialkonstruktionen

Bezugslose Partizipien (→ **180.1**) wurden lange Zeit nur als fehlerhafter Sprachgebrauch kritisiert und der Lächerlichkeit preisgegeben. Manche wirken tatsächlich unfreiwillig komisch (Beispiel 1 und 2).

(1) **Dilapidated and disused,** Andrew knew he had to put a lot of work into renovating the house.

(2) Before launching the 'Queen Anne', the duchess gave a speech. Then, **after breaking a bottle of champagne over the bow of the ship,** she slid majestically into the water.

Trotzdem finden diese Konstruktionen in zunehmendem Maße Verwendung, besonders in den Fällen, die in den folgenden Abschnitten besprochen werden.

1. Übergeordneter Satz mit unpersönlichem Subjekt

Bezugslose Partizipien werden häufig akzeptiert, wenn der Hauptsatz nicht durch ein Subjekt eingeleitet wird, das den Urheber der Handlung nennt. Dies betrifft vor allem Konstruktionen, deren Hauptsätze durch die Strukturwörter *it* (Beispiel 3) oder *there* (Beispiel 4) eingeleitet werden, deren Subjekt in diesem Sinn „unpersönlich" ist. Das Partizip kann hier auf den Sprecher bezogen werden oder im Sinn des allgemeinen Pronomens „man" ausgelegt werden.

(3) **Seeing so many people out of work, *it*** was clear that the economy was suffering.
(= As you could see that so many people were out of work ...)
(4) **When looking for a new house, *there*** are a number of factors that influence one's final decision.
(= When one is looking for a new house ...)

2. Subjekt des übergeordneten Satzes bezeichnet die betroffene Person oder ein menschliches Attribut

Das bezugslose Partizip wird oft auch akzeptiert, wenn der übergeordnete Satz ein Passivsatz ist. Der Grund dürfte darin liegen, dass das Subjekt des Passivsatzes zwar eine Person bezeichnen kann, aber eben nur die betroffene Person und nicht den Urheber der Handlung (Beispiel 5). Möglich ist das unverbundene Partizip auch dann, wenn sich das Subjekt des übergeordneten Satzes auf ein menschliches „Attribut" bezieht, also etwas, das eng mit dem Menschen verbunden ist, wie *thought* und *perfect hygiene* in Beispiel 6 bzw. Beispiel 7. Dabei ist auffällig, dass viele der bezugslosen Partizipien durch die Konjunktion *when* eingeleitet werden (Beispiel 4, 5 und 7).

(5) **When making deliveries, *customers*** are required to acknowledge receipt of goods with their signature.
(= When we make deliveries ...)
(6) **Driving to Chicago that night, *a sudden thought*** struck me.
(= While I was driving to Chicago ...)
(7) **When manufacturing medical supplies, *perfect hygiene*** is essential.
(= When you manufacture medical supplies ...)

3. Partizipien als Konjunktionen und Präpositionen

Eine Reihe von bezugslosen Partizipien wird als Konjunktionen gebraucht, häufig in Kombination mit *that*. Viele von ihnen leiten Nebensätze der Bedingung oder Einräumung ein (Beispiel 8 und 9). Im förmlichen Stil werden einige Partizipien auch wie Präpositionen vor Nomen gebraucht (Beispiel 10). (Zur Verwendung von Partizipien wie *generally speaking*, *strictly speaking*, etc. als kommentierende adverbiale Bestimmungen → **187**).

(8) **Supposing** (that) you do get the job, will you be earning more money than you do now?
(= If you do get ...)
(9) **Granted** that money doesn't buy you everything, it nevertheless makes life easier.
(= Even if money ...)
(10) That was very generous of him, **considering** his usual difficulty in parting with money.
(... wenn man ... in Betracht zieht.)
Ebenso: concerning, excepting, given, including, owing to, according to, etc.

185 Details zu den adverbialen *gerund*-Konstruktionen

Die Bedeutung adverbialer *gerund*-Konstruktionen hängt von der einleitenden Präposition ab. Es lassen sich zwei Gruppen unterscheiden.

1. *Gerund* als Alternative zum Nebensatz
Eine solche Alternative besteht für Angaben der Zeit (Beispiel 1), des Grundes (Beispiel 2), der Bedingung (Beispiel 3) und der Einräumung (Beispiel 4). Dabei wirkt die *gerund*-Konstruktion (außer bei *from* und *for*) förmlicher als der entsprechende Nebensatz. Im Deutschen verwendet man Nebensätze oder gelegentlich Ausdrücke mit Nomen (Beispiel 4). Konstruktionen mit *since, after* und *before* können übrigens nicht nur als *gerunds*, sondern auch als Partizipialkonstruktionen verstanden werden, da *since, after* und *before* nicht nur Präpositionen, sondern auch Konjunktionen sein können (Beispiel 5; → **181**).

(1) **On hearing the almighty crash,** Mrs Coley ran out into the street to see what had happened.
Vgl.: When she heard the almighty crash ...
Ebenso: *gerund* mit *since, after, before*
(2) Philip got a nasty cut **from falling off his bicycle.**
Vgl.: ... because/when he fell off his bicycle.
Ebenso: *gerund* mit *because of, for*
(3) **In case of the neighbours complaining,** you'll both have to go and play somewhere else.
Vgl.: In case the neighbours complain ...
(4) **In spite of/Despite being told to be more careful,** David kicked the ball through the bathroom window.
Vgl.: Although he was told to be more careful ...
(Obwohl er ermahnt wurde .../Trotz der Ermahnung ...)
(5) **Before opening the door,** they listened to see if anyone was inside.
Vgl.: Before they opened the door ...

2. *Gerund* ohne Nebensatzalternative
Dazu gehören *gerund*-Konstruktionen mit den Präpositionen *instead of, apart from, as well as, in addition to* (Beispiel 6–8), vor allem aber mit *without, by* und *in* (Beispiel 9 und 10). Diese Konstruktionen sind auf allen Stilebenen üblich. Im Deutschen entsprechen ihnen Infinitivkonstruktionen oder Nebensätze.

(6) **Instead of helping to mow the lawn,** she went out with her friends on a bike ride. *(Statt zu helfen ...)*
(7) **Apart from walking to the corner shop,** Grandad never gets any real exercise. *(Abgesehen davon, dass er ...)*
(8) **In addition to playing tennis once a week in the summer,** Janet is also a fanatical squash player.
(9) **By taking a jog every morning before work,** she has managed to lose quite a lot of weight. *(Indem/Dadurch dass sie ...)*
(10) He made the right decision **in joining that sports club.**
(Er traf die richtige Entscheidung, als er ... beitrat.)

Der Infinitiv als adverbiale Bestimmung

186–187

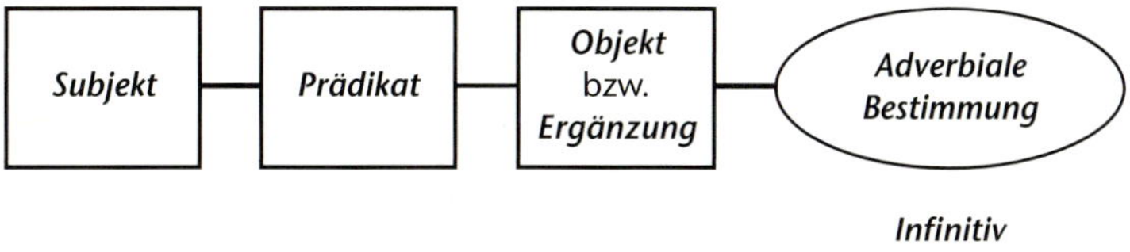

Infinitivkonstruktionen zum Ausdruck des Zwecks und der Folge

186

Aufgrund seiner modalen Bedeutung eignet sich der Infinitiv dazu auszudrücken, was beabsichtigt, aber noch nicht ausgeführt ist (→ **195.1**). Daher erscheint er auch als adverbiale Bestimmung des Zwecks oder der Folge. In dieser Funktion steht der Infinitiv immer mit *to*.

1. Der Infinitiv als adverbiale Bestimmung des Zwecks
Der Zweck kann durch den bloßen Infinitiv ausgedrückt werden (Beispiel 1). Soll der Zweck besonders betont werden oder ist der Infinitiv verneint, so wird dem Infinitiv *in order* vorangestellt (Beispiel 2) – im förmlichen Stil auch *so as* (Beispiel 3). Die Konstruktion mit dem bloßen Infinitiv kann auch durch *for* + Sinnsubjekt erweitert werden (Beispiel 4). (Zu adverbialen Nebensätzen des Zwecks → **218.5**).

(1) A large crowd was waiting offstage **to catch a glimpse of the lead singer close up.**
(2) After the concert the band posed at the top of the steps **in order to give the press a chance** to get their pictures.
(3) **So as not to have to answer any questions,** the band's manager slipped out of a back entrance.
(4) A way was cleared **for the film star to reach the hotel entrance.**
(… damit der Filmstar zum Hoteleingang gelangen konnte.)

Auch *gerund*-Konstruktionen können zum Ausdruck des Zwecks dienen. Sie werden benutzt, wenn der eigentliche Zweck allgemein und knapp angegeben wird (Beispiel 5). Der Infinitiv wird dagegen verwendet, wenn ein spezieller Zweck beschrieben wird (Beispiel 6). Schließlich kann auch die Konjunktion *as if* mit dem Infinitiv konstruiert werden, wenn sowohl ein Vergleich als auch eine Absicht ausgedrückt werden soll (Beispiel 7).

(5) This machine has been designed **for cutting cloth.**
(6) This machine has been designed **to provide maximum protection for the operator.**
(7) He opened his mouth **as if to complain,** but then thought better of it and closed it again.
(… als ob er sich beschweren wollte …)

2. Infinitivkonstruktionen zum Ausdruck der Folge
Zum Ausdruck der Folge dienen vor allem die Konstruktionen „*too* + Adjektiv / Adverb + Infinitiv" (Beispiel 8) und „Adjektiv / Adverb + *enough* + Infinitiv" (Beispiel 9). Auch hier kann ein Sinnsubjekt mit *for* eingeführt werden (Beispiel 10).

(8) The book was ***too exciting*** **to put down.**
(9) Some scenes were ***realistic enough*** **to make you feel as if you were part of the story.**
(10) Aren't those comics ***too childish*** **for you to be reading?**

Im förmlichen Stil erscheinen auch die Konstruktionen „*so* + Adjektiv + *as* + Infinitiv" (Beispiel 11) und „*such (a)* + Nomen + *as* + Infinitiv" (Beispiel 12).

(11) Would you be ***so kind as*** **to pass me the newspaper?**
(12) The book was not ***such a classic as*** **to deserve the praise it received.**

Gelegentlich drückt der Infinitiv, ähnlich wie im Deutschen, einfach eine (meist unerfreuliche) Aufeinanderfolge von Ereignissen aus und entspricht dann einem Hauptsatz mit *and* oder *but* (Beispiel 13 und 14).

(13) They arrived home **to find slogans smeared on the wall.** (... and found ...)
(14) He complained to the police, **only to be told they could do nothing about it.** (... but was only told ...)

187 Kommentierende und textverknüpfende Infinitivkonstruktionen als adverbiale Bestimmungen

Hier tritt der Infinitiv als Entsprechung zu kommentierenden Adverbien wie *honestly, frankly, certainly* (Beispiel 1) oder textverknüpfenden Adverbien wie *firstly, lastly, finally* (Beispiel 2) auf. Formal handelt es sich um eine bezugslose Infinitivkonstruktion. Sie hat kein eigenes Sinnsubjekt, gemeint ist aber der Sprecher, selbst wenn dieser nicht als Subjekt des übergeordneten Satzes erscheint. Diese Konstruktion wird durch eine Sprechpause und meist durch ein Komma vom zugehörigen Satz abgetrennt.

(1) **To tell the truth,** the barbecue was a disaster.
Ebenso: to be frank, to be honest, to speak plainly, to be sure
(2) **To start with,** we burnt the steaks and secondly we ran out of drinks.
Ebenso: to begin with, to be brief, to sum up, to conclude

Kommentierende Funktion haben nicht nur Infinitive, sondern auch Konstruktionen mit dem Partizip *speaking* (Beispiel 3).

(3) **Generally speaking,** the weather is pretty awful in this part of the country.
Ebenso: honestly speaking, roughly speaking, strictly speaking, properly speaking

Infinitiv, *gerund* und Partizip als Attribut

188–191

Grundsätzliches zu Infinitiv und gerund *als Attribut zu abstrakten Nomen*

188

1. Strukturen

Infinitiv und *gerund* können als Attribute zu abstrakten Nomen auftreten. Der Infinitiv wird stets mit *to* angeschlossen, das *gerund* mit einer Präposition. Welche Konstruktion angeschlossen wird, hängt – wie bei allen Attributen – vom Bezugsnomen ab, nicht aber von dessen Stellung oder Funktion im Satz. Vgl. das folgende Schema:

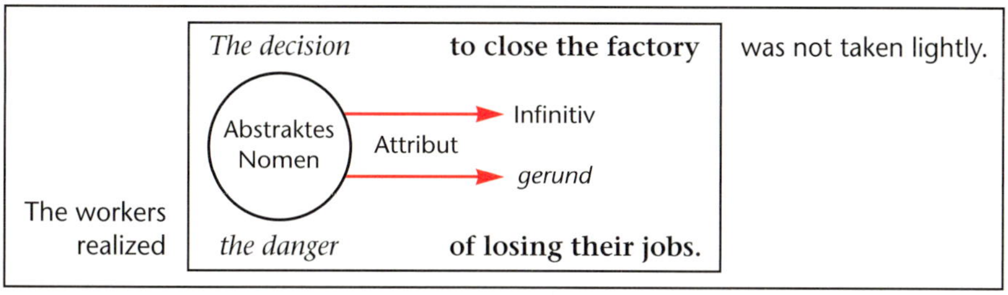

Beide Konstruktionen können erweitert werden, der Infinitiv durch *for* + Sinnsubjekt (Beispiel 1), das *gerund* durch ein Sinnsubjekt, das nach der Präposition eingefügt wird (Beispiel 2). Diese erweiterten Konstruktionen entsprechen oft attributiven *that*-Sätzen (→ **219.3**).

(1) Have you heard about ***the plan* for the company to issue shares?**
Vgl.: … the plan that the company will issue shares?

(2) The trade unions underrated ***the danger* of greater automation destroying workers' jobs.**
Vgl.: … the danger that greater automation would / might destroy workers' jobs.

2. Parallelen zu Infinitiv und *gerund* nach Verben und Verbverbänden

Viele abstrakte Nomen sind von Verben oder den Adjektiven von Verbverbänden abgeleitet oder mit ihnen verwandt. Sie können deshalb meist dieselbe Konstruktion nach sich haben wie die entsprechenden Verben (Beispiel 3) oder Verbverbände aus *be* + Adjektiv (Beispiel 4). Wird das *gerund* mit einer Präposition angeschlossen, so erscheint beim vergleichbaren Nomen normalerweise dieselbe Präposition (Beispiel 4).

(3) His ***wish* to meet the President** was finally fulfilled.	Nomen mit Infinitiv
Vgl.: He ***had*** always ***wished* to meet the President.**	Verb mit Infinitiv
(4) His ***surprise* at being nominated as a candidate** was clear from his face.	Nomen mit Präposition und *gerund*
Vgl.: He ***was*** clearly ***surprised* at being nominated as a candidate.**	Verbverband mit Präposition und *gerund*

189

Details zur Wahl von Infinitiv oder *gerund* nach abstrakten Nomen

1. Bedeutungsgruppen von Nomen, die den Infinitiv bei sich haben
Der Infinitiv erscheint vorwiegend nach Nomen,

— die eine Absicht, Bereitschaft oder einen Wunsch ausdrücken (Beispiel 1),
— die einen Rat, eine Aufforderung, ein Veranlassen oder Zulassen wiedergeben (Beispiel 2).

In all diesen Fällen beschreibt die Infinitivkonstruktion eine Handlung, die noch nicht vollzogen ist. Zu den entsprechenden Verbklassen → **196–197**.

(1) The minister's *readiness* to accept blame was admired by everyone.
Ebenso: eagerness, inclination, plan, wish, agreement, attempt, etc.
(2) Will he accept his colleagues' *advice* to resign?
Ebenso: order, command, permission, etc.

2. Bedeutungsgruppen von Nomen, die das *gerund* bei sich haben
Das *gerund* erscheint unter anderem nach Nomen,

— die eine gefühlsmäßige Reaktion oder Einstellung ausdrücken (Beispiel 3),
— die einen Zusammenhang mit einem Sachverhalt herstellen (Beispiel 4).

Zu den entsprechenden Verbklassen → **201–204**.

(3) Though happy with her success, she couldn't shrug off her *aversion* to being interviewed.
Ebenso: love of, hate of, preference for, doubt about, fear of, worry about, etc.
(4) Her *habit of* asking tactless questions made Fiona very unpopular.
Ebenso: method of, question of, problem of, etc.

3. Nomen, die Infinitiv oder *gerund* zulassen
Viele Nomen lassen jedoch – dies im Gegensatz zu den entsprechenden Verben und Verbverbänden – ohne merklichen Bedeutungsunterschied sowohl Infinitiv als auch Präposition + *gerund* zu (Beispiel 5 und 6). Im Einzelfall geben die Wörterbücher Auskunft.

(5) He had no *chance* to express his opinion on the matter.
(6) Is there no *chance of* altering this decision?
Ebenso: opportunity (of), desire (of), hesitation (in), intention (of), reason (for), idea (of), pleasure (at / in), possibility (of), etc.

Grundsätzliches zu Partizip und Infinitiv als Entsprechungen zu Relativsätzen

190

1. Partizipialkonstruktionen im Vergleich mit Relativsätzen

Partizipialkonstruktionen entsprechen in dieser Funktion Relativsätzen, in denen das Relativpronomen Subjekt ist. Konstruktionen mit dem *present participle* treten für Relativsätze im Aktiv ein, Konstruktionen mit dem *past participle* für Relativsätze im Passiv. Vgl. das folgende Schema:

The girl	**wearing** the red coat	has just dropped her glove.
Vgl.: The girl	who is wearing the red coat	has just dropped her glove.
	↑ Subjekt im aktiven Relativsatz	
The scarf	**found** on the floor	belonged to a customer.
Vgl.: The scarf	which was found on the floor	belonged to a customer.
	↑ Subjekt im passiven Relativsatz	

Die Partizipialkonstruktionen werden meist – wie die Beispiele im Schema – als notwendige Attribute verwendet, sie können aber auch die Funktion nichtnotwendiger Attribute haben, d. h. den Charakter zusätzlicher Einschübe. Zu den Einzelheiten des Gebrauchs → **191**.

2. Infinitivkonstruktionen vom Typ *the first to sail*

Infinitivkonstruktionen dieses Typs entsprechen Relativsätzen, in denen – wie bei den Partizipialkonstruktionen (s. o.) – das Relativpronomen Subjekt ist. Hierzu das folgende Schema:

The ***first*** Englishman	**to sail** round the world	was Sir Francis Drake.
Vgl.: The first Englishman	who sailed round the world	was Sir Francis Drake.
	↑ Subjekt	

Dieser Typ ist aber nur nach Nominalgruppen möglich, die ein einschränkendes Element enthalten. Dies kann eine Ordnungszahl (Beispiel im Kasten), eine Superlativform (Beispiel 1), ein einschränkendes Mengenwort (Beispiel 2) oder *only* (Beispiel 3) sein.
Ordnungszahlen, Superlative und Mengenwörter können ohne nachfolgendes Nomen stehen. *Only* kann dagegen nur mit einem Nomen oder dem Stützwort *one / ones* verwendet werden.

(1) The ***finest*** food **to be had in this place** wasn't good enough for him.
(2) The ***few*** drivers **to complete the rally** were all utterly exhausted.
(3) Susan may always be the ***last*** **to arrive,** but she's not the ***only*** one **to be late.**

3. Infinitivkonstruktionen vom Typ *a date to remember*
Dieser Typ entspricht Relativsätzen, in denen das Relativpronomen Objekt ist (oder entfällt). Außerdem muss der Relativsatz ein modales Hilfsverb (meist *should*) enthalten. Der Infinitiv drückt hier also ein Sollen, Können oder Müssen aus.

1492 is a date	to remember.
Vgl.: 1492 is a date	(which)you should remember. ↑ Objekt

Nach Orts- oder Zeitangaben ersetzt der Infinitiv Relativsätze mit den Relativadverbien *where* und *when* (Beispiel 4 und 5). Außerdem kann die Konstruktion durch *for* + Sinnsubjekt erweitert werden (Beispiel 6 und 7).

(4) Ireland was once ***the ideal place*** **to spend a quiet holiday.**
Vgl.: ... the place where you could spend ...
(5) ***The time*** **to visit London** is in the autumn, when there are fewer tourists.
Vgl.: The time when you should visit London ...
(6) ***A book*** **for children to read** is the *Hobbit*.
(7) Christmas is ***a time*** **for all people to show compassion** to those less fortunate.

191 Partizipien als notwendige oder nichtnotwendige Attribute

Ähnlich wie bei den Relativsätzen (→ **223**) unterscheidet man auch bei attributiven Partizipialkonstruktionen zwischen notwendigen und nichtnotwendigen Attributen. Notwendige Attribute werden weder durch Komma noch durch Sprechpause vom Restsatz abgetrennt, nichtnotwendige Attribute werden durch Komma und Sprechpause als Einschub gekennzeichnet. Die in **190.2** und **3** vorgestellten Infinitivkonstruktionen entsprechen fast immer notwendigen Relativsätzen. Von Bedeutung ist diese Unterscheidung jedoch bei den Partizipialkonstruktionen.

1. *Present-participle*-Konstruktionen als notwendige Attribute
Die Verwendungsmöglichkeiten hängen hier davon ab, ob das Verb des vergleichbaren Relativsatzes in der *progressive* oder in der *simple form* gebraucht würde.
Bei Verben, die die *progressive form* zulassen (dynamischen Verben → **119.2**), drückt die *present-participle*-Konstruktion den Ablauf einer Handlung und ihre Gleichzeitigkeit mit einem anderen Geschehen aus. Sie kann deshalb immer für Relativsätze mit dem *present progressive* (Beispiel 1) oder *past progressive* (Beispiel 2) eintreten und wird diesen vor allem im Satzinnern vorgezogen.

(1) The family **eating at the next table** sound like they might be Dutch.
Vgl.: The family who are eating at the next table ...
(2) I asked the waitress **serving us** for some water, but she seems to have forgotten.
Vgl.: ... the waitress who was serving us ...

Als Alternative zu Relativsätzen im *simple present* oder *simple past* ist die *present-participle*-Konstruktion nur dann üblich, wenn das Bezugswort eine unbestimmte oder wenig bekannte Person oder Sache bezeichnet (Beispiel 3 und 5). Sonst werden Relativsätze verwendet (Beispiel 4 und 6). Im Zweifelsfall ist es sicherer, einen Relativsatz zu benutzen.

(3) People **working / who work in restaurants** usually have to put up with irregular hours.
(4) Aber nur: I got the details from the woman **who works with me at the café.**
(5) Anyone **wanting / who wants to be sure of getting a table** should book well in advance.
(6) Aber nur: Did I tell you about that rich aunt of mine **who wants to take us to the Ritz?**

Bei einigen der Verben, die eine Beziehung ausdrücken (also stets in der *simple form* auftreten), ist ein *present participle* auch nach bestimmtem Bezugswort (z. B. *the* + Nomen) möglich (Beispiel 7–9).

(7) Caroline came round to borrow that hat **belonging** (which belongs) **to your Mom** for a school play.
Ebenso: consist of
(8) She went through the door **leading** (which leads) **into the yard.**
(räumliche Beziehung)
(9) She lives in the flat **facing** (which faces) **the park.**
Ebenso: overlook *(hinausgehen auf)*

2. *Past-participle*-Konstruktionen als notwendige Attribute

Past-participle-Konstruktionen können nicht für Relativsätze mit der *progressive form* oder mit Futurformen eintreten. Entsprechen sie einem anderen Tempus, so werden sie jedoch meist den längeren Relativsätzen vorgezogen (Beispiel 10 und 11).

(10) The pub (which is) **frequented by everybody round here** is the Black Bull.
(11) The beer glasses (which had been) **broken in the fight** had to be paid for.

3. Partizipialkonstruktionen als nichtnotwendige Attribute

In dieser Funktion stellen *present* und *past-participle*-Konstruktionen einen Einschub im übergeordneten Satz dar, der durch Kommas markiert wird. Ihr Gebrauch ist auf die Schriftsprache und den förmlichen Stil beschränkt (Beispiel 12 und 13). Diese Konstruktionen können auch als adverbiale Bestimmungen verstanden werden, die ins Satzinnere eingeschoben sind (→ **182**). Sie lassen sich daher auch durch adverbiale Nebensätze (z. B. des Grundes) wiedergeben (Beispiel 14).

(12) The night, **now quickly drawing in,** made me long for the shelter of home.
(13) The moon, **partly covered by clouds,** cast a feeble light.
(14) My father, **suffering from night blindness,** always took a torch with him in the dark. *(Mein Vater, der an Nachtblindheit litt/Da mein Vater an Nachtblindheit litt …)*

192

Vergleich mit dem Deutschen: Ausgewählte Aspekte

1. Das Ungleichgewicht im Bereich der infiniten Strukturen

Das Englische verfügt mit Infinitiv, *gerund* und Partizipien über eine breite Palette von infiniten Konstruktionen, von denen die meisten auch noch mit eigenem Sinnsubjekt verwendet werden können (→ **175–176**).

Im Deutschen steht im Wesentlichen nur der einfache Infinitiv zur Verfügung. Nur in wenigen Fällen kann die Infinitivkonstruktion durch ein eigenes Sinnsubjekt erweitert werden (z. B. *jemand etwas tun lassen, jemand über die Straße gehen sehen*). Die wenigen im Deutschen möglichen Partizipialkonstruktionen wirken oft förmlich (*die in diesem Schreiben enthaltenen Ratschläge, die von den Behörden zögerlich veranlasste und nachlässig betriebene Untersuchung*, etc.). Ansonsten ist man auf vollständige Nebensätze angewiesen (die selbstverständlich auch im Englischen existieren).

Die folgende Übersicht veranschaulicht die ungleiche Situation in den beiden Sprachen:

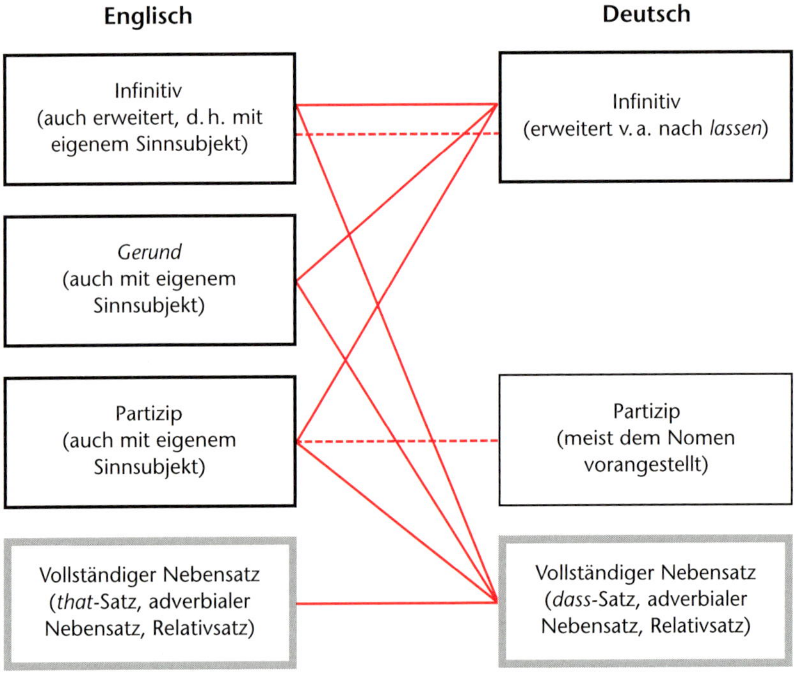

2. Einige Konsequenzen für den Sprachgebrauch

Die Übertragung der englischen Konstruktionen ins Deutsche ist dort unproblematisch, wo im Deutschen Infinitivkonstruktionen zur Verfügung stehen (Beispiel 1–3). Vollständige Nebensätze sind in der Regel ebenfalls möglich (Beispiel 4), wirken aber zum Teil umständlich (Beispiel 5). In Frage kommen außerdem Satzreihen (Beispiel 6) sowie nominale Ausdrücke (Beispiel 7).

(1)	He intends to leave Germany for good.	Er beabsichtigt, Deutschland für immer zu verlassen.
(2)	She avoided looking at us.	Sie vermied es, uns anzusehen.
(3)	He made us climb the steepest rocks.	Er ließ uns die steilsten Felsen hinaufklettern.
(4)	He insisted on us calling him Jim.	Er bestand darauf, dass wir ihn Jim nannten.
(5)	It's too cold for the kids to go swimming.	Es ist zu kalt, als dass die Kinder schwimmen gehen könnten.
(6)	The boxers stood at either side of the ring, observing each other closely.	Die Boxer standen sich an den beiden Seiten des Rings gegenüber und beobachteten sich aufmerksam.
(7)	His arriving late did not surprise us.	Seine verspätete Ankunft überraschte uns nicht.

Vom Deutschen ausgehend verdient nicht nur die Wahl zwischen Infinitiv und *gerund* größte Aufmerksamkeit (→ Kapitel 10). Wichtig ist auch, dass man deutsche Nebensätze nicht einfach schematisch in vollständige englische Nebensätze überträgt, sondern die zusätzlichen Möglichkeiten nutzt, die Infinitiv-, *gerund*- und Partizipialkonstruktionen im Englischen bieten, da diese kürzer sind und häufig eleganter wirken (vgl. Beispiel 8 und 9). Im Übrigen ist die Übertragung durch einen Nebensatz manchmal gar nicht möglich (Beispiel 10).

(8)	Ich fragte den Busfahrer, wie ich nach Windsor kommen könnte.	I asked the bus driver how to get to Windsor. (Eleganter als: ... how I could get to Windsor.)
(9)	Er hat ein Apartment gekauft, das auf den Central Park hinausgeht.	He has bought an apartment overlooking Central Park. (Eleganter als: ... which overlooks Central Park.)
(10)	Indem wir uns die Bilder ganz genau ansahen, konnten wir viele interessante Details entdecken.	By looking at the pictures closely we discovered many interesting details. (Übertragung durch Nebensatz nicht möglich.)

Formen (Übersicht) 193

Infinitiv, *gerund* und Partizipien können von allen Vollverben gebildet werden. Im Gegensatz zu den finiten Tempusformen des Verbs enthalten sie als infinite Formen keine Angaben zur grammatischen Person (*I, you, he,* etc.) und zum Numerus (Singular oder Plural). Sie können jedoch in verschiedenen Aktiv- und Passivformen auftreten.

1. Formen des Infinitivs

Aktiv-Formen	Passiv-Formen	
(to) count the votes (to) be counting (to) have counted (to) have been counting	(to) be counted (to) have been counted	*plain infinitive* *progressive infinitive* *perfect infinitive* *perfect progressive infinitive*

2. *Ing*-Formen: *gerund* und *present participle*

Gerund und *present participle* haben die gleichen Formen, unterschiedlich sind nur die Funktionen (→**175**).

Aktiv-Formen	Passiv-Formen	
counting the votes having counted having been counting	being counted having been counted	*present*-Formen *perfect*-Formen *perfect-progressive*-Form

3. *Past participle*

Nur Passivformen	the votes already **counted** a **written** constitution	regelmäßige Form unregelmäßige Form (→**156**)

Infinitiv, *gerund* und Partizip werden durch vorangestelltes *not* verneint (Beispiel 1 und 2; →**234.1**).

(1) Customs officials have a duty ***not*** **to let illegal goods into the country.**
(2) He was punished for ***not*** **paying attention to the security regulations.**

Kapitel 10:

Infinitiv, *gerund* und Partizip nach Verben und Verbverbänden

Vorbemerkung 194

Am häufigsten erscheinen Infinitiv, *gerund* und Partizip als Objekt bzw. Ergänzung zu einfachen Verben, *phrasal verbs* oder Verbverbänden. Der Infinitiv wird meist mit der Partikel *to*, manchmal aber auch ohne *to* angeschlossen. Bei der *ing*-Form unterscheidet man zwischen *gerund* und *present participle* (→ **193**). Neben dem *present participle* ist auch das *past participle* zu berücksichtigen.

Sue's husband didn't want to / was unwilling to / wouldn't help (to) carry the bags.	Verb / Verbverband + Infinitiv
Graham considered / put off / was mad about buying a new stereo.	Verb / Verbverband + *gerund*
The books lay scattered, yellowing and unread on the floor of the disused study.	Verb + *present participle / past participle*

Obwohl die hier in den Beispielen verwendeten einfachen infiniten Formen als Verbergänzung überwiegen, treten auch erweiterte Infinitive, *gerunds* und Partizipien mit eigenem Sinnsubjekt auf (→ **176**). Hauptaufgabe dieses Kapitels ist es zu zeigen, in welcher Weise die Wahl von Infinitiv, *gerund* oder Partizip von der Bedeutung der infiniten Konstruktion selbst und der Bedeutung des übergeordneten Verbs bzw. Verbverbands abhängt.

Verben und Verbverbände mit Infinitiv 195–199

Grundsätzliches 195

1. Bedeutung des Infinitivs und Verbbedeutung

Der Infinitiv hat nach Verben eine **modale Bedeutung**, die zwei verschiedene Ausprägungen haben kann. Der Infinitiv bezeichnet entweder eine Zielvorstellung, die noch nicht realisiert ist („Zukunftsbedeutung"), oder er drückt aus, dass etwas möglich, nicht aber unbedingt eine Tatsache ist („Wahrscheinlichkeitsbedeutung").

Vgl. dazu die folgende schematische Darstellung:

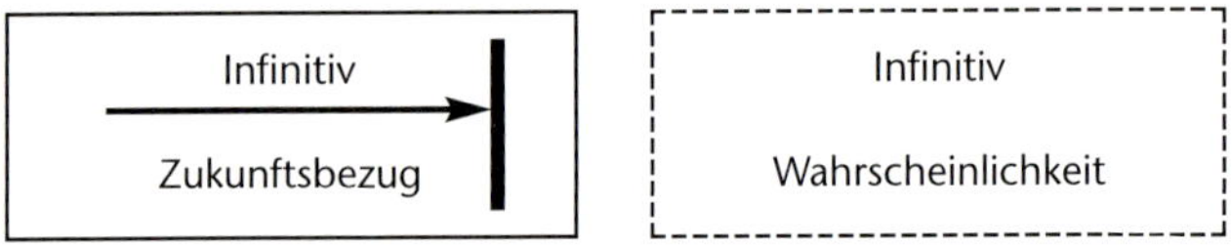

Aufgrund dieser Bedeutungen verbindet sich der Infinitiv vor allem mit folgenden Klassen von Verben und Verbverbänden:

— Verben und Verbverbände, die Absicht / Bereitschaft / Wunsch ausdrücken (Beispiel 1 und 2)
— Verben, die Rat / Aufforderung / Veranlassen / Zulassen ausdrücken (Beispiel 3 und 4)

Bei diesen Verbgruppen kommt die **Zukunftsbedeutung** des Infinitivs zum Tragen. Zu den Einzelheiten → **196** und **197**.

(1) We ***intend* to leave** as soon as possible.
(2) He ***is willing* to go** with you.
(3) They ***encouraged*** me **to apply** for the job.
(4) We ***were not allowed* to attend** the meeting.

— Verben, die eine Meinung oder Vermutung ausdrücken (Beispiel 5)
— Verben und Verbverbände, die einen Anschein oder einen Grad der Wahrscheinlichkeit wiedergeben (Beispiel 6)

Hier liegt die **Wahrscheinlichkeitsbedeutung** des Infinitivs zugrunde. Zu den Einzelheiten → **198**.

(5) He ***is considered* to be** the best candidate.
(6) He ***is likely* to win** the election with a large majority.

Abschließend eine Übersicht über die Kombinationsmöglichkeiten mit Infinitiv:

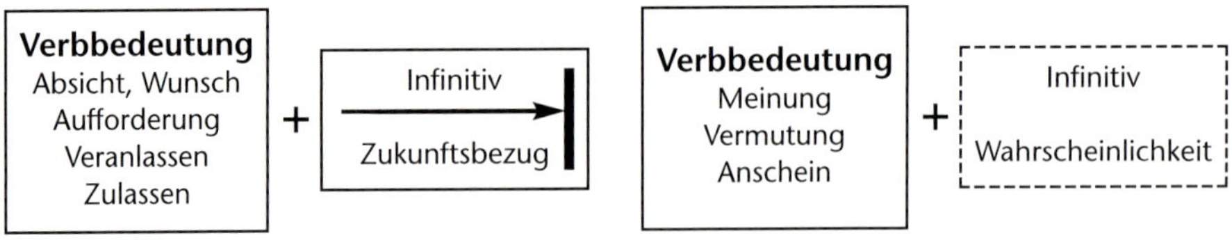

Eine Rolle spielt die modale Bedeutung des Infinitivs außerdem bei Infinitivkonstruktionen mit Fragewort (→ **179**) sowie bei der Verwendung des Infinitivs als adverbiale Bestimmung (→ **186**) und Attribut (→ **188–189**).

2. Infinitiv und Satzmuster: Infinitiv nach *it* + Verbverband
Grundsätzlich wird der Infinitiv gewählt, weil seine Bedeutung mit der des übergeordneten Verbs übereinstimmt. Ein zusätzliches Signal für diese Verwendung des Infinitivs ist das Strukturwort *it*. Auf *it* + Verbverband folgt normalerweise der In-

finitiv (Beispiel 7 und 8). Nur in wenigen Fällen muss hier ein *gerund* eintreten (Beispiel 9). Zu den Einzelheiten der Infinitivkonstruktion → **199**.

(7) *It was difficult* to fasten the seat-belt.
(8) *It's fun* to watch a mechanic at work.
(9) *It's not worth* even looking at this car let alone trying to repair it.
Ebenso: it's no use / it's no good / it's worthwhile / there is no + *gerund*

3. Infinitiv mit und ohne *to*
Infinitivkonstruktionen werden meist mit *to* an das Verb bzw. den Verbverband angeschlossen. Nach einigen Verben des Veranlassens und Zulassens (Beispiel 10; → **197, 210–211**) und nach Verben der Wahrnehmung und des Beobachtens (Beispiel 11; → **214**) stehen sie jedoch ohne *to*. Nach *help* kann der Infinitiv mit oder ohne *to* angeschlossen werden (Beispiel 12). Auch nach den modalen Hilfsverben sowie nach den Ausdrücken *had better, would sooner, would rather, cannot but* wird der Infinitiv ohne *to* angeschlossen (Beispiel 13).
Zu beachten ist, dass *to* auch als Präposition vor dem *gerund* auftreten kann (→ **200.3**).

(10) The police *let them* go after taking their names and addresses.
(11) We *saw him* break into the house.
(12) They *helped us* (to) find the culprit.
(13) We*'d better* ask the neighbours whether they saw anything strange.

Infinitiv nach Verben und Verbverbänden, die Absicht / Bereitschaft / Wunsch / Versprechen ausdrücken

196

Der Infinitiv wird hier verwendet, weil er eine Handlung beschreibt, die erst noch vollzogen werden soll („Zukunftsbedeutung"; Beispiel 1 und 2). In einigen Fällen kann der Infinitiv hier auch ein eigenes Sinnsubjekt haben (Beispiel 3). Bei Verbverbänden wird dieses Sinnsubjekt mit *for* eingeführt (Beispiel 4). Zum *gerund* nach *try* → **206**, nach *like, love, prefer, hate, be keen, be interested, be afraid* → **207**.

(1) We *plan* to leave tomorrow.
Ebenso: intend, mean *(beabsichtigen)*, decide, determine, hope, try *(den Versuch machen)*, attempt, offer, refuse, decline *(es ablehnen)*, promise, threaten
(2) He *is willing* to go with you.
Ebenso: be ready, be prepared *(bereit sein)*, be inclined *(geneigt sein)*, be interested *(gerne wollen)*, be afraid *(aus Furcht nicht wollen)*
(3) I *expect (him)* not to be late again. Not after the last time.
Ebenso: want, wish, would like / love / prefer / hate
(4) I *am keen (for her)* to take up the cello.
(Ich bin sehr daran interessiert, dass sie Cello spielen lernt.)
Ebenso: be eager, be anxious *(darauf aus sein)*

197 Infinitiv nach Verben, die Rat / Aufforderung / Veranlassen / Zulassen ausdrücken

Auch hier hat der Infinitiv Zukunftsbedeutung. Im Aktivsatz haben diese Verben immer ein Objekt (Beispiel 1). Dieses bezeichnet die Person, die die Handlung ausführen soll. Im Passivsatz wird diese Person zum Subjekt (Beispiel 2). Zu *let* → **211.1**.

(1) My friends ***persuaded me* to go** with them to the pool. Aktivsatz
(2) ***I was persuaded* to go** to the pool with my friends. Passivsatz
Ebenso: tell *(auffordern, befehlen)*, advise, recommend, ask *(bitten)*, beg, encourage, remind, press, urge *(drängen)*, command, direct *(anweisen)*, require, order, cause, force, allow, permit, forbid

An *warn* wird im Gegensatz zum Deutschen *warnen* der verneinte Infinitiv angeschlossen, wenn dringend empfohlen wird, etwas zu unterlassen (Beispiel 3).

(3) He ***warned them* not to go out** in the snow.
(Er warnte sie davor, in den Schnee hinauszugehen.)

Zum Gebrauch von *advise, recommend, encourage, forbid* mit *gerund* → **209**. Zu den Verben des Veranlassens und Zulassens *cause, force, make, let, allow, permit* → **210–211**.

198 Infinitiv nach Verben und Verbverbänden, die Wahrscheinlichkeit ausdrücken

1. Verben, die eine Meinung oder Vermutung ausdrücken

Der Infinitiv erscheint hier, weil etwas nicht als Tatsache, sondern als persönliche Ansicht dargestellt wird. Nach den Aktivformen dieser Verben muss der Infinitiv (meist ist nur *to be* möglich) ein eigenes Sinnsubjekt haben (Beispiel 1). Diese Konstruktion wirkt sehr förmlich; in der Umgangssprache werden *that*-Sätze bevorzugt (Beispiel 2). Die entsprechende Passivkonstruktion mit Infinitiv ist weniger förmlich (Beispiel 3). Bei *find* und *think* kann *to be* entfallen, wenn ein adjektivischer Ausdruck folgt (Beispiel 4).

(1) We ***believe her* to be** the greatest politician of all time. (förmlich)
(2) We ***believe* (that) *she* is** the greatest politician of all time. (stilistisch neutral)
(3) ***She is believed* to be** the greatest politician of all time. (weniger förmlich)
Ebenso: consider, suppose, imagine, judge, find, know, think *(halten für, glauben)*, understand (*halten für, wissen*), admit (*zugeben*)
(4) ***She was thought* (to be)** very capable.

2. Verben und Verbverbände, die einen Anschein, Ungewissheit oder Gewissheit ausdrücken

Ähnlich wie bei den Verben des Vermutens soll auch hier etwas nicht als Tatsache dargestellt werden, sondern als persönliche Einschätzung der Situation (Beispiel 5 und 6). Der Infinitiv kann nur folgen, wenn der Satz ein Nomen oder Pronomen als

Subjekt hat. Als Alternative ist die Konstruktion mit dem Strukturwort *it* und *that*-Satz möglich (Beispiel 7).

(5) ***Is Jimmy likely* to have** any change on him?
(6) ***We seem* to have run out** of money.
(7) Vgl.: ***It seems* that *we* have run out** of money.
Ebenso: appear, be unlikely, be sure, be certain

Auch nach den Verben *happen* und *chance* (förmlich) erscheint der Infinitiv. Er drückt zwar eine Tatsache aus, die aber als etwas „Zufälliges" doch mit einem persönlichen Kommentar versehen wird (Beispiel 8). Die Konstruktion „*it* + Verb + *that*-Satz" ist dagegen sehr selten (Beispiel 9).

(8) ***I happened/chanced* to meet** her on the bus.
(9) Vgl.: ***It happened/(chanced)*** that I met her on the bus.

Infinitiv nach Verbverbänden mit dem Strukturwort *it* 199

Dass diese Verbverbände den Infinitiv anschließen, liegt vor allem an der Konstruktion mit dem Strukturwort *it* (→ **195.2**). Trotzdem lassen sich viele dieser Verbverbände ebenfalls bedeutungsmäßig unter einem Aspekt zusammenfassen, unter dem das vom Infinitiv bezeichnete Geschehen betrachtet wird: unter dem Aspekt des Schwierigkeitsgrads (Beispiel 1 und 2), der Häufigkeit (Beispiel 3 und 4), der Dringlichkeit (Beispiel 5) und der gefühlsmäßigen Wirkung (Beispiel 6 und 7). Bei all diesen Gruppen kann der Infinitiv zur *for* + Infinitiv-Konstruktion erweitert werden (Beispiel 2, 4, 5, 7).

Schwierigkeit der Handlung
(1) ***It was hard* to forgive** her for such an unfeeling remark.
(2) ***Is it safe for us* to interrupt** Dad while he's watching the Cup Final?
Ebenso: it is easy / simple / difficult / dangerous, etc.

Häufigkeit des Geschehens
(3) ***It is not usual* to take** flowers when you visit someone in England.
(4) ***It is common for friends* to drop in** unannounced.
Ebenso: it is unusual / normal / the custom / rare / etc.

Dringlichkeit der Handlung
(5) ***It is advisable (for me)* to stay** on good terms with my boss.
Ebenso: it is necessary / crucial / essential / preferable / urgent / etc.

Gefühlsmäßige Wirkung
(6) ***It would be such a shame* to have** to leave without saying goodbye.
(7) ***It must have been awful for him* to have got** the news in such a way.
Ebenso: it is sad / dreadful / surprising / shocking / disappointing / annoying / a pity / a pleasure / etc.

Zur Infinitivkonstruktion mit *that*-Satz *I am glad to hear that ...* → **203.3**.

Eine weitere Klasse dieser Verbverbände drückt eine Wertung (Lob oder Kritik an einer Person) aus (Beispiel 8). Hat der Infinitiv ein Sinnsubjekt (die bewertete Person), so wird es gewöhnlich durch *of* eingeführt (vgl. dt. „von“) (Beispiel 9).

Wertung
(8) *It would be sensible* to apologize as soon as possible.
(9) *It was foolish of you* to lose your temper over something so petty.
Ebenso: it is clever / crazy / right / wrong / brave / generous / strange / etc.

Eine Reihe dieser Verbverbände können auch mit einem Nomen / Pronomen als Subjekt und Infinitiv konstruiert werden, vor allem solche, die die Schwierigkeit einer Handlung bezeichnen (Beispiel 10) oder eine Wertung abgeben (Beispiel 11).

(10) The argument *was difficult* to follow.
Vgl.: *It was difficult* to follow the argument.
(11) *You were right* to demand an explanation.
Vgl.: *It was right of you* to demand an explanation.

200–205

Verben und Verbverbände mit *gerund* und Partizip

Grundsätzliches zum Verhältnis von Verben bzw. Verbverbänden und gerund

200

1. Bedeutung des *gerund* und Verbbedeutung

Das *gerund* hat im Vergleich zum Infinitiv häufig „faktische“ Bedeutung, d. h. es drückt aus, dass etwas oder ein Zustand als Tatsache betrachtet wird. Das ist am offensichtlichsten, wenn eine Handlung tatsächlich stattfindet oder bereits stattgefunden hat. Ein Sachverhalt wird aber auch vorausgesetzt, wenn man eine allgemeine Aussage über etwas machen will, etwa im Sinn einer Charakterisierung oder einer Reaktion. Dieser zweite Bedeutungsaspekt des *gerund* kommt häufiger zum Tragen. Schematisch lassen sich die beiden Hauptaspekte des *gerund* in folgender Weise darstellen:

Gerund Handlung findet / fand statt	*Gerund* Sachverhalt wird vorausgesetzt

Aufgrund seiner faktischen Bedeutungen verbindet sich das *gerund* vor allem mit folgenden Verben und Verbverbänden:

— Verben und Verbverbände, die eine allgemeine oder gedankliche Beschäftigung mit etwas ausdrücken (Beispiel 1 und 2). Zu den Einzelheiten → **201**.

(1) We *are interested in* **building** a scaled-down version of the space shuttle.
(2) Can you *imagine* **travelling** into orbit around the earth?

— Verben, die eine Abwehrreaktion oder ein Verhindern ausdrücken (Beispiel 3). Zu den Einzelheiten → **202**.

(3) We *prevented him from* **spending** all his money on sci-fi films.

— Verben und Verbverbände, die eine gefühlsmäßige Reaktion oder Einstellung ausdrücken (Beispiel 4 und 5). Zu den Einzelheiten → **203**.

(4) He always *complains of* **being left out.**
(5) Why *are* you so *keen on* **meeting** our new neighbours?

— Verben und Verbverbände, die eine Beziehung ausdrücken oder herstellen, z. B. Zugehörigkeit und Gegensatz (Beispiel 6 und 7). Zu den Einzelheiten → **204**.

(6) The task *involves* **trekking** through miles of jungle.
(7) Walking in the Welsh mountains *is different from* **trudging** through the Himalayas.

Hier eine schematische Zusammenstellung der Kombinationsmöglichkeiten:

Verbbedeutung allgemeine / mentale Beschäftigung	+	*Gerund* Handlung findet statt		**Verbbedeutung** Verhindern Reaktion Beziehung	+	*Gerund* Sachverhalt vorausgesetzt

2. Anschluss des *gerund* an Verben und Verbverbände mit oder ohne Präposition
Es gibt Verben, an die das *gerund* direkt angeschlossen wird, wie dies beim Infinitiv immer der Fall ist. Bei vielen Verben und bei fast allen Verbverbänden wird das *gerund* jedoch mit Hilfe einer Präposition angefügt. Dies wird durch die Beispiele 1–7 oben für die verschiedenen Bedeutungsklassen illustriert. Zu den Details → **201–204**

3. *To* als Präposition mit nachfolgendem *gerund*
To dient nicht nur als Infinitivpartikel und damit Merkmal des Infinitivs, sondern auch als Präposition in Präpositionalverben, die ein *gerund* nach sich haben können (Beispiel 8). Die Kombination *„to + gerund"* erscheint, wenn auch ein Nomen mit *to* angefügt werden kann.

(8) No one would *object to* **inheriting** a fortune from a rich relative. — Verb – Präposition *to* – *gerund*
Vgl.: They *objected to* his crazy ideas. — Verb – Präposition *to* – Nomen
Ebenso: look forward to doing s.th. *(sich darauf freuen etw. zu tun)*,
prefer doing s.th. to doing s.th.

Das gleiche gilt für Verbverbände wie *be used to* (Beispiel 9).

(9) She ***is used to* being given** expensive presents. — Verbverband – Präp. *to* – *gerund*
Vgl.: He ***is used to*** luxury. — Verbverband – Präp. *to* – Nomen
Ebenso: be accustomed to doing s.th.

201 *Gerund* nach Verben und Verbverbänden, die eine Beschäftigung mit etwas ausdrücken

1. Beschäftigung im allgemeinen Sinn
Dabei handelt es sich um eine Beschäftigung, die körperliche und geistige Handlungen einschließt (Beispiel 1). Die Konstruktion bezieht sich hier auf das, was zum gemeinten Zeitpunkt vor sich geht oder ging (Beispiel 2). Im Fall von *be busy doing s.th.* (Beispiel 3) kann man die *ing*-Form auch als Partizip auffassen (vgl. *go on doing, keep doing* → **213.2**).

(1) Anne ***specializes in* translating** documents into English for foreign companies.
(2) Always looking for new tricks, Paula ***practised* juggling** with plates.
Ebenso: concentrate on / be engaged in / be occupied with / be concerned with / take part in doing s.th; außerdem: try doing s.th. (*es mit etwas versuchen, etwas ausprobieren;* → **206**)
(3) The boys ***were busy* copying down** the words to the song.

Verbverbände wie *be good / bad at* beschreiben, wie gut oder schlecht jemand eine Tätigkeit beherrscht, die er folglich schon mehrmals ausgeführt hat. Daher erscheint hier ebenfalls das *gerund* (Beispiel 4).

(4) He***'s*** not very ***gifted at* adding up,** but he***'s good at* spelling.**
Ebenso: be outstanding in / famous for / capable of / experienced in / an expert in / efficient in / knowledgeable about / terrible at / hopeless at doing s.th.

2. Gedankliche Beschäftigung: sich erinnern, sich vorstellen, etc.
Auch hier beschreibt das *gerund* im Prinzip eine Handlung, die schon stattgefunden hat (Beispiel 5) oder zum gemeinten Zeitpunkt stattfindet. Bei Verben wie *consider, imagine,* etc. ist dies so zu verstehen, dass man sich einen Handlungsablauf vorstellt, dass man sich also bereits etwas tun sieht (Beispiel 6). Daher erscheint – anders als bei Verben wie *plan, intend, hope,* etc. – nicht der Infinitiv (→ **196**), sondern das *gerund*. Bei den meisten dieser Verben bzw. Verbverbände kann das *gerund* ein eigenes Sinnsubjekt haben (Beispiel 7).

(5) I vividly ***remember* seeing** the Rolling Stones as a boy.
(6) I ***dream of* spending** the rest of my life on a tropical island.
(7) I ***can't imagine him* leaving** his family behind in Britain.
Ebenso: think of / consider / fancy *(sich vorstellen)* / be (un)conscious of / pay attention to / be aware of (s.o.) doing s.th

Gerund nach Verben, die eine Abwehrreaktion oder ein Verhindern ausdrücken

202

Will man etwas verhindern, so geht man von einem Sachverhalt aus, der eintreten würde, wenn man nichts dagegen unternähme. Dieser Sachverhalt wird gleichsam vorausgesetzt, sodass das *gerund* auch hier faktische Bedeutung hat (Beispiel 1). Typisch für diese Bedeutungsgruppe sind Verben mit der Präposition *from* (Beispiel 2).

(1) She just ***can't resist* eating** chocolates.
Ebenso: escape / avoid / delay / postpone / put off doing s.th.
(2) I ***prevented him from* making** a fool of himself.
Ebenso: keep / dissuade / discourage / protect / save s.o. from doing s.th.,
refrain from doing s.th. *(etw. unterlassen)*

Auch beim Verb *risk* setzt man einen Sachverhalt voraus, dessen Eintreten unerwünscht ist (Beispiel 3) oder der unerwünschte Folgen haben könnte (Beispiel 4). Auch nach *risk* steht deshalb das *gerund* in faktischer Bedeutung.

(3) The children ***risked* being caught** shoplifting.
(4) She ***risked* leaving** the car window open.

Gerund nach Verben und Verbverbänden, die eine gefühlsmäßige Reaktion oder Einstellung ausdrücken

203

Das *gerund* bezeichnet hier einen Sachverhalt, der eine persönliche Reaktion oder ein Gefühl auslöst. Dieser Sachverhalt wird als persönliche oder allgemeine Erfahrung vorausgesetzt. Dafür stehen ganz verschiedene Arten von Verben bzw. Verbverbänden zur Verfügung.

1. Tätigkeitsverben, die eine Gefühlsreaktion beschreiben

Diese Verben sind eng verwandt mit Verben des Sich-Erinnerns und Sich-Vorstellens und können wie diese oft ein *gerund* mit eigenem Sinnsubjekt haben (→ **201.2**; Beispiel 1–2).

(1) Most people ***enjoy* travelling** to foreign countries.
(2) Some of the guest ***complained about the hotel staff* being** unfriendly.
Ebenso: regret / boast of / worry about of / object to (s.o.) doing s.th.,
praise / blame / pity s.o. for doing s.th.

2. Verben und Verbverbände, die eine Einstellung wie Vorliebe oder Abneigung beschreiben

Hierbei handelt es sich um eine relativ große Klasse, die auch meist *gerund* mit eigenem Sinnsubjekt zulassen (Beispiel 3 und 4). Einige von ihnen *(like, love, prefer, be keen, be interested)* können auch mit dem Infinitiv gebraucht werden (→ **207**).

(3) I *like* playing the piano.
(4) I *can't stand people* coughing during concerts.
Ebenso: prefer doing s.th., love / appreciate / hate / dislike / detest / resent (s.o.) doing s.th., (dis)approve of / be fond of / be keen on / be interested in / take an interest in / be enthusiastic about / be crazy about / be opposed to / be afraid of (s.o.) doing s.th.

3. Verbverbände, die eine gefühlsmäßige Wirkung beschreiben

Diese Verbverbände werden immer mit einem Nomen / Pronomen als Subjekt konstruiert (Beispiel 5). Das *gerund* kann auch ein eigenes Sinnsubjekt haben (Beispiel 6). Bei einigen Verbverbänden ist die Konstruktion mit eigenem Sinnsubjekt die übliche (Beispiel 7). Allerdings wirkt diese Konstruktion förmlich. Zur Verwendung des Infinitivs nach diesen Verben → **208**.

(5) Scotland *is* very *proud of* having reached the finals.
(6) Förmlich: His parents *were* very *glad about his* having finally passed his exam.
Ebenso: be delighted at / be excited about / be relieved at / be sorry about / be alarmed at / be ashamed of (s.o.) doing s.th.
(7) Förmlich: We *were disappointed at her* deciding not to continue playing tennis.
Ebenso: be amazed at / be astonished at / be surprised at s.o. doing s.th.

Zur (eingeschränkten) Verwendung des *gerund* nach *it* + Verbverband im Sinn einer Bewertung *(it's no good / it's no use doing s.th.)* → **195.2**.

204 *Gerund* nach Verben und Verbverbänden, die eine Beziehung ausdrücken oder herstellen

Hier wird ein Sachverhalt zu einem anderen in Beziehung gesetzt. Dies geschieht meist in Form einer Zuordnung (Beispiel 1) oder eines Vergleichs (Beispiel 2). Das *gerund* erscheint, weil der betreffende Sachverhalt als gegeben vorausgesetzt wird. Gelegentlich wird das *gerund* hier auch durch ein eigenes Sinnsubjekt erweitert (Beispiel 3).

(1) Independence *means* learning to fend for oneself.
Ebenso: include *(einschließen)* / involve *(zur Folge / zur Bedingung haben)* / amount to *(hinauslaufen auf)* / depend on / refer to *(sich beziehen / anspielen auf)* / apply to *(zutreffen auf / gelten für)* doing s.th.
(2) You *can't compare* working in a foreign country *with* going there as a tourist.
Ebenso: combine / confuse doing s.th.with doing s.th., distinguish doing s.th from s.th, differ / be different from doing s.th.
(3) A job like that *would involve my* living abroad.

Grundsätzliches zum Verhältnis von Verben und Partizipien

205

1. Bedeutung der Partizipien und Verbbedeutung

Für die Verwendung von Partizipien nach Verben sind folgende Bedeutungen maßgebend: die Fähigkeit des *present participle* von Tätigkeits- und Vorgangsverben, eine gerade ablaufende Handlung zu beschreiben, sowie die Fähigkeit des *past participle* zur Wiedergabe des Ergebnisses einer früheren Handlung. Schematisch lassen sich diese Bedeutungen so darstellen:

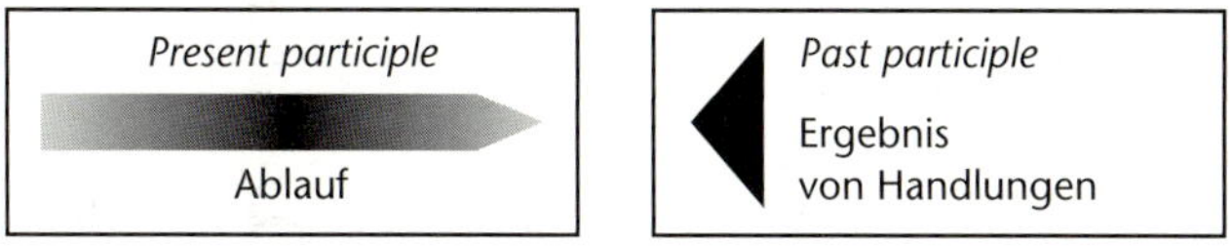

Aufgrund dieser Bedeutungen verbinden sich die Partizipien vor allem mit drei Klassen von Verben:

2. Verben, die eine Ruheposition bezeichnen

Nach den Verben dieser Gruppe *(sit, stand, lie, remain, stay)* hat das Partizip die Funktion einer Subjektergänzung, wie sie auch von Adjektiven übernommen wird (→ **175.2**). Bei der Konstruktion mit dem *present participle* wird die ausgedrückte Gleichzeitigkeit im Deutschen häufig durch zwei Verben wiedergegeben, die durch die Konjunktion *und* verbunden sind (Beispiel 1). Zum Teil tritt im Deutschen auch der Infinitiv ein (Beispiel 2). Beim *past participle* ist oft eine wörtliche Übertragung der Ergebnisbedeutung möglich (Beispiel 3) oder es wird ein Infinitiv verwendet (Beispiel 4).

(1) We ***sat/stood* waiting** for the rain to stop.
(Wir saßen/standen und warteten darauf, dass …)
(2) Our cousins ***remained* standing** at the door as if frightened to come in.
(… blieben vor der Tür stehen …)
(3) He ***lay* exhausted** on the bed after returning from his run.
(Er lag erschöpft auf dem Bett …)
(4) Please ***remain* seated.** *(Bitte, bleiben Sie sitzen.)*

3. Verben, die eine Bewegung (Ankommen, Weggehen) bezeichnen

Vertreter dieser Klasse sind *come, arrive, return, leave* und *go (away)*. Die Partizipien, die auch hier die Funktion einer Subjektergänzung erfüllen, beschreiben die Art und Weise oder die Begleitumstände des Ankommens oder Weggehens. Auch hier drückt das *present participle* Gleichzeitigkeit aus (Beispiel 5 und 6), das *past participle* ein Ergebnis (Beispiel 7).

(5) The army ***came* marching** up the road towards their base.
(… kam … marschiert.)
(6) Are you okay now? You ***arrived* panting** for breath.
(Du bist nach Atem ringend angekommen.)
(7) We ***went on our way* refreshed** after our break.
(Wir machten uns … ausgeruht auf den Weg.)

4. Verben der Wahrnehmung und des Beobachtens
Diese Verbklasse, zu der *see, hear, feel, notice, find, watch* und *observe* gehören, wird mit Objekt und Partizip konstruiert (Beispiel 8 und 9). Zu den Einzelheiten und zur alternativen Konstruktion mit dem Infinitiv → **214.2**.

(8) I *can hear people* **moving** in the next room.
(9) I *saw you* **coming** out of the neighbours' garage this morning.

Abschließend eine schematische Zusammenstellung der Kombinationsmöglichkeiten:

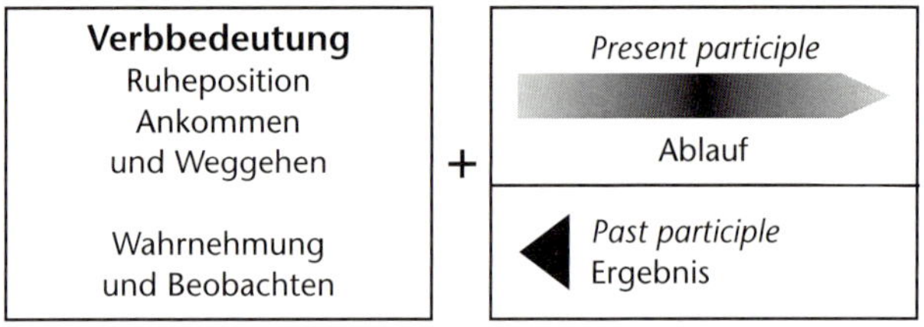

Eine Rolle spielen die Bedeutungen der Partizipien auch bei ihrer Verwendung als adverbiale Bestimmungen (→ **181–183**) und beim Gebrauch an Stelle von Relativsätzen (→ **190–191**).

206–214

Verben und Verbverbände, die mit Infinitiv oder *gerund* bzw. Partizip konstruiert werden

206

Die *remember*-Gruppe: *remember, forget, regret, try*

Die Verben dieser Gruppe können eine Infinitiv- oder *gerund*-Konstruktion nach sich haben. Bei *remember, forget* und *regret* (Beispiel 1–3) steht der Infinitiv für eine Handlung, die beabsichtigt ist, also erst noch vollzogen werden soll (Zukunftsbedeutung des Infinitivs). Dagegen beschreibt das *gerund* eine Handlung, die schon stattgefunden hat, wobei auch die Perfekt-Form möglich ist (Beispiel 2 und 3).
Bei *try* (Beispiel 4) signalisiert der Infinitiv, dass die Handlung bisher nicht durchgeführt wurde, die erste Ausführung also noch bevorsteht. Das *gerund* bezeichnet im Gegensatz dazu eine bekannte Methode oder eine Fertigkeit, über die der Handelnde eventuell schon verfügt und die helfen soll, ein anderes Ziel zu erreichen.

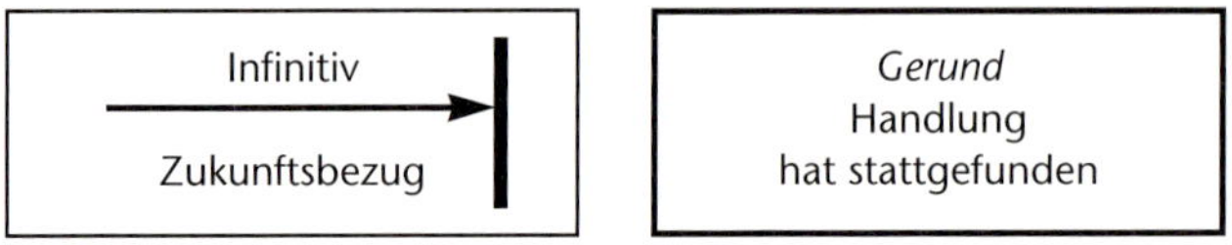

(1) I ***must remember* to set** the alarm for six thirty tomorrow.
The alarm didn't go off, although he distinctly ***remembered* setting** it.

(2) ***Don't forget* to put** your clocks back by an hour tonight.
He clearly ***forgot* having made** arrangements to see me, because I waited for over an hour.

(3) We ***regret* to inform** you that you have been unsuccessful in your application.
She ***regretted* not having taken** more time to prepare herself for the interview.

(4) He ***tried* to mend** his watch himself, but made a complete mess of it.
(Er versuchte … zu reparieren …)
If you want your clock to work, ***try* putting** a new battery in it.
(… versuch's mal mit einer neuen Batterie.)

Die *like*-Gruppe: *like, love, prefer, hate, be keen, be interested*

207

Diese Verben und Verbverbände können ebenfalls mit dem Infinitiv oder dem *gerund* konstruiert werden. Der Infinitiv drückt dabei aus, dass etwas in einem konkreten Fall gewünscht wird oder geschehen soll, hat also auch hier Zukunftsbedeutung. Er ist deshalb vor allem in Kombinationen von *should / would + like / love / prefer* zwingend. Das *gerund* erscheint hier, wenn eine allgemeine Vorliebe oder Abneigung ausgedrückt werden soll. Der angesprochene Sachverhalt wird als bekannt und gegeben vorausgesetzt (Beispiel 1–4).

Infinitiv → Zukunftsbezug	*Gerund* Sachverhalt vorausgesetzt

(1) ***Would* you *like* to stay** for dinner?
***Do* you *like* cooking?**

(2) Jack ***would prefer* to go** home rather than risk heavy traffic on the motorway.
Jim ***prefers* driving *to* being driven.**

(3) I ***hate* to mention** it, but there's a caterpillar *(Raupe)* in the salad.
No one ***hates* peeling** potatoes more than I do.

(4) I***'m keen* to try out** this new cookbook.
(Ich würde gern … ausprobieren.)
Our friends ***are*** very ***keen on* buying** their food at health shops.
(… kaufen … gern …)

Allerdings können auch *like, love, hate* und *prefer* + Infinitiv eine allgemeine Vorliebe für (bzw. Abneigung gegen) einen Sachverhalt bezeichnen, wenn er als Gewohnheit verstanden wird (Beispiel 5 und 6).

(5) They ***like* to sit in** on Sundays and read the paper. (They often sit in …)
(6) She ***hates* not to be involved** in what's going on around her. (She is usually involved …)

Bei *be afraid* können Infinitiv oder *of* + *gerund* verwendet werden. Der Infinitiv bezieht sich auf eine bestimmte (noch nicht ausgeführte) Handlung, vor der man Angst hat (Beispiel 7). Das *gerund* bezeichnet entweder eine allgemein geläufige Tätigkeit, vor der man Angst hat (Beispiel 8), oder ein Ereignis, das ohne eigenes Zutun eintreten könnte (Beispiel 9). Der Infinitiv kann also nur willentlich ausführbare Handlungen ausdrücken, das *gerund* auch solche, die man erleidet.

(7) I'*m afraid* **to ski** down that steep slope.	Handlung noch nicht ausgeführt
(8) I'*m afraid of* **skiing.**	allgemein übliche Tätigkeit
(9) I'*m afraid of* **breaking** my leg.	Handlung, die man erleidet

208 Die *proud*-Gruppe: *be proud, be glad, be sorry,* etc.

Der Bedeutungsunterschied zwischen Infinitiv und *gerund* ist hier ähnlich wie bei der *remember-* und der *like*-Gruppe. Der Infinitiv kündigt ein Geschehen an oder bezieht sich auf ein mögliches Geschehen und beschreibt gleichzeitig die damit verbundenen Gefühle. Das *gerund* beschreibt die gefühlsmäßige Wirkung eines Geschehens, das meist schon stattgefunden hat (Beispiel 1–4).

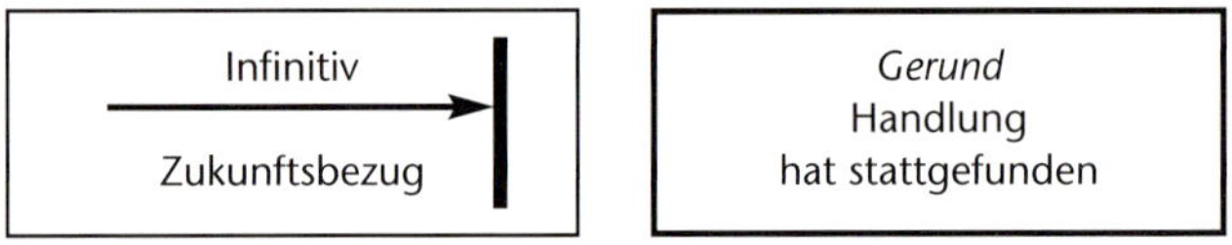

(1) We *are proud* **to announce** the birth of our new daughter.	James *was proud of* **winning** the race.
(2) Jean *was glad* **to offer** me the part in the play.	Martin *was glad at* **having missed** the speeches.
(3) I *am sorry* **to interrupt** you.	I'*m sorry about* **waking** you up this morning.
(4) Margaret *has been ashamed* **to leave** the house since her son's arrest.	We *were ashamed about* **having** broken the window.
Ebenso: *be delighted (at), be relieved (at)*	

Bei all diesen Verben kann in der Bedeutung der *gerund*-Konstruktion auch der Infinitiv von *see, hear, learn* + *that*-Satz gebraucht werden (Beispiel 5 und 6). Diese Infinitivkonstruktion mit *that*-Satz ist auch nach Verbverbänden wie *be amazed, be excited, be astonished, be surprised* möglich (Beispiel 7 und 8). Zur Verwendung des *gerund* bei diesen Verbverbänden → **203.3**.

(5) His parents *were glad* **to hear that** he has finally passed his exam.
(6) We *were sorry* **to learn that** the neighbour's dog had suddenly died.
(7) My brother *was excited* **to hear that** his favourite group was playing in town.
(8) Jeremy *was surprised* **to see that** the local paper had printed a picture of him.

Die *advise*-Gruppe: *advise, recommend, encourage, allow, forbid,* etc. 209

Der Infinitiv wird hier verwendet, wenn man einer Person rät, gestattet oder verbietet, etwas in einem konkreten, noch unerledigten Fall zu tun. Der Adressat wird immer genannt; die Infinitivkonstruktion ist also im Aktivsatz nur möglich, wenn diesen Verben ein Objekt folgt. Das *gerund* tritt auf, wenn es sich um eine Empfehlung, eine Erlaubnis oder ein Verbot im allgemeinen Sinn handelt; der Sachverhalt wird wiederum als gegeben vorausgesetzt. Dabei darf der Adressat nicht genannt werden, d. h. die *gerund*-Konstruktion darf kein eigenes Sinnsubjekt haben (Beispiel 1–3).

Infinitiv → Zukunftsbezug	*Gerund* Sachverhalt wird vorausgesetzt

(1) Karen ***advised her mother* to take** a holiday.	Doctors ***advise* using** sun tan lotion.
(2) I ***recommended him* to go** to the new store in the High Street.	Labels ***recommend* washing** dark colours separately.
(3) ***The workers were forbidden* to leave** the premises *(Firmengelände)* during the lunch break.	The rules ***forbid* tackling** from behind.

Nach *suggest* kann nur das *gerund* stehen, nicht jedoch der Infinitiv (Beispiel 4). Eine verwandte Bedeutung hat die Konstruktion *How/What about ...?* (Beispiel 5).

(4) Tim's friends ***suggested* going** ten-pin bowling.
(5) ***How about/What about* driving** into the country for a change?

Verben des Veranlassens 210

Im deutschen Verb *lassen* fallen mehrere Bedeutungen zusammen, die im Englischen durch verschiedene Verben und verschiedene infinite Konstruktionen ausgedrückt werden. Die Hauptgruppen sind die Verben des Veranlassens (kausative Verben) und des Zulassens (→**211.1**).

1. *Make* und *have* + Infinitiv ohne *to*

Diese Konstruktion drückt aus, dass jemand veranlasst wird, etwas zu tun (Beispiel 1 und 2). *Make* kann auch in der Passivform erscheinen, hat dann aber den Infinitiv mit *to* bei sich (Beispiel 3). *Have* + Infinitiv ist in Passivsätzen nicht möglich.

(1) They ***made the staff* work** longer hours without additional pay.
(2) The guides ***had us* wear** helmets before going down the mine.
(3) ***We were made* to walk** in single file down the tunnel.
(Man ließ uns/Wir mussten im Gänsemarsch durch den Tunnel gehen.)

2. *Cause, get, force* und *compel* + Infinitiv mit *to*
Auch diese Konstruktion hat die Bedeutung des Veranlassens (Beispiel 4 und 5). Die Passivformen *be forced / compelled to do s.th.* können als Ersatzformen für das modale Hilfsverb *must* zum Ausdruck einer Notwendigkeit betrachtet werden (Beispiel 6 und 7; → **165.2**). Auch *cause* kann im Passiv auftreten (Beispiel 8), *get* + Infinitiv jedoch nicht.

(4) The strike at the airport ***caused me* to miss** my flight.
(... hatte zur Folge, dass ich meinen Flug verpasste.)
(5) I ***got the travel agency* to change** my booking.
(Ich ließ meine Buchung vom Reisebüro ändern.)
(6) If you look suspicious, ***you can be forced* to open** your bags at customs.
(... kann man gezwungen werden ... zu öffnen.)
(7) ***We were compelled* to complete** our journey by train.
(Wir mussten unsere Reise mit dem Zug fortsetzen.)
(8) ***I was caused* to cancel** my trip because of the airport strike.

3. *Have something done:* etwas machen lassen
Im Sinn von „veranlassen, dass etwas getan wird", also ebenfalls in kausativer, aber gleichzeitig „passivischer" Bedeutung, wird *have* mit dem *past participle* verbunden (Beispiel 9 und 10). Umgangssprachlich ist diese Konstruktion auch mit *get* möglich (Beispiel 11). Zur rein passivischen Verwendung der *have*-Konstruktion → **114**.

(9) The gallery ***had its pictures* cleaned and re-hung.**
(... ließ ihre Bilder reinigen und neu aufhängen.)
(10) You'll ***have your antiques* valued and insured,** won't you?
(Sie werden ... schätzen und versichern lassen, oder?)
(11) We ***should get the kitchen table* fixed,** it's so wobbly.
(Wir sollten den Küchentisch reparieren lassen ...)

Die Konstruktion *have s.th. done* darf nicht mit dem *present perfect* und *past perfect* verwechselt werden. Deshalb ist genau auf die Stellung von Objekt und *past participle* zu achten (Beispiel 12 und 13).

(12) They ***had burglar alarms* installed** in all rooms.
(Sie ließen ... Alarmanlagen installieren.)
(13) They **had installed *burglar alarms*** in all rooms.
(Sie hatten ... Alarmanlagen installiert.)

211 Verben des Zulassens und Bestehen-Lassens

1. *Let, allow* und *permit* + Infinitiv
Bei *let* steht in der Bedeutung „zulassen" der Infinitiv ohne *to* (Beispiel 1), bei *allow* sowie *permit* (förmlich) steht der Infinitiv mit *to* (Beispiel 2 und 3).
Die Passivformen *be allowed / permitted to do s.th.* dienen als Ersatzformen für das modale Hilfsverb *may* zum Ausdruck einer Erlaubnis (Beispiel 4; → **164.2**).

In der Bedeutung „nicht zulassen" wird auch die Konstruktion *not + have s.o. doing s.th. (present participle)* verwendet (Beispiel 5).

(1) They ***let him* do** just as he liked. *(Sie ließen ihn machen, was er wollte.)*
(2) Her parents ***will*** never ***allow her* to go** to India on her own.
(3) The law ***doesn't permit people* to disturb** the peace of others.
(4) ***Non-members are not permitted* to enter** the club.
(Nichtmitgliedern ist es nicht gestattet .../Nichtmitglieder dürfen... nicht ...)
(5) We ***can't have you* going** to work looking like a scarecrow.
(Wir können es nicht zulassen/dulden, dass du wie eine Vogelscheuche zur Arbeit gehst.)

2. *Leave* und *keep* + Partizip
Leave und *keep* erscheinen in der Bedeutung „unverändert bestehen lassen" zusammen mit dem *present participle*. Dabei wird *leave* eher im Sinne von „zulassen", „zurücklassen" verwendet (Beispiel 6), *keep* eher im Sinne von „veranlassen" (Beispiel 7). Beide Verben können auch im Passiv auftreten (Beispiel 8). Statt des *present participle* kann auch ein *past participle* eintreten, und zwar im Sinn von „in einem Zustand belassen" (Beispiel 9).

(6) She ***left us* puzzling** over the meaning of her speech.
(Sie ließ uns im Unklaren ...)
(7) He ***kept the press* waiting** for half an hour.
(Er ließ die Presse ... warten.)
(8) ***The country was kept* guessing** as to the Prime Minister's real intentions.
(... wurde im Unklaren ... gelassen.)
(9) She ***kept her eyes* fixed** on the speaker.

Neben den hier besprochenen Konstruktionen können dem deutschen Verb *lassen* auch kausativ-transitive und mediopassivische Konstruktionen entsprechen (→**97.1** und →**115**).

Verben, die ein Erfordernis ausdrücken: *need, require, deserve,* etc. 212

1. *Need, require, deserve*
Nach diesen Verben und dem selteneren *want* (hier: „brauchen", „nötig haben"!) verwendet man entweder die Passivform des Infinitivs oder das *gerund*, das hier trotz seiner Aktivform ebenfalls eine passivische Bedeutung hat (Beispiel 1 und 2).

	Mit Infinitiv	Mit *gerund*
(1)	That question ***needs* to be answered** properly.	That question ***needs* answering** properly.
(2)	His paper ***deserves* to be published.**	His paper ***deserves* publishing.**

2. *Remain* und *be* zum Ausdruck eines Erfordernisses
Nach diesen Verben erscheint im Englischen die Passivform des Infinitivs, im Deutschen dagegen die Aktivform (Beispiel 3 und 4). Das *gerund* ist hier nicht möglich, da immer Zukunftsbedeutung vorliegt.

(3) All that ***remains* to be decided** is the date of the next meeting. *(Alles was noch zu entscheiden bleibt …)*
(4) The factory's closure is a subject which ***is* to be handled** with the utmost sensitivity. *(… ein Thema, das … zu behandeln ist.)*

213

Verben, die Beginn, Fortdauer oder Beendigung ausdrücken

1. *Begin, start, continue, cease*
Nach diesen Verben können ohne merklichen Bedeutungsunterschied Infinitiv oder *gerund* stehen (Beispiel 1 und 2). Das *gerund* kann hier auch als Partizip ausgelegt werden. Nach *begin* überwiegt allerdings der Infinitiv, besonders bei Verben mit statischer Bedeutung (*realize, understand, believe, like,* etc., → **119.2, 122;** Beispiel 3).

	Mit Infinitiv	Mit *gerund*
(1)	The boat ***started* to sink.**	The boat ***started* sinking.**
(2)	The crew ***began* to distribute** life-jackets. Ebenso: continue, cease *(aufhören)*	The crew ***began* distributing** life-jackets.
(3)	They ***began* to realize** the danger they were in.	*Gerund* hier bei statischen Verben ungebräuchlich

2. *Go on, stop, quit, finish, give up, leave off*
Der Infinitiv steht hier für eine geplante Handlung, die erst noch vollzogen werden soll (modale Bedeutung). Nach *go on* bezeichnet er den nächsten Schritt in einer Handlungskette (Beispiel 4). Nach *stop* bezeichnet er den Zweck, zu dem eine andere Handlung abgebrochen wird (Beispiel 5). Genauso (in der Funktion einer adverbialen Bestimmung des Zwecks) erscheint der Infinitiv gelegentlich auch nach *finish, quit, give up* und *leave off* (Beispiel 6–7).
Das *gerund* nennt im Gegensatz dazu bei allen genannten Verben die Handlung selbst, die bereits in Gang ist und die fortgesetzt bzw. abgebrochen wird (faktische Bedeutung).

	Mit Infinitiv	Mit *gerund*
(4)	First she read the business pages, then she ***went on* to study** the job adverts.	Janet and I ***went on* arguing** about the causes of unemployment all the evening.
(5)	On the way home from work he ***stopped* to buy** a paper. *(… hielt er an, um die Zeitung zu kaufen)*	He ***stopped* reading** the paper when the boss came in. *(Er hörte auf, die Zeitung zu lesen …)*

	Mit Infinitiv	Mit *gerund*
(6)	I'll have to ***finish*** (these letters) now (in order) **to get** to the post office in time.	***Have*** you ***finished*** **reading** the mail yet, Cathy?
(7)	She ***quit*** (her job) **to have** more time for her family.	Do ***quit*** **grumbling** and get on with your work.

Bei *go on doing s.th.* (Beispiel 4) handelt es sich um einen Grenzfall zwischen *gerund* und *present participle*, ebenso bei *keep (on) doing s.th.*, wo nur die *ing*-Form in Frage kommt (Beispiel 8; zu *be busy doing s.th.* → **201.1**).

(8) They ***kept*** **getting** on my nerves with their silly questions.

Verben der Wahrnehmung und des Beobachtens **214**

Verben der passiven Wahrnehmung *(see, hear, feel, smell, notice, find)* und des aktiven Beobachtens *(watch, observe)* lassen grundsätzlich Infinitiv, *present participle* und *past participle* zu. Gewisse Einschränkungen ergeben sich jedoch aus den unterschiedlichen Bedeutungen dieser infiniten Formen.

1. Verwendung der Aktiv- und Passivformen

Der Infinitiv ist möglich nach Aktiv- oder Passivformen von Verben der Wahrnehmung und des Beobachtens. Nach den Aktivformen steht er ohne *to*, nach den Passivformen mit *to*. Der Infinitiv selbst kann nur in der Aktivform auftreten. Vergleiche hierzu das folgende Schema:

Aktivsatz	The caretaker *saw* ***him*** **open** the window.
Passivsatz	***He*** *was seen* **to open** the window.
	to-Partikel

Auch beide Partizipien können sowohl nach Aktiv- als auch nach Passivformen des übergeordneten Verbs stehen, d. h. das obige Schema gilt entsprechend (Beispiel 1 und 2). Das *present participle* selbst kann nicht nur Aktivform (Beispiel 1 und 2), sondern auch Passivform haben (Beispiel 3). Beim *past participle* gibt es nur eine (passivische) Form (Beispiel 4).

(1) A neighbour ***saw him*** **knocking** at the door.
(2) ***He was seen*** **knocking** at the door.
(3) We ***watched the piano*** **being carried** upstairs.
(4) ***The key was found*** **hidden** under the mat.

2. Bedeutungsunterschiede zwischen Infinitiv und *present participle*

Zwischen Infinitiv und *present participle* bestehen ähnliche Aspektunterschiede wie zwischen *simple form* und *progressive form* bei den Tempusformen (→ **119.3**). Hierzu das folgende Schema:

Blickwinkel des Beobachters

Wie das Schema veranschaulicht, drückt der Infinitiv aus, dass ein Vorgang insgesamt, einschließlich seines Ergebnisses erfasst wird. Diese Sichtweise ergibt sich vor allem bei Einzelhandlungen von kurzer Dauer (Beispiel 5 und 6) oder bei Gliedern einer Handlungskette (Beispiel 7). Nach *find* („vorfinden") und *smell* ist der Infinitiv nicht möglich.

(5) We ***saw the ambassador* arrive** in a limousine.
Vgl.: The ambassador **arrived** in a limousine.
(6) ***Did*** you ***hear the bomb* go off?**
(7) The witness ***saw a man in a black jacket* leave** a package by the door and **walk** away again.

Das *present participle* drückt aus, dass ein Vorgang wahrgenommen wird, der sich gerade im Ablauf befindet (progressiver Aspekt). Diese Sichtweise ergibt sich vor allem, wenn ein Vorgang eine gewisse Zeit in Anspruch nimmt (Beispiel 8), sich laufend wiederholt (Beispiel 9) oder gleichzeitig mit einem anderen Vorgang stattfindet (Beispiel 10).

(8) We ***watched the VIPs* arriving** at the Town Hall.
Vgl.: The VIPs **were arriving** at the Town Hall.
(9) We ***could hear the crowd* shouting** protests from two streets away.
(10) They ***found a group of people* sitting** on the steps, **blocking** the main entrance.

3. Verwendung des *past participle*

Das *past participle* erscheint nur nach Verben der Wahrnehmung (vor allem *see, hear* und *find*). Es beschreibt aus passivischer Sicht entweder das Ergebnis eines vorhergehenden Vorgangs (Beispiel 11) oder einen Vorgang, der gleichzeitig mit der Wahrnehmung stattfindet (Beispiel 12). Hier ist auch die Passivform des *present participle* möglich, doch drückt sie im Gegensatz zum *past participle* den progressiven Aspekt aus (Beispiel 13).

(11) We ***found his bicycle* chained** to a fence.
Vgl.: He **had chained** his bicycle to a fence.
(12) I ***heard my name* muttered** two rows behind me.
Vgl.: Someone **muttered** my name two rows behind me.
(13) I ***heard my name* being shouted** again and again.
Vgl.: Someone **was shouting** my name again and again.

Verben und Verbverbände mit infiniten Konstruktionen an Stelle deutscher Adverbien

215

Eine Reihe von Verben und Verbverbänden mit Infinitiv, *gerund* und Partizip hat in etwa dieselbe Bedeutung wie deutsche Verb+Adverb-Verbindungen. Sie sind im Folgenden nach Bedeutungsgruppen geordnet.

1. Gewissheit, Wahrscheinlichkeit, Zufälligkeit: *be sure/be likely/seem/happen* + Infinitiv (Beispiel 1–6)

	Deutsch	Englisch
(1)	Er ist ein großartiger Spieler. Er schafft es **ganz sicher** ins Team.	He's a great player. He***'s sure* to make it** into the team.
(2)	Sie verlieren **bestimmt** gegen Manchester United.	They***'re certain* to lose** against Manchester United.
(3)	Heute Abend kommen **wahrscheinlich** ein paar Freunde von mir vorbei.	Some friends of mine ***are likely* to drop in** this evening.
(4)	**Anscheinend** haben sie beschlossen, doch nicht zu kommen.	They ***seem* to have decided** not to come after all.
(5)	Es ist sehr ruhig hier. Pat ist **anscheinend** nicht zu Hause.	It's very quiet here. Pat ***appears* to be** out.
(6)	Auf dem Markt ist mir **zufällig** Sue über den Weg gelaufen.	I ***happened* to bump** into Sue at the market.

Zu Passivkonstruktionen mit Infinitiv wie *be said to, be supposed to* im Sinn von *angeblich, vermutlich* → **112**.

2. Fortdauer einer Handlung oder Gewohnheit: *go on/keep (on)* + Partizip (Beispiel 7–8)

	Deutsch	Englisch
(7)	Ich sagte, ich würde gehen, aber meine Eltern beachteten mich nicht und redeten **weiter.**	I said I was leaving but my parents ignored me and ***went on* talking.**
(8)	Dan hat **dauernd** Alpträume.	Dan ***keeps* having** nightmares.

Zur Konstruktion *used to* + Infinitiv als Entsprechung zu *früher* oder *immer* → **169.1**.

3. Vorliebe und Abneigung: *be fond of/like/hate* + *gerund* (Beispiel 9–14)

	Deutsch	Englisch
(9)	Carol tanzt **gerne** Salsa.	Carol ***is fond of*** **dancing** the Salsa.
(10)	Meine Mutter hört **gern** alte Schallplatten.	My mother ***likes*** **listening** to old records.
(11)	Spülst du auch so **ungern** Geschirr?	Do you ***hate*** **washing up,** too?
(12)	Ben schwimmt **sehr gern** im Meer.	Ben ***loves*** **swimming** in the sea.
(13)	Er schnorchelt auch **gern.**	He ***enjoys*** **snorkelling,** too.
(14)	Ich gehe **lieber** Windsurfing als Segeln.	I ***prefer*** **windsurfing** to sailing.

4. Erwartung, Hoffnung: *expect/hope* + Infinitiv (Beispiel 15-16)

	Deutsch	Englisch
(15)	Ich bin **voraussichtlich** bis sieben mit der Arbeit fertig.	I ***expect*** **to be** finished at work by 7 p.m.
(16)	**Hoffentlich** sehe ich euch alle bald wieder.	I ***hope*** **to see** you all again soon.

Zum Ausdruck der Vermutung oder des Bedauerns verwendet man häufig die Kombination Verb / Verbverband + *that*-Satz (Beispiel 17–18).

	Deutsch	Englisch
(17)	Wir werden euch **vermutlich** noch ein paar Monate lang nicht sehen.	***I guess*** (that) we won't see you for another couple of months.
(18)	Ich schaffe es **leider** nicht zur Party am Freitag.	***I'm afraid*** (that) I can't make it to the party on Friday.

Kapitel 11: Nebensätze

Vorbemerkung

216

When Dad announced that he was going to show some slides he had taken on holiday in Spain, everyone groaned.

Viele Sachverhalte sind zu komplex, als dass man sie in einem oder zwei einfachen Sätzen wiedergeben könnte. In solchen Fällen wird der einfache Satz zum Satzgefüge erweitert. Dies geschieht durch Nebensätze, von denen unser Beispiel die drei wichtigsten Typen illustriert:

When Dad announced	Adverbialer Nebensatz
(that) he was going to show some slides	*That*-Satz
(which) he had taken on holiday in Spain,	Relativsatz
everyone groaned.	Hauptsatz

Adverbiale Nebensätze beschreiben die Umstände, unter denen etwas geschieht, vor allem Bedingungen, Gründe, mögliche Gegengründe oder den zeitlichen Rahmen (wie in unserem Beispiel). Sie werden durch Konjunktionen wie *if, because, although, while* und *when* eingeleitet.

***That*-Sätze** werden vor allem benutzt, um wiederzugeben, was jemand sagt, meint, plant oder wünscht. Sie lassen sich dann als indirekte Aussagesätze verstehen; wie durch die Klammer im Beispiel angedeutet, kann die Konjunktion *that* oft auch entfallen. Mit den *that*-Sätzen eng verwandt sind die indirekten Fragesätze (*She asked why he was late, whether they would be in time,* etc.).

Relativsätze beziehen sich typischerweise auf ein Satzelement und bestimmen die Aussage dieses Elements näher (in unserem Beispiel die Art der Fotos). Relativsätze werden durch Relativpronomen wie *who, which* und *that* eingeleitet; auch hier kann das Relativpronomen unter gewissen Umständen entfallen.

Das Kapitel informiert über die Struktur der verschiedenen Nebensatztypen und ihre Einsatzmöglichkeiten im Text, über mehrdeutige Funktionswörter und das Verhältnis zu vergleichbaren Infinitiv-, *gerund*- oder Partizipialkonstruktionen (hierzu auch → Kapitel 9 und 10).

217–218

Adverbiale Nebensätze

Grundsätzliches

217

1. Funktion, Stellung, Kommasetzung

Adverbiale Nebensätze erfüllen im übergeordneten Satz dieselbe Funktion wie adverbiale Bestimmungen (z. B. *last year, because of the heat*). Der Nebensatz kann dabei dem Hauptsatz vorangehen und wird dann meist durch ein Komma abgetrennt, oder er kann ihm folgen, wobei gewöhnlich kein Komma zwischen Haupt- und Nebensatz steht.

When I was in America,	I visited my relatives.	
	I went to Washington	**because I wanted to see the White House.**
Adverbialer Nebensatz *(hier: der Zeit)*	Hauptsatz	Adverbialer Nebensatz *(hier: des Grundes)*

2. Vollständige und verkürzte Nebensätze, infinite Konstruktionen

Nach bestimmten Konjunktionen (z. B. *if, though, when, once, while*) können das Subjekt und das Kopulaverb *be* ausgelassen werden, wenn das Subjekt dasselbe ist wie im Hauptsatz (Beispiel 1 und 2).

(1) **If (it is) not an ideal solution,** the recent agreement is at least a step in the direction of peace.
(2) **When in Rome,** do as the Romans do. *(Sprichwort)*

Viele adverbiale Nebensätze können außerdem durch Partizipialkonstruktionen, z. T. auch durch *gerund*-Konstruktionen ersetzt werden, vor allem Nebensätze der Zeit und des Grundes (Beispiel 3 und 4; → **180–185**). Zum Ausdruck von Zweck steht auch die Infinitivkonstruktion zur Verfügung, die dem Nebensatz meist vorgezogen wird (Beispiel 5; → **186.1**).

(3) **While he was sitting at his desk,** he saw a dark face at the window.
Sitting at his desk, he saw a dark face at the window.
(4) **Since they were caught red-handed,** they had to admit their guilt.
Caught red-handed, they had to admit their guilt.
(5) She went to the door **to see who was there.**

Details zu Nebensatztypen und Konjunktionen

218

1. Nebensätze der Zeit (Temporalsätze)

Abhängig von der Wahl der Konjunktion drücken Nebensätze der Zeit Gleichzeitigkeit (Beispiel 1) oder eine zeitliche Abfolge aus (Beispiel 2). Manche Konjunktionen lassen jedoch beide Sichtweisen zu; die Auslegung hängt hier von den gewählten Verbformen ab. Dies gilt z. B. für *when* (Beispiel 3 und 4) und *since* (Beispiel 5 und 6). Zum Gebrauch der Tempusformen im Einzelnen → **141, 145**.

(1)	**While he was waiting for the doctor,** his wife was doing the shopping for the weekend. Ebenso: whilst (*während;* sehr förmlich), as (*als, während*), as long as (*solange*), whenever (*wann auch immer, immer wenn*)	Gleichzeitigkeit
(2)	**As soon as I had been treated,** I could leave and go home. Ebenso: after (*nachdem*), before (*bevor*), once (*sobald*), till / until (*bis*), now that (*nun da*)	zeitliche Abfolge
(3)	**When she *is* in the library,** she works very hard.	Gleichzeitigkeit
(4)	**When he *had left* the library,** he walked over to the café.	zeitliche Abfolge
(5)	**Ever since I*'ve known* him,** he's been a heavy smoker.	Gleichzeitigkeit
(6)	**Since he *arrived* in Hawai,** he has changed his lifestyle completely.	zeitliche Abfolge

2. Nebensätze des Grundes (Kausalsätze)

In der Regel enthalten Nebensätze des Grundes mit *as* und *since* bereits bekannte Informationen und stehen daher eher vor als hinter dem Hauptsatz (Beispiel 7). Nebensätze mit *because* stehen dagegen meist hinter dem Hauptsatz, da sie die eigentlich neue Information enthalten (Beispiel 8). Zu *when* in kausativen Sätzen → **230.1**.

(7) **As / Since there are now 50 states in the Union,** there are 50 stars on the American flag.
(8) We will camp on our trip to Canada **because it is so much cheaper than hotels.**

3. Nebensätze der Bedingung (Konditionalsätze)

Hier kann *if* alle Arten von Bedingungssätzen einleiten (Beispiel 9 und 10). Dagegen treten andere Konjunktionen wie *provided that* nur in realen Bedingungssätzen auf (Beispiel 11). Zum Gebrauch der Tempus- und Modalformen im Bedingungssatz → **150–154**.

(9) **If we don't eat this fruit soon,** it will go bad.
(10) **If you had asked me earlier,** I might have been able to help you out.
(11) The grape harvest is likely to be good this year, **provided that July is hot and sunny.** (*... vorausgesetzt dass ...*)
Ebenso: in case that (*im Falle, dass*), unless (*sofern nicht, außer wenn*),
on condition that (*unter der Bedingung dass*), as long as (*sofern, solange*),
supposing that (*angenommen, dass*)

Im förmlichen Stil kann die Konjunktion *if* in Bedingungssätzen mit *should, were-subjunctive* oder *modal past perfect* entfallen. In diesem Fall wird *should, were* oder *had* dem Subjekt vorangestellt (Beispiel 12–14).

(12) **Should the economy not improve,** inflation is set to rise.
(If the economy should not improve ...)
(13) **Were more jobs to be created,** a recession might be avoided.
(14) **Had they not fired any employees,** the company would definitely have gone bankrupt.

4. Nebensätze der Einräumung und des Gegensatzes (Konzessiv- und Adversativsätze)

Nebensätze der Einräumung werden in erster Linie durch *though/although* („obwohl") eingeleitet (Beispiel 15). *Even if/even though* entsprechen dem deutschen *selbst wenn/auch wenn* (Beispiel 16). Sowohl konzessiv als auch im Sinn eines Gegensatzes können *while* und das förmlichere *whereas* verstanden werden (Beispiel 17). Auch *when* kann in dieser Bedeutung verwendet werden (Beispiel 18).

(15) **Although much research is being done,** malaria remains a threat in many parts of the world.
(16) **Even if we gave more to charities,** governments, too, would still need to invest more in helping the less well-off.
(17) **While tuberculosis is now rare in the West,** it is still quite common in some Third World countries.
(18) Politicians merely advise and negotiate **when they could act and help those in need.** *(... obwohl sie/wo sie doch ... könnten.)*

Im förmlichen Stil kann *though* hinter ein satzeinleitendes Adjektiv oder Adverb treten. In diesem Fall kann statt *though* auch *as* stehen (Beispiel 19).

(19) **Incredible as/though it may seem,** a lot of money is lost in wasteful bureaucracy.

5. Nebensätze des Zwecks und der Folge (Final- und Konsekutivsätze)

Für Nebensätze des Zwecks und der Folge stehen als stilistisch neutrale Konjunktionen *so that* und *so much/fast/... that* zur Verfügung (Beispiel 20 und 21). Die Konjunktionen *in order that* und vor allem *lest* („damit nicht") wirken förmlich (Beispiel 22), *so* wird vor allem umgangssprachlich verwendet (Beispiel 23). Bevorzugt werden häufig Infinitivkonstruktionen (→ **217.2** und **186**).

(20) Money is needed in the Third World, **so that countries can learn to help themselves.**
(21) The world's population is increasing **so quickly that hunger and poverty are becoming more widespread.**
(22) We should engage in more fair trade with developing countries, **lest their economies completely collapse.** (förmlich)
(23) I eat only organically grown food, **so I can be sure of its quality.**

6. Weitere Typen von Adverbialsätzen
Weniger verbreitet sind die folgenden Typen von Nebensätzen:

— Nebensätze des Orts und der Richtung mit den Konjunktionen *where* („wo, wohin") und *wherever* („wo / wohin auch immer") (Beispiel 24).

(24) Wherever the pioneers settled, they came into conflict with the Indians.

— Nebensätze das Vergleichs mit den Konjunktionen *as* („so wie"; umgangssprachlich *like*) und *as though / as if* („als ob") (Beispiel 25 und 26).

(25) In many parts of the world, farmers continue to cultivate the land as their forefathers did before them.
Umgangssprachlich: ... like their forefathers did before them.
(26) The old woman shook her head as if she wanted to show that she disapproved of our presence.

— Nebensätze des Verhältnisses mit der Konjunktion *as* im Sinn von „in dem Maße wie" (Beispiel 27; zu anderen Bedeutungen von *as* → **230.2**).

(27) As living standards improve, (so) life expectancy increases.

That-Sätze und indirekte Fragesätze 219–222

Grundsätzliches 219

Dass Frage und Antwort zusammengehören, ist einsichtig. In der indirekten Rede werden Fragen durch indirekte Fragesätze wiedergegeben, Antworten durch *that*-Sätze (→ Kapitel 14). Deshalb ist es nicht verwunderlich, dass diese beiden Typen von Nebensätzen viele Gemeinsamkeiten aufweisen.

1. Formale Merkmale
— Indirekte Fragesätze werden durch ein Fragewort (*who, what, which, where, why,* etc.) oder durch die Konjunktionen *if* bzw. *whether* („ob") eingeleitet. Indirekte Aussagesätze beginnen mit der Konjunktion *that*, die aber auch entfallen kann (→ **216**).
— Indirekte Fragesätze haben ebenso wie *that*-Sätze die Wortstellung eines normalen Aussagesatzes (Subjekt – Prädikat – Objekt). Beide Nebensatztypen werden – von wenigen Ausnahmen abgesehen (→ **219.3**) – nicht durch Komma vom übergeordneten Satz abgetrennt.
— Beide Nebensatztypen erfüllen im übergeordneten Satz meist die Funktion des Objekts bzw. der Ergänzung. Zu indirekten Fragesätzen und *that*-Sätzen in der Funktion des Subjekts → **222**.

Die wichtigsten Merkmale von indirekten Fragesätzen und *that*-Sätzen werden noch einmal durch das folgende Schema veranschaulicht:

I	asked	**when**	**the concert**	**would start.**	
		whether	**we**	**could buy**	**tickets now.**
I	was told	**(that)**	**admission**	**was**	**free.**
		Fragewort/ Konjunktion	*Subjekt*	*Prädikat*	*Objekt/ Ergänzung*
Subjekt	Prädikat	Objekt			

2. *That*-Sätze und indirekte Fragesätze als Ergänzung von Verben und Verbverbänden

In der Funktion von Frage und Antwort erscheinen indirekte Fragesätze nach Verben des Fragens (Beispiel 1), *that*-Sätze nach Verben des Mitteilens (Beispiel 2). Beide Arten von Nebensätzen können jedoch auch nach anderen Verben und Verbverbänden des Informierens, Erklärens und Wissens auftreten (Beispiel 3 und 4).

(1) Somebody ***asked*** me **where** the bus station was.
(2) We ***were told*** **that** the cinema only had late showings on Friday and Saturday.
(3) A grey-haired old man ***explained*** to me **what** he thought of modern Hollywood films.
(4) She ***had no idea*** **that** her brother had been nominated for an Oscar.

That-Sätze stehen auch nach Verben und Verbverbänden, die eine Forderung, einen Wunsch oder eine gefühlsmäßige Einstellung ausdrücken (→ **220**).

3. *That*-Sätze und indirekte Fragesätze nach abstrakten Nomen

Hier fungieren diese Nebensätze als Attribut zu Nomen, die zumeist inhaltlich mit den oben genannten Verben und Verbverbänden verwandt sind, wie *question, problem, knowledge, news, information,* wobei indirekte Fragesätze normalerweise mit einer Präposition angeschlossen werden (Beispiel 5 und 6). Vor *that*-Sätzen ist keine Präposition nötig (Beispiel 7). *That*-Sätze werden häufig auch auf das Nomen *fact* bezogen (Beispiel 8).

(5) The ***question of/as to*** **whether** rural bus services are feasible is a difficult one.
(6) There was no ***information on*** **when** a relief bus would arrive.
(7) The ***belief*** **that** certain medicines are harmful is widespread.
(8) The ***fact*** **that** English is relatively easy to learn makes it suitable as a world language.

That-Sätze und indirekte Fragesätze, die zum Verständnis des Bezugswortes notwendig sind, dürfen nicht durch Komma abgetrennt werden (Beispiel 5–8); rein erläuternde, also nichtnotwendige *that*-Sätze werden dagegen durch Komma abgetrennt (Beispiel 9). Vgl. auch die Kommaregeln für notwendige und nichtnotwendige Relativsätze → **223**.

2. Der nichtnotwendige Relativsatz

Im Gegensatz zu den notwendigen enthalten nichtnotwendige Relativsätze zusätzliche, erläuternde Information, die für das Verständnis des Bezugswortes – und damit des übergeordneten Satzes – entbehrlich ist. Nichtnotwendige Relativsätze werden durch eine Sprechpause bzw. ein Komma vom übergeordneten Satz abgehoben. Sie gehören vorwiegend der geschriebenen oder förmlichen Sprache an.

Komma
Sprechpause

The Titanic, **which was the largest ocean liner of her time,** sank on her maiden voyage.

nicht notwendiger Relativsatz:
zusätzliche, entbehrliche Information
zum Bezugswort the Titanic

Als Relativpronomen wird im nichtnotwendigen Relativsatz für Personen *who* gebraucht (Beispiel 9), im Objektfall auch *whom* (Beispiel 10). Für Dinge verwendet man *which* (Beispiel 11 und 12). Das Relativprononen *that* kann hier nicht auftreten.

(9) ***My father,* who** was driving, just managed to brake in time.
(10) We overtook ***a motor cyclist,* who(m)** my brother recognized as a schoolfriend.
(11) ***The green Fiesta,* which** had been speeding, skidded on ice at the next bend.
(12) ***The road conditions,* which** the driver had blamed for the accident, were in fact not too bad.

In der Umgangssprache werden nichtnotwendige Relativsätze als Einschub vermieden. Statt eines Satzgefüges aus Hauptsatz und nichtnotwendigem Relativsatz verwendet man z. B. eine Folge von Hauptsätzen (Beispiel 13).

(13) ***Sherwood forest*** was the home of Robin Hood. **It is** now much smaller than in the Middle Ages.
Statt: ***Sherwood forest,* which is** now much smaller than in the Middle Ages, was the home of Robin Hood.

Details zu den Relativpronomen

224

1. *Who, whom, which, that* im notwendigen Relativsatz

Die Grundregel ist, dass sich *who* auf Personen, *which* auf Sachen bezieht und dass *that* in beiden Fällen eintreten kann. Die Objektform *whom* kommt meist nur noch im förmlichen Stil vor.

Im Einzelnen gilt:

— Mit Bezug auf Personen ist *who* als Subjekt die erste Wahl, als Objekt wirkt es z. T. noch umgangssprachlich. *That* ist als Subjekt ebenfalls möglich, als Objekt ist es die stilistisch neutrale Form (Beispiel 1 und 2).

(1) ***The girl* who / that** claims to have seen the Loch Ness monster yesterday was interviewed by the press.
(2) ***The tourists* that / who** the lake attracts every year all hope to catch a glimpse of the animal.

— Mit Bezug auf Dinge können *that* und *which* als Subjekt oder Objekt verwendet werden (Beispiel 3). *That* wird jedoch meist vorgezogen, besonders nach Mengenwort / Superlativ + Nomen (Beispiel 4–6).

(3) ***The shelves* which / that** contain titles on philosophy are to be found in the basement.
(4) The bookseller showed him ***all the books*** on space research **that** she had in stock.
(5) ***The only things* that** he reads are comics.
(6) ***The longest book* that** I have ever read was "War and Peace".

2. Wegfall des Relativpronomens: Kontaktsatz (*contact clause*)
Im notwendigen Relativsatz kann das Relativpronomen weggelassen werden, wenn es **nicht** Subjekt des Relativsatzes ist, sondern einen anderen Satzteil des Relativsatzes verkörpert. Am häufigsten verzichtet man auf das Relativpronomen in der Funktion des direkten Objekts (Beispiel 7). Das Pronomen kann aber auch entfallen, wenn es Teil eines Präpositionalobjekts (Beispiel 8) oder einer adverbialen Bestimmung ist (Beispiel 9). Zur Stellung der Präposition in diesen Fällen → **225.1**.

(7) These are postcards of all ***the towns* my daughter visited** when she was in Europe.
Vgl.: … **which** my daughter visited when she was in Europe …
which = direktes Objekt
(8) These are ***the holiday brochures* the customer was asking for.**
Vgl.: … **which** the customer was asking for.
for + *which* = Präpositionalobjekt
(9) ***The café* they had arranged to meet in** shut at six.
Vgl.: … **in which** they had arranged to meet …
in + *which* = adverbiale Bestimmung

Kontaktsätze sind vor allem in der Umgangssprache sehr häufig, besonders wenn sie kurz sind oder als Subjekt ein Personalpronomen haben (Beispiel 10 und 11).

(10) The CD **I'm listening to** is fantastic.
(11) Did you post that letter **you wrote last night?**

Präpositionen im Relativsatz

225

1. Nachstellung der Präposition als Tendenz

Im notwendigen Relativsatz stehen Präpositionen wie *in, on, to* und *for* meist – in der Umgangssprache immer – hinter dem Verb (Beispiel 1). In Relativsätzen mit *that* oder *who* und in Kontaktsätzen können sie nur dahinter stehen (Beispiel 2 und 3).

(1) Was the project (which) he was working *on* for so long a success?
(2) The file (that) she's looking *for* contains information about our clients.
(3) The man you were talking *to* just now was the export manager.

2. Voranstellung im förmlichen Stil bzw. nichtnotwendigen Relativsatz

Nur im förmlichen Stil – und damit meist in nichtnotwendigen Relativsätzen – trifft man noch auf vorangestellte Präpositionen (Beispiel 4–6).

(4) Those experts *on* whom the government is dependent for advice are often biased in favour of industry.
(5) The Arabs, *from* whom we inherited our number system, were great astronomers.
(6) The North Sea, *in* which most of Britain's oil reserves are located, is a hostile environment.

3. Präpositionen, die stets vor dem Relativpronomen stehen

Bestimmte Präpositionen, die Zeit, Art und Weise, Grund oder Einschränkung ausdrücken, müssen vor dem Relativpronomen stehen (Beispiel 7 und 8). Dies gilt auch für *after, between* und *around*, wenn sie Zeitbeziehungen ausdrücken (Beispiel 9).

(7) The hours *during* which the hijackers negotiated with the police were particularly nerve-racking for the victims.
(8) The trick *by means of* which he deceived his aunt was quite sophisticated.
Ebenso: because of, due to, owing to, in spite of
(9) The few days *after* which he resigned were marked by melancholy in the office.
Ebenso: the dates between which … / the time around which …

4. Relativadverbien statt Präposition + Relativpronomen

Nach vielen Bezugswörtern des Orts und der Zeit können Relativsätze auch mit den Relativadverbien *where* bzw. *when* angeschlossen werden (Beispiel 10 und 11). Nach Bezugswörtern der Zeit mit *that* oder ohne Relativpronomen (Kontaktsatz → **224.2**) kann die Präposition auch entfallen (Beispiel 12).

(10) *The house* where I grew up is no longer standing.
Seltener: The house in which …
Außerdem: The house (that / which) I grew up in …
(11) They didn't remember *the day* when Anne forgot her car keys.
Seltener: … the day on which …
(12) They didn't remember *the day* (that) Anne forgot her car keys.

226 Relativsätze mit *whose, of whom, of which*

Relativsätze können nicht nur durch Relativpronomen eingeleitet werden, sondern auch durch den Relativbegleiter *whose* + Nomen sowie durch Nomen + *of whom/of which.* Mit ihnen kann man Beziehungen ausdrücken, die im einfachen Satz mit dem *s*-Genitiv oder der *of-phrase* wiedergegeben werden (→ **21**).

1. Besitz oder Zugehörigkeit
Hier verwendet man für Personen *whose* (Beispiel 1 und 2), für Dinge stehen *whose* oder *of which* zur Verfügung (Beispiel 3 und 4). *Of which* wirkt umständlicher, *whose* wird in zunehmendem Maße bevorzugt.

(1) We would like to thank all ***those*** **whose hard work** has helped to make this occasion a success.
(2) ***The duke,*** **whose country house** has been bought by the National Trust, now only lives in the west wing.
(3) ***The ruined castle,*** **whose remaining walls** give an idea of its former strength, is still an impressive sight.
(4) People like to visit ***old monuments,*** **the upkeep of which** is in the hands of various charitable organisations.
Oder: … whose upkeep is …

2. Partitive Verwendung
Ein partitives Verhältnis („Teil/Ganzes-Verhältnis") wird bei Personen durch die Konstruktion „Komparativ/Superlativ/Mengenangabe + *of whom*" ausgedrückt (Beispiel 5), bei Dingen wird *of whom* durch *of which* ersetzt (Beispiel 6).

(5) Jane has ***three brothers,*** **the oldest of whom** is married to an MP's daughter.
(6) ***Buckingham Palace,*** **part of which** is now open to the public, is one of the Queen's official residences.

Of whom und *of which* stehen, wie Beispiel 5 und 6 zeigen, meistens hinter der Superlativform oder Mengenangabe, zu der sie gehören. Gelegentlich werden sie jedoch auch vorangestellt (Beispiel 7).

(7) Don't miss the Crown Jewels, **of which some pieces are quite breathtakingly beautiful.**

227 Sätze mit verallgemeinernden Relativpronomen

1. *Whoever, whatever* bzw. *what* und ihre Funktion im Satz
Das verallgemeinernde Relativpronomen *whoever* wird im Sinn von *the person who, anyone who* verwendet, das Pronomen *whatever* (auch zu *what* verkürzt) im Sinn von *the thing which, anything that.* Verallgemeinernde Relativpronomen vereinigen also in ihrer Bedeutung ein Bezugswort und ein Relativpronomen. Relativsätze mit sol-

chen Pronomen ersetzen deshalb einen ganzen Satzteil (Subjekt oder Objekt); hierin ähneln sie indirekten Fragesätzen und *that*-Sätzen (→**219.1**).
Vgl. das folgende Schema:

Whoever likes beach holidays	will enjoy a stay on Ibiza.
You can do	whatever you like.
Relativsatz als Subjekt	*Relativsatz als Objekt*

2. Der Gebrauch von *whichever* und von *whatever* + Nomen
Whichever steht vor einem Nomen oder einer *of*-Gruppe oder bezieht sich auf ein Nomen. Auch *whatever* kann als Begleiter bei einem Nomen stehen. Beide Formen bezeichnen dabei Personen und Dinge.
Whichever bezieht sich auf Exemplare (d. h. Einzelpersonen oder -dinge) aus einer bestimmten Gruppe oder Menge. Diese wurde entweder schon erwähnt (Beispiel 1) oder wird anschließend genannt (Beispiel 2). Mit *whatever* bezieht man sich auf eine noch nicht genannte, also unbestimmte Gruppe oder Menge (Beispiel 3 und 4). Vgl. die entsprechende Verwendung der Fragewörter *which* und *what* →**236.1**.

(1) ***Both paths*** lead to the camping site. You can take **whichever you like.**
(… welchen auch immer …)
(2) **Whichever of you has a spare moment** can help me put the tent up.
(Jeder von euch, der …)
(3) **Whatever people were about that night** were busy preparing themselves for the storm. *(Alle Leute, die …)*
(4) He decided to stay at **whatever hotel happened to have a room.**
(… in irgendeinem Hotel … welches auch immer …)

Relativsätze als Satzkommentar 228

1. Funktion und Wahl der Relativpronomen *what* und *which*
Relativsätze können sich auch als Kommentar auf einen vorangehenden Satz beziehen. Dabei hat der Relativsatz die Funktion einer adverbialen Bestimmung. Da solche Relativsätze für das Verständnis des Satzes entbehrlich sind, werden sie durch Sprechpause bzw. Komma vom Hauptsatz abgehoben; es handelt sich also um nichtnotwendige Relativsätze. Solche Relativsätze existieren auch im Deutschen, wo sie mit *was* eingeleitet werden. Im Englischen werden sie jedoch mit *which* eingeleitet, nicht mit *what* (Beispiel 1 und 2).

(1) Shares keep going up and up, **which is really surprising.**
(…, was wirklich erstaunlich ist.)
(2) The Prime Minister is losing popularity, **which is, of course, only to be expected at this time.**
(…, was natürlich … zu erwarten ist.)

Seltener sind kommentierende Relativsätze, die dem Hauptsatz vorangehen. Diese werden allerdings durch das Relativpronomen *what* eingeleitet (Beispiel 3).

(3) The House of Lords is outdated and ineffectual, **and what is more,** its members are out of touch with the public. *(... und was noch hinzukommt ...)*

2. Weitere adverbial gebrauchte Relativsätze
Im förmlichen Englisch werden adverbiale Relativsätze gelegentlich durch *which* und ein abstraktes Nomen eingeleitet. Auch hierbei handelt es sich immer um nichtnotwendige Relativsätze. Gebräuchlicher sind attributive Relativsätze (Beispiel 4) oder selbstständige Hauptsätze (Beispiel 5).

(4) The Prime Minister announced that there would be a general election in October, **which decision was not unexpected.**
(..., a decision which was not unexpected.)
(5) According to the polls, the opposition has a good chance of gaining power, **in which case the country can expect many changes.**
(... In this case the country can expect many changes.)

Dem deutschen *wie* entsprechend kann auch das englische *as* wie ein Relativpronomen auftreten, das sich auf einen Satz bezieht (Beispiel 6).

(6) The mayor's speech, **as was intended,** provoked some laughter among the audience. *(Die Rede ... rief, wie beabsichtigt, Gelächter bei den Zuhörern hervor.)*

229 Relativsätze: Vergleich mit dem Deutschen

Oberflächlich gesehen scheinen sich Relativsätze im Englischen und Deutschen ähnlich zu verhalten. Bei genauerer Betrachtung zeigt sich jedoch, dass sich Parallelen hauptsächlich mit den nichtnotwendigen Relativsätzen im Englischen ergeben, also mit der selteneren förmlichen Variante des Relativsatzes, weniger jedoch mit dem viel häufigeren notwendigen Relativsatz. Vgl. die folgende Übersicht:

Deutsch	*Englisch*
Alle Relativsätze Abtrennung durch Komma Relativpronomen *der/die/das* (förmlich auch *welcher/welche/welches)*	**Nichtnotwendige Relativsätze** Abtrennung durch Komma Relativpronomen *who/whom/which*
	Notwendige Relativsätze Keine Abtrennung durch Komma *that* als Relativpronomen Wegfall des Relativpronomens *(contact clause)* Ersatz durch Partizipialkonstruktionen

Deutschsprachige sollten sich vor allem beim notwendigen Relativsatz von den „deutschen Vorstellungen" lösen, d. h.sie sollten nicht nur auf die Kommasetzung verzichten, sondern auch auf den übermäßigen Gebrauch der wh-Pronomen (who, which und erst recht whom). Stattdessen sollte man die Alternativen nutzen:

— *that* als Relativpronomen, v. a. nach Mengenwörtern (Beispiel 1; → **224.1**)
— Wegfall des Relativpronomens als Objekt, v. a. bei kurzen notwendigen Relativsätzen (Beispiel 2; → **224.2**)
— Ersatz des Relativsatzes durch Partizipialkonstruktionen (Beispiel 3; → **190.1**).

	Deutsch	Englisch
(1)	Er kauft ***jede*** Antiquität, **die ihm in den Weg kommt**.	He buys ***every*** piece of antique furniture **that comes his way**.
(2)	Das Lokal, **das ich meine**, liegt direkt auf der anderen Seite der Brücke.	The restaurant **I mean** is just across the bridge.
(3)	Die Leute, **die auf den Bus warten**, werden allmählich ungeduldig.	The people **waiting for the bus** are getting impatient.

Funktionswörter, die verschiedene Arten von Nebensätzen einleiten

230

1. Funktionswörter und Nebensatztypen

Einige Funktionswörter können bei gleicher Form verschiedene Arten von Nebensätzen einleiten. Dazu gehören v. a. *that* (Beispiel 1–3) und *when* (Beispiel 4–8).

that

(1)	Nobody seriously disputes **that** evolution took place.	*that*-Satz
(2)	The theory **that** Darwin expounded was at first widely ridiculed. *(... die ...)*	Relativsatz
(3)	Fossil remains are **so** numerous **that** scientists can trace the development of many species. *(... so ... dass ...)*	Adverbialsatz (Folge)

when

(4)	Nobody seems to know **when** the sleeper to Glasgow leaves. *(... wann ...)*	indirekter Fragesatz
(5)	Christmas is the only day in the year **when** no trains run at all in Britain. *(... an dem ...)*	Relativsatz
(6)	**When** the train arrived, everyone rushed to get a good seat.	Adverbialsatz (Zeit)
(7)	There's no point telling her to book a seat **when** she refuses to listen to good advice. *(... da/wenn ...)*	Adverbialsatz (Grund)
(8)	Why are you standing **when** there are plenty of seats in the next carriage? *(... wo doch/obwohl ...)*	Adverbialsatz (Einräumung)

Weitere Funktionswörter, die unterschiedliche Nebensatztypen einleiten können, sind *if* (Beispiel 9 und 10) sowie *who* (Beispiel 11 und 12).

if

(9)	**If** conditions had been different, the dinosaurs might have survived. *(Wenn …)*	Adverbialsatz (Bedingung)
(10)	The experts were not sure **if / whether** the bones were human or from some kind of ape. *(… ob …)*	indirekter Fragesatz

who

(11)	The speaker was an anthropologist **who** had just returned from Africa. *(… der …)*	Relativsatz
(12)	We don't know **who** will finance the expedition. *(… wer …)*	indirekter Fragesatz

2. Mehrdeutige Konjunktionen

Gerade wichtige Konjunktionen haben oft mehrere Bedeutungen und können daher verschiedene Arten von adverbialen Nebensätzen einleiten. Dies gilt für die Konjunktionen *as* (Beispiel 13–16), *since* (Beispiel 17–18) und *while* (Beispiel 19–20). Die Unterscheidung der Bedeutungen ist für das Textverständnis von großer Bedeutung. Zur Mehrdeutigkeit von *when* → **230.1**.

as

(13)	**As** Tim had sprained his ankle, he couldn't play in the team on Saturday. *(Da …)*	Grund
(14)	There was a loud cheer **as** the first horse reached the winning post. *(… als …)*	Zeit
(15)	Despite the dangers, there are as many people who box professionally **as** there ever have been. *(… wie …)*	Vergleich
(16)	The rugby players got muddier and muddier **as** the rain fell more heavily. *(… in dem Maße wie …)*	Verhältnis

since

(17)	The living-room has not been wallpapered **since** we moved in. *(… seit …)*	Zeit
(18)	Many people do a lot of DIY **since** it is cheaper than calling in professionals. *(… da …)*	Grund

while

(19)	Would you go and get some milk from the shop **while** I put the kettle on? *(… während …)*	Zeit
(20)	Some people like vinegar on their chips **while** others can't stand it. *(… während …)*	Gegensatz

Mehrstufige Satzgefüge und Textverständnis

Die bisherigen Abschnitte des Kapitels haben sich im Wesentlichen mit Satzgefügen befasst, in denen ein Nebensatz dem Hauptsatz untergeordnet ist. Es kommt aber häufig vor, dass diesem Nebensatz wiederum ein Nebensatz untergeordnet ist, etc. und dass so mehrstufige Satzgefüge entstehen.

1. Satzgefüge mit einem Nebensatz

(1) When the champion arrived at the town hall,
Nebensatz vorangestellt
he was greeted by a huge crowd.

(2) The guest of honour was annoyed
because no one was there to welcome him.
Nebensatz nachgestellt

(3) The delegation had missed their flight.
we were to meet at the airport
Nebensatz in Binnenstellung

Satzgefüge sind zwar komplexer als einfache Sätze, aber nicht unbedingt schwerer zu verstehen. Dies gilt vor allem für Satzgefüge mit einem Nebensatz, der dem Hauptsatz vorangestellt oder nachgestellt ist, oder aber als kurzer notwendiger Relativsatz in den Satz eingefügt ist (Beispiel 1–3). Die Art des Nebensatzes spielt dabei keine entscheidende Rolle und wird deshalb im Folgenden vernachlässigt.

2. Mehrere Nebensätze nach dem Hauptsatz

(4) Everybody applauded
Hauptsatz

when the speaker said
1. Nebensatz

that the amount of litter had greatly decreased
2. Nebensatz

since more litter bins had been provided.
3. Nebensatz

Auch komplexe, mehrstufige Satzgefüge müssen die Verständlichkeit nicht beeinträchtigen, wenn die Nebensätze an der richtigen Stelle im Satz eingefügt werden. Am günstigsten ist die Position nach dem Hauptsatz bzw. nach dem jeweils übergeordneten Nebensatz (Prinzip der „Rechtsverzweigung“; Beispiel 4). Bei dieser Anordnung können Hauptsatz und Nebensätze der Reihe nach als vollständige Informationseinheiten erfasst werden.

3. Mehrere Nebensätze in Binnenposition

(5) The request — Hauptsatz
was repeated several times. — Fortsetzung Hauptsatz

that visitors — 1. Nebensatz
should report at the reception desk — Fortsetzung 1. Nebensatz

who enter the building by the door — 2. Nebensatz

leading to the car park — 3. Nebensatz (Partizipialkonstruktion)

Platziert man einen Nebensatz in Binnenstellung, so führt das zur Aufteilung des Hauptsatzes oder übergeordneten Nebensatzes in zwei Einheiten. Wiederholt sich dieser Vorgang in einem Satzgefüge mehrmals, so entstehen die berüchtigten „Schachtelsätze", die nur schwer zu verstehen sind: Die „aufgebrochenen" Sätze müssen vom Hörer oder Leser wieder zu einer Informationseinheit zusammengefügt werden.
Erträglicher – wenn auch nicht empfehlenswert – ist die Kombination von Binnenposition und Nachstellung, wie sie im Beispiel 5 illustriert wird: Hier werden der Hauptsatz und der erste Nebensatz aufgeteilt, der zweite Nebensatz aber bleibt als Einheit erhalten, ebenso der dritte Nebensatz (im Beispiel eine Partizipialkonstruktion).

4. Mehrere Nebensätze vor dem Hauptsatz

(6)
everyone groaned. — Hauptsatz

When Dad announced — 1. Nebensatz

he was going to show some slides — 2. Nebensatz

he had taken on holiday in Spain, — 3. Nebensatz

Auch bei der Häufung von Nebensätzen vor dem Hauptsatz (Prinzip der „Linksverzweigung") sollte man Vorsicht walten lassen. Zwar ist ein solches Satzgefüge besser verständlich als ein Schachtelsatz, wenn die Nebensätze aufeinander folgen (in Beispiel 6 trifft dies für den zweiten und dritten Nebensatz zu). Trotzdem ist die Platzierung des Hauptsatzes nach mehreren einleitenden Nebensätzen nur dann gerechtfertigt, wenn man eine besondere stilistische Wirkung erzielen will. In Beispiel 6, das das erste Beispiel des Kapitels wieder aufgreift (→ **216**), hat die Endstellung des Hauptsatzes eine besondere, komische Wirkung: Der Hauptsatz berichtet knapp von der enttäuschten Reaktion auf die langatmig in drei Nebensätzen ausgebreitete Ankündigung des Vaters.

Kapitel 12:
Satzarten

Vorbemerkung 232

Die Wahl der Satzarten basiert auf den Sprechabsichten, die wir im Gespräch verfolgen. Fragesätze beruhen auf Fragen, Aufforderungssätze drücken Bitten, Anweisungen oder Befehle aus. Die Antworten auf Fragen und die Reaktionen auf Bitten und Anweisungen haben meist die Form von Aussagesätzen, wie sie auch für Erklärungen, Begründungen, Behauptungen usw. benutzt werden.
Hierzu zwei typische Kurzdialoge:

Frage	*Where are the knives and forks?*	Fragesatz
Antwort	*They are over there in the drawer.*	Aussagesatz
Erklärung	*There is just not enough room for them in this cupboard.*	Aussagesatz
Aufforderung	*Pass me the salt, please.*	Aufforderungssatz
Reaktion	*Here you are.*	Aussagesatz
Erklärung	*There is little left, I'm afraid.*	Aussagesatz

Trotz dieses grundsätzlichen Zusammenhangs gibt es im Gespräch keine völlige Übereinstimmung zwischen Sprechabsicht und Satzart. Fragen werden auch durch Aussagesätze wiedergegeben *(I don't know where the knives and forks are)*, Aufforderungen haben häufig die Form von Fragesätzen *(Could you hand me the salt, please?)*, Erklärungen können aus Aufforderungssätzen bestehen, z. B. in Gebrauchsanweisungen *(Shake well before use)*. In Antworten werden Aussagesätze oft zu Kurzformen reduziert *(Is this the cutlery drawer? – No, it isn't)*, Feststellungen werden durch verkürzte Fragesätze, sog. *question tags*, abgeschwächt *(This is the bread knife, isn't it?)*.
Das Kapitel beschreibt die Strukturen der Satzarten, besonders aber die hier angedeuteten Variationen und Anwendungsmöglichkeiten.

Aussagesätze und ihre Verneinung 233–234

Grundsätzliches zur Wortstellung und Verneinung 233

Der Aussagesatz ist die weitaus häufigste Satzart. Er hat normalerweise die Wortstellung „Subjekt – Prädikat – restlicher Satz“. Das Prädikat besteht oft aus Hilfsverb(en) und Vollverb. Der restliche Satz kann Objekte oder Ergänzungen (→ **95**) und adverbiale Bestimmungen umfassen. Diese Wortstellung gilt für bejahte und verneinte Aussagesätze. Die Verneinung wird durch *not* oder die Kurzform *n't* ausgedrückt.

Subjekt	Prädikat		Restlicher Satz
	Hilfsverb	Vollverb	
Linda	has	finished	her essay.
Susan	hasn't	finished	her essay.
You	should	(only) smoke	outside.
Women	shouldn't	smoke	during pregnancy.
Joe		likes	reading poetry.
Jim	doesn't	like	reading poetry.
I	didn't	travel	by air to Italy.
Poetry	does not	appeal	to everyone.

Wie die Beispiele im Kasten zeigen, wird bei Prädikaten aus Hilfsverb und Vollverb die Kurzform *n't* an das Hilfsverb angehängt. Sind mehrere Hilfsverben vorhanden, so erscheint das Verneinungselement nach dem ersten Hilfsverb *(I wouldn't have been surprised)*. Im förmlichen Stil wird die Vollform *not* nach dem ersten Hilfsverb eingefügt.

Enthält der bejahte Satz kein Hilfsverb, sondern nur eine einfache Tempusform *(simple present, simple past)*, so tritt eine verneinte Form des Hilfsverbs *do* ein (*do*-Umschreibung, → **171**).

234 Details zur Verneinung

1. Verneinung mit *not* ohne *do*-Umschreibung

Das Verneinungselement *not* tritt zwar meist hinter ein Hilfsverb, kann aber auch vor einem anderen Wort stehen. Möglich ist dies z. B. in verkürzten Sätzen ohne Prädikat (Beispiel 1), in Gegenüberstellungen (Beispiel 2) und in der Konstruktion *not only … but also* (Beispiel 3). In diesen Fällen wird keine *do*-Form eingefügt.

(1) Who wants to start? – Not me.
(2) I need a pencil, not a pen.
(3) She can play not *only* the piano, *but also* the flute.

Ohne *do*-Umschreibung erscheint *not* auch vor Infinitiven (Beispiel 4) sowie beim Vollverb *be* (Beispiel 5; → **173.3**).

(4) She pretended not to hear me.
(5) The post office isn't open yet.

2. Andere Formen der Verneinung
Die Verneinung des Prädikats durch *not* (→ **233**) stellt zwar den Normalfall dar, doch kann die Verneinung auch durch die negativen Pronomen *no one, nobody, nothing, none* (Beispiel 6) oder den negativen Begleiter *no* (Beispiel 7) ausgedrückt werden (→ **45**). Auch hier tritt keine *do*-Umschreibung ein. Dies gilt ebenso für negative und einschränkende Adverbien wie *never, seldom, scarcely* und *rarely*, wenn sie in Binnenstellung auftreten (→ **84–85**; Beispiel 8). (Zur Anfangsstellung dieser Adverbien → **253**.)

(6) No one could explain that section of the book.
(7) The notes provided no real help. *(... keine wirkliche Hilfe.)*
(8) He never uses a dictionary.

Fragesätze

235–241

Grundsätzliches

235

1. Typen von Fragesätzen
Die wichtigsten Arten von Fragesätzen sind Entscheidungsfragen und Fragewortfragen.
Unter Entscheidungsfragen versteht man Fragen, die mit ja oder nein beantwortet werden können (Beispiel 1).
Als Fragewortfragen bezeichnet man solche, die durch die Fragewörter *who, whom, whose, what, which, when, where, why* oder *how* eingeleitet werden, wobei das Fragewort die Art der erwünschten Antwort bestimmt (Beispiel 2–4).

(1) Do you like flying? – Yes, I do. / No, I don't.
(2) Where do you spend your holidays? – We usually go to Greece.
(3) Whose scarf is this? – I think it's Jack's.
(4) Which of your friends own cars? – None of them.

Fragesätze können auch zu Alternativfragen kombiniert werden; in ihnen sind die möglichen Antworten schon vorgegeben (Beispiel 5 und 6). Zu komplexen Fragesätzen → **238**, zu Intonationsfragen → **240**.

(5) Would you like a large or a small (drink)?
(6) What size drink would you like? Large or small?

2. Wortstellung und *do*-Umschreibung
Fragesätze unterscheiden sich von Aussagesätzen grundsätzlich dadurch, dass Subjekt und (erstes) Hilfsverb umgestellt werden. Ist kein Hilfsverb vorhanden, tritt eine *do*-Form ein. Eine Ausnahme bilden bestimmte Fragesätze, in denen das Frageelement Subjekt ist (→ **237**).

Umstellung (Inversion)

Fragewort	Hilfsverb	Subjekt	Vollverb	restlicher Satz
		(Aussagesatz: He is working.)		
	Is	he	working	on a new story?
		(Aussagesatz: We can go to Whitby for the Weekend.)		
Where	can	we	go	for the weekend?
		(Aussagesatz: Young people like open air events.)		
	Do	young people	like	the opera too?
		(Aussagesatz: I liked the show very much.)		
How	did	you	like	the show?

3. Intonation
Entscheidungsfragen werden – wie im Deutschen – normalerweise mit steigender Intonation (Satzmelodie) gesprochen (Beispiel 7), Fragewortfragen haben meist eine fallende Intonation (Beispiel 8).

(7) Would you like to join us for the weekend?

(8) When does the ferry leave?

Entscheidungsfragesätze werden allerdings dann mit fallender Intonation gesprochen, wenn sie als Ausruf der Begeisterung, des Erstaunens, des Entsetzens, etc. gemeint sind (Beispiel 9; schriftliche Wiedergabe oft mit Ausrufezeichen) oder wenn sie als ungeduldige Wiederholung einer schon einmal gestellten Frage dienen (Beispiel 10).

(9) Wouldn't that be marvellous!
(10) ... Yes, but what I still don't know is: have you fixed the date?

Fragewortfragen haben dagegen steigende Intonation, wenn man nachfragt, weil man etwas nicht verstanden hat (Beispiel 11) oder erstaunt ist (Beispiel 12).

(11) She lives in Heatherington Parva. –
(Sorry, I didn't get that.) Where does she live?
(12) I lent my binoculars to John. –
Who did you lend them to? You'll never get them back.

Details zur Verwendung der Fragewörter

236

1. *Who/what* oder *which*: uneingeschränkte oder eingeschränkte Menge
Who fragt nach Personen aus einer **uneingeschränkten** Zahl. Es wird im Subjektfall (*wer*?; Beispiel 1) und meist auch im Objektfall (*wen?/wem?*; Beispiel 2) verwendet; nur im förmlichen Stil erscheint im Objektfall noch *whom* (Beispiel 3).

(1) Who is waiting for me? *(Wer ...?)*
(2) Who did Susan phone this morning? *(Wen ...?)*
(3) Whom shall I ring about the repair? *(Wen ...?)*

What fragt nach Dingen (bzw. Vorgängen oder Sachverhalten) aus einer **uneingeschränkten** Menge (Beispiel 4). Steht *what* vor einem Nomen, so kann es sich auf Dinge oder Personen beziehen (Beispiel 5 und 6).

(4) What's got teeth but can't bite? (A comb.)
(5) What *books* do you own?
(6) What *doctors* treat problems with the eyes?

Which fragt – im Gegensatz zu *who* und *what* – nach Personen oder Dingen aus einer **eingeschränkten** Zahl (dt. meist *welcher?*). Es steht meist vor einem Nomen (Beispiel 7) oder einer *of*-Gruppe (Beispiel 8). Da die *of*-Gruppe immer dazu dient, die Einschränkung ausdrücklich zu nennen, kann sie nicht mit *who* oder *what* verbunden werden. Nur wenn der Zusammenhang klar ist, kann *which* auch allein, d. h. ohne Nomen, auftreten (Beispiel 9).

(7) Which *navigator* was America named after?
(8) Which *of the Channel Islands* is nearest France?
(9) Which was discovered first, *Australia or New Zealand?*

In Fragen nach Personen wird in zunehmendem Maße *which* auch dann verwendet, wenn die Zahl der Personen nicht ausdrücklich eingeschränkt ist (Beispiel 10).

(10) Which / What *famous people* do you know?

2. Fragewörter mit Präposition
Im Fragesatz stehen Präpositionen wie *from, in, on, to* und *for* praktisch immer hinter dem Verb, also getrennt vom Fragewort (Beispiel 11–13). Nur in sehr förmlichen Fragen mit *whom* können diese Präpositionen auch vor dem Fragewort erscheinen (Beispiel 14). Vorangestellt wird allerdings stets die Präposition *since* (Beispiel 15).

(11) Where have you come *from?*
(12) What are you waiting *for?*
(13) Who did she make a fool of herself *to?*
(14) *To* whom did you want to speak? (sehr förmlich)
(15) *Since* when have you known her?

237 Subjektfragen

Subjektfragen, d. h. Sätze, in denen das Frageelement Subjekt ist, haben stets die Wortstellung eines Aussagesatzes: Subjekt – Prädikat – restlicher Satz. Bejahte Subjektfragen werden nie mit *do* umschrieben. Zu den verneinten Subjektfragen → **239**.

	Subjekt = Frageelement	Prädikat	Restlicher Satz
	Who	wrote	Treasure Island?
(Aussagesatz:	R.L. Stevenson	wrote	Treasure Island.)
	What characters	appear	in the book?
	Whose mother	works	in a department store?
	Which of you	will apply	for the job?

238 Komplexe Fragesätze mit eingeschlossenem Satz

Mit Fragewortfragen kann man auch Satzteile eines *that*-Satzes erfragen. Dabei wird der Hauptsatz ohne Sprechpause oder Komma zwischen Frageelement und restlichem *that*-Satz eingeschoben. Im eingeschlossenen Hauptsatz werden Subjekt und Hilfsverb umgestellt, wenn nötig wird eine *do*-Form eingefügt. Der ursprüngliche *that*-Satz behält dagegen seine normale Wortstellung.

	Hauptsatz		that-Satz		
Who	did	they say	[ ]	had gone	to the zoo?
(Aussagesatz:		They said	the boys	had gone	to the zoo.)
Where	did	they say	the boys	had gone	[ ]?

Solche Fragesätze werden mit Verben des Mitteilens, Meinens und Vermutens (im eingeschobenen Satz) gebildet. Sie dienen vor allem dazu, Informationen weniger abrupt zu erfragen, indem man nach der Meinung des Gesprächspartners fragt oder an schon Erwähntes anknüpft (Beispiel 1–5).

(1) Where **did he suggest** he should meet us?
(2) Why **do you think** he had to change the time?
(3) When **do you imagine** he will sort his life out?
(4) What time **did they claim** they would have finished by?
(5) How much **did you say** they charge for admission?

Verneinte Fragesätze 239

Bei verneinten Fragen wird das *not*-Element entweder als Kurzform *n't* an das Hilfsverb oder die *do*-Form angehängt (Beispiel 1 und 2) oder als Vollform *not* nach dem Subjekt eingefügt (Beispiel 3). Im Gegensatz zu bejahten Subjektfragen mit einfacher Verbform enthalten verneinte Subjektfragen eine *do*-Form (Beispiel 4).

(1) **Doesn't** Sandra like going to the theatre?
(2) Why **didn't** you ask her earlier?
(3) **Is** Mr. Swanson **not** joining us?
(4) Who **did not** enjoy the play? (Vgl.: Who enjoyed the play?)

Verneinte Fragesätze sind nicht nur seltener als bejahte, sie haben auch eine andere Funktion. Bejahte Entscheidungsfragen werden normalerweise gestellt, wenn man sich informieren will, d. h. wenn man nicht weiß, ob die Antwort ja oder nein lauten wird. Verneinte Fragen drücken dagegen Überraschung, oft auch Enttäuschung darüber aus, dass etwas – entgegen der ursprünglichen Erwartung – nicht der Fall ist. Dabei erscheint meist die Vollform *not* (Beispiel 5). Sie können aber auch die Annahme ausdrücken, dass etwas der Fall ist und vom Hörer bestätigt werden soll. Hier wird meist die Kurzform *n't* verwendet (Beispiel 6 und 7). Verneinte Fragen mit *why* sind oft Aufforderungen oder Vorschläge (Beispiel 8).

(5) **Did** Jim **not** write down the e-mail address of that boy we met in the States?
(6) We need some bread. – **Hasn't** Ellen bought some already?
(7) **Isn't** there a shop somewhere down the road?
(8) Why **don't** you go with Sarah to get some milk?

Intonationsfragen 240

Als Intonationsfragen bezeichnet man Sätze, die die Wortstellung von Aussagesätzen haben, aber mit der steigenden Intonation von Fragesätzen gesprochen werden. Intonationsfragen werden wie im Deutschen verwendet, wenn man sich eine Schlussfolgerung oder Erkenntnis bestätigen lassen will, oft mit einem erstaunten Unterton (Beispiel 1 und 2). Manchmal erwartet man auch gar keine Antwort. Intonationsfragen treten vor allem umgangssprachlich auf. Bei der schriftlichen Wiedergabe werden sie mit einem Fragezeichen versehen.

(1) There's no train after eight o'clock?
(2) You mean you walked all the way from the station?

Eine ähnliche Funktion können – wie im Deutschen – auch Aussagesätze mit Verben oder Adverbien haben, die eine Vermutung bzw. einen Grad der Wahrscheinlichkeit ausdrücken (Beispiel 3 und 4).

(3) You don't happen to know her telephone number, ***I suppose?***
(4) But ***surely*** she gave you a forwarding address?

241 Fragesätze: Vergleich mit dem Deutschen

1. Wortstellung im Fragesatz

Im Englischen wie im Deutschen werden die meisten Fragesätze durch eine Umstellung von Subjekt und Verbelement gebildet. Übereinstimmung gibt es aber nur bei Sätzen mit Hilfsverben (Beispiel 1). Enthält ein Satz nur eine einfache Verbform, so tritt diese im Deutschen vor das Subjekt. Im Englischen wird dagegen eine *do*-Form vor das Subjekt gestellt (Beispiel 2), da die Standardwortstellung „Subjekt – Vollverb“ erhalten bleiben muss; im Deutschen ist die Wortstellung viel flexibler.

	Deutsch	Englisch
(1)	**Kannst *du*** mir etwas Kleingeld leihen?	**Can *you* lend** me some change?
(2)	**Besitzt *du*** ein Fahrrad?	**Do *you* own** a bicycle?

Auch bei komplexen Fragesätzen (→ **238**) bestehen Unterschiede. Der eingeschobene Satz hat in beiden Sprachen Fragesatzstellung: im Deutschen durch Umstellung von Subjekt und Prädikat, im Englischen durch *do*-Umschreibung. Der eigentliche Fragesatz (in den Beispielen rot) hat jedoch nur im Deutschen Fragesatzstellung, im Englischen dagegen die Wortstellung des Aussagesatzes (Beispiel 3 und 4).

	Deutsch	Englisch
(3)	**Wann,** glaubst du, **kommen wir an?**	**When** do you think **we'll get there?**
(4)	**Wie lange,** sagte sie, **wird die Reise dauern?**	**How long** did she say **the journey would take?**

2. Wahl der Fragewörter

Deutsch *welcher* – Englisch *what* oder *which*

Im Deutschen wird bei der Verwendung von *welcher* nicht berücksichtigt, ob eine Auswahl aus einer uneingeschränkten oder einer eingeschränkten Menge getroffen werden soll. Im Englischen ist diese Unterscheidung aber maßgebend für die Wahl von *what* und *which* (Beispiel 5 und 6; → **236.1**). Allerdings ist für englisch *what* auch deutsch *was für ein* möglich.

	Deutsch	Englisch
(5)	**Welche / Was für eine** Farbe hätten Sie gerne?	**What** colour would you like? Uneingeschränkte Menge
(6)	**Welcher** Mantel gehört dir, der graue oder der schwarze?	**Which** coat is yours, the grey one or the black one? Eingeschränkte Menge

Deutsch *wie* – Englisch *what* bzw. *what ... like*

In einer Reihe von Fällen entspricht dem deutschen Fragewort *wie* im Englischen das Fragewort *what*. Betroffen sind z. B. Fragen nach Uhrzeit, Name oder Alter (Beispiel 7–9). Nach Eigenschaften wird im Englischen mit *What. ... like?* und einem Kopulaverb *(be, look, sound, taste, smell)* gefragt (Beispiel 10 und 11).

	Deutsch	Englisch
(7)	Wie spät/Wie viel Uhr ist es?	What time is it? / What's the exact time?
(8)	Wie heißt du?	What's your name?
(9)	Wie alt ist deine Schwester?	What age is your sister? (Auch: How old is your sister?)
(10)	Wie sind deine neuen Skier?	What are your new skis like?
(11)	Wie sieht eine Mango aus? / Wie schmeckt eine Mango?	What does a mango look / taste like?

Aufforderungssätze und Ausrufesätze

242–243

Diese beiden Satzarten erfüllen speziellere Funktionen als Aussage- und Fragesätze und haben eine weniger vielfältige Struktur. Aufforderungssätze (auch Befehlssätze oder Imperativsätze genannt) geben vor allem Bitten, Anordnungen und Warnungen, aber auch Einladungen wieder. Ausrufesätze bringen eine gefühlsmäßige Reaktion zum Ausdruck.

Aufforderungssätze

242

1. Standardfall: Aufforderung an andere

Bejahte Aufforderungssätze, die an eine oder mehrere andere Personen gerichtet sind, werden mit der Imperativform des Vollverbs gebildet. Diese ist gleich lautend mit dem Infinitiv. Verneinte Aufforderungssätze werden mit der verneinten Imperativform *don't* + Infinitiv, im förmlichen Stil mit *do not* + Infinitiv gebildet. Dies gilt auch für das Vollverb *be*.

	Stand up	this minute.
	Be	nice to your cousin.
Don't	wake	anybody up.
Don't	be	naughty this afternoon at your aunt's.

Wie die Beispiele im Kasten zeigen, wird die angesprochene Person in der Standardform des Aufforderungssatzes nicht durch ein Personalpronomen genannt. Nur besonders barsche Befehle werden durch betontes *you* + Imperativ ausgedrückt (Beispiel 1 und 2).

(1) You keep out of this. *(Du hältst dich gefälligst da raus.)*
(2) You be quiet.

2. Aufforderungssätze mit *let's*: Sprecher eingeschlossen

Aufforderungssätze, in die der Sprecher sich mit einschließt, werden mit *let's* gebildet (Beispiel 3). Im förmlichen, feierlichen Stil erscheint die Vollform *let us* + Infinitiv (Beispiel 4).
Verneinte Aufforderungssätze dieser Art werden mit *let's not,* im förmlichen Stil auch mit *let us not* gebildet (Beispiel 5 und 6). Im britischen Englisch kommt auch die Form *don't let's* + Infinitiv vor (Beispiel 7).

(3) Let's take the bus into town.
(4) Let us pray.
(5) Let's not leave it too late before we set off.
(6) Let us not forget those in need.
(7) Don't let's wait until the end.

3. Zeichensetzung und Intonation

Nach Aufforderungssätzen steht im Englischen normalerweise ein Punkt (Beispiel 8). Ein Ausrufezeichen wird nur bei besonders strikten Befehlen (Beispiel 9) und bei erregten Ausrufen gesetzt (Beispiel 10).

(8) Have a sandwich.
(9) Sit down, you fool!
(10) "Get out of my house!" she screamed.

Aufforderungen können mit fallender oder steigender Intonation (Satzmelodie) gesprochen werden. Mit fallender Intonation wirken sie bestimmt, verbindlich oder eindringlich. Fallende Intonation benutzt man deshalb bei Anweisungen, Befehlen, Verboten und Warnungen (Beispiel 11–13).

(11) Get off the trolley! It's meant for carrying luggage, not for playing on.
(12) Don't lean out of the window. It's dangerous.
(13) Be careful! That bag's got the thermos in it.

Aufforderungssätze mit steigender Intonation wirken dagegen unverbindlich, weniger bestimmt. Manchmal haben sie auch einen flehenden oder leicht vorwurfsvollen Unterton (Beispiel 14–16).

(14) Just give me a ring, and I'll pick you up from the airport.
(15) Don't be angry with me. It wasn't my fault that I'm late.
(16) Try and be a bit more punctual. Why don't you take a taxi?

4. Höfliche Varianten

Durch *please* wird grundsätzlich größere Höflichkeit erzielt. *Please* steht ohne Sprechpause am Anfang oder Ende eines Aufforderungssatzes (Beispiel 17 und 18). Am Ende wird es meist durch ein Komma abgetrennt.

(17) Please take your coat off and sit down.
(18) Don't go just yet, please.

Bejahte Aufforderungssätze mit betontem (emphatischem) *do* werden für nachdrückliche Bitten oder besonders höfliche Einladungen verwendet (Beispiel 19–22). (Weiteres zur *do*-Emphase ➜ **255**.)

(19) Do let me help with the arrangements.
(20) Do let's meet up again some time.
(21) Do be ready on time. *(Sei bitte unbedingt …)*
(22) Do help yourself to more tea.

Zur höflichen Wirkung von Aufforderungssatz + *question tag* ➜ **248.3**; zur Wiedergabe von Aufforderungen durch Fragesätze mit *can, could, will und would* ➜ **163.3** und **168.1**.

Ausrufesätze 243

Ausrufesätze drücken Gefühle wie Begeisterung, Mitleid, Ärger oder Schadenfreude aus. Sie weichen insofern von der Standardwortstellung ab, als das Objekt, die Ergänzung oder eine adverbiale Bestimmung an den Satzanfang gerückt wird. Dieses hervorgehobene Element wird durch *what* oder *how* eingeleitet: *What* steht vor Nomen oder vor Adjektiv + Nomen, *how* vor prädikativen Adjektiven (➜ **56.2**) oder – förmlich-literarisch – für sich allein. Der Rest des Satzes folgt in der Standardwortstellung „Subjekt – Prädikat". Ausrufesätze haben oft ein Ausrufezeichen und werden mit fallender Intonation gesprochen.

Hervorgehobenes Element	Subjekt	Prädikat	Restlicher Satz
What *a boring old goat*	he	is!	
What *an idiot*	I	was	to believe him!
What *fun*	they	had	on holiday.
How *easy*	she	made	it all sound!
How (förmlich-literarisch)	he	screamed!	

Kurzsätze und *question tags* 244–238

Grundsätzliches 244

Gespräche bestehen nicht nur aus vollständigen Sätzen, die Subjekt und Prädikat sowie notwendige Ergänzungen enthalten. Besonders in spontanen Unterhaltungen werden Fragen, Aufforderungen und Antworten, Kommentare oder sonstige Reaktionen durch verkürzte Sätze oder durch isolierte Satzteile ausgedrückt.

Gebräuchlich sind vor allem folgende Verkürzungstypen:

Frageelement statt vollständiger Fragesatz

(1) Tom called. – When? / Where from?
(2) I opened the tin with a spoon. – With what?
(3) I managed to open the tin. – What with?
(4) I was talking to Jimmy Banks the other day. – Jimmy who?

Adverbiale Bestimmung statt Aufforderungssatz

(5) Out! (e.g. of the house)
(6) On your knees!

Satzelement statt Aussagesatz oder Ausrufesatz

(7) Nice idea.
(8) Completely mad!
(9) What a stupid question!
(10) How clumsy (of me).

Kurzantworten, Kurzkommentare und Kurzsätze des Vergleichs
(zu den Details → **245–247**)

(11) Are you ready yet? – Yes, I am.
(12) Won't Dave be coming? – No, he won't.
(13) Is he badly hurt? – I don't think so.
– I hope not.
(14) We've often thought about buying a car. – So have I.
(15) I don't eat meat. – Neither does Paul.

Question tags **(Bestätigungsfragen)**
Diese verkürzten Fragesätze werden mit Aussagesätzen (Beispiel 16) und Aufforderungssätzen kombiniert (Beispiel 17) und spielen im spontanen Gespräch eine besondere Rolle. Zu den Einzelheiten → **248**.

(16) It's a horrible day, isn't it?
(17) Let's take a break, shall we?

245 Kurzantworten mit *yes* und *no*

1. Strukturen

Eine Entscheidungsfrage kann im Englischen zwar einfach mit *yes* oder *no* beantwortet werden, doch würde eine solche einsilbige Antwort in vielen Fällen unhöflich wirken.
Viel verbreiteter sind Kurzantworten, in denen *yes* bzw. *no* durch einen Kurzsatz ergänzt wird, der aus einem Personalpronomen und einem (bejahten oder verneinten) Hilfsverb besteht.

Fragesatz				Kurzantwort		
Hilfsverb	Subjekt	Vollverb	Restlicher Satz		Subjekt	Hilfsverb
Have	**you**	got	a large envelope?	– Yes,	**I**	**have.**
Does	**Frank**	like	his job in the City?	– Yes,	**he**	**does.**
Did	**you**	read	that article in The Times?	– No,	**I**	**didn't.**

Wie die Beispiele im Kasten zeigen, nimmt das Pronomen der Kurzantwort das Subjekt des Fragesatzes wieder auf, das Hilfsverb des Kurzsatzes das vorangehende (erste) Hilfsverb. Bei den einfachen Tempusformen tritt eine Form des Hilfsverbs *do* ein (außer beim Vollverb *be*, → **173.3**).
In bejahten Kurzantworten erscheint immer die betonte Vollform der Hilfsverben (Beispiel 1 und 2). Verneinte Kurzantworten werden meist mit betonten Kurzformen auf *n't* gebildet (Beispiel 3 und 4). Zur nachdrücklichen Verneinung wird unbetontes Hilfsverb + betontes *not* verwendet (Beispiel 5).

(1) Have you finished? – Yes, I **have.**
(2) Are the Johnsons leaving now? – Yes, they **are.**
(3) Didn't you want to come, too? – No, I **didn't.**
(4) Andrew has said "yes"? – No, he **hasn't.**
(5) Isn't Jenny driving there? – No, she**'s not.**

2. Verwendungsbereich
Mit Kurzantworten kann man nicht nur Fragen beantworten, sondern auch auf Äußerungen reagieren, die nicht unbedingt zu einer Antwort auffordern, z. B. auf Aussagesätze (Beispiel 6) oder auf Ausrufesätze (Beispiel 7). Dabei drückt die Kurzantwort meist Zustimmung oder Widerspruch aus. Durch verkürzte Aufforderungssätze kann man auf Bitten, Angebote oder Aufforderungen reagieren (Beispiel 8).

(6) The staff will never agree to working overtime. – **No, they certainly won't. / Oh, I'm sure they will,** if the pay is attractive.
(7) What a difficult decision! – **Yes, I think it was.**
(8) Shall I turn the heating up? – **Yes, do. / No, don't.**

Kommentierende Kurzsätze vom Typ *I think so* **246**

1. Zugrunde liegende Verben und Strukturen
Kommentierende Kurzsätze werden mit Verben und Verbverbänden gebildet, die eine Stellungnahme wiedergeben. Dazu gehören Verben und Verbverbände des Mitteilens, Meinens, Vermutens wie *think, believe, assume, imagine, expect, be afraid, I should say* sowie Verben, die einen Anschein ausdrücken wie *seem* und *appear*.

Der Bezug zur kommentierten Aussage wird durch *so* oder *not* hergestellt, bei einigen Verben ergibt sich der Bezug nur aus dem Zusammenhang. Es lassen sich drei Strukturen unterscheiden:

Kommentierte Aussage	Kurzkommentar
	***so/not* am Ende**
The Champion should be able to keep the title.	It seems **so.**
Mike's sure to lose the match.	I don't think **so.**
Do our team have a chance of winning?	I'm afraid **not.**
	***so* am Anfang**
Amanda will be fit by then, won't she?	**So** she says.
	Bezug ergibt sich aus dem Zusammenhang
Sheila's training hard at present.	I see.
Has Philip got over his injury?	I don't know.

Wie die Beispiele im Kasten zeigen, vertritt *so* einen bejahten, *not* einen verneinten Satz. *So* kann im Kurzsatz die Endstellung oder die Anfangsstellung einnehmen. Bei den entsprechenden deutschen Verben wird der vorangehende Satz oft durch *es, das* oder *so* vertreten: *Ich weiß (es) nicht. / Das glaube ich nicht. / Es scheint so.* / etc.

2. Verwendungsbereich

Mit kommentierenden Kurzsätzen kann man seine eigene Meinung zu einer Aussage oder die Meinung eines Dritten vorbringen (Beispiel 1). Man kann diese Kurzsätze aber auch dazu benutzen, eine Frage zu beantworten (Beispiel 2). Solche Antworten wirken weniger bestimmt und deshalb noch höflicher als Kurzantworten mit *yes* oder *no* (→ **245**).

(1) The story about the Prime Minister's son must be true. –
Yes, **I know.** / "The Times" and "The Guardian" both **say so.**
(2) Is there anything in these rumours? – Oh, **I don't think so.**
(Förmlicher: I wouldn't say so.)

Die Verneinung erfolgt in der Regel durch ein verneintes Verb + *so* (Beispiel 2). Die Verneinung durch die Proform *not* wirkt förmlich oder stark betont (Beispiel 3). Bei einigen Verben *(hope, guess, be afraid)* ist dies allerdings die einzig mögliche Form der Verneinung (Beispiel 4).

(3) Will the editor accept responsibility for the blunder? – **I should imagine not.**
(4) Are they going to apologize for libelling *(verleumden)* us? – **I'm afraid not.**

Während die neutrale Bestätigung in der Regel durch Kurzsätze mit nachgestelltem *so* erfolgt, wirken Kurzsätze mit einleitendem *so* engagierter. Mit ihnen kann man z. B. auch Skepsis gegenüber einer Aussage (Beispiel 5), ja sogar Sarkasmus (Beispiel 6) ausdrücken. Mit *or* eingeleitete Kurzsätze werden auch zur Abschwächung einer eigenen Behauptung benutzt (Beispiel 7).

(5) They are planning to reduce income tax, aren't they? – **So I've heard.** But I'll believe it when I see it.
(6) We've been having a little celebration here. – **So I see.** Now would you please get back to work.
(7) Joe is seriously thinking of changing his job. **Or so he tells me.**

Kurzsätze des Vergleichs mit *so, nor, neither* 247

Kurzsätze aus *so / nor / neither* + Hilfsverb + Subjekt stellen einen Vergleich zu einem vorangehenden Aussagesatz her und drücken meist eine Übereinstimmung aus. *So, nor* oder *neither* vertreten zusammen mit dem Hilfsverb das Prädikat und den restlichen Bezugssatz. Das nachgestellte Subjekt trägt die Hauptbetonung im Kurzsatz, da es durch den Vergleich hervorgehoben wird. Im Deutschen benutzt man hier die Konstruktion „Subjekt + auch / auch nicht".

Bezugssatz			**Kurzsatz**		
Subjekt	Hilfsverb	Vollverb + restlicher Satz	*so / nor / neither*	Hilfsverb	Subjekt
We	**'ve**	been to France quite a few times.	– **So**	**have**	I.
My parents		often go to Brittany.	– **So**	**do**	many people.
I	**don't**	speak French.	– **Nor**	**do**	I.
My accent	**was**	**never** very good at school.	– **Neither**	**was**	mine.
We		**rarely** book in advance.	– **Nor**	**do**	we.

Wie die Beispiele im Kasten zeigen, wird das (erste) Hilfsverb des Bezugssatzes als Vollform wieder aufgenommen. Bei den einfachen Tempusformen tritt eine Form des Hilfsverbs *do* ein (außer beim Vollverb *be*, → **173.3**). Bejahte Bezugssätze werden mit *so*, verneinte Bezugssätze (und Bezugssätze mit einschränkenden Adverbien wie *rarely, hardly*) werden mit *nor* oder *neither* wieder aufgegriffen.
Statt Kurzsätzen mit *nor* oder *neither* werden umgangssprachlich häufig auch Kurzsätze mit Subjekt + verneintem Hilfsverb + *either* verwendet, also Sätze mit normaler Wortstellung (Beispiel 1). Statt Kurzsätzen mit *so* kommen auch Kurzsätze mit *too* vor (Beispiel 2).

(1) I'm not hungry – **I'm not either.** (Statt: Nor am I.)
(2) I'm thirsty. – **I am, too.** (Statt: So am I.)

248

Question tags

1. Strukturen

Question tags (Bestätigungsfragen) werden an einen Aussagesatz angehängt und nehmen diesen in verkürzter Form wieder auf. Vom Prädikat des Aussagesatzes wird, falls vorhanden, das (erste) Hilfsverb wieder aufgegriffen. Sonst tritt eine Form des Hilfsverbs *do* ein (außer beim Verb *be* → **173.3**). Das Subjekt wird in Form eines Personalpronomens wiederholt.

Bezugssatz			***question tag***	
Subjekt	Hilfsverb	Vollverb + restlicher Satz	Hilfsverb	Subjekt
	⊕		⊖	
Joe Miller	**has**	changed,	**hasn't**	he?
They	**have**	put up lots of new buildings,	**haven't**	they?
You		liked the idea at first,	**didn't**	you?
	⊖		⊕	
Your proposal	**doesn't**	really help a lot,	**does**	it?
I	**have**	**never** tried hard enough,	**have**	I?
Grandpa	**has**	**rarely** let us down,	**has**	he?

Wie die Beispiele zeigen, folgt in der Regel auf einen bejahten Aussagesatz ein verneintes *question tag* und umgekehrt. Wegen ihrer fast negativen Bedeutung haben auch einschränkende Adverbien wie *hardly* und *rarely* bejahte *question tags* nach sich.

2. Wirkung des *question tag* nach Aussagesätzen

Question tags kommen fast nur im Gespräch vor. Im Deutschen entspricht ihnen oft *nicht?, nicht wahr?, oder?, oder nicht?*. Die Wirkung hängt zum einen davon ab, wie Bejahung und Verneinung verteilt sind, zum anderen von der (steigenden oder fallenden) Intonation des *question tag*.

Bejahter Aussagesatz – verneintes *question tag* und umgekehrt (Regelfall)

Bezugssatz		*question tag*
⊕	———	⊖
⊖	———	⊕

Bei steigender Intonation im *question tag* will man sich eine Annahme vom Gesprächspartner bestätigen (oder ggf. berichtigen) lassen. Man erwartet also eine Antwort (Beispiel 1 und 2). Bei fallender Intonation setzt man die Zustimmung des Gesprächspartners bereits voraus, erwartet also nicht unbedingt eine Antwort. Bezugssatz und *question tag* kommen hier einer Behauptung nahe (Beispiel 3 und 4).

(1) Sally can come with us to the beach tomorrow, **can't she?** *(..., oder nicht?)*
(2) You didn't bring any sun-cream, **did you?** *(..., oder?)*

(3) Three miles! That's a bit far, **isn't it?** *(..., nicht?)*
(4) Well, we've got no other option, **have we?** *(..., nicht wahr?)*

Question tags können auch an zustimmende Kurzantworten angehängt werden. Sie haben dann ebenfalls fallende Intonation und verlangen selbstverständlich keine Antwort (Beispiel 5 und 6).

(5) We could take a taxi to the station. – Yes, we could, **couldn't we?**
(Ja, nicht wahr?)
(6) You hadn't better miss the bus. – No, I hadn't, **had I?**
(Nein, da hast du Recht.)

Aussagesatz und *question tag:* beide bejaht (Sonderfall)

Bezugssatz ⊕————————⊕ *question tag*

Ein bejahter Satz mit bejahtem *question tag* (mit steigender Intonation) bringt eine Schlussfolgerung zum Ausdruck, die sich aus der Situation oder dem Gespräch ergibt. Der Ton ist oft ironisch oder sarkastisch (Beispiel 7 und 8).

(7) So you think she loves you, **do you?** Whatever gave you that idea?
(Du glaubst also, dass sie dich liebt. ...)
(8) So that's what you call a tidy room, **is it?**
(Das nennst du also ein aufgeräumtes Zimmer?)

3. Wirkung des *question tag* nach Aufforderungssätzen

Durch eine Kombination von Aufforderungssatz und *question tag* lassen sich höfliche Bitten ausdrücken. Dabei wird ein unbetontes *will you* an einen bejahten oder auch verneinten Aufforderungssatz angehängt und meist mit steigender Intonation gesprochen (Beispiel 9 und 10). Nach Sätzen mit *let's* lautet das *question tag „shall we"* (Beispiel 11).

(9) Fetch the sugar, **will you.** *(Hol doch bitte mal den Zucker.)*
(10) Don't let the cat get on the table, **will you.**
(11) Let's have a game of monopoly, **shall we.**

Will man etwas anbieten oder jemandem vorschlagen, etwas zu tun, so kann man das negative *question tag "won't you"* an einen bejahten Aufforderungssatz anhängen (Beispiel 12 und 13).

(12) Try a bit of this cake, **won't you.** *(Versuchen Sie doch mal ...)*
(13) Take a taxi, **won't you.** It's snowing.

Kapitel 13:

Textverknüpfung und Hervorhebung

249 *Merkmale eines zusammenhängenden Textes*

Was macht aus einer Ansammlung von Wörtern und Sätzen einen Text? Neben dem gemeinsamen Thema trägt dazu eine Vielzahl von grammatischen Mitteln bei, die den Text zusammenhalten. Im folgenden Beispiel sind diese Mittel der Textverknüpfung bzw. die Wörter, die sie signalisieren, hervorgehoben.

> Sir –
>
> One particular item in your Poll [...] puzzles me, **that** (1) concerning the unrestricted use of cars, 62 per cent disagreeing with any further restrictions.
> I own and drive a car, **but** (2) have come to the conclusion that **these** (1) enthusiasts for road transport must be masochists **as well** (2). **How anyone** (3) could possibly enjoy waiting in long queues of stationary or slow moving traffic **astounds me** (3), especially at Bank Holidays or weekends, when one need not go out at all. **This** (1) also applies to journeys **which** (1) could often be done by rail, often much more quickly, **despite** (2) all the anti-rail propaganda put on by folks **who** (1) hardly ever catch a train.
> I note that the poll **also** (2) indicates that 63 per cent are in favour of a heavy programme of road building; **how much more of our countryside** (4) do **they** (1) want to destroy**?** (4) **There** (5) were plenty of protesters in Kent over the rail link to the Channel tunnel, **which** (1) would do far less damage to the environment than a new motorway.
> **What** (5) is really needed is a fiscal disincentive to completing every journey by road; do away with the road tax and put a substantial further tax on petrol. **It** (5) seems most unfair that those **who** (1) only do about 10,000 miles per year should pay the same tax as those **who** (1) do twice the mileage.
> Any extra amount could be used to improve our underfunded rail system and the roads might become a little quieter for those **who** (1) still wish to use **their** (1) cars.
>
> D. Gibbons, Cardiff.
>
> From *The Observer*, 7 January 1990, p. 30

Typisch für einen zusammenhängenden Text ist zunächst, dass bereits Erwähntes (d. h. bekannte Information) durch Rückverweise wieder aufgenommen wird. Diese Rückverweise beziehen sich meist auf einzelne Satzelemente und werden durch Personalpronomen, Possessivwörter und Relativpronomen ausgedrückt. Auch der bestimmte Artikel ist ein wichtiges Signal für die Wiederaufnahme von bereits Erwähntem. (Im Beispieltext sind diese Mittel der Textverknüpfung mit der Nummer 1 bezeichnet.)

Die Textverknüpfung auf der Ebene der Sätze erfolgt am deutlichsten durch verknüpfende Adverbien, Konjunktionen und Präpositionen (Nummer 2 im Beispieltext). Eine wichtige Rolle spielen jedoch auch Satzbau und Satzart: Sowohl die üblichen Aussagesätze mit ihrer typischen Satzstellung als auch der Einsatz von ungewöhnlichen Konstruktionen tragen dazu bei, die Informationen zu gewichten. Dies gilt für den indirekten Fragesatz, der das Prädikat *astounds me* hervorhebt (Nummer 3 im Text), ebenso wie für die rhetorische Frage *How much more of our countryside ...?* (Nummer 4). Beachtung verdienen auch die Konstruktionen mit den Strukturwörtern *there, it* oder *what* (Nummer 5 im Text), die häufig die eleganteste Form der Textgliederung und Textverknüpfung darstellen.
Zusätzlich wird der Text durch eine typische Anfangsformel und die Nennung des Absenders zusammengehalten und damit zugleich als Leserbrief charakterisiert.
Da wichtige Mittel der Textverknüpfung wie Pronomen, Possessivwörter, der bestimmte Artikel, Adverbien und Konjunktionen in anderen Kapiteln besprochen werden, konzentriert sich dieses Kapitel auf die Rolle der Wortstellung, die *there*-Konstruktion und die sog. Spaltsätze (Konstruktionen mit *it* und *what*).

Die *there*-Konstruktion **250**

Hier hat *there* die Funktion eines Strukturworts und ist unbetont. Das Strukturwort *there* darf nicht mit dem betonten Orts- und Richtungsadverb *there* verwechselt werden, das ebenfalls am Satzanfang erscheinen kann (*There he comes.* → **254.2**).

1. Die *there*-Konstruktion mit dem Verb *be*
Diese Konstruktion tritt in zwei Varianten auf:

— *Be* erscheint als Vollverb vor dem Sinnsubjekt (Variante A im Kasten).
— Die *be*-Form kann aber auch als Hilfsverb zur Bildung einer *progressive form* benutzt werden. In diesem Fall steht sie vor dem Sinnsubjekt, das *present participle* dahinter (Variante B).

Einfacher Satz: A bus stop is across the road.

Variante A: **There is a bus stop across the road.**
There: Struktur-element; is: *be*-Form; a bus stop: (Sinn-) Subjekt; across the road: Adverbiale Bestimmung

Variante B: **There are lots of people queuing already.**
There: Struktur-element; are: *be*-Form; lots of people: (Sinn-) Subjekt; queuing: Verb; already: Adverbiale Bestimmung

Einfacher Satz: Lots of people are queuing already.

Die there-Konstruktion erscheint nicht nur in einfachen Aussagesätzen, sondern auch in Nebensätzen (Beispiel 1), in Fragesätzen und in Kurzantworten (Beispiel 2) sowie in question tags (Beispiel 3).

(1) She doesn't think (that) **there is** any reason to stay.
(2) **Is there** any point in wasting our time with this? – No, **there isn't.**
(3) There aren't any other things we should look at, **are there?**

Die *be*-Form in der *there*-Konstruktion der Variante A richtet sich im Numerus gewöhnlich nach dem folgenden Sinnsubjekt, d. h. das Verb *be* steht im Plural, wenn das Sinnsubjekt im Plural steht (Beispiel 4). In der Umgangssprache wird singularisches *there's* jedoch gelegentlich auch dann verwendet, wenn ein Sinnsubjekt im Plural folgt (Beispiel 5).

(4) **There is *a man*/There are *two men*** outside waiting to see you.
(5) **There's *four cars*** at the traffic lights.
Statt: **There are** four cars at the traffic lights.

Die Konstruktion mit dem *present participle* (Variante B) entspricht, auch wenn es auf den ersten Blick so scheinen mag, nicht immer einer *progressive form* im vergleichbaren einfachen Satz. Sie kann auch für einen Satz mit *simple present* oder *simple past* stehen (Beispiel 6).
Außer mit dem *present participle* ist die *there*-Konstruktion auch mit dem *past participle* möglich. Hier entspricht sie einem einfachen Satz mit passivischer Verbform (Beispiel 7).

(6) **There is/was** a coach **leaving** at ten.
Vgl.: A coach **leaves/left** at ten.
(7) **There have been** many complaints **made** about the new fares.
Vgl.: Many complaints **have been made** about the new fares.

2. Die *there*-Konstruktion mit anderen Verben

Die *there*-Konstruktion tritt auch mit den Verben *appear, remain, come* und *follow* auf, wobei diese Verben im *simple present* oder *simple past* erscheinen (Beispiel 8). Steht am Beginn eines Satzes eine Orts- oder Richtungsangabe, so kann das Strukturwort *there* im literarisch-poetischen Stil auch entfallen (Beispiel 9).

(8) At the end of the day **there remained** many questions still to be asked.
Vgl.: ... many questions still remained to be asked.
(9) From the hollow walls **(there) came** a strange knocking sound.

Im literarisch-poetischen Stil ist die *there*-Konstruktion außerdem mit einer Reihe weiterer Verben möglich, meist Verben der Position und Bewegung (*lie, spread, rise,* etc.; Beispiel 10 und 11).

(10) Suddenly **there rose** through the air a deafening scream.
(11) On the floor **(there) lay** a shattered mirror.

3. Verwendung im Text
Das Strukturwort *there* signalisiert, dass der ganze restliche Satz (besonders auch das Sinnsubjekt) neue Information enthält. Im Text wird die *there*-Konstruktion vor allem dann verwendet, wenn jemand oder etwas erstmals erwähnt wird. Sie ist daher oft mit dem unbestimmten Artikel oder einem unbestimmten Mengenwort verbunden und erscheint häufig zu Beginn eines Text- oder Gesprächsabschnitts (Beispiel 12). Im fortlaufenden Text dient sie zur Aneinanderreihung von Fakten und Beobachtungen (Beispiel 13).

(12) **There was** a large crowd of spectators waiting outside the courthouse when the defendant arrived. He was hurried inside among jeers and insults.
(13) The street market was in full swing. **There was** every kind of commodity you could think of being offered for sale. At one end **there were** fruit and vegetables on sale, and at the other puppies and kittens. **There were** stalls selling genuine antiques and **there were** stalls selling mere junk. But above all **there was** an incredible commotion.

Spaltsätze

251–252

Die Bezeichnung „Spaltsatz“ *(cleft sentence)* drückt die Vorstellung aus, dass ein Ausgangssatz in zwei Teile aufgespalten wird, ohne dass zusätzliche bedeutungstragende Elemente hinzukommen. Dies geschieht im Wesentlichen zum Zweck der Hervorhebung und der Textverknüpfung. Man unterscheidet zwischen *it*-Spaltsätzen und *what*-Spaltsätzen.

It-Spaltsätze

251

1. Strukturen
Der *it*-Spaltsatz wird durch das Strukturwort *it* und eine Singularform des Verbs *be* (meist *present* oder *past tense*) eingeleitet. Die restlichen Satzteile werden in Form eines Relativsatzes oder eines *that*-Satzes angeschlossen. Außer dem Prädikat kann praktisch jeder Satzteil des Ausgangssatzes am Ende des ersten Teilsatzes stehen, auch ein adverbialer Nebensatz, wie *when he was skiing* im folgenden Beispiel.

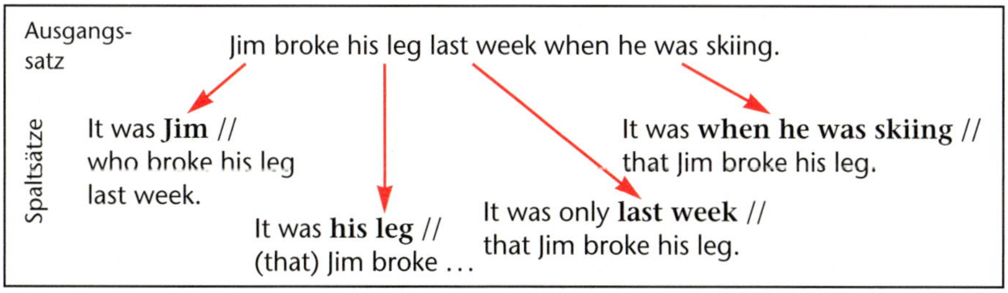

It-Spaltsätze können auch in Form von Fragesätzen auftreten (Beispiel 1 und 2). Der Einleitungssatz enthält auch dann eine Singularform von *be*, wenn er sich auf ein Nomen im Plural bezieht (Beispiel 3).

(1) Was it yesterday you saw that horror film?
(2) Where was it you watched the film?
(3) It was three ghosts that appeared in the kitchen scene, not two.

2. Verwendung im Text
Will man die Wirkung von *it*-Spaltsätzen verstehen, so muss man sich die Informationsverteilung im einfachen Satz klar machen:
Für den einfachen Satz gilt normalerweise die Reihenfolge „bekannte Information – neue Information". Diese Reihenfolge wird im *it*-Spaltsatz umgekehrt: Hier enthält der erste Teilsatz die wichtigste neue Information und erhält die Hauptbetonung. Dies führt zu einer Hervorhebung (Emphase) des betonten Elements im Rahmen des Textes. Vgl. die folgende Gegenüberstellung:

Einfacher Satz		***it*-Spaltsatz**	
The metric system is used in most European countries.		The metric system is used in most European countries.	
It was introduced	by Napoleon.	It was Napoleon //	who introduced it.
bekannt	neu	neu	bekannt

Häufig drückt der hervorgehobene Satzteil einen Kontrast aus, der durch den vorherigen Verlauf des Textes oder Gesprächs gerechtfertigt sein muss. *It*-Spaltsätze erscheinen deshalb kaum zu Beginn eines Text- oder Gesprächsabschnittes, sondern im **Textinnern**. Hier sind sie ein mündlich wie schriftlich sehr verbreitetes Mittel der Hervorhebung. Zugleich tragen sie wesentlich zur Textverknüpfung bei (Beispiel 4 und 5).

(4) The earliest measurements were based on the size of a man's thumb, foot, stride, etc. and varied from country to country and even from town to town. It was the metric system which ended all the confusion.
(5) You must have packed a lot of clothes in this suitcase. It weighs a ton. – No, it's all those books that are in it that make it so heavy.

Im Deutschen ist zwar z. T. eine vergleichbare Konstruktion mit dem Strukturwort *es* möglich, sie ist jedoch seltener. Meist verwendet man einfache Sätze, in denen das hervorgehobene Element beim Sprechen besonders betont wird (Beispiel 6).

(6) The theory of gravity was first developed by Isaac Newton. It was a falling apple that led him to the discovery.
(Ein fallender Apfel führte ihn zu der Entdeckung.)

3. *It*-Sätze mit Zeitangaben
Verwendet man im *it*-Teil des Spaltsatzes eine Zeitangabe, so kann dies – wie bei anderen Satzteilen – zum Zweck der Hervorhebung geschehen (Beispiel 7). Oft aber

dienen solche *it*-Sätze mit Zeitangaben nur als Einleitung eines längeren Satzes, der die wichtige Information enthält (Beispiel 8). Dies gilt vor allem für die Konstruktion *it was not until (1900)*, etc. im Sinn von „erst (1900)“, etc. (Beispiel 9).

(7) I'm sick and tired of all these news stories about the president's scandal, it seems to have been in the papers for weeks now. –
No, **it was on Monday** that the story first broke.
(8) **It was at the turn of the century** that the first films appeared in any great number: mainly newsreels and simple short comedies, all black and white and without a soundtrack.
(9) **It was not until the middle of the nineties** that mobile phones really caught on in Britain.

What-Spaltsätze

252

1. Strukturen

Beim *what*-Spaltsatz wird der erste Teil durch *what,* der zweite durch eine Form von *be* eingeleitet. Dabei ergeben sich zwei Möglichkeiten:

- Im zweiten Teil des Satzes folgt auf die Form von *be* das Objekt des Vollverbs. Das Vollverb selbst bleibt im ersten Teil (Variante A im Kasten).
- Der zweite Teil des Satzes enthält das Vollverb des Ausgangssatzes (meist als Infinitiv mit oder ohne *to*) und den restlichen Satz. Im ersten Teil wird das Vollverb durch eine Form von *do* vertreten (Variante B).

Ausgangssatz	Martin crashed his mother's car.
Spaltsätze	
Variante A	What Martin **crashed** //was **his mother's car.**
Variante B	What Martin did // was **(to) crash his mother's car.**

2. Verwendung im Text

Der *what*-Spaltsatz hat die gleiche Informationsverteilung wie der normale einfache Satz: Der erste Teilsatz (*what*-Satz) greift Bekanntes oder Erschließbares auf. Die eigentliche neue Information ist im zweiten Teil enthalten.

Einfacher Satz		***what*-Spaltsatz**		
She hates living alone in that isolated house.		She hates living alone in that isolated house.		
She fears	**burglary a great deal.**	What she fears most	// **is**	**burglary.**
bekannt oder erschließbar	neu	bekannt oder erschließbar		neu

Wie *it*-Spaltsätze können auch *what*-Spaltsätze im Textinnern erscheinen. Dabei fasst der *what*-Teil einen vorhergehenden Textabschnitt nochmals zusammen (Beispiel 1) oder er drückt einen Kontrast bzw. eine Steigerung gegenüber dem vorher Gesagten aus (Beispiel 2). In beiden Fällen trägt der *what*-Spaltsatz auch zur Textverknüpfung bei.

(1) When our neighbours returned from holiday, they found their house stripped of all its furniture. **What the thieves had done** was (to) come with a removal van in broad daylight and simply load everything into it.
(2) That petty crime is on the increase is a well-known fact. **What is really worrying, however,** is the fact that the number of young offenders is rising so rapidly.

Am Beginn eines Text- oder Gesprächsabschnitts werden vor allem floskelhafte *what*-Sätze verwendet, mit denen die Aufmerksamkeit des Lesers oder Zuhörers geweckt werden soll (Beispiel 3 und 4).

(3) **What we need to discuss today** is an effective policy against shoplifting.
(4) **What I was going to say** is that our store detectives are far too obvious.

Im Deutschen gibt es zwar entsprechende Spaltsatzkonstruktionen mit *was* (bzw. *woran, wofür, worüber,* etc.; Beispiel 5 und 6), doch werden an ihrer Stelle häufig einfache Sätze verwendet, vor allem Sätze mit nominalisiertem Adjektiv (Beispiel 7). (Zum Gebrauch von nominalisierten Adjektiven im Englischen ➜**60.2, 62**)

(5) **What you need** is a map of the neighbourhood. *(Was Sie brauchen, ist eine Karte der Umgebung.)*
(6) He had described the way to us in great detail, but **what he hadn't thought of** was the detour. *(Er hatte uns den Weg sehr detailliert beschrieben, aber woran er nicht gedacht hatte, war die Umleitung.)*
(7) **What is most puzzling about the whole thing** is that you managed to find your way here at all. *(Das Rätselhafte an der ganzen Sache ist, dass Sie überhaupt hierher gefunden haben.)*

253–256 Wortstellung, Textverknüpfung und Emphase

Die Stellung der Satzteile im Aussagesatz ist in unterschiedlichem Maße festgelegt: Nichtnotwendige adverbiale Bestimmungen können in verschiedenen Stellungen auftreten (➜**70**). Auch die Reihenfolge zweier Objekte hinter dem Prädikat ist z. T. variabel (➜**102**). Relativ streng eingehalten wird jedoch die Reihenfolge „Subjekt – Prädikat – restlicher Satz", die für den Kern des Satzes gilt. Trotzdem sind auch hier unter bestimmten Bedingungen Abweichungen möglich, die im Folgenden beschrieben werden.

Inversion nach negativen und einschränkenden Adverbien am Satzanfang

253

1. Strukturen

Erscheint am Satzbeginn eine verneinende oder einschränkende adverbiale Bestimmung (*never, scarcely, hardly, rarely, seldom, in vain* oder Kombinationen mit *no* und *not*), so rückt – wie im Fragesatz – das Subjekt hinter das (erste) Hilfsverb (Inversion). Ist kein Hilfsverb vorhanden, so benutzt man eine *do*-Form (außer beim Vollverb *be*, das nicht mit *do* umschrieben wird. → **173.3**).

Inversion (Hilfsverb ↔ Subjekt)

Adverbiale Bestimmung	Hilfsverb	Subjekt	Vollverb	Restlicher Satz
Scarcely	had	they	arrived	when they noticed footprints in the hall.
Not *for a million pounds*	would	I	be	prepared to go in there alone.
Never	will	he	suggest	such a silly thing again.
Rarely	did	he	have	a good word to say about the police.

Inversion von Subjekt und Hilfsverb tritt auch in dem (seltenen) Fall ein, in dem ein verneintes Objekt am Satzanfang gebraucht wird (Beispiel 1). Auch die Kombinationen *so* + Adjektiv sowie *such* + Nomen zum Ausdruck einer positiven Verstärkung lösen – am Satzanfang verwendet – diese Inversion aus (Beispiel 2 und 3).

(1) Not *a single word* did he speak for the rest of the evening.
(2) So *great* was her relief that she burst into tears.
(3) Such *pride* did she feel, that a smile beamed across her face for days.

2. Verwendung im Text

Normalerweise erscheint ein negatives oder einschränkendes Element im Satzinnern. Tritt es am Satzanfang auf wie bei dieser Konstruktion, so wird von vornherein festgelegt, dass die Aussage des Satzes unter einem negativen Gesichtspunkt betrachtet werden soll. Häufig wird dabei die negative Betrachtungsweise des vorhergehenden Satzes wieder aufgenommen, was zur Textverknüpfung beiträgt, so im Beispiel 4 die Bedeutung von *decline* („Niedergang").

(4) The decline of the British Empire began around 1920. No longer did Britain's dominance of the seas go unquestioned, nor could Britain maintain its financial and industrial supremacy.

Einschränkende adverbiale Bestimmungen wie *hardly / scarcely / barely / little / no sooner* sowie Kombinationen mit *only* („erst") können auch dazu benutzt werden, eine dramatische, unerwartete Wende des Handlungsgangs zu signalisieren; hier haben sie eine kontrastive Wirkung (Beispiel 5).

(5) India's struggle for independence lasted many years. **Scarcely** was it granted, however, than terrible violence broke out. **Only *after much suffering*** was an uneasy peace established.

Die beschriebenen Verwendungsweisen sind zwar in der gehobenen Schriftsprache durchaus verbreitet, sonst aber werden diese negativen oder einschränkenden Adverbien normalerweise in Binnenstellung verwendet (Beispiel 6; → **84–85**). Zu Kurzsätzen, die durch *neither* oder *nor* eingeleitet werden *(I don't like onions. – Neither/Nor do I.)* → **247**.

(6) It was a terrible battle. We **hardly** had time to regroup before the enemy started attacking again, but this time from behind.

Wird ein Satz durch ein verstärkendes Element mit *so* oder *such* (auch durch *such* allein) eingeleitet, so wird damit nicht eine negative, sondern eine positive Sichtweise aufgegriffen und verstärkt (Beispiel 7 und 8).

(7) The two figure skaters left the ice after their programme. **So *breathless*** were they that they could hardly speak.
(8) **Such** was the grace and musicality of the ice-dancers' performance that the spectators cheered reverently.

254 Inversion von Subjekt und Vollverb

1. Strukturen

Inversion

Präpositionalobjekt Adv. Bestimmung Adj. als Ergänzung	Prädikat (Hilfsverben und Vollverb)	Subjekt
To this fact	must be added	the plan's failings.
Vgl.: The plan's failings must be added to this fact.		
Onto the stage	bounded	the members of the band.
Vgl.: The members of the band bounded onto the stage.		
Equally inexplicable	is	their popularity.
Vgl.: Their popularity is equally inexplicable.		

Diese Wortstellung stellt die stärkste Abweichung von der Standardwortstellung des Aussagesatzes dar. Sie ist nur dann möglich, wenn der Satz nur eine einzige Ergänzung enthält, meist ein Präpositionalobjekt, eine adverbiale Bestimmung oder ein Adjektiv als Subjektergänzung. Dieses Element, das aufgrund seiner Form nicht mit dem Subjekt verwechselt werden kann, rückt an den Beginn des Satzes. Das Subjekt selbst erscheint am Satzende und damit nach dem gesamten Prädikat (Hilfsverben und Vollverb) in der betonten Endstellung.

2. Verwendung im Text

Auch diese Konstruktion wird im Text zum Zweck der Emphase und der Textverknüpfung eingesetzt. Indem das Subjekt an das betonte Satzende rückt, wird es besonders hervorgehoben. Oft wird das Gewicht des nachgestellten Subjekts noch durch Zusätze verstärkt, z. B. durch Attribute oder anschließende Aufzählungen (Beispiel 1).

(1) New York's subway is showing its age. To this sorry fact must be attributed **its numerous shortcomings:** it is smelly, dirty, smeared with graffiti and prone to breakdowns.

Die textverknüpfende Funktion der Konstruktion hängt vom einleitenden Satzteil ab. Dieser kann an bereits Genanntes anknüpfen (Beispiel 1, oben) oder aber einen Kontrast zu etwas vorher Gesagtem (oder Missverstandenem) ausdrücken (Beispiel 2).

(2) A lot has been said of the problems of the New York subway. Yet, **much more to the point** is its essential contribution to the functioning of such a huge city.

Erscheint eine notwendige Orts- oder Richtungsangabe am Satzanfang, so wirkt sie meist als dramatische Ankündigung des Handlungshöhepunktes und setzt eine vorbereitende Beschreibung von Handlung oder Situation voraus (Beispiel 3).

(3) It was shortly before eight when we arrived breathless on platform 2 of Times Square Subway Station. **In** came the train. The doors opened and **onto the platform** surged a huge crowd of commuters from the Bronx, all in a hurry to get to work.

Die bisher beschriebenen Verwendungen sind nur im förmlichen Stil üblich. In der Umgangssprache kommt die Inversion nur nach den Orts- und Richtungsadverbien *here* und *there* vor (Beispiel 4 und 5).

(4) **Here** comes Peter.
(5) **There** goes the bus.

255 *Do*-Emphase

1. Strukturen

Die *do*-Emphase hängt mit der *do*-Umschreibung in verneinten Sätzen zusammen. Wie die *do*-Formen in verneinten Sätzen erscheint das emphatische *do* in Sätzen, die kein Hilfsverb enthalten. Ist ein (anderes) Hilfsverb vorhanden, so wird dieses hervorgehoben, d. h. es wird die Vollform des Hilfsverbs geschrieben und betont gesprochen. Emphatisches *do* tritt in Aussagesätzen, aber auch in Aufforderungssätzen auf, wie die folgende Übersicht zeigt.

Aussagesätze		*do*-Form Hilfsverb	
	My son	**does**	help me in the garden now and then.
	I	**did**	bring my umbrella with me, didn't I?
	Vgl.:		
	You	**are** [ɑː]	taking your time, aren't you?
	They	**will** [wɪl]	be surprised when they see you.
	He	**must** [mʌst]	have been held up somewhere.
Aufforderungssätze		*do*-Form	
		Do	take your raincoat with you.
		Do	have another piece of cake.

2. Verwendung im Text

Emphatische *do*-Formen (und andere betonte Hilfsverben) heben den positiven Charakter einer Aussage im Gegensatz zu einer negativen Aussage hervor. Dabei erscheinen sie meist im Anschluss an einen verneinten Satz, zu dem sie im Kontrast stehen (Beispiel 1 und 2).

Das betonte Hilfsverb kann aber auch eine besonders starke gefühlsmäßige Reaktion oder Einstellung ausdrücken. Dies kann spontan geschehen, bedarf also keiner Vorbereitung im Text (Beispiel 3 und 4).

(1) I don't care for Indian food, but I **do** like Chinese food.
(2) They've got no Chop Suey left, but they **do** still have Sweet and Sour Prawns.
(3) I **did** enjoy that curry. It was delicious.
(Dieses Currygericht hat mir wirklich geschmeckt.)
(4) You **must** try some of my bird's nest soup. It's awfully good.
(Du musst unbedingt …)

Aufforderungssätze mit emphatischem *do* geben nachdrückliche Bitten oder besonders höfliche Einladungen wieder (Beispiel 5 und 6; → **242.4**). Dieser Gebrauch wirkt oft förmlich.

(5) Have you tried the trifle yet? **Do** have a taste at least.
(6) **Do** drop in and see us any time you are in the area.

Weitere Mittel der Emphase

256

1. Emphatische Betonung und hervorhebende Wörter

Beim Sprechen kann man Emphase vermitteln, indem man die Hauptbetonung nicht auf das letzte betonbare Element des Satzes legt (Normalbetonung), sondern auf ein anderes Wort (Beispiel 1 und 2). Die Hauptbetonung kann auch auf einem Hilfsverb oder einer *do*-Form liegen → **255**.

(1) Today the **children** are doing the cooking. (Because Mum is ill.)
(2) It says you should add a **tea**spoon of salt (not a **table**spoon).

Emphatische Wirkung haben auch hervorhebende Adverbien wie *only, even, chiefly,* etc. (Beispiel 3; → **77–79**), verstärkende Pronomen auf *-self/-selves* (Beispiel 4; → **18.1**), verstärkende Adjektive, Adverbien und adverbiale Gruppen wie *complete/completely, (not) at all, by no means,* etc. (Beispiel 5–7).

(3) **Only** a minority of households are still without a washing-machine.
(4) Try this brand. We always use it **ourselves.**
(5) Maggie has made a **complete** mess of the soup.
(6) She ruined it **completely.**
(7) We weren't **at all** satisfied with the service at the Thai restaurant.

2. Emphase durch Variation der Wortstellung

Hierbei rückt meist ein Satzteil, der sonst unbetont wäre, an das betonte Satzende. Manchmal betrifft die Umstellung nur die Satzteile hinter dem Prädikat. So kann z. B. ein kürzeres Objekt zur Hervorhebung hinter ein längeres treten (Beispiel 8; → **102**). Emphatischer wirkt jedoch die – nur begrenzt mögliche – Umstellung von Subjekt und Prädikat (Vollverb), durch die das Subjekt in die hervorgehobene Endstellung rückt (Beispiel 9 und 10; → **254**). Zur emphatischen Wirkung von Spaltsätzen → **251–252**.

(8) They paid the £ 1,000 reward for the recovery of the stolen goods **to the wrong man.**
(9) From a member of the underworld came **the crucial tip-off leading to the capture of the gangsters.**
(10) Decisive in solving the case was **the cooperation of the public.**

3. Verstärkung von Fragesätzen und Aufforderungssätzen

Fragewortfragen erhalten Emphase, wenn man das Fragewort durch *ever* oder Ausdrücke wie *on earth, the devil,* etc. verstärkt. Sie drücken eine Gefühlsreaktion wie Erstaunen, Ärger, etc. aus (Beispiel 11 und 12). Aufforderungssätze erhalten Emphase durch Zusätze wie *in Heaven's name, for God's sake,* etc. (Beispiel 13).

(11) What **ever** can she mean?
(12) Where **the devil** have you been?
(13) **For God's sake,** shut up!

Kapitel 14:

Direkte und indirekte Rede

257 *Vorbemerkung*

Die wichtigste Anwendung der Sprache ist ohne Zweifel das Gespräch in seinen vielen Varianten: zwanglose Unterhaltungen unter Freunden, Interviews, Talkshows, Gespräche zwischen Verkäufer und Kunde, zwischen Lehrer und Schüler usw.
Es gibt aber auch Situationen, in denen von Gesprächen (oder auch von Reden) nur berichtet wird. Dabei kann man gleichsam in die Rolle des Sprechers schlüpfen, d. h. man übernimmt seine Perspektive des „ich – jetzt – hier“ und zitiert die Äußerung wörtlich. In diesem Fall handelt es sich um **direkte Rede.**
Das Gespräch kann aber auch in indirekter Form wiedergegeben werden, d. h. als **indirekte Rede** ***(reported speech).*** Dabei geht man von der Perspektive des Berichterstatters aus, d. h. man „berichtet“ von einem Gespräch, das – im Normalfall – eine andere Person zu einem anderen Zeitpunkt an einem anderen Ort geführt hat. Dies hat gewöhnlich die Verschiebung der Personalpronomen in der zitierten Äußerung zur Folge; häufig kommt es auch zur Verschiebung von Tempusformen, Zeit- und Ortsangaben. Das folgende Schema veranschaulicht die unterschiedlichen Perspektiven von direkter und indirekter Rede (zur Verschiebung der Satzarten → **263**).

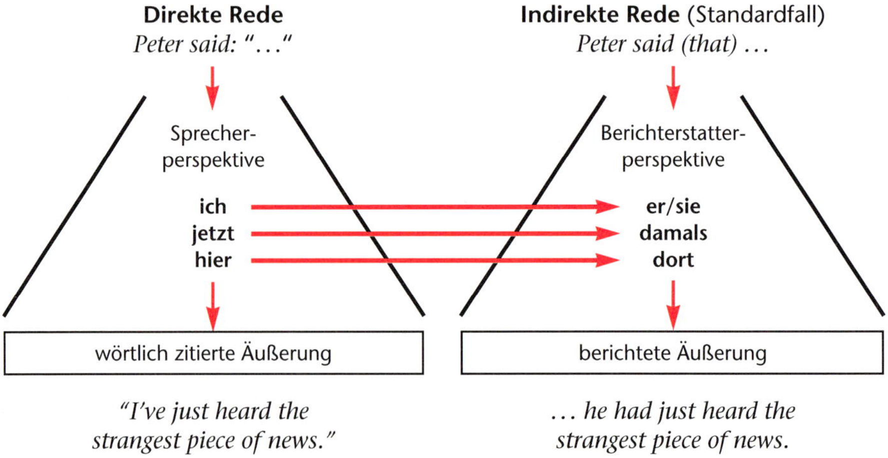

Die Details dieser Verschiebungen und die Redesituationen, in denen keine Verschiebung eintritt, sind das Hauptthema dieses Kapitels. Anschließend wird anhand eines Texts gezeigt, dass in der indirekten Rede die berichtete Äußerung nicht immer exakt nachgezeichnet werden muss, sondern auch in freier Form bis hin zur bloßen inhaltlichen Zusammenfassung wiedergegeben werden kann. Den Abschluss des Kapitels bildet eine Diskussion der erlebten Rede.

Tempusformen und modale Verbformen in der direkten und indirekten Rede 258–260

Grundsätzliches zum Prinzip der Rückverschiebung 258

In der indirekten Rede ist die Perspektive des Berichterstatters maßgebend, nicht die des Sprechers (→ **257**). Dadurch werden in der Regel die Tempusformen gegenüber der direkten Rede verändert; signalisiert wird diese Redesituation durch ein Einleitungsverb im *past tense* (z. B. *he said*) oder – seltener – im *past perfect* (*he had said*). Während im Deutschen hier meist der Konjunktiv eintritt, erfolgt im Englischen eine „Rückverschiebung" *(backshift of tenses)*. Dabei werden die Formen der *present-tense*-Gruppe durch die der *past-tense*-Gruppe ersetzt. Vgl. die folgende Übersicht:

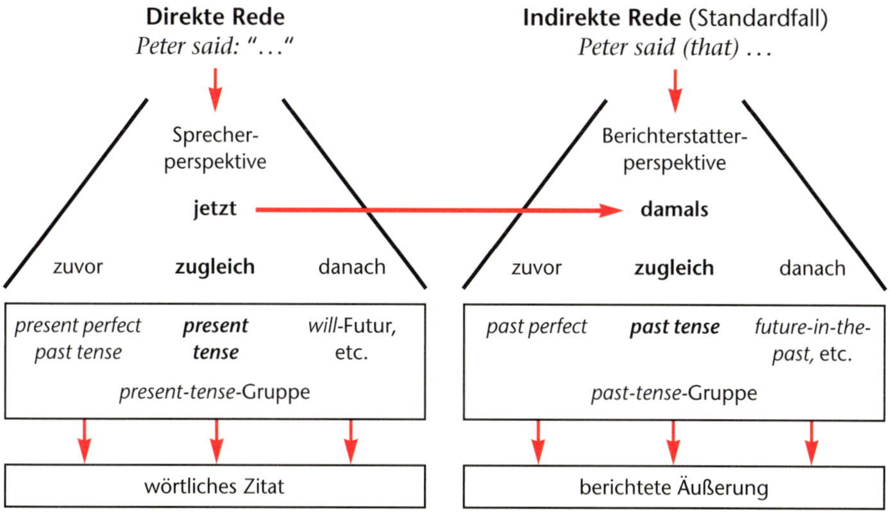

*"There's apparently **been** a delay with the ferry; it's **taking** a different route and **will arrive** in Harwich at 5 o'clock."*

*… there **had been** a delay with the ferry; it **was taking** a different route and **would arrive** in Harwich at 5 o'clock.*

Die Verschiebung betrifft vor allem folgende Tempusformen:

Direkte Rede	**Indirekte Rede**
present tense →	***past tense***
	Dan said
"I'**m going** out to the bank."	he **was going** out to the bank.
present perfect, past tense →	***past perfect***
	I read yesterday that
"Inflation **has increased** despite the fact that the Bank of England **raised** interest rates a month ago."	inflation **had increased** despite the fact that the Bank of England **had raised** interest rates a month ago.

Direkte Rede	Indirekte Rede
***will*-Futur ➜**	***future-in-the-past***
***going-to*-Futur ➜**	***was/were going to***
	Dad told me that
"Jack's going to open a new account which will allow him to use a credit card."	Jack was going to open a new account which would allow him to use a credit card.

Seltener ist die Rückverschiebung vom *future perfect* zum *future-perfect-in-the-past* (Beispiel 1). Eine Reihe weiterer Verbformen lässt sich überhaupt nicht weiter verschieben, bleibt also in der indirekten Rede erhalten. Dies gilt für das *past perfect* (Beispiel 2) sowie das *future-in-the-past* bzw. *conditional* (Beispiel 3) und außerdem für das *future-perfect-in-the-past* bzw. *conditional perfect* (Beispiel 4).

(1) "Will the mail have arrived by eight thirty?"
➜ She *asked* me if the mail would have arrived by eight thirty.
(2) "I noticed immediately that somebody had already opened the parcel."
➜ She *said* that she had noticed immediately that somebody had already opened the parcel.
(3) "In your position I would do the same thing."
➜ She *said* that in his position she would do the same thing.
(4) "I would have complained at the post office just like you."
➜ She *said* she would have complained at the post office just like he did/had done.

Im Übrigen darf man den Begriff „Rückverschiebung" nicht zu wörtlich nehmen. Verschoben werden die Tempusformen zwar vor allem in Äußerungen, die tatsächlich in der Vergangenheit gemacht wurden und bei denen die Formen der *past-tense*-Gruppe durchaus einleuchten. Diese Formen treten jedoch z. B. auch dann ein, wenn man sich eine Äußerung nur vorstellt und das einleitende Verb z. B. durch *would* oder *might* modifiziert (Beispiel 5). Entscheidend ist, dass man etwas nicht als Sprecher „erlebt", sondern nur als Berichterstatter wiedergibt.

(5) Your friend *might* very well *say* that he was rich because he had worked hard all his life and that he would never stop working as long as he was still able.

Zur Verschiebung bei den modalen Hilfsverben ➜ **260**.

259 Redesituationen, in denen keine Rückverschiebung eintreten muss

1. Berichtzeit identisch mit Sprechzeit

Bezieht man sich auf eine Äußerung, die zum jetzigen Zeitpunkt gemacht wird, so bleiben die Tempusformen der direkten Rede erhalten, weil man als Berichterstatter die gleiche Zeitperspektive hat wie der Sprecher. Dies gilt auch dann, wenn der

Sprechzeitpunkt in der unmittelbaren Vergangenheit oder in der Zukunft liegt. Das einleitende Verb des Mitteilens steht hier im *present tense, present perfect* oder *will*-Futur (Beispiel 1). Verändert werden jedoch die Personalpronomen (z. B. *he knows* statt *I know*). Zur Verschiebung der Zeit- und Ortsangaben → **261**.

(1) Don't mention the matter to Richard again. He ***will*** only ***tell*** you that he **knows** what he **is doing** and that no one **will find out** whether he **was involved** or not.

2. Berichteter Sachverhalt trifft noch zu
Auch wenn man sich auf eine frühere Äußerung bezieht (einleitendes Verb im *past tense* oder *past perfect*), ist die Rückverschiebung der Tempusformen nicht immer nötig oder sinnvoll. So können *present tense* und *present perfect* erhalten bleiben, wenn deutlich gemacht werden soll, dass etwas zum Zeitpunkt der Berichterstattung noch zutrifft (Beispiel 2 und 3; hier ist das Tief bzw. der Satellit immer noch vorhanden).

(2) The weatherman ***said*** that a depression **is / was** slowly **moving** over the British Isles from the Atlantic.
(3) It ***said*** in the news that a new weather satellite **has / had been launched.**

Das *simple present* kann vor allem betonen, dass etwas immer und damit auch zum Berichtszeitpunkt gilt (Naturgesetz, Eigenschaft, Gewohnheit; Beispiel 4 und 5).

(4) It took a long time before the world ***was convinced*** that the earth **revolves** around the sun.
(5) Stuart ***assured*** us that on summer mornings he **likes** to get up and watch the sun rising.

Ebenso können *will*-Futur und andere Ausdrucksformen der Zukunft in der indirekten Rede erhalten bleiben, wenn ausdrücklich betont werden soll, dass etwas zum Berichtszeitpunkt immer noch bevorsteht (Beispiel 6 und 7). Sonst verwendet man *future-in-the-past,* etc.

(6) It ***was announced*** that the landing of the spacecraft **will / would be transmitted** live on TV.
(7) In town this morning some madman ***was prophesying*** that the world **was / is going to end** at midnight tonight.

In all diesen Fällen ist jedoch auch eine Verschiebung zu den Formen der *past-tense*-Gruppe möglich, wenn betont werden soll, dass es sich um die Äußerung einer ganz bestimmten Person handelt.

3. *Past tense* statt *past perfect* trotz Vorzeitigkeit
Auch die *past-tense*-Formen der direkten Rede müssen in der indirekten Rede nicht unbedingt zu *past-perfect*-Formen zurückverschoben werden, wenn eine frühere Äußerung wiedergegeben wird und ein einleitendes Verb im *past tense* benutzt wird.

Die *past-tense*-Formen können erhalten bleiben, wenn die Vorzeitigkeit gegenüber dem einleitenden Verb durch andere sprachliche Mittel klargestellt wird, z. B. durch Zeitangaben (*last summer,* etc.) oder durch Konjunktionen wie *after* (Beispiel 8). Die Rückverschiebung zum *past perfect* ist ebenfalls möglich, klingt aber oft eher pedantisch.
Wenn in der direkten Rede mehrere *past-tense*-Formen aufeinander folgen, wird oft nur die erste davon zum *past perfect* zurückverschoben, da die Vorzeitigkeit aller weiteren Handlungen bereits durch diese erste Form klargestellt wird (Beispiel 9).

(8) He ***told*** me last month that he **(had) tried** out his new hiking boots while on holiday last summer, but that they **gave / had given** him blisters. He said that after he **(had) got** back from Snowdonia he **went / had gone** straight to a chiropodist to have his feet examined.
(9) Ann and Jerry ***were telling*** us a couple of weeks ago that they **had gone** to Thailand the year before on holiday and **(had) had** a great time. They **(had) spent** a week or so in Bangkok before they **took / had taken** a bus into the countryside to start a tour of religious sites. They **(had) missed** the monsoon season by just a few days, so that when they **(had) got** back to Britain they **(had) heard** reports of flooding.

4. Modale Verwendung des *past tense*

In irrealen Bedingungs-, Vergleichs- und Wunschsätzen wird das *past tense* nicht verschoben, weil es keine Vorzeitigkeit ausdrückt, sondern sich auf einen nicht wirklichen Sachverhalt bezieht (Beispiel 10; ➜ **147, 149.1, 152**).

(10) "If I **lived** near the mountains I'd go climbing every weekend."
➜ I ***heard*** one of the tourists ***say that*** if she **lived** near the mountains, she would go climbing every weekend.

260 Modale Hilfsverben in der indirekten Rede

1. Verschiebung bei den modalen Hilfsverben

Regelmäßig verschoben werden die sog. *present-tense*-Formen *can, may, shall* und *will,* und zwar zu den entsprechenden *past-tense*-Formen *could, might, should* und *would* (Beispiel 1). *Might, should* und *would* können nicht mehr weiter rückverschoben werden, ebenso wenig die Hilfsverben *ought to* und *used to,* die nur eine Form haben (Beispiel 2).

(1) "I'm not sure whether you **can** send your parcel by cheap rate – it **may** be too heavy.
➜ My sister ***said*** that she wasn't sure whether I **could** send my parcel by cheap rate – it **might** be too heavy.
(2) "You **shouldn't** send money through the post, as it's liable to be stolen."
➜ I ***told*** her that she **shouldn't** send money through the post, as it was liable to be stolen.

2. Verwendung von *could* und Ersatzformen
Bei *could* tritt in der indirekten Rede keine Verschiebung ein, wenn es im Sinn der deutschen Konjunktivform „könnte" benutzt wird (Beispiel 3). Entspricht *could* jedoch einer deutschen Indikativform („konnte"), so wird gewöhnlich eine rückverschobene Ersatzform benützt, z. B. *had been able to, had managed to* (→ **163.1–2;** Beispiel 4).

(3) "His telephone **could be** out of order again." *(… könnte … sein.)*
→ Brian ***thought*** that John's telephone **could be** out of order again.
(4) "Until the introduction of the Penny Post in 1840 poor people **couldn't communicate** easily with one another over long distances." *(… konnten … nicht …)*
→ The lecturer ***said*** that until the introduction of the Penny Post in 1840, poor people ***had not been able to communicate*** easily with one another over long distances.

3. Verwendung von *must* und *need*
Must und *need* verfügen nur über eine Form. Diese kann in der indirekten Rede erhalten bleiben. Allerdings kann statt *must* auch eine Form von *have to* eintreten, und zwar sowohl im Sinn der Wahrscheinlichkeit als auch zum Ausdruck der Notwendigkeit (Beispiel 5 und 6). Ebenso kann *needn't* (das Nichtnotwendigkeit ausdrückt) erhalten bleiben oder durch die Vollformen *didn't need to* bzw. *didn't have to* ersetzt werden (→ **165.2, 170;** Beispiel 7)

(5) "There's the doorbell. It **must** be the doctor."
→ Mum ***shouted*** that the doorbell was ringing and that it **must / had to** be the doctor.
(6) "You **must stay** at home the rest of this week."
→ When the doctor examined him, he ***said*** that Tim **must / had to stay** at home the rest of that week.
(7) "You needn't take any pills after tomorrow."
→ The specialist ***said*** this morning that I **needn't / didn't have to take** any more of these tablets after tomorrow.

4. Ersatz von *must* und *mustn't* durch eine Infinitivkonstruktion
Must zum Ausdruck der Notwendigkeit bzw. *mustn't* zum Ausdruck eines Verbots können in der indirekten Rede auch durch eine Infinitivkonstruktion mit *tell* und ähnlichen Verben wiedergegeben werden (→ **197;** Beispiel 8 und 9). Dies ist eine elegante Form, die Probleme bei der Verwendung von *must* und *mustn't* in der indirekten Rede zu umgehen.

(8) "You **must take** things easy for a few days."
→ He ***told her* to take** things easy for a few days.
(9) "You **mustn't go back** to work too soon."
→ He ***told her* not to go back** to work too soon.

261–262 Zeit- und Ortsangaben in der indirekten Rede

Grundsätzliches

261

1. Zeitangaben

Viele Zeitangaben werden relativ zum Sprechzeitpunkt festgelegt. Dazu gehören z. B. *today* (= am Tag der Äußerung), *yesterday, tomorrow, now,* etc. Wie solche relativen Zeitangaben in der indirekten Rede wiedergegeben werden, hängt vom Zeitpunkt der Berichterstattung ab: Eine relative Zeitangabe bleibt erhalten, wenn sie für den Berichterstatter noch genauso gültig ist wie für den ursprünglichen Sprecher; sie wird verändert, wenn sie für den Berichterstatter nicht mehr zutrifft. Vgl. hierzu die folgende Übersicht:

Direkte Rede	**Indirekte Rede**	
Sprecherperspektive jetzt = Donnerstag	Berichterstatter hat **dieselbe** Zeitperspektive jetzt = Donnerstag	Berichterstatter hat **andere** Zeitperspektive jetzt = Sonntag
	Zeitbezug unverändert:	Zeitbezug verändert:
yesterday →	**yesterday** →	**the day before on Wednesday**
Sheila (on Thursday):	Keith (on Thursday):	Keith (on Sunday):
Imagine, I was almost run over by a lorry ***yesterday.***	*Sheila told me she was almost run over by a lorry* ***yesterday.***	*When I met Sheila on Thursday she told me she had almost been/was almost run over by a lorry* ***the day before/on Wednesday.***

Wie das Beispiel ganz rechts zeigt, werden die Zeitangaben der direkten Rede bei verändertem Zeitbezug entweder durch andere relative Zeitangaben (hier: *the day before*) oder durch eine absolute Zeitangabe (hier: *on Wednesday*) ersetzt. Zu den Details → **262**.

2. Ortsangaben

Neben relativen Zeitangaben gibt es auch einige relative Ortsangaben, vor allem das Adverb *here* und Ausdrücke wie *this country/this village,* etc. Ähnlich wie Zeitangaben werden Ortsangaben in der indirekten Rede nur dann verändert, wenn der ursprüngliche Ortsbezug (im folgenden Beispiel *here*) für den Berichterstatter nicht zutrifft, weil er sich an einem anderen Ort befindet als der Sprecher. Muss der Ortsbezug geändert werden, so tritt als Ersatz meist eine absolute Ortsangabe ein (im folgenden Beispiel *in Scotland*); relative Ortsangaben wie *there* reichen oft nicht zur Klärung des Ortsbezugs aus. (Im folgenden Beispiel ist *up there* nur sinnvoll, wenn von Schottland schon vorher die Rede war.)

Direkte Rede	Indirekte Rede	
Sprecher-perspektive hier = Schottland	Berichterstatter hat **dieselbe** Ortsperspektive hier = Schottland	Berichterstatter hat **andere** Ortsperspektive hier = London
	Ortsbezug unverändert:	Ortsbezug verändert:
here →	**here** →	**in Scotland / (up) there**
Sheila (visiting Scotland):	Keith (Scottish policeman):	Sheila's mother (in London):
*We are having surprisingly good weather **here.***	*Sheila asked me why we were / are having such good weather **here** this summer.*	*Sheila told me on the phone that they are having surprisingly good weather **in Scotland / up there.***

Details zur Verschiebung der Zeitangaben 262

Die Verschiebung betrifft – wo sie sich als nötig erweist (→ **261**) – eine Reihe von relativen Zeitangaben, die sich auf die Gegenwart (Beispiel 1) oder Vergangenheit beziehen (Beispiel 2).

(1) The newsreader: "**Today** the streets of London have been lined with fans celebrating England's victory in the World Cup."
→ In the interview the former newsreader recalled how **on that day** the streets had been lined with fans celebrating England's victory in the World Cup.
Ebenfalls von der Verschiebung betroffen:
now / at this moment → then / at that moment
this week / these days, etc. → (in) that week / (in) those days, etc.

(2) **Two weeks ago** his condition was still desperate.
→ When he left the hospital the doctor told Jack that **two weeks earlier** his condition had been desperate.
Ebenfalls von der Verschiebung betroffen:
yesterday → (on) the day before / the previous day
last week, etc. → the week before / the previous week, etc.

Bei den zukunftsbezogenen relativen Zeitangaben handelt es sich – von *tomorrow* abgesehen (Beispiel 3) – im Wesentlichen um Kombinationen mit dem Adjektiv *next*. Hier ist genau auf den Gebrauch des bestimmten Artikels zu achten. *Next month* (ohne Artikel) legt den Zeitraum relativ zur Gegenwart fest, gibt also die Sprecherperspektive der direkten Rede wieder, *the next month* (mit Artikel) bezieht sich auf einen Zeitpunkt der Vergangenheit und erscheint deshalb in der indirekten Rede mit

Verschiebung. Zur Klärung kann auch eine absolute Zeitangabe verwendet werden (Beispiel 4).

(3) "I think I'll leave **tomorrow.**"
➔ When Uncle Harry visited us last summer he kept promising he would leave **the following day.**

(4) "I'll buy a new car **next month.**"	direkte Rede
➔ Yesterday John said that he will / would buy a new car **next month.**	indirekte Rede ohne Verschiebung
➔ John told me last August that he would buy a new car **the next month** (= the following month) / in September.	indirekte Rede mit Verschiebung

263–265 Satzarten in der direkten und indirekten Rede

Grundsätzliches

263 Das Gespräch – und damit die direkte Rede – besteht aus einem Wechsel von Frage und Antwort, Aufforderung und Reaktion (➔ Kapitel 12). In der indirekten Rede wird über das Gespräch nur berichtet, der Dialog wird in eine Folge von Aussagesätzen umgewandelt. Für die Struktur von vollständigen Antworten, Reaktionen und Feststellungen bringt dies kaum Veränderungen, da sie bereits die Form des Aussagesatzes haben. Beträchtlich sind jedoch die Veränderungen bei den Fragesätzen und Aufforderungssätzen. Vgl. hierzu die folgende Übersicht:

Direkte Rede	Indirekte Rede
"Do you usually watch the Eurovision Song Contest?"	Susan asked me if / whether I usually watched the Eurovision Song Contest?
Entscheidungsfrage ➔	*indirekter Fragesatz mit* if/whether
"How did the thriller end?"	Susan asked me how the thriller (had) ended.
Fragewortfrage ➔	*indirekter Fragesatz mit Fragewort*
"Turn the sound up a bit, will you?"	Susan asked me to turn the sound on the TV up a bit.
Aufforderungssatz ➔	*Infinitivkonstruktion*

Wie die Übersicht zeigt, werden Fragen meist in **indirekte Fragesätze** umgeformt, die die Wortstellung des Aussagesatzes (Subjekt – Hilfsverb – Vollverb) haben. (Dies gilt zumindest für die Schriftsprache, im mündlichen Gebrauch wird oft die Wortstellung des Fragesatzes beibehalten.) Fragewortfragen werden in der indirekten

Rede durch dasselbe Fragewort wie in der direkten Rede eingeleitet, Entscheidungsfragen durch *if* oder *whether.* Fragesätze mit modalem Hilfsverb werden meist durch Fragewort + Infinitiv wiedergegeben; die vollständigen indirekten Fragesätze klingen hier umständlich (Beispiel 1 und 2).

(1) "Which programme shall I put on?"
➜ I asked Terry which programme to put on.
Statt: ... which programme I should put on.
(2) "How do I get to the airport?"
➜ I wanted to know how to get to the airport.
Statt: ... how I could get to the airport.

Aufforderungssätze werden, wie in der Übersicht dargestellt, normalerweise durch Infinitivkonstruktionen wiedergegeben. Sie müssen durch ein geeignetes Sprechaktverb eingeleitet werden (➜ **265**). Möglich, aber ebenfalls eher umständlich, ist die Übertragung durch einen *that*-Satz mit *should* (Beispiel 3).

(3) "Meet me at the station."
➜ Dad told me that I should meet him at the station.

Die Umformung von Satzfragmenten in der indirekten Rede 264

Verblose Fragen und Ausrufe, Grußformeln und andere Satzfragmente werden in der indirekten Rede zu vollständigen Sätzen ergänzt bzw. umschrieben. *Question tags* werden weggelassen oder ebenfalls umschrieben. Vgl. das folgende Beispiel:

Direkte Rede		Indirekte Rede
Ann: Hey Bob, what about a game of tennis?	➜	Ann called to Bob and suggested they play some tennis.
Bob: Oh, no. I'm too tired.	➜	Bob refused, saying he was too tired.
Ann: Go on, just for half an hour.	➜	Ann pleaded with him and said he would only have to play for half an hour.
Bob: Oh, all right then.	➜	Bob finally agreed reluctantly.
Ann: You have the racquets, don't you?	➜	Ann asked whether Bob had the racquets; she was sure he had them.

Wahl und Stellung des einleitenden Verbs 265

1. Das Zitierverb der direkten Rede

Wenn direkte Rede zitiert wird, muss der Begleitsatz (*he said,* etc.) nicht vorangehen, sondern kann auch nachgestellt oder eingeschoben werden (Beispiel 1 und 2). In diesem Fall können Nomen und Verb umgestellt werden (*said Keith,* etc.; Beispiel 3 und 4). Im Zeitungsstil findet sich die Umstellung manchmal auch im einleitenden Begleitsatz (Beispiel 5). Bei Pronomen und Verb dagegen wirkt diese Inversion *(says he, said he)* veraltet oder literarisch.

(1) "I dreamt about you last night," Keith **said.**
(2) "Sorry, what did you say?" she **asked,** "I didn't catch that."
(3) "Whatever's the matter?" **asked** Amy anxiously.
(4) "Thank heavens I'm awake again," **answered** Susan. "I was having a nightmare."
(5) **Declared** the dog's owner: "He's so lucky not to have been killed in the accident."

Wie im Beispiel 5 werden statt des neutralen *say* (in Fragen *ask,* in Antworten *answer*) oft andere Verben benützt, die zusätzliche Informationen geben, so zur Art und Weise der Äußerung (Beispiel 6), zur Funktion im Gesprächsablauf (Beispiel 7) oder zur Sprechabsicht (Beispiel 8).

(6) "You're daydreaming again," **exclaimed** his teacher, Mrs Walker.
(7) "Daydreaming?" **echoed** Craig.
(8) "No, I wasn't," **he protested,** "I was just thinking."
Weitere Verben: murmur, stammer, whisper, shout, cry, smile, laugh; remark, declare, inquire, continue, repeat; agree, object, insist, etc.

2. Das einleitende Verb der indirekten Rede

Ist eine möglichst genaue Wiedergabe der Äußerung beabsichtigt, so verwendet man Nebensätze *(that*-Sätze oder indirekte Fragesätze). Diese können im Wesentlichen durch dieselben Verben eingeleitet werden, wie sie auch bei der direkten Rede vorkommen (Beispiel 9–11).

(9) Bob **said** (that) he was sorry he was late.
(10) He **added** that he would be on time in future.
(11) The boy **asked** a man in the street if he had the correct time on him.

Bei einer freieren Wiedergabe, z. B. durch Infinitivkonstruktionen, *gerund*-Konstruktionen oder Nomen werden dagegen vor allem Verben benützt, die die Sprechabsicht genauer charakterisieren („Sprechaktverb"; Beispiel 12 und 13). Zu den Einzelheiten vgl. die Darstellung der Verben und Verbverbände mit Infinitiv und *gerund* (➜ Kapitel 10).

(12) "We will resign if our demands are not met," two members of the committee **said.**
➜ Two members of the committee **threatened** to resign if their demands were not met.
(13) "Why don't you follow a course in computer science?" the careers advisor **said.**
➜ The careers advisor **recommended** my taking a course in computer science.

Direkte Rede, indirekte Rede und erlebte Rede als Textsorten

266–267

Direkte Rede, indirekte Rede und Zusammenfassung: ein Textbeispiel

266

Die Bandbreite der indirekten Rede wird besonders deutlich, wenn man verschiedene Fassungen desselben Texts mit der Zitierfassung des Texts vergleicht. Dies soll im Folgenden anhand eines Redeausschnitts geschehen.

1. Zitierfassung des Originaltexts
In dieser Form, d. h. als direkte Rede, weist der Text noch alle grammatischen und stilistischen Merkmale der mündlichen Umgangssprache wie *question tags,* Ausrufe, Wiederholungen auf.

Speech by the Mayor:

I think that every one of us here is proud of the fact that our town has built one of the finest sports centres in the country. How many of you here have always felt the need for a centre like this? A place where you can meet your friends, play squash, go swimming or simply relax.
And now a big hand for the architect, Mr Jones, who, I know you will all agree, has done a marvellous job, an absolutely marvellous job. It's not every day that this can be said, is it?
I now declare this Sports Centre open.

2. Genaue Wiedergabe in indirekter Rede
Hier werden nur die unbedingt nötigen grammatischen Anpassungen an den Standpunkt des Berichterstatters vorgenommen, z. B. die Anpassung der Pronomen und Tempusformen. Unvollständige Sätze entfallen oder werden ergänzt; sonst bleiben Satzmuster und Wortschatz weitgehend erhalten.

The Mayor said that he thought that every one of those present was proud of the fact that their town had built one of the finest sports centres in the country.
He wondered how many of his audience had always felt the need for a centre of this kind, a place where they could meet their friends, play squash, go swimming or simply relax.
He called for a round of applause for the architect, Mr Jones, who, he knew they would all agree, had done an absolutely marvellous job. It was certainly not every day that that could be said!
He then declared the Sports Centre open.

3. Freiere Wiedergabe in indirekter Rede
Der Berichterstatter entfernt sich weiter vom Wortlaut der ursprünglichen Äußerung; er verändert Satzmuster und Wortschatz und damit oft auch das Stilniveau. Diese Art der indirekten Rede ist in der Praxis üblicher als die genaue Wiedergabe.

In his speech the Mayor said that he thought every one present was proud of their newly built Sports Centre, one of the finest in the country. Local residents had always felt the need for a centre of this sort, where they could meet their friends, play squash, go swimming or simply relax. The architect, Mr Jones, deserved a special round of applause for his work, which had received unanimous admiration, a rare thing these days. On this humorous note he declared the Sports Centre open.

4. Zusammenfassung
Diese sehr freie Form der Berichterstattung (ein Grenzfall der indirekten Rede) wird gewählt, wenn der Inhalt einer Äußerung auf das Wesentliche reduziert werden soll.

Yesterday the Mayor opened the new Sports Centre, which he claimed to be one of the finest in the country. He praised particularly the work of the architect, Mr Jones.

267 Erlebte Rede

Die erlebte Rede *(interior monologue)* ist eine literarische Stilform, mit der die Gedanken, Eindrücke und Assoziationen von Personen, ihr „Bewusstseinsstrom“, ausgedrückt werden. Grammatikalisch handelt es sich um ein Mittelding zwischen direkter und indirekter Rede: Die Satzarten der direkten Rede und die Merkmale der mündlichen Umgangssprache (verkürzte Sätze, etc.) bleiben erhalten. Auch Zeit- und Ortsangaben werden nicht verschoben. Dagegen werden, wie in der indirekten Rede, die Personalpronomen und die Possessivbegleiter und -pronomen angepasst. Die Tempusformen werden zurückverschoben.

[...] Now she was going to go away like the others, to leave her home.
Home! She looked round the room, reviewing all its familiar objects which she had dusted once a week for so many years, wondering where on earth all the dust came from. Perhaps she would never see again those familiar objects from which she had never dreamed of being divided. [...]
She had consented to go away, to leave her home. Was that wise? She tried to weigh each side of the question. In her home anyway she had shelter and food; she had those whom she had known all her life about her. Of course she had to work hard, both in the house and at business. What would they say of her in the Stores when they found out that she had run away with a fellow? Say she was a fool, perhaps [...]
From James Joyce, „Eveline“, in *Dubliners* (1914)

Die erlebte Rede wurde vor allem in der Prosa des frühen 20. Jahrhunderts verwendet. Heute bevorzugt man oft die Ich-Perspektive. Gedanken und Gefühle werden dabei auch in der Nicht-Standarsprache wiedergegeben, wie im folgenden Text.

Well, I should've known better than to pick a fight I hadn't got a hope of winning. But that's one thing I ain't ever known better. They say that it was the boxing bashed out my brains all them years back, but if you ask me there never was much brains there in the first place. [...] I reckon I showed that pillock a thing or two all the same.
From Graham Swift, *Last Orders* (1996)

Index

Die Zahlen bezeichnen die rot unterlegten **Randziffern**. Unterabschnitte sind mit einem Punkt abgetrennt, z. B. 58.1: Randziffer 58, Abschnitt 1. Fett gedruckte Zahlen kennzeichnen die Abschnitte, in denen das Thema schwerpunktmäßig behandelt wird. Eine Pfeil verweist auf ein anderes Stichwort zum betreffenden Thema.
Eine einfache Tilde vertritt das übergeordnete Stichwort, eine Doppeltilde das übergeordnete Stichwort zusammen mit einem untergeordneten Stichwort, der dem Indexeintrag vorangeht. So ist z. B. „Attribut: ~ zu Nomen: adverbiale Bestimmung als ~~“ zu lesen als „Attribut: Attribut zu Nomen: adverbiale Bestimmung als Attribut zu Nomen“.